中国人民大学法学院
海商法保险法研究所 主 办

海商法保险法评论

（第五卷）

——责任保险在我国的适用与发展
暨食品安全责任保险研讨会专辑

主编◎贾林青 冷尚鸿 郭春海

HAISHANGFA
BAOXIANFA
PINGLUN

知识产权出版社
全国百佳图书出版单位

内容提要

鉴于近年来不断发生的食品安全事件，引发了理论界有关食品安全保险的话题，也使得责任保险在我国的适用现状和发展成为中国保险业可持续发展趋势的焦点。为此，中国人民大学法学院海商法保险法研究所与中国保险法学研究会共同在北京召开“责任保险在我国的适用与发展——暨食品安全责任保险研讨会”，针对责任保险的理论构建、机动车第三者责任保险与交强险、食品安全责任保险、环境污染责任保险与其他保险等专题展开研讨。本书将与会学者、专家提交的论文编辑成专辑，以求加速我国责任保险制度的发展和完善，并提升我国保险法律制度体系的调整水平。

责任编辑： 纪萍萍

图书在版编目（CIP）数据

海商法保险法评论. 第五卷，责任保险在我国的适用与发展 暨食品安全责任保险研讨会专辑 / 贾林青，冷尚鸿，郭春海主编 .—北京：知识产权出版社，2012. 10

ISBN 978-7-5130-1559-2

Ⅰ. ①海… Ⅱ. ①贾…②冷…③郭… Ⅲ. ①海商法 - 研究②责任保险-保险法 - 研究 - 中国 Ⅳ. ①D996. 19②D922. 284. 4

中国版本图书馆 CIP 数据核字（2012）第 232973 号

海商法保险法评论（第五卷）

——责任保险在我国的适用与发展 暨食品安全责任保险研讨会专辑

贾林青 冷尚鸿 郭春海 主编

出版发行：知识产权出版社

社 址：	北京市海淀区马甸南村 1 号	邮 编：	100088
网 址：	http：//www. ipph. cn	邮 箱：	bjb@cnipr. com
发行电话：	010-82000860 转 8101/8102	传 真：	010-82005070/82000893
责编电话：	010-82000860 转 8387	责编邮箱：	jpp99@126. com
印 刷：	北京中献拓方科技发展有限公司	经 销：	新华书店及相关销售网点
开 本：	880mm×1230mm 1/32	印 张：	13. 375
版 次：	2012 年 10 月第 1 版	印 次：	2012 年 10 月第 1 次印刷
字 数：	372 千字	定 价：	40. 00 元

ISBN 978-7-5130-1559-2/D · 1573（4410）

序　言

近年来，不断发生的食品安全事件，不仅让社会公众增强了食品消费过程中的安全意识，更加关注食品安全问题，也引发了理论界有关食品安全保险的话题，甚至在保险实务中出现了该险种的尝试，这意味着食品安全保险成为2011年我国保险市场上的热点问题。进而，也使得责任保险在我国的适用现状和发展成为中国保险业可持续发展趋势的焦点。

鉴于此，中国人民大学法学院海商法保险法研究所与中国保险法学研究会于2011年10月的金秋时节，共同在北京召开“责任保险在我国的适用与发展——暨食品安全责任保险研讨会”，邀请保险法理论界、实务部门以及司法部门、律师界等学者、专家和实务工作者进行研讨。

该次研讨会以责任保险，尤其是食品安全责任保险在我国的适用和发展为主题，对此，与会的学者、专家和实务工作者进一步针对责任保险的理论构建、机动车第三者责任保险与交强险、食品安全责任保险、环境污染责任保险与其他保险等专题展开研讨，发表了各自的真知灼见，交流了独到的体会和思想，具有很高的理论价值和实践意义。因此，中国人民大学法学院海商法保险法研究所将与会学者、专家提交的论文，编辑成专辑，向社会公开出版发行，供广大有志于保险法理论研究和中国保险市场实务建设的朋友们学习和研究，以求加速责任保险制度的发展和完善，促进我国保险市场的快速发展，并提高我国保险法律制度体系的调整水平。

目 录 CONTENTS

第一编 责任保险制度理论构建研究

第二编 机动车第三者责任保险与交强险研讨

第三编　食品安全责任保险论证

第四编　环境污染责任保险及其他责任保险研讨

第一编

责任保险制度理论构建研究

第一卷

论责任保险承保责任的范围

李祝用*

责任保险承保的赔偿责任，亦即责任保险的标的，一般称为承保责任范围或者保险责任范围，是认定保险人责任的关键环节。如果被保险人导致第三人受损害的事件并未在责任保险承保的责任范围之内，保险人即可以此抗辩，不承担保险责任❶。

责任保险所承保的，为被保险人对第三人的损害赔偿责任。责任保险，自《拿破仑法典》中有赔偿责任的规定后，法国首先实行，其后德国、英国、美国纷纷效仿。近代以降，由于对他人身体、财产权利尊重之观念，日益受重视，责任保险亦随之不断扩张，现已成为保险业中之一大主流。❷ 责任保险与民事赔偿责任是在互动、相辅相成中发展的。

我国《保险法》第 65 条第 4 款规定："责任保险是指以被保险人对第三者依法应负的赔偿责任为保险标的的保险。"赔偿责任属于民事责任。一般说来，被保险人违反私法规范的行为，国家对其并无惩罚，而仅是促其对于遭受损害的当事人负赔偿责任，此种责

---

* 李祝用，中国人民保险集团股份有限公司风险管理部、法律合规部总经理，法学博士，中国国际经济贸易仲裁委员会仲裁员。

❶ 此处的"责任"是保险法上的习惯用法，并非因违约或侵权而应承担的赔偿责任，保险法上保险人对被保险人的"赔偿责任"实际上是按照保险合同约定的给付义务，只不过约定俗成地称为"责任"并被保险立法正式采纳。

❷ 袁宗蔚：《保险学》（增订三十四版），首都经济贸易大学出版社 2000 年版，第 548 页。

任即为责任保险所承保的责任。例如，被保险人驾车致人死伤，一方面属于违反刑法的犯罪行为，被保险人应负刑事责任；另一方面被害人仍有权依法要求赔偿其所受损失，被保险人因而要承担民事责任。因此，责任保险仅能承保民事责任，至于刑事责任，如罚金，则不得列人承保责任范围，[1] 否则会妨碍刑法功能之发挥，无异于鼓励犯罪行为，有违保险之目的。

被保险人对第三人损害赔偿责任之认定属于民法的一般问题，这里不做讨论。侵权赔偿责任属于责任保险承保的赔偿责任，无论是在保险法学界还是实务界，都已成共识，自不待言。但责任保险承保的赔偿责任是否仅限于侵权赔偿责任？是否还包括违约损害赔偿责任以及其他损害赔偿责任？责任保险承保的赔偿责任是否仅限于过失责任和无过失责任，是否包括故意在内？这些问题对于认定责任保险事故至关重要。

一、违约责任是否在承保范围之内

根据我国《民法通则》，民事责任包括违反合同的民事责任和侵权的民事责任。被保险人对于第三人的侵权损害赔偿责任作为责任保险的标的，从责任保险制度确立之时已逐渐为立法、实务和学界所公认，但对于违反合同的责任是否可以成为责任保险的标的，认识上存在分歧。有学者认为，违反合同的损害赔偿责任可以成为责任保险的标的，即当事人因不履行或不适当履行合同而应当承担的违约损害赔偿责任，均可以作为责任保险的标的。[2] 另有学者认为，责任保险的标的应当以法律规定而承担的损害赔偿责任为限，但合同责任在保险合同中有特殊约定时，也可在责任保险标的范围之内。[3] 还有学者认为，责任保

---

[1] 袁宗蔚：《保险学》（增订三十四版），首都经济贸易大学出版社 2000 年版，第 548 页。此处需要说明的是，对于刑事附带民事的赔偿，如果是因过失犯罪导致的，也是可以由责任保险承保的。

[2] 桂裕：《保险法论》（增订版），三民书局 1984 年版，第 330 页。

[3] 袁宗蔚：《保险学》（增订三十四版），首都经济贸易大学出版社 2000 年版，第 548 页。

险的标的，只限于侵权责任，对于合同责任的承保属于保证保险的范畴。[1] 在实务上，国外法院的多数判例也将合同责任排除在责任保险的承保范围之外，认为责任保险的标的应当是侵权行为造成的人身或财产损害而产生的损害赔偿责任。[2] 我国第一部责任保险法专著的作者邹海林先生在分析论述各种关于责任保险标的范围的观点后总结道："总之，责任保险的标的，可以为侵权损害赔偿责任，亦可以为违反合同的损害赔偿责任。"[3]

前述争议都是几年前乃至十年前的争议，最近几年出版的著述，仍将这些争议列示其中，作为学术发展历史了解是可以的，但是如果再将这些争议作为当前的状况，就不符合实际了。从近年来责任保险理论和实践的发展来看，认为责任保险承保的赔偿责任范围，亦即责任保险标的范围包括了侵权损害赔偿和违约损害赔偿，已经成为法学界和保险界的通说，甚至可以说，已成为共识。[4] 以下进一步说明，责任保险的标的应包括违约赔偿责任。

首先，从责任保险的功能定位来看。责任保险在产生之初，和一般的保险一样，其基本功能是为被保险人提供保障。之后随着侵权法和责任保险制度的发展，责任保险就保护之对象而言，已经发展为以保护受害第三人为首要目的[5]。基于这种功能定位，责任保险要扩大对受害人的保护，必然要扩大承保范围，除了传统的侵权

---

[1] 王卫耻：《实用保险法》，文笙书局1981年版，第319页。

[2] 覃有土：《保险法概论》（第2版），北京大学出版社2001年版，第395页

[3] 邹海林：《责任保险论》，法律出版社1999年版，第55页。

[4] 参见吴定富：《〈中华人民共和国保险法〉释义》，中国财政经济出版社2009年版，第157页；刘宗荣：《新保险法：保险契约的理论与实务》，中国人民大学出版社2009年版，第326～331页；郑玉波：《保险法论》（修订六版），三民书局2006年版，第113页；林群弼：《保险法论》（修订三版），三民书局2008年版，第485～486页。

[5] 参见林群弼：《保险法论》（修订三版），三民书局2008年版，第501页；刘宗荣：《新保险法：保险契约的理论与实务》，中国人民大学出版社2009年版，第346页；黄淑琳：《从责任保险的机能论受害人之保护》，台湾中兴大学1991年硕士论文，第63～64页。

赔偿责任外，违约赔偿乃至其他赔偿责任也都纳入到承保范围。

其次，从立法角度来看。依照英国保险公司法所规定的责任保险业务，责任保险所承保的事故，为被保险人因为对第三人承担法律上的责任而发生经济上不利的事故，包括违反契约或者侵权而发生的损害赔偿责任，或者其他形式的赔偿、恢复原状或者返还的责任。在英美法上，责任保险的标的包括侵权损害赔偿责任、违约损害赔偿责任以及其他依法应承担的民事责任。[1] 我国台湾地区“保险法”第 90 条规定“责任保险人于被保险人对于第三人，依法应负赔偿责任，而受赔偿之请求时，负赔偿之责”；2008 年《日本保险法》第 22 条规定“责任保险中，就该责任保险契约的保险事故对被保险人具有损害赔偿请求权之人，对请求保险给付之权利享有优先权。”上述规定，虽然没有明确违约责任在保险责任范围内，但就“赔偿责任”一语而言，在大陆法上自然包括了侵权损害赔偿和违约损害赔偿。《意大利民法典》第 1917 条规定：“在民事责任保险中，因保险期间内发生保险事故，根据保险契约约定的责任范围，被保险人向第三人赔付的数额（第 1218 条、第 2043 条）应当由保险人承担。”该法典第 1218 条和第 2043 条就是关于债务不履行和不法行为的规定，亦即违约和侵权损害赔偿责任都在其中。《魁北克民法典》第 2498 条规定：“民事责任，无论是合同责任还是非合同责任，都可以作为责任保险合同的标的。”显然这更加明确地将违约赔偿责任列为保险标的。从上述保险立法，特别是近年来的立法趋势看，违约责任在责任保险承保范围之内已经确立。[2]

最后，从实务角度来看。美国 2007 年版的商业普通责任保险（Commercial General Liability，CGL）承保的责任包括人身伤害和财产损失，没有区分是侵权还是违约造成的损失，但是将第一章保

---

[1] Halsbury's Law of England, vol. 25, Insurance, 4th ed,, Butterworth, 1978, p. 349.

[2] 但是法国比较特殊，《法国保险法典》第 L124－1 条规定，责任保险所承保的赔偿责任只限于侵权责任。

险责任中的"承保协议"和"除外责任"条款结合起来看，特别是从"除外责任"条款看，其承保范围应包含了侵权责任和违约责任。[1] 在我国，如果责任保险的被保险人和第三人存在合同关系，就可能存在合同责任属于保险责任范围的情况。比如，律师的职业责任保险，承保的责任大都是律师和其客户之间发生的损害赔偿责任，由于两者之间有合同关系，由此产生的主要是违约责任，当然也会存在违约与侵权竞合的情况。再如，旅行社责任保险，其所承保的是被保险人旅行社对旅游者依法应承担的赔偿责任，旅行社和旅游者之间订有旅游合同，旅行社对旅游者的赔偿责任属于违约责任，当然其中也可能存在违约与侵权的竞合。

必须说明的是，虽然违约赔偿责任包括在责任保险承保范围之内，但是从实务来看，单独的违约赔偿责任险种相对来说还是比较少的，比较常见的是各类职业责任保险、医疗责任保险中包含违约赔偿责任，并且这些违约赔偿责任往往和侵权赔偿责任在保单中并没有刻意区分。以侵权赔偿责任为标的的责任险业务量占大多数，如汽车责任保险等。

二、侵权、违约之外的赔偿责任能否承保

在研究责任保险承保范围时，多数学者主要关注侵权赔偿和违约赔偿两种责任，那么，除此之外，有没有其他的损害赔偿责任呢？一般而言，关于民法上损害赔偿的类型，就责任保险标的而言，大多是从原因的角度阐述。但是从原因的角度来看，损害赔偿并不止两类，可分为违反契约的损害赔偿、侵权损害赔偿及法律特别规定损害赔偿三种类型。[2] 这里的法律特别规定而发生的损害赔偿责任可否作为责任保险的标的，纳入承保范围？有的台湾地区学

---

[1] 厦门理工学院、深圳大华联合保险经纪有限公司：《美国商业普通责任保险》，中国金融出版社 2010 年版，第 441～442 页。

[2] 曾世雄：《损害赔偿法原理》，中国政法大学出版社 2001 年版，第 14 页。也有四分法，将因保险契约关系而发生的损害赔偿单列一种，参见该书第 9～13 页。

者将责任保险的标的分为四类：侵权赔偿责任、债务不履行赔偿责任、法律直接规定的赔偿责任和基于契约的赔偿责任。[1] 此处又多出了一个基于契约的损害赔偿责任（当然不是违约赔偿责任），是否也应纳入责任保险的承保范围呢？我国大陆的学者中有人也关注到了这个问题，如邹海林认为，从我国《保险法》关于责任保险的界定来看，因法条所涵盖的责任保险标的不以侵权责任为限，所以在解释上应包括被保险人对第三人应当依法承担的契约责任以及其他法律上的责任，[2] 但是没有对“其他法律责任”作进一步的阐述。笔者认为其他法律责任包括以下两类。

1. 法律特别（或直接）规定的损害赔偿责任

台湾地区学者郑玉波认为，得为责任保险标的之责任，除侵权行为责任外，尚有债务不履行责任，及“其他依法而生之责任”（如瑕疵担保责任），其范围甚为广泛。[3] 法律可能会明文显示，在某种情况下，一方应负责赔偿他方所遭受之损失。损害赔偿之原因即是基于法律之特别规定，行为人对于损害之造成是否有过失，并不重要。此类型之损害原因，最为复杂。[4] 这些法律特别规定的赔偿责任，属于民事赔偿责任范畴，无论是从保险法对责任保险概念的界定来看，还是从保险原理来看，都属于可保的责任风险，应纳入责任保险标的之范围。

---

[1] 周碧云：《论责任保险人之代行防御即利益冲突》，“国立”政治大学 2007 年学位论文，第 9～10 页。

[2] 邹海林：《责任保险论》，法律出版社 1999 年版，第 55 页。

[3] 郑玉波：《保险法论》（修订六版），三民书局 2006 年版，第 113 页。

[4] 曾世雄：《损害赔偿法原理》，中国政法大学出版社 2001 年版，第 10 页。曾世雄先生根据德国学者卡尔·拉伦茨的分类方法，将这种“法定责任”分为：(1) 因某种合法或可危及他人行为而受利益者，倘危害发生，即应负赔偿因而所造成损害之责，包括危险责任、因假执行或假扣押或假处分所发生损害之赔偿以及委任契约和无因管理所发生之损害等。(2) 法律准许使用他人物品，对于他人因之所受之损害应负赔偿之责任。(3) 因担保与信赖法律关系，法律规定负担保义务或陷他人于信赖之一方，应赔偿他人因担保或信赖与事实不符时所蒙受之不利益。

实际上，从前述我国与有关国家和地区有关责任保险的规定看，责任保险标的均没有限于侵权和违约两种赔偿责任，从解释上说，是可以包含法律特别规定的赔偿责任的。从我国的保险实务来看，保险条款仅规定承保的是被保险人“依法”应承担的赔偿责任，但是一般又加了条件，即被保险人因“疏忽或过失”，实际上，这就把这种法律特别规定的责任排除在承保范围之外。

2. 约定的赔偿责任

这个问题，我国大陆学者关注较少，主要是因为我国对这种约定赔偿责任的合同或协议运用较少。台湾地区学者称之为“基于契约的责任”或“依契约而生之责任”或“纯粹依当事人意思而产生之契约责任”。为了区别于违约赔偿责任，本文暂且称为“约定的赔偿责任”。此责任是指，依法本无赔偿责任，而是基于合同约定承担的赔偿责任，亦即属于纯粹依当事人意思而生之契约责任，如依保险契约保险人对被保险人所负的赔偿责任。[1] 此种责任可否作为责任保险的标的，存在争议。郑玉波认为，“依契约而生之责任”不得为责任保险之标的（保险人对被保险人所负之责任，如以之投保，在保险法上已另设有再保险之规定，即此之故）。[2] 此种责任以保险合同项下保险人的赔偿责任为例，是保险人依据保险合同履行义务。这和前述违约责任、侵权责任不同，违约责任和侵权责任都是当事人违反义务（约定和法定）而产生的责任，而约定的赔偿责任并无义务之违反。此种责任称“赔偿责任”是不科学的，实际上“义务”并非责任，称为“赔偿义务”更为妥当，甚至不用“赔偿”一词可能更为准确。台湾地区学者曾世雄先生也认为，保险之给付应排除于损害赔偿之外。[3] 据此，因此种责任有赔偿责任之名，而无赔偿责任之实，本质不属于赔偿责任，应

[1] 郑玉波：《保险法论》（修订六版），三民书局 2006 年版，第 113 页。

[2] 郑玉波：《保险法论》（修订六版），三民书局 2006 年版，第 113～114 页；林群弼：《保险法论》（修订六版），三民书局 2008 年版，第 485 页。

[3] 曾世雄：《损害赔偿法原理》，中国政法大学出版社 2001 年版，第 13～14 页。

排除在责任保险标的之外，不属于承保责任范围。[1] 在我国保险实务中，责任保险条款在除外责任部分一般均约定："保险人对下列各项不负赔偿责任：1. 被保险人根据与他人的协议应承担的责任，但即使没有这种协议，被保险人仍应承担的法律责任不在此限……"在我国约定的责任也不属于保险责任范围。

但是，在美国，情况有所不同。美国责任保险所承保的责任，除了法律责任（legal liability）外，尚包含部分合同责任（contract liability），即纯粹根据合同而承担的所谓赔偿责任，而非依据法律规定而产生的赔偿责任，常见的免责协议（hold harmless agreements）和补偿协议（indemnity agreement）就属此类。[2] 例如，美国商业普通责任保险（CGL）以约定的责任不予承保为原则，但是也有例外，承保部分约定的责任。该条款中约定，合同（主要是免责协议）中约定承担责任属于保险单的除外责任。该除外条款不适用于保单中的某些"属于承保范围的合同"。"属于承保范围的合同"一词的定义中包括：（1）房屋租赁合同；（2）专用铁路支线合同；（3）通行权协议，但涉及在铁路上或其50英尺范围内进行建设或拆除的活动除外；（4）根据法令应对市政府进行补偿的义务，但涉及为政府进行的工作除外；（5）电梯维修协议；（6）其他与被保险人业务相关的合同，通过这些合同被保险人承担了本应由他人对身体伤害或财产损失进行赔偿的侵权责任。不过，有几种特定的合同被排除在"属于承保范围的合同"之外：（1）在铁路50英尺的范围内进行建设或拆除的合同；（2）由于工程师或者建筑设计师的设计、规划、指示或指令，或没有给出指示或指令而引起的伤害发生后，为工程师或建筑师进行补偿的合同；（3）工程师或者建筑师作为被保险人承担其职业行为所引起责任的合同；

---

[1] 有学者认为，再保险在性质上属于责任保险，并曾就此发生过争论。从本段论述看，再保险应不属于责任保险。

[2] Donald S Malecki & Arthur L Flitner, Commercial Liability Insurance and Risk Management, Volume 1. 1.18—1.19 (2001).

(4) 因租赁给被保险人的房屋遭受火灾损失而对他人或单位予以补偿的合同。尽管这些合同，不是“属于承保范围的合同”，也不能由CGL保单自动承保，但对部分合同，保险人可能愿意在保单中附加批单来予以承保，并同时收取一笔额外的保费。[1]

我国台湾地区有学者认为，基于契约承担之责任并非不能成为承保责任，只需于保险费率合理计算基础上收取适当的保费以分散风险，基于契约承担的责任仍有可能成为责任保险承保的责任。[2]另有学者认为，约定责任原为他人责任，其内容包括侵权责任或违约责任，性质上并非不可承保之法律风险，故如于特定保单欲加保特定范围内之约定责任，须将约定责任的范围限定明确，以要求保险人加保之。未经投保人与保险人约定加保的约定责任，当然并不在保单的承保范围之内。[3] 笔者认为，此类纯粹约定的赔偿责任，并非不能成为责任保险的标的。在我国的保险实务中，责任保险合同将此类责任排除在外，因为这不是依据法律规定正常情况下就可以预测的风险，精算定价中也没有包括这种风险。例如，中国人民财产保险股份有限公司《公众责任保险》第2条规定，被保险人和他人签订协议所约定的责任，保险人不负责赔偿。但根据契约自由的原则和保险原理来讲，如果保险人要承保约定责任，也未尝不可，经双方协商同意，可以在增加保费的基础上加保，但这已经不是责任保险范畴，是纯粹为了满足被保险人的保险需求而做的特例安排。

三、故意行为所致赔偿责任是否一概不可承保

根据保险原理，保险所承保的风险，对被保险人来说必须是意外发生和非故意造成的。可保风险最大的特点是或然性，是当事人

---

[1] 厦门理工学院、深圳大华联合保险经纪有限公司：《美国商业普通责任保险》，中国金融出版社2010年版，第90～95页。

[2] 周碧云：《论责任保险人之代行防御即利益冲突》，“国立”政治大学2007年学位论文，第10、11页。

[3] 王正伟：“责任保险保险事故之探讨——兼论事故发生之异议”，载《“国立”政治大学学报》1999年第78期，第391页。

意料之外偶然发生的。[1] 故意行为不是随机性的，保险人无法基于大数法则对风险进行测算，难以控制风险，不能承保；故意行为一旦予以承保，也容易引发道德风险。[2] 对于责任保险来说，故意行为当然不在承保之列。此点法无明文，但对被保险人故意造成之损失不予赔偿乃保险法之大原则，于兹仍应适用。[3] 责任保险所承保之责任，原则上必须是被保险人因过失[4]行为加损害于他人而生，若被保险人系故意为之，应自负其咎。法律的作用是确保社会安定，人与人之间应相互尊重彼此权利，各尽本分，不得故意侵害他人之生命、身体及财产，此为行为准则，违反者则受行政乃至刑事制裁，并负担民事上之赔偿责任，此项民事责任，除补偿被害人之损失外，更具有惩罚与惩戒的功能，故不得以保险转嫁，以防止被保险人故意侵害他人或故意违反其义务而转嫁其责任于保险人。可以说，故意行为不予承保，也是出于公共政策的考虑。

我国《保险法》第 27 条第 2 款规定："投保人、被保险人故意制造保险事故的，保险人有权解除合同，不承担赔偿或者给付保险金的责任……"我国台湾地区"保险法"第 29 条第 2 款规定："保险人对于由要保人或被保险人之过失所致之损害，负赔偿责任。但出于要保人或被保险人之故意者，不在此限。"其他国家或地区的保险合同立法也均有类似的规定。这些立法也表明故意行为所致损害不在责任保险承保范围。

---

[1] 李玉泉：《保险法》（第 2 版），法律出版社 2003 年版，第 10 页；江朝国：《保险法基础理论》，中国政法大学出版社 2002 年版，第 21 页。

[2] 乔治·E. 瑞达：《风险管理与保险原理》（第 10 版），刘春江、王欢译，中国人民大学出版社 2010 年版，第 29 页。

[3] 郑玉波：《保险法论》（修订六版），三民书局 2006 年版，第 113 页。

[4] 重大过失是否在责任保险承保范围内？从一般损害赔偿法理论和保险法理论来看，应该在责任保险范围之内。我国《保险法》对此无明确规定，但未禁止承保；日本 2008 年《保险法》第 17 条明确规定，责任保险不得将重大过失除外；德国 2007 年修订的《保险合同法》第 81 条规定，重大过失只能根据其程度减轻保险人的责任。我国个别责任保险条款中，有将重大过失排除的限定，我国台湾地区"海商法"将海上保险中被保险人重大过失责任亦予排除。

美国商业普通责任保单（CGL）除外责任条款规定，被保险人可预见的或故意的身体伤害或财产损失不在保单承保责任之内。[1] 我国保险公司的责任保险条款一般也都在除外责任条款中列明，被保险人的故意行为造成的损失费用和责任，保险人不负责赔偿。

那么故意行为是不是在任何情况下都不能成为保险责任承保的责任呢？本文认为，根据责任保险的功能定位和责任保险原理，以及各国责任保险的立法与实践，在以下三种情况下，故意行为可能成为责任保险承保的责任。

(1) 在实践中，可能会出现这样的情形：被保险人行为存在故意，但是其行为导致的损害后果，并非是其所期望的，或者说并非其所能预料的。在此，责任保险人是否应承担保险责任？亦即这种故意行为是否在承保范围之内？

由于现代责任保险具有保护受害人利益的功能，保险法上“故意行为无保险”这一传统观念也面临挑战。

先看美国相关的判例。在 Voorhees 案[2]中，家长因通过媒体发表抨击老师的言论，受到老师起诉，家长要求保险公司履行抗辩义务，保险公司认为家长是故意侵权，不属于保险责任，拒绝抗辩。之后，家长起诉保险公司。本案三审法院认为，家长通过媒体发表抨击老师的言论虽然是故意为之，但也是出于对自己孩子的关心和爱护，所以他的主观意图是为了能让学校换一位更好的老师来教育孩子，显然不是为了毁坏现在这位老师的声誉，所以他对老师受到的伤害（如果有的话）不具备主观故意，而属于故意的行为造成没有预料到的结果，因此保险公司仍应当赔付。[3] 在

---

[1] 厦门理工学院、深圳大华联合保险经纪有限公司：《美国商业普通责任保险》，中国金融出版社 2010 年版，第 442 页。

[2] Voorhees v. Preferred Mutual Insurance Co.，128 N. J. 165，607 A. 2d 1255 (1992).

[3] 黄勇、李之彦：《英美保险法经典案例评析》，中信出版社 2007 年版，第 218～231 页。

Lyons 案[1]中，法院认为即使侵权行为是故意的，只要造成的侵害结果不在意料范围之内，保险公司仍应赔付。

在 Voorhees 案的判决书中，法官论述道，保险法理论向来在故意伤害的赔付责任这个问题上保持着微妙的平衡：一方面，我们长期持有的观点认为，按照公共政策，保险不能对恶意的行为造成的民事后果进行赔偿；另一方面，我们又认识到，根据保险赔偿程序，赔偿本身并不会谴责或鼓励侵权行为。就像我们在 Burd 案[2]所说的那样："如果一个人知道侵权行为有保险保障，他会有恃无恐地伤害他人，因此我们必须把故意伤害排除在保险之外。"此外，从公共利益来说，受害者应该得到赔偿，他的权利与侵权的被保险人的权利不可混为一谈，因此，反对故意侵权的除外责任条款应当严格使用。而且，被保险人也有权利通过保险对自己进行最大限度的保护，这并不违反故意侵权的公共政策。[3]

在这个问题上，美国保险法显示出其成熟和细腻的特点。美国法院没有笼统地按照侵权法的原则认定故意行为，而是坚持把侵权人的行为按照"故意的行为"和"故意的后果"划分开来。所谓故意的行为，是指人的主观故意是否有意识地从事侵权行为；而故意的结果责任，是指侵权人还确实希望这种行为会产生特定的侵权损害的结果。这样细致的划分与刑法里对故意犯罪的认定非常类似，即不但要求检方证明嫌疑人有意实施犯罪行为，而且还要证明嫌疑人期望达到犯罪结果。这样高的证明标准，无疑是对侵权法的突破，因为侵权法通常在举证责任上不会实施如此严格的规则。由此可见，在英美法上，虽然责任保险的基础是侵权责任，然而保险法里对于侵权行为的认定标准却可以和侵权法不完全一样，而这样做的目的是保护被保险人的合理期待，也使受害人得到

---

[1] Lyons v. Hartford Insurance Group, 125 N. J. Super. 239, 310 A. 2d 485 (App. Div. 1973), certif. denied, 64 N. J. 322 315 A. 2d 411 (1974).

[2] Burd v. Sussex Mut. Ins. Co., 56 N. J. 383, 267 A 2d 7 (1970).

[3] 黄勇、李之彦：《英美保险法经典案例评析》，中信出版社 2007 年版，第 224 页。

赔偿。[1]

在我国《保险法》实践中，可能对故意行为后果的判定，还没有发展出如此细腻的规则，但是从法理上看，道理也是相同的。实际上这种“故意”已经不是导致损害后果的“故意”，损害后果已经不是“故意”导致的，将其纳入承保范围，并不违反保险原理和公共政策。从保护受害第三人的价值取向出发，本文认为，美国的判例可资借鉴。

（2）强制责任保险中，故意行为在特定情况下依法应予承保。随着责任保险保护受害第三人价值取向的强化，责任保险的社会管理功能日益凸显，强制责任保险开始出现，并逐步扩大，目前呈越来越多之势。强制保险的立法目的主要是保护受害第三人利益，被保险人转移风险的功能退居次位。例如，我国《机动车交通事故责任强制保险条例》第1条规定，为了保障机动车道路交通事故受害人依法得到赔偿，制定本法。强制责任保险立法要通过一系列制度设计来确保其立法目的的实现。有的国家或地区的立法规定，在强制责任保险中，对于被保险人故意行为所致损害，必须予以承保，不得列为除外责任。

我国法律、行政法规已对一些强制责任保险做了规定，如《海洋环境保护法》规定了强制油污染民事责任保险；《民用航空法》规定了公共航空运输企业、从事通用航空活动、民用航空器经营人、外国民用航空器经中国领空都必须投保地面第三者责任险；《道路交通安全法》规定了机动车第三者责任强制保险；《内河交通安全管理条例》规定了强制船舶污染损害责任、沉船打捞责任保险；《旅行社管理条例》规定了强制旅客旅游意外保险；《海洋石油勘探开发环境保护管理条例》规定了强制污染损害责任保险等。这些强制保险，除了交强险和旅行社责任险有比较详细的配套实施规定外，其他险种在立法上仅是原则性规定而已，被保险人故意行为

[1] 黄勇、李之彦：《英美保险法经典案例评析》，中信出版社2007年版，第230页。

是否在强制责任保险责任范围之内，并不明确。我国有的强制责任保险一般也将故意行为排除在外。例如，国家旅游局和中国保监会发布的《旅行社责任保险管理办法》，则将被保险人故意行为排除在强制责任保险范围之外。又如，《机动车交通事故责任强制保险条例》第22条中规定，被保险人故意制造道路交通事故的，保险人不承担赔偿责任。从我国现有规定看，强制责任保险中，都将被保险人的故意行为排除在承保范围之外。实际上，这并没有贯彻强制保险保护受害第三人利益的意图，还是以传统的为被保险人转移风险的思想为理论指导，有待进一步改进。

我国台湾地区“汽车强制保险法”第29条规定，被保险人故意行为所致交通事故，保险人仍应承担给付责任，但得在给付金额范围内代为行使请求权人对被保险人的请求权。[1] 这充分体现了强制保险保护第三人利益的价值取向，值得借鉴。

（3）正当防卫或紧急避险造成的损害。当被保险人因为自卫而实施攻击等行为，虽为故意，并非不法行为，其防卫自己的人身或财产免受损害，并未使用不合理的暴力造成他人损害，而应当承担的赔偿责任，保险人不得以“故意致人损害的除外责任条款”，对抗被保险人的赔偿请求。[2] 例如，美国商业普通责任保单（CGL）条款约定，为保护他人或财产而采取合理措施所导致的身体伤害或财产损失，属保单承保范围。[3] 我国保险责任范围中没有此类责任，其实，这完全可以列为责任范围承保。此外，美国商业普通责任保险（CGL）还承保错误的拘禁、扣押、诽谤这

---

[1] 应注意的是，此处的代位，并非保险代位求偿之代位，二者在产生原因、被代位和被追偿主体方面均不相同。同时，在这种情况下，责任保险实际上已经发生变异，甚至已经不是保险，因为保险人向受害第三人赔偿后，有权向被保险人追偿，被保险人的责任风险并没有转嫁出去。这时所谓“责任保险”只不过是保护受害人利益的一种工具而已。

[2] 邹海林：《责任保险论》，法律出版社1999年版，第211页。

[3] 所罗门·许布纳、小肯尼思·布莱克、伯纳德·韦布：《财产和责任保险》（第四版），陈昕等译，中国人民大学出版社2002年版，第403页。

些故意侵权行为。[1] 我国《民法通则》规定，因正当防卫超过必要的限度或者紧急避险采取措施不当或者超过必要限度，应当承担民事责任。对此民事责任，虽为故意所致，保险人也应可以承保。

四、无过失责任是否可承保

一般的观点都认为无过失责任包含在责任保险责任范围之内。例如，我国台湾地区学者郑玉波先生认为，责任保险中，过失责任既须负责，则无过失责任更应负责，所以无过失责任当然也包含在内，自不待言。[2] 这似乎很合乎逻辑，但实际上并非如此。无过失责任是不论有无过失，也就是说不论行为人主观过错状态上存在故意还是过失，都要对其行为后果承担责任，亦即“无过失”中是可以包含故意的。故意，如前所述，除特殊情形外，责任保险不得承保。据此，不能说，无过失责任，责任保险予以承保。

[1] 乔治·E. 瑞达著：《风险管理与保险原理》（第10版），刘春江、王欢译，中国人民大学出版社2010年版，第772页。

[2] 郑玉波：《保险法论》（修订六版），三民书局2006年版，第113页。

试论保险合同中特约条款诸问题

陈　克*

我国的保险法律体系取法于大陆法系，保险实务又源于英美法系，立法和实务呈现出相互脱节的“两张皮”现象，而特约条款就是其中最为突出的问题之一。我国保险法立法和相关司法解释中对于特约条款均极少涉及，但保险实务中对特约条款的运用则颇多。因此，有关特约条款的性质是什么？特约条款、除外责任、如实告知义务等如何区别？特约条款效力如何认定？违反特约条款的法律后果是什么？特约条款又如何规制？上述问题都是审判实践中经常面临而又不得不时时回避的问题，故本文从特约条款制度渊源出发，立足于我国的立法实践、最大诚信原则及特约条款保障保险人控制承保风险之制度目的，对特约条款的效力和法律后果规制等予以探讨，达到限缩此类条款之适用范围的目的。

一、特约条款概述

特约条款始于英国 Lord Mansfield 的相关判决，并为《1906年英国海上保险法》第 33 条至第 41 条所确认。在我国现今的保险实务中，保险人为限缩承保范围，降低理赔风险，对特约条款运用频繁，而现行立法对特性条款又缺乏规制，[1] 故实践中此类条款的

---

* 陈克，上海高级人民法院民二庭法官。

[1] 2008 年新《保险法》第 20 条“投保人和保险人在前条规定的保险合同事项外，可以就与保险有关的其他事项作出约定”的规定，又不能视为对此类条款的继受。

法律适用问题就成了审判中的难点。

在保险合同中保险条款可分为基本条款、附加条款、保证条款和协会条款四种类型。后三种条款又被称为广义的特约条款，保证条款也被称为狭义的特约条款，本文采狭义说，特约条款仅指保证条款。

（一）定义、性质、特征及分类

特约条款是指保险合同当事人于保险契约基本条款外，承认履行特种义务之条款。❶

特约条款性质上为意定条款，系保险人控制危险的方法，属于保险合同内容的一部分，一旦载明于保险合同中，除违反《合同法》第52条规定外，即属有效条款。违反特约条款一般产生解除保险合同、免除保险责任的法律后果。

根据上述定义和性质，可见特约条款有以下特征：

（1）特约条款系约定基本条款之外的事项。此类条款属于意定条款，是合同当事人约定履行基本条款之外义务的合意，系与基本条款相对之概念。

（2）特约条款的内容须在保险合同❷上载明。因特约条款本身为保险合同内容之一部分，故应在保险合同上载明才可生效。

（3）特约条款的内容为过去、现在、将来事项的约定。换言之，就保险合同有关之一切事项，无论过去、现在、将来，均可经保险合同约定为特约条款。例如，在重大疾病医疗保险合同中，就过去未患过相类似疾病的约定，是对过去事项的约定；又如，在火灾保险中，就房屋内具备自动喷淋灭火系统的约定，是对现在事项之约定；再如，在机动车三者险中，就不得由汽车所有人之外第三人驾驶汽车的约定，是对将来事项的约定。

（4）特约条款属于格式条款。有观点认为特约条款是保险合同当事人之间对基本条款予以修改的“特别约定”，不属于格式条款。

---

❶ 林群弼：《保险法论》，三民书局2009年版，第187页。

❷ 保险合同作广义理解，包括投保单、保险单或者其他保险凭证。

本文持相反观点，因为对于特约条款而言，其是否符合格式条款特征需要视特约条款的内容而定。如果特约条款是保险人与投保人充分商定的投保条件，则不属于格式条款；反之，如果是保险人为了重复使用而预先拟定，并在订立合同时不与投保人协商的条款，或者投保人虽然提出异议，但最终不为保险人所接受的条款皆应视为格式条款。从保险实务来看，特约条款的内容往往由保险人提出或决定，投保人几乎没有机会或能力提出反对。因此，特约条款属于附加于格式基本条款之上的格式条款。

根据《1906年英国海上保险法》第33条第2款规定，依照特约条款是否明示，可区分为明示特约条款和默示特约条款。[1] 学界还根据担保事项的发生时间，将特约条款区分为允诺特约条款和确认特约条款。前者指除合同基本条款外，当事人间就投保人方允诺于保险合同成立后履行特定义务的约定；后者指当事人就由投保人方对于保险合同成立前之相关陈述，保证其真实性的约定。本文采取此分类方法，其实益将在下文中予以论述。

（二）渊源

特约条款源于英国早期的寿险投保书，后滥觞于海上保险合同，主要目的在于防止保险人因被保险人对重要事项的不实陈述和隐匿而引发的理赔概率增加。最早可考案例是19世纪的Duckett v. Williams案，但最终确立特约条款处理原则的是Thomson v. Weems案，该案上诉至上议院，Lord Blackburn明确指出“就被保险人违反相关疾病担保条款的情况，保险人均有权主张撤销保险契约，而无论该担保事项是否重要。理由在于被保险人既然已作担保，因被保险人违反其担保，必将其置于不利评价的地位，即使该担保事项对于保险事故无可归责性”。该判决后经无数次援引而逐

---

[1] 前者是指投保人或被保险人在保险单或附件上明确记载对于某一事项担保其真实性。后者是指投保人或被保险人虽未在保险单或附件上明确担保某一事项的真实性，但该事项的真实性是保险合同的成立依据并已成为合同的一部分，此类默示特约条款大多出现在海商保险中。

渐成为现今英国实务界对特约条款之通说。

由于特约条款的具体适用对于被保险人过于严苛，自其产生之日一直被许多学者所诟病。进入20世纪中后期，民商法更侧重于对消费者的保护，而且保险人风险控制的手段也日益多元化，英国法学界要求改造特约条款的呼声日益高涨。

特约条款在美国立法例上称为担保（warranty）条款，担保系依据当事人之合意，特别载明于保险单之说明或允诺（promise），如为前者，投保人对说明事项的真实性进行担保；如为后者，投保人就其履行进行担保。投保人在契约下所得享有之权利，完全系于此一说明之真实性或允诺之履行。[1] 美国法虽然承继了英国法上特约条款，但美国各州在立法上主要是从特约条款约定事项与保险事故发生的关系上，对特约条款的适用进行了修正和限制，此类限制多适用于人身保险。[2]

二、我国关于特约条款的法律规定

我国《保险法》并无特约条款的内容，[3] 关于特约条款也仅在《海商法》第235条和《最高人民法院关于审理海上保险纠纷案件若干问题的规定》第6～8条以保证条款的形式出现。

（一）《保险法》上的相关规定

有观点认为，我国《保险法》第18条第2款“投保人和保险人可以约定与保险有关的其他事项”的规定，可视为我国关于特约条款的规定。但根据《保险法》第18条第1款对保险合同基本条款内容的规定，第2款应视为对保险合同可约定其他内容的补充性规定，未涉及特约条款性质、内容、法律后果，故不能视为对特约

---

[1] 施文森：《保险法论文》（第一集），自印，1988年版，第114～116页。

[2] 同上书，第119页。

[3] 2003年12月8日发布的最高人民法院《关于审理保险纠纷案件若干问题的解释》（征求意见稿）中规定：“保险合同中投保人、被保险人以书面承诺为一定行为或不行为或者保持某种状况的内容视为保险合同中的保证条款”（第12条第2款）。但该司法解释因之后《保险法》的修改并未正式出台。

条款的规定。

（一）《海商法》上的相关规定

《海商法》第235条仅规定，被保险人违反合同约定的保证条款时，应当立即书面通知保险人。保险人收到通知后，可以解除合同，也可以要求修改承保条件、增加保险费。对何谓保证条款仍未做明确规定，而且《海商法》第12章关于海上保险合同的规定，主要是参照国际上影响最大的《1906年英国海上保险法》制定的。为此，探究特约条款的含义还需回溯到英国法的相关规定。

参照《1906年英国海上保险法》规定，结合我国《保险法》、《海商法》第235条中的保证条款可得出以下两个结论。

其一，《保险法》第18条第1款规定了保险合同应包括的基本事项，《海商法》第217条规定了海上保险合同的主要内容，上述两个条款均未涉及特约条款。《保险法》第18条第2款规定当事人除前款规定的保险合同事项外，可就与保险有关的其他事项作出约定。据此，《海商法》第235条所涉保证条款应当属于当事人间的特别约定，即特约条款。

其二，最大诚信原则是《保险法》、《海商法》的基本原则，保险法律关系的各方当事人均应遵守。在保险立法实践中，最大诚信原则更多的体现是对投保人方的要求，因此特约条款也更多地体现为投保人方的允诺。[1]

问题随之而来，特约条款（保证条款）仅在《海商法》上规定，陆上保险中是否有适用余地？本文认为《海商法》是我国商法中主要的部门法，而且关于保险部分的立法宗旨与《保险法》并不相悖，故从我国保险法体系的统一性和完整性出发，《海商法》规定的海上保险特约条款的相关原则在陆上保险中有适用余地。

---

[1] 于海纯等：《新保险法案例评析》，对外经济贸易大学出版社2009年版，第86～89页。

三、特约条款的法理基础及构成要件

明确特约条款的法理基础和构成要件是正确认定特约条款的前提。

（一）特约条款的法理基础

最大诚信原则是特约条款的法理基础。保险合同的射幸合同特性及各方当事人对信息掌控不对称，必然要求保险合同为最大诚信合同。强调最大诚信的目的在于，对保险人而言，如投保人违背最大诚信原则，保险人得以据此免除、减轻保险责任或解除保险合同。

投保人在保险合同订立前，应对相关事宜的真实状态，对保险人作出保证，便于保险人正确预估风险。在保险合同订立后，为避免投保人因订立保险合同而怠于履行注意义务，导致保险事故发生概率上升的情况，保险合同中可约定投保人履行相关义务，以避免或减少保险事故发生，进而克服道德风险和减少交易成本。

此外，特约条款必须严守原则（下文将做论述）所体现的条款内容与保险事故间无归责性，与最大诚信原则本意相契合。

因此，无论从特约条款平衡保险合同当事人之间利益冲突并最小化隐藏风险的设定目的，还是与最大诚信原则适用上的相同特质，都可得出最大诚信原则是特约条款法理基础的结论。

（二）特约条款的构成要件

（1）特约条款义务主体为投保人和被保险人。《保险法》第10条规定投保人和保险人是保险合同当事人，但被保险人是否也系保险合同之当事人，仍有争议。[1] 故本文将区分各个主体探讨谁为特约条款之义务人。

首先，投保人应为特约条款之义务人。从保险人的角度来看，

---

[1] 大陆法认为保险合同当事人为保险人和投保人，英美法认为保险人和被保险人为保险合同当事人。

其关心的是如何控制保险风险，特别是在被保险人为无行为能力人和限制行为能力人，不能履行特约条款义务的情况下，确定投保人为履行特约条款义务人也更具现实意义。再从投保人角度来看，强化保险标的的控制将实质影响保险人是否承保及保险费的多少，遵守特约条款对投保人深具实益。

其次，被保险人应为特约条款之义务人。一是被保险人在英美法上本身为保险合同当事人，从法的继受来看，将其确定为特约条款义务人并无不当。二是，保险合同可视为第三人利益的合同，被保险人为保险事故发生时受利益之主体，从利益平衡而言，将其作为特约条款义务人应属正当。三是，被保险人通常处于对保险标的有利的支配地位，将其确定为义务人，可以较低成本达成控制保险风险之目的，降低保险合同各方当事人的交易成本。

最后，保险人不应为特约条款之义务人。就特约条款在于控制保险标的风险，对被保险人和投保人而言，一旦发生保险事故即可产生合同利益，故其并无要求保险人控制保险风险之需求。而且如果因保险人不履行特约条款义务，而产生解除保险合同的后果，将使得被保险人陷于无保险保护的境地，也与特约条款的设立目的相悖。

鉴于受益人地位较为特殊，因篇幅所限不做探讨，可参照被保险人进行适用。

（2）条款内容应为确认特定事项过去、现在、将来的状态。

（3）特约条款系约定基本条款之外的事项。要件二、三因在特约条款特征一节已做论述，不再赘言。

（4）特约条款是保险合同当事人对履行特定义务的合意。特约条款系保险合同当事人意定而非法定之义务，即特约条款属于保险合同中任意记载事项。而且该类条款显现了双方合意的特点，并非单方法律行为。

（5）特约条款必须载明于保险合同。陆上保险合同并不承认默示特约条款，既为明示特约条款，当然应由载体予以记载，再根据保险合同系书面要式合同之规定，该特约条款应在保险合同上载明。

从特约条款内容来看涉及特定事项过去、现在、将来状态的确认，为适用特约条款方便起见，也应于保险合同上予以载明，便于举证证明特约条款之内容。此处保险合同应做广义理解，包括投保单、保险单或者其他保险凭证。

（三）特约条款的两项原则

特约条款的必须严守原则和不能补正原则，是此类条款法律适用的基本原则，必须予以重视。

（1）特约条款必须严守原则。此为 Lord Mansfield 于 Pawson v. Watson 案所创设，是指保险合同中的特约事项必须严格遵守，当事人即使有轻微违反，即属于违反担保条款，无法引用合同法上“微数不举”原则（de minimis rule）。即使违反特约条款与保险事故之间无归责性，也不能成为免除违反特约条款法律后果的抗辩理由，只要被保险人、投保人未严格遵守特约条款，保险人即可主张免责。

（2）特约条款不能补正原则。此特征源于 18 世纪末的 De Hahn v. Hartly 案，是指一旦特约条款被违反，即使事后该违反状态得以补正，也不能免除违反特约条款的责任。

有些学者认为，上述原则体现了特约条款规定乖张，无法理依据的特点。但保险人借助特约条款要求对方保证保险标的的过去、现在、未来的有关事实的真实性，借以实现控制风险，降低保险合同各方交易成本的目的。从上述角度来看，特约条款适用原则有其合理性。不能否认的是在现代社会保险人相比较被保险人、投保人而言，更了解保险业务，保险人可以通过特约条款尽可能地保护自身利益，为此各国渐有控制此类条款之倾向。例如，1980 年，英国法律委员会第 104 号报告第 8 条明确指出“保证条款应当对危险估计具有重要性，否则该保证条款无效，即使违反该条款，也不构成违反保证”。[1]

[1] 施文森：《保险法论文》（第一集），自印，1988 年版，第 87 页。

四、特约条款与其他条款、义务的区别

特约条款一经载明于保险合同中，即生绝对效力，与下述保险法上概念区别明显。

（一）特约条款与除外责任条款的区别

除外责任条款，是指将原本包括在保险合同内的保险事由排除于承保范围之外的条款，如火灾险中，保险人常将因地震、台风等不可抗力所引发火灾不予赔偿，此类条款即为除外责任条款。英美保险法中另有不包括条款（exclusionary clause），“除外”与“不包括”均有否定的意思，都为保险人限缩保险范围的方式，并无严格区分之必要，[1] 故上述两类条款与特约条款的区别一并论述。

因特约条款与除外责任条款皆有限制承保范围的功能，区分较为困难。例如，机动车三者险中经常出现的“被保险人应当对被保险车辆采取合理维护，使其处于适合道路行驶状态”，若理解为“被保险人应保证车辆保持适合道路行驶状态”，应视为特约条款；若理解为“除被保险车辆未采取合理措施维护，不符合道路行驶状态外，保险人对车辆所受损毁、灭失、遭窃承担保险责任”，则应视为除外责任条款。为此，英国学者 Malcolm Clarke 提出的以下三项判断标准[2]可做参考。

首先，根据系争保险条款的标题来判断性质，如果标题与条款内容不相符时，不应以标题为判断依据。其次，参照违反系争条款的法律效果进行判断，违反特约条款产生解除保险合同的法律后果，违反除外责任条款仅免除除外责任条款项下的保险责任，[3] 最后，探析系争条款实质，得出条款法律属性，特约条款是对一种长期性或经常性状态引发的保险责任的排除，除外责任条款是对暂时

---

[1] 江朝国：《保险法论》，瑞兴图书公司 1990 年版，第 252 页。

[2] Malcolm A. Clarke, Policies and Perception of Insurance Law in Twenty-First Century 155 (2004).

[3] 此判断标准由果及因，易引发逻辑上混乱，应谨慎适用。

情况引发保险责任的排除。

（二）特约条款与如实告知义务的区别

《保险法》第16条对如实告知义务作出了规定，并明确了该义务四项构成要件：投保人的主观上故意或重大过失；客观上未告知或告知不实事实存在；未告知或告知不实事实属重大事实且上述事实与保险事故的发生有因果关系。[1] 特约条款与之相比区别如下：

(1) 目的不同。特约条款系保险人通过约定投保人、被保险人应履行特定义务，实现控制风险的目的；如实告知义务，目的在于保险人根据投保人如实说明的内容，正确估计其所承担的理赔费用，决定是否承保以及保险费及保险金额。

(2) 性质和记载方式不同。特约条款是保险人控制风险的方式，属于意定条款，而且必须载明于保险合同中才能生效。如实告知义务属于法定义务，通常不必记载于保险合同。

(3) 效力不同。特约条款必须严格遵守，如有违反，保险人即可解除合同。而如实告知义务的履行只需大体一致即可，违反此项义务，在未说明或说明不实事项足以变更或减少保险人对于危险估计时，才得以解除保险合同。

五、违反特约条款的法律后果

违反特约条款的法律后果是保险人可以解除保险合同或该特约条款之法律效果自违反时起向后免责。此是特约条款的应有之义，在各国及地区立法例也无不同之规定。例如，我国台湾地区“保险法”第68条规定“保险契约当事人之一方违背特约条款时，他方得解除契约，其危险发生后亦同”。

我国《保险法》对特约条款并无规定，《海商法》第235条规定“被保险人违反合同约定的保证条款时，应当立即书面通知保险人。保险人收到通知后，可以解除合同，也可以要求修改承保条

---

[1] 周玉华：《最新保险法释义与适用》，法律出版社2009年版，第33～35页。

件、增加保险费”；《最高人民法院关于审理海上保险纠纷案件若干问题的规定》第6条规定“保险人以被保险人违反合同约定的保证条款未立即书面通知保险人为由，要求从违反保证条款之日起解除保险合同的，人民法院应予支持”。由此可以得出违反特约条款的法律后果是保险人对是否解除保险合同有选择权。上述《海商法》关于海上保险合同的相关规定，陆上保险法可参照适用[1]。

另需注意的是，《最高人民法院第二次全国涉外商事海事审判工作会议纪要》第118条中“被保险人违反合同约定的保证条款但未立即书面通知保险人的，从违反保证条款之日起，保险人有权解除合同，但对于被保险人违反保证条款之前发生的保险事故造成的损失，保险人应负赔偿责任”的规定，实际上隐含了对特约条款两分法的处理原则，体现了民商法中平衡利益的原则，无论在陆上保险和海上保险中都应予以适用，这也是本文将特约条款区分为允诺特约条款和确认特约条款的依据之一。

在违反特约条款的法律后果上，根据此类条款的性质，对其可做如下区分：允诺特约条款约定目的在于担保保险合同订立后（未来）某一作为或不作为义务的履行或某一事实的存在，若有违反，事关保险事故发生概率的增加，保险人可自违反时解除保险合同。[2] 确认特约条款约定目的在于担保有关订约时（现在）或订约前（过去）某一事实之存在或事物之状态陈述的真实性，若不真实，事关最大诚信原则的违反，保险合同自始溯及失效。

---

[1] 在陆上保险实务中，保险合同的当事人通常约定特约条款的法律后果，法院一般“有约定从约定”对于约定条款的效力予以肯定。例如，在天安保险股份有限公司南海支公司与××等保险合同纠纷上诉案中，广东佛山中级人民法院认定“《机动车第三者综合损害赔偿责任险》第17条‘发生保险事故后，造成第三者损失……被保险人必须在受损财产修复或赔偿前会同保险人共同检验和确定修复项目及费用，并由双方订立定损或书面协议。否则保险人有权重新核定或拒绝赔偿’的约定属于保险合同的保证条款，合法有效。××没有履行承诺，应承担相应的后果”。

[2] 梁宇贤、刘兴善等：《商事法精论》，今日书局2009年版，第682页。

六、对特约条款的规制

英美法对于特约条款，传统上强调必须严格遵守，如有违反，即使对保险事故非重要性，保险人即可否定保险合同的效力。但现实情况是，保险人出于利己目的大量使用担保条款，导致投保人、被保险人利益受损，在英美法上该特约条款又被称为“伟大的拒赔者”(the great requdiators)。为促进保险事业的健康发展，消除大众对保险业的不信赖感，对于特约条款应予限制，法院作为社会利益的平衡器，对特约条款的滥用更应予规制。

特约条款可分为明确约定违反条款法律后果和未明确约定违反条款法律后果两类。

（一）对特约条款效力的规制

对于明确约定违反条款法律后果[1]的特约条款，此法律后果通常为解除保险合同或该特约条款之法律效果自违反时起向后免责。这一点可适用《保险法》第 19 条，审查特约条款的效力。

《保险法》第 19 条是本次保险法修订后的新设条款，沿用了《合同法》关于格式合同的解释原则的规定，排除保险人提供的免除保险人依法应承担的义务或者加重投保人、被保险人责任，及排除投保人、被保险人或者受益人依法享有的权利的格式条款效力。该条款规定了保险合同最低的标准，是从保险法具有监督性的本质出发，防止保险人以格式条款的方式剥夺对方当事人的利益。因特约条款经常涉及免除保险人义务或者加重投保人、被保险人责任的情况，故有适用第 19 条的余地。笔者建议从特约条款约定事项与保险事故的因果关系和发生概率增加的有无入手，确定此类条款的效力。

其一，除投保人出于欺诈而订立特约条款外，如果特约条款约定事项与保险事故无因果关系，即使投保人、被保险人违反该条款，不产生保险合同无效或解除的后果。

---

[1] 其法律后果一般为保险人可以解除保险合同或免除理赔责任。

其二，除投保人出于欺诈而订立特约条款外，如果特约条款的约定事项不增加保险事故发生概率，即使投保人、被保险人违反该条款，不产生保险合同无效或解除的后果。

特约条款的目的在于保险人控制承保风险的需要，但随着信息来源广泛和保险人地位的强化，此类条款的设立目的已不存在。因此从维持合同的对价平衡原则出发，体现保险法最大诚信原则的立法宗旨，通过《保险法》第 19 条的适用改善被保险人、投保人在保险法律关系中的不对等地位，符合现代社会的价值取向。除本文已提及英国法律委员会关于保险法第 104 号报告，美国纽约州、马萨诸塞州也有相似立法。[1]

另外，即使特约条款无效，保险人仍得以其他方式控制经营风险，如除外责任条款、危险通知义务等，对处于制定保险合同的保险人而言并无难度，而对被保险人、投保人而言，一旦轻微违反特约条款，就会因丧失保险合同保护而陷于危险之中。故为利益平衡起见，对特约条款的效力也有合理规制的必要。

（二）对特约条款法律后果的规制

未明确法律后果的保险合同特约条款更为常见，对于违反此类条款如何确定相应法律后果，笔者有以下几点建议。

(1) 根据特约条款约定事项对保险事故发生是否具有重要性，确定特约条款的效力。此处所谓“重要性”应理解为特约条款约定事项与保险事故发生是否具有因果关系，是否引发保险事故发生概率的增加。

(2) 区分允诺特约条款和确认特约条款，确定各自相应法律后果。在根据前一建议已确定特约条款效力的前提下，根据担保事项的发生时间，特约条款区分为允诺特约条款和确认特约条款。后者可适用《保险法》第 16 条关于如实告知义务的相关规定，如果投保人、被保险人故意或者因重大过失未履行特约条款，保险人有权解除合

---

[1] 陈欣：《保险法》，北京大学出版社 2005 年版，第 78 页。

同。其法理依据在于，第16条是投保人、被保险人因可归责事由，违反提供保险合同基础信息意定义务的情况下，确定其民事责任的规则。如实告知义务与确认特约条款在体现最大诚信原则、限制承保风险等法律上有意义，且特征均相同。因此，对于确定特约条款可类推适用《保险法》第16条如实告知义务的相关规定。既可限制特约条款过分严苛的法律后果，又体现了保险法内容价值判断的统一性。

允诺特约条款与确认特约条款最大的不同点在于，前者是对于合同订立后某一作为或不作为义务的履行或某一事实的存在的保证，而此约定的义务和事实往往事关保险事故发生概率的增加，而且是为防止投保人、被保险人恶意制造保险事故，骗取保险金的情况。对允诺特约条款应严格使用，如有违反即构成保险合同无效或解除的法律后果。

(3) 对特约条款属于允诺特约条款抑或确定特约条款有争议时，一律解释为确定特约条款。该条原则是《保险法》第30条保险合同解释原则的具体适用，因两类特约条款的法律后果对投保人、被保险人影响不同，应由保险人作为拟约者“背负约款疑义的不利益”。应将此类条款视为确定特约条款使投保人、被保险人承担较轻的民事责任。

七、结语

特约条款作为最大诚信原则的重要组成部分，是维护保险人利益、防范道德风险、控制经营风险的有效手段。但在保险实务中，特约条款却被异化为“伟大的拒赔者”，如何“矫枉而不过正”正是本文的撰写初衷。本文从特约条款的性质入手，对相似概念进行辨析，并通过“特约事项与保险事故重要性的有无”规制特约条款的效力，同时将此类条款区分为确定特约条款和允诺特约条款，分别明确其法律适用范围和法律后果。

因学识有限，行文仓促，不当之处还望指正。

责任保险代位权理论问题研究

任洪宝　史卫进*

我国关于保险代位权的研究，基本上停留在对保险代位权基本问题的介绍和讨论上，总体上缺乏对责任保险代位权的深层次研究。责任保险代位权的实质是保险代位权在责任保险中的适用，并非是责任保险与保险代位权简单的相加而形成的新型权利，而是在理论与实践的基础上综合两种制度而形成的新的保险法律制度领域。鉴于此，本文在现有的理论基础上，对责任保险代位权进行初步的研究，探讨保险代位权在责任保险领域的适用问题，厘清责任保险代位权的相关基本概念，以期解决理论及实务中存在的责任保险代位权的具体适用规则等相关问题。

一、责任保险代位权概述

（一）保险代位权溯源

我国传统民商法中使用的“代位”这一概念翻译自英文的“subrogate”，“代位”是意译的结果。“subrogate”本意是“让位、转让”而非“代位”，这一点可以通过英文版法条以及英语构词法证明。

《1906年英国海上保险法》（MIA1906）第79条原文为“... he is thereby subrogated to all the rights and remedies of the

---

* 任洪宝，烟台大学法学院2008级民商法研究生；史卫进，烟台大学法学院副教授、硕士生导师。

assured...”使用了 subrogate 的被动结构 subrogated，实际上保险人是 subrogate 这个动作的被动接受者，即被转让人。该条文在翻译成中文时译成了主动结构“……保险人代位取得被保险人所有关于保险标的物之权利……”英文被动结构在翻译成中文主动结构后，行为主语的换位导致了语义的变化，所以我国 2002 年版《保险法》第 45 条再译回英文时则错误地使用了 subrogate 的主动语态，“... insurer shall,..., subrogate the insured to exercise the right to indemnities from the liable third party”。[1] 这样，保险人被误认为是 subrogate 这个动作的发出者，反倒成为转让行为人。这一错误直到 2009 年版《保险法》的英译本才改为正确的翻译“... the insurer may,..., exercise the insured's right to claim compensation from the third party by subrogation within the amount of indemnities”。该译文回避了 subrogate 这个动词，而使用了 subrogate 的名词形式 subrogation。Subrogation 作为名词，包含转让和代位两个行为，站在不同行为人的角度，则完全可以翻译为让位制度或者代位制度。正如用结婚这个概念包含出嫁、迎娶两个完全不同的行为一样，代位（Subrogation）这一概念，可以包含制度中的让位行为以及代位行为，这样不会因为行为人的不同而造成概念混乱。我国《海商法》第 252 条第 1 款的规定：“保险标的发生保险责任范围内的损失是由第三者造成的，被保险人向第三者要求赔偿的权利，自保险人支付赔偿之日起，相应转移给保险人。”使用“转移”的译法，最忠实于代位制度的原意。

Subrogate 的误译也可以通过英语构词法来证明，在英语构词法中，subrogate 可以分解为 sub-rog-ate，其中 sub-表示附属的、次级的意思；rog 相当于 ask，表示要求、请求、问；-ate 表示构成动词，有做、造成的意思。Sub-rog-ate 的完整意思则应该理解成请求权的降级，即权利减等而让位与他人，翻译成“让位”或者

---

[1] 详细法条见 2002 年《保险法》英译本，http://www.fdi.gov.cn/pub/FDI_EN/Laws/law_en_info.jsp?docid=52151。

“权利转让”则更精确。

在我国，subrogee 译为代位人（实为被转让人），subrogor 译为被代位人（实为转让人），这也完全颠倒了动作的发出者和动作的接受者，是不符合英文的构词习惯的。实际上-ee 词缀用在动词后构成名词，表示“动作接受者”，如 interviewee（被接见者；被采访者）、employee（雇员；被雇佣者）。-or，-er 这类词缀用在动词后构成名词，表示“动作发出者”，如 interviewer（接见者；采访者）、employer（雇主；雇佣者）。所以，subrogor 应该是主动者，即转让者，意译成被代位人虽然意思正确，但是造成了行为指向的混乱。subrogee 应该是被动者，即被转让人，意译成代位人也同样造成行为承受者变成了行为主动者的混乱。

通过前面的论证，可以看出代位（subrogation）的本意就是让位、权利转让，代位权也只是从让位、权利转让的义务中派生出的权利，并非固有的、原始的权利，而应是继受的权利。无论是债权代位还是保险代位都是因为原始权利人符合某种法律规定的条件，导致自身权利受到限制而减等，将属于原始权利人的请求权转让给法律规定的第三者，这个第三者在债权代位中是债权人，在保险代位中是保险人。不同的是，债权代位是由于债务人怠于行使到期债权，对债权人造成损害的，从而将享有的债权请求权让位于债权人；保险代位是由于被保险人得到保险赔偿后弥补了自身损失，为了避免被保险人获得超额利益，从而将享有的损害赔偿请求权让位于保险人。

所以，subrogate 行为应理解为“让位”更符合原意，有助于代位制度的理解。当然，我国传统意义上的“代位”，是作为在制度层面上使用的概念，包含着具体的代位权以及具体的代位行为。本文仍使用传统意义上的代位、代位权、代位制度等概念，以便于表达和理解。

（二）财产保险中的代位权

保险代位权（Right of Subrogation），又称财产保险代位权，是在财产保险合同中，保险人赔偿被保险人的损失后，所取得的代位行使被保险人享有的、依法向负有民事赔偿责任的第三者请求赔偿的权利。[1] 大陆法系的学者认为，代位制度源于罗马法的债权转让制度，是一种法定的债权转让；英美法系学者认为，代位制度产生于衡平法，它的最早雏形还可以追溯到衡平法上的分摊原则[2]，它兼具了衡平法和普通法权利的特质。两大法系虽然在代位制度的基本理论上存在部分差异，但是在保险立法上都给予保险代位权一致的承认。保险代位求偿制度形成于英国，被世界各国立法所采纳。经过现代保险业的孕育、发展和完善，逐渐形成了具有独特内涵的保险代位求偿制度。[3]

保险代位制度作为保险损失补偿原则的派生产物，既可以防止被保险人额外获利，维护损失补偿原则；又可以防止加害人脱责，维持加害第三者的赔偿义务；同时保障保险人的利益，扩张保险人补偿基金的来源，降低保险经营风险。可谓是“一举数得”的制度设计。

（三）保险代位权在责任保险中的适用

责任保险，是指保险人以被保险人依法应当对第三者承担的赔偿责任为保险标的的保险。由于责任保险中被保险人的损失实际上是基于其依法应当对第三者承担的赔偿责任，所以“无责任即无保险”是责任保险的原则，但法律另有规定的除外。[4] 对于责任保险，保险人是否享有代位权问题，在理论和实务上素有争议，有人认为有代位权，有人认为根本无代位权。

从责任保险的所属类型来看，责任保险属财产保险的一种。我

[1] 李玉泉：《保险法》（第二版），法律出版社 2003 年版，第 228 页。

[2] 衡平法上的分摊原则（Equitable Doctrine of Distribution）：在共同保证或共同侵权的情况下，其中一个保证人或侵权人向权利人履行了全部义务，他就可以向其他义务人追讨，要求他们分摊他们应该承担的义务。

[3] 许良根：《保险代位求偿制度研究》，法律出版社 2008 年版，第 25 页。

[4] 通说认为《道路交通安全法》第 76 条规定，机动车发生交通事故造成人身伤亡，财产损失的，由保险人在机动车第三者责任强制保险责任限额范围内予以赔偿，是无责赔付的依据。

国《保险法》规定，财产保险业务，包括财产损失保险、责任保险、信用保险、保证保险等保险业务。以责任保险的保险利益观察，虽然责任保险比其他财产保险的风险具有更大的不确定性，从而在一定程度上脱离了损失补偿的保险之范围，朝着为第三者利益而订立保险的方向发展。但是，责任保险同样适用损失补偿原则。

关于代位权在责任保险中的适用问题，从社会公平的角度上分析，在共同侵权导致第三者损害的保险事故中，如果保险人赔偿保险金后，不能代位向共同侵权者求偿，会导致共同侵权者逃避赔偿义务，而由保险人承担损失，这对保险人不公平。责任保险既为财产保险，并且适用财产保险的损失补偿原则，所以保险代位权应当适用于责任保险。由于责任保险中，被保险人承担赔偿责任的情形千差万别，虽然保险代位权应当适用于责任保险，但是并非所有的责任情形下都可以适用保险代位权。

实际上，责任保险代位权的适用范围非常狭窄，仅适用于共同侵权的情形，即被保险人和其他共同侵权行为人致人损害而应当承担责任时，保险人依照保险合同对被保险人承担赔偿责任后，可以就其他共同侵权行为人应当承担的赔偿责任份额，代位被保险人请求其他共同侵权人予以赔偿。[1]

责任保险中，被保险人与共同侵权人是基于共同侵权的事实而形成的连带责任（包括不真正连带责任、补充责任）关系。由于被保险人与共同侵权人的这种责任关系，被保险人履行赔偿责任后，超出其自身责任范围的部分可以视为被保险人财产的损失。此损失是由于共同侵权人的行为所造成，所以在被保险人与共同侵权人之间就形成了被保险人的损害赔偿请求权。被保险人可以就超出自身责任范围的部分向共同侵权人提出求偿请求。如果保险人支付受害第三者赔偿金后，保险人就可以在保险金限额内就超出被保险人责任范围的部分代位被保险人向共同侵权人提出求偿请求。

共同侵权情况下，责任承担主要有四种方式，即连带责任、不

---

[1] 游杰："责任保险代位权探析"，载《保险研究》2003 年第 1 期，第 13 页。

真正连带责任、按份责任及补充责任。在适用责任保险代位权时，不仅要求被保险人、共同侵权人存在共同侵权的事实，并且要求被保险人与共同侵权人负有连带责任（包括不真正连带责任、补充责任）。

责任保险代位权能够成立的前提是被保险人对其他共同侵权人享有的损害赔偿请求权。如果被保险人、共同侵权人之间不存内部求偿权，则不存在保险代位权的适用。连带责任、不真正连带责任、补充责任中，一方依据法律规定承担全部责任后使主债务消灭，而在责任者内部产生新的债务关系，即内部求偿权。所以，在这三种责任承担方式下，保险代位权都有适用的可能。对于按份责任的共同侵权的情形，由于责任划分明确，各负其责，保险人可依据划定的被保险人应负的责任支付相应的保险赔偿金。按份责任共同侵权人之间不存在相互追偿的问题，所以不存在保险代位权的适用。

二、责任保险代位权的取得与行使

（一）责任保险代位权的取得

关于保险代位权的取得方式，世界各国的规定不尽相同，在大陆法系中存在两种立法例，一种是法定代位（statutory subrogation），依法律规定代位权的取得仅以理赔为条件，只要保险人向被保险人给付保险金后即可自动取得代位权。例如，《日本商法典》第662条第1款规定："若损失因为第三者的行为所造成，保险人向被保险人给付保险金额后，在已给付的保险金额的限度内，取得投保人或者被保险人对第三者的权利。"我国《保险法》第60条第1款、《海商法》第252条也有相似的规定。另一种是常规代位（conventional subrogation），或称请求代位，在被保险人从保险人处收到付款后明示转让（assignment）其债权，即保险人向被保险人赔付后并不能自动取得代位权，还须被保险人明示地将其享有的对第三者的损害赔偿请求权让渡给保险人，保险人方能取得代位权。

在普通法中，代位可以是法定的，如《1906 年英国海上保险法》（MIA1906）第 79 条规定："……于保险人给付全损赔款后，无论系保险标的物全部全损或部分者，所有该受偿保险标的物一切权利，即归保险人所有并得自事变发生之日起，代位取得被保险人所有关于保险标的物之权利……"代位也可是约定的，还可以是法院同意的（judicial consent）。

法定代位的优点是简单明了，仅以理赔为保险人取得代位权的要件。法定代位能促使保险人简化理赔程序，提高理赔效率，且有助于保险人及时向第三者追索。但是法定代位也存在明显的不足，如我国《保险法》对代位权的具体取得时间与权利转让范围只做了原则性规定，因而不够翔实明确，容易导致第三者混淆损害赔偿金的给付范围和给付对象。请求代位虽明确了赔偿请求权的让与时间以及范围，却使保险人代位权的取得在很大程度上受到被保险人的制约，容易造成实际操作中的拖沓与推诿，从而影响保险理赔的效率。

1. 责任保险代位权的取得要件

我国《保险法》第 60 条第 1 款规定："因第三者对保险标的的损害而造成保险事故的，保险人自向被保险人赔偿保险金之日起，在赔偿金额范围内代位行使被保险人对第三者请求赔偿的权利。"我国《海商法》第 252 条第 1 款也有相应的规定。根据上述规定，保险代位权的取得应满足以下两个条件：一是被保险人因保险事故对侵权第三者享有损害赔偿请求权。二是保险人对被保险人已给付保险金。在理论上有不少学者持三要件说，并将代位权的金额以实际赔付的保险金额为限作为保险代位权的要件之一。[1] 实际上代位权的金额以实际赔付的保险金额为限只是对保险人行使保险代位权的一种限制，并非是其行使代位权的要件。

依照保险代位权取得的要件，在责任保险中，取得责任保险代位权应满足以下两个条件：

---

[1] 江朝国：《保险法基础理论》，中国政法大学出版社 2002 年版，第 394 页。

(1) 被保险人因保险事故对共同侵权人有损害赔偿请求权。这是保险人行使责任保险代位权的前提条件。被保险人因保险事故对共同侵权人享有损害赔偿请求权，是保险人代位行使的实体权利。我国目前的财产保险合同条款均强调被保险人应将向第三者追偿的权利让与保险人，并协助保险人向第三者追索。应当注意的是，在责任保险合同中，这里的第三者实际上是指共同侵权人，不是责任保险的受害第三者。

(2) 保险人对责任保险的受害第三者已给付保险金。这是责任保险代位权行使的实质性条件。该条件不同于一般保险代位权的是，保险人对责任保险的受害第三者支付保险金。

满足以上两个要件，责任保险人即可依法取得向共同侵权人追偿的代位权。

2. 责任保险代位权的取得程序

在保险实务中，保险人通常会要求被保险人开具权利转让证书或者在合同条款中载明被保险人应将向第三者追偿的权利让与保险人，以示保险人向被保险人给付保险赔偿金后取得代位权。该权利转让证书或者合同条款的效力该如何认定呢？本文认为，在采法定代位主义的国家，保险人支付赔偿金是保险人取得代位求偿权的充分必要条件。无论权利转让证书或者合同条款是否存在，保险人支付保险金后即取得代位权。被保险人签署的权利转让证书或者合同条款仅起到证明权利转让范围的作用。在采请求代位主义的国家，保险人代位权的取得取决于被保险人的意思表示，此时被保险人签署的权利转让证书或者合同条款便具有决定性意义，保险人代位权的取得时间与追偿范围应以此为准，否则保险人不能有效行使代位权。[1]

我国保险立法采法定代位主义。虽然目前的财产保险合同条款均强调被保险人应将向第三者追偿的权利让与保险人，并协助保险人向第三者追索，这也只是我国保险行业在实践中的惯例而已。该

---

[1] 徐国峰：“代位求偿权基本问题探讨”，载《保险研究》1993年第5期。

惯例不是法定的必经程序，也不能就此认定我国采常规代位主义，责任保险代位权的取得也无须该程序。

（二）责任保险代位权的行使名义

责任保险的保险人在行使代位权时，究竟应以保险人自己的名义，还是以被保险人的名义行使或者其他名义？理论界历来存有争议，现主要有以下四种不同的观点：

一是以被保险人的名义行使。该观点认为，责任保险中，被保险人对共同侵权人的损害赔偿请求权是保险人行使代位权的前提与基础，保险人本身与损害赔偿事实并没有直接的利害关系，他只是在赔付了被保险人的损失后，代位被保险人向共同侵权人行使请求权。保险人行使的权利虽然是法定受让的债权，但其实质仍等同于被保险人享有的损害赔偿请求权。因此，代位权并不是保险人新的独立的权利，只是允许保险人代位行使被保险人对共同侵权人的权利而已，所以保险人行使代位权时必须以被保险人名义进行。这种代位权的行使方式，被部分学者形象地称为保险人仅仅是“踏进了被保险人的鞋里”（steps into the shoe）。

二是以责任保险第三者的名义行使。该观点认为，在责任保险中，保险人可以依照法律的规定、合同的约定或者依被保险人的请求直接向第三者赔偿保险金。另外，被保险人怠于请求保险人直接向第三者赔偿保险金的，第三者有权就其应获赔偿部分直接向保险人请求赔偿保险金。责任保险人与第三者的关系属于相互的直接关系，被保险人基于风险转嫁的保险合同而在责任限额内脱离了二者的关系。在责任限额内，被保险人是不存在损失的，保险事故真正的损失者是第三者，保险人赔偿保险金后，替代第三者成为真正的损失者。基于第三者对责任保险事故侵权人的追偿权，保险人实际上应当以追偿权的原始权利人即第三者的名义行使代位权。

三是以保险人的名义行使。该观点认为，保险代位权依法律规定而发生，是债权的法定转移，是保险人固有的权利，其行使不以被保险人转移赔偿请求权为条件，只要具备代位权的行使要件，即可直接以自己名义行使被保险人对共同侵权人的赔偿请求权。[1] 这一观点为我国台湾地区和澳大利亚采用，我国的学者多支持此观点。《海事诉讼特别程序法》第 94 条也明确规定："保险人行使代位请求赔偿权利时，被保险人未向造成保险事故的第三者提起诉讼的，保险人应当以自己的名义向该第三者提起诉讼。"

四是以所谓"真正利益当事人"名义行使。该学说为美国司法界所独有，美国司法界判定代位权行使的名义不拘一格，灵活多变，往往根据具体案件的具体情况，或以被保险人名义行使，或以保险人名义行使，或以二者共同名义行使。这种现象，盖因于英美法系中并没有过多的令法官束手束脚的立法条文，法官多依靠判例或法律原则进行审判的传统所致。

对保险代位权行使的名义，我国《保险法》并无明确的规定，《海事诉讼特别程序法》第 94 条规定应以自己名义行使，第 95 条更规定"保险人行使代位请求赔偿权利时，被保险人已经向造成保险事故的第三者提起诉讼的，保险人可以向受理该案的法院提出变更当事人的请求，代位行使被保险人对第三者请求赔偿的权利"。实践中，保险人行使代位权，既有以自己名义的，也有以被保险人名义的。

本文以为，代位权既然是因为共同侵权人与被保险人对第三者的不法行为而使得被保险人承担赔偿责任，保险人又基于风险转嫁的保险合同向被保险人支付保险金而导致自己受损失，那么保险人此项权利即为其应有。依据代位权法定代位主义，保险人当然应以自己的名义行使，完全不必借助于其他人名义。

从理论角度而言，代位权是保险人的法定权利，虽在权利的具体内容上等同于被保险人请求权的内容，但毕竟是保险人享有的法定的、独立的权利，保险人行使该权利时无须被保险人的同意或转

---

[1] 蔡奕："论保险代位求偿权的取得与行使"，载中国民商法律网，http：//www. civillaw. com. cn/Article/default. asp? id=22040，2011 年 5 月 20 日访问。

让，而应当以自己名义行使。再者，保险人取得代位权后，被保险人对共同侵权人的请求权原则上已经丧失，要求保险人以被保险人名义行使代位权无异于权利人以非权利人名义行使权利，这在逻辑上很难讲通。

从实务角度而言，保险人以自己名义行使代位权，有助于简化诉讼程序。若严格要求保险人以其他人名义行使代位权，则保险人在诉讼中将不得不受制于他人。保险人一旦失去独立意思表示的能力与机会，无异于降格为被保险人的索赔“代理人”。这不仅增加了保险人行使代位权的难度，而且与保险人受让代位权的本意相悖。[1]

三、责任保险代位权的限制、协调与保护

（一）责任保险代位权的限制

1. 责任保险代位权适用范围限制

保险代位权只适用于财产保险，是财产保险以及与财产保险具有相同属性的以损失补偿为原则的保险所专有的制度。[2] 在人身保险中并不适用保险代位权。我国多数学者持有该观点。损失补偿原则是保险的基本原则之一，代位原则是损失补偿原则的派生原则，这在各国保险理论和实务界基本没有分歧。由于人的生命、健康无法用金钱来衡量，一旦受损，其损害也是金钱无法补偿的，故而在人身保险中并不适用保险代位权。也有部分学者持不同意见，认为

---

❶ 蔡奕：“论保险代位求偿权的取得与行使”，载中国民商法律网，http://www.civillaw.com.cn/Article/default.asp?id=22040，2011年5月20日访问。

❷ 此为通说，参见郑玉波：《保险法论》，三民书局1978年版，第170页；魏华林、林宝清：《保险学》，高等教育出版社1999年版，第78页；徐卫东：《保险法论》，吉林大学出版社2000年版，第458页；樊启荣：《保险法论》，法制出版社2001年版，第215页；王卫国：《保险法》，财政经济出版社2003年版，第125页；李玉泉：《保险法》，法律出版社2003年版，第228页。

保险代位权不仅适用于财产保险，也适用于部分人身保险，但是此类人身保险应当具有损害填补性质，如健康保险以及意外伤害保险中的医疗、分娩及住院等费用的给付。[1] 我国《保险法》第 46 条规定，人身保险的“被保险人因第三者的行为而发生死亡、伤残或者疾病等保险事故的，保险人向被保险人或者受益人给付保险金后，不得享有向第三者追偿的权利。但被保险人或者受益人仍有权向第三者请求赔偿”。此明确规定了保险代位权只适用于财产保险，在人身保险中并不适用保险代位权。

2. 责任保险代位权相对人限制

保险代位权的相对人，从逻辑上讲，可以是保险人和被保险人以外的任何第三者。然而，在某些情况下，这种符合逻辑的结果可能会导致不公平。例如，当第三者是被保险人配偶时，如果允许保险人对该第三者行使代位权，会导致被保险人刚从保险人处获得保险金，又有义务将相当于保险金的数额返还给保险人，被保险人的损失最终还是由自己承担。“这无异于向左手为保险给付后，又自右手请求返还，保险人所为保险给付之功能大受折损。”[2] 因此，为实现保险的损失补偿功能，并平衡保险人与被保险人的利益关系，应该对第三者的范围加以限制。该限制的基本要求是，所有与被保险人在经济上或生计上存在利害关系的人，保险人都不得对其行使代位权，以避免被保险人保险目的落空，导致保险失去实际意义。

对第三者故意制造保险事故，为防范道德风险，并维持对该第三者的制裁，无论该第三者与被保险人存在何种关系，保险人均可

---

[1] 近年来不断有学者如台湾地区学者梁宇贤等人主张，对一些具有补偿性质的人身保险，如健康保险（疾病保险）或意外伤害保险中涉及的医疗费用给付等也应适用代位求偿。参见江朝国：“人寿保险人代位权规定之相关问题探讨”，载《月旦民商法》（创刊号）2003 年 9 月，第 105 页；许谨良：《保险学》，上海财经大学出版社 2003 年版，第 62 页；邹海林：《保险代位权研究》，载梁慧星主编《民商法论丛》（第六卷 1996 年第 2 号），第 247 页。

[2] 刘宗荣：《保险法》，三民书局 1995 年版，第 246 页。

以对其行使代位权。

除对第三者故意制造保险事故外，我国《保险法》第62条还规定责任保险代位权相对人限制是“被保险人的家庭成员或者其组成人员”。本条中的“被保险人的家庭成员”应当做广义的解释，是指作为自然人的保险人，其配偶、子女、父母以及与被保险人有抚养、赡养或者扶养关系的人，主要包括配偶、父母、子女、祖父母、外祖父母、孙子女、外孙子女、兄弟姐妹等。也有学者认为，上述人员是基于近亲属关系而属于被保险人的家庭成员，至于是否与被保险人共同生活则不受限制。与被保险人共同生活的其他亲属以及虽然没有亲属关系但在同一家庭长期共同生活的人，同样也应视为家庭成员，保险人也不得对其行使代位权。本条中的“被保险人的组成人员”应当做狭义的解释，是指作为法人和其他组织的被保险人的内部工作人员。也有学者认为，“被保险人的组成人员”是指为被保险人利益或者受被保险人的委托或者与被保险人有某种特殊法律关系而活动的人，包括被保险人的雇佣人员、合伙人、代理人等。[1]

然而，问题远不止这么简单。如果被保险人或者第三者并不都是自然人，情况就复杂得多，因为是否存在“经济上利害关系”以及这种利害关系的远近难以确定。与此相关的另一个问题是，保险人能否向国家行使保险代位权呢？或者说，保险代位权的相对人是否包括国家？在一般财产保险中，加害第三者若为国家的情形下，保险代位权的规范价值依然存在，并没有必要对国家给予特殊的保护，因此，保险代位权的相对人包括国家。从我国《保险法》的规定来看，也并未禁止保险人对国家行使保险代位权，但是在责任保险代位权的行使中，此问题将涉及《国家赔偿法》以及转承责任的问题，故在本文最后的转承责任等特殊问题中详细论述。

---

[1] 邹海林：《保险代位权研究》，载梁彗星主编：《民商法论丛》（第六卷1996年第2号），第248页；梁宇贤：《保险法新论》，中国人民大学出版社2004年版，第133页。

3. 责任保险代位权诉讼程序限制

对第三者的请求权，应当由保险人与被保险人依其负担比例分别享有，而后可共同起诉，亦可分别起诉。不论谁先起诉，法院都应通知另一方或作为共同原告参与诉讼，或列为诉讼第三者加入到诉讼中。如果保险人支付赔偿金后被保险人仍存在未能弥补的损失而向共同侵权人提出请求赔偿之诉，保险人必须同时向共同侵权人提起代位权之诉。如果保险人未参加被保险人的诉讼，或者保险人先行单独向共同侵权人提起代位权之诉时，未通知被保险人参加该诉讼（即使被保险人不愿意参加该诉讼），保险人向共同侵权人的代位权之诉有可能被驳回。

4. 责任保险代位权时效限制

责任保险代位权是由保险人代位被保险人行使对共同侵权人的债权请求权。债权请求权应受到诉讼时效的限制，所以保险代位权也应受到诉讼时效的限制。我国《保险法》并未规定保险代位权的诉讼时效。

从理论上讲，责任保险代位权是继受被保险人对共同侵权人之债权请求权而来，其时效期间类别、期间长短，应当依据被保险人对共同侵权人债权请求权的实体性质加以判定。责任保险代位权的时效限制，依据我国现行的法律规范，主要有以下两类：

（1）《民法通则》规定的诉讼时效。因被保险人、共同侵权人的侵权行为或者违约行为而发生责任保险事故，保险人行使责任保险代位权时，除法律另有规定外，应适用《民法通则》有关诉讼时效的规定。

（2）民商事特别法规定的诉讼时效。依据“特别法优于普通法”的原则，《民法通则》以外的民商事特别法，应优先适用。在此情形下，责任保险代位权的行使，须依照被保险人对共同侵权人损害赔偿请求权应当适用的特别法的时效规定予以确定。例如，依我国《海商法》的规定，被保险人对于第三者因海上货物运输、海上旅客运输、船舶租用合同、海上拖航合同、船舶碰撞、海难救助、船舶发生油污损害而享有的赔偿请求权，应适用

《海商法》的相关规定。同理，责任保险代位权，也应依照《海商法》规定的时效确定。

责任保险代位权诉讼时效期间如何起算？学说上存在不同见解。一种学说主张从保险人知道有赔偿义务人时起算；❶ 另一种学说主张从被保险人可行使请求权时起算。❷ 笔者赞成上述第二种学说，即责任保险代位权诉讼时效期间从被保险人可行使请求权时起算。其理由是：第一，诉讼时效对第三者而言是一种利益，这种利益不应因受害人（被保险人）投保以及保险人给付保险金而受影响。第二，保险代位权系继受而来，加于原权利之上的限制应当存在于继受的权利之上，诉讼时效也不例外。第三，保险人给付保险金是责任保险代位权成立要件之一，因此，第二种起算方式，有迫使保险人尽快给付保险金的功能。当然，这种起算方式对保险人而言可能不太公平，并且为被保险人与共同侵权责任人恶意串通损害保险人利益提供了可能。但是，现代保险法以保护被保险人的利益为核心，在保险人与被保险人利益冲突而不能兼顾的情况下，只能牺牲保险人的利益，保护被保险人的利益，在责任保险代位权诉讼时效期间起算问题上，也应以此为原则。至于被保险人与共同侵权责任人恶意串通损害保险人利益的问题，可以通过保险合同的约定来避免，如约定被保险人提出索赔的期限、约定被保险人有义务向共同侵权责任人起诉以中断诉讼时效等。

5. 责任保险代位权额度限制

《保险法》第 60 条规定了代位权应在赔偿金额范围内行使，这是对保险人行使代位权的额度限制。这一规定同样适用于责任保险代位权，倘若追偿所得少于保险金给付额，由保险人自负风险；若

---

❶ 台湾地区学者桂裕教授、袁宗蔚教授持此说，台湾“最高法院”1974 年台上 2897 号判决也采此说。

❷ 梁宇贤：《保险法新论》，中国人民大学出版社 2004 年版，第 137～138 页。台湾地区学者施文森教授持此说，台湾“财政部”1975 年令也采此说。

追偿所得超过实际赔偿金额，超过部分应归被保险人所有。保险人行使代位权，并不影响被保险人的其他权利。该条第 3 款规定，若第三者造成被保险人的损失超过保险人应承担的保险责任的，被保险人仍可对其没有取得赔偿的部分，继续向第三者请求损害赔偿。“保险人行使代位请求赔偿的权利，不影响被保险人就未取得赔偿的部分向第三者请求赔偿的权利。”在责任保险合同中这个第三者条款实际上也包括共同侵权人。《海商法》第 254 条第 2 款也规定：“保险人从第三者取得的赔偿，超过其支付的保险赔偿的，超过部分应当返还给被保险人。”事实上，保险人就超过赔偿金额的部分向第三者行使追偿权缺乏法律依据，如果属于被保险人授权行使，则保险人行使的并非保险代位权；如果没有被保险人的授权，则保险人就无权行使追偿权，第三者完全可以提出抗辩。

（二）责任保险代位权的协调与保护

1. 代位权与被保险人损害赔偿求偿权的协调

在同一个责任保险事故中，保险人的责任保险代位权与被保险人损害求偿权二者指向的权利内容，在赔偿金额的范围内来看，其实质上应该是一致的。代位权是法定权利，保险人向被保险人赔偿保险金后，即可自动取得对第三者的代位权。被保险人获得保险赔偿金后，在所获赔偿额度内与第三者的债权债务关系消灭，其原有的损害赔偿请求权也自动消灭。此种情形下，责任保险代位权与被保险人损害求偿权，在赔偿额度内，应该是非此即彼的权利，所以不存在权利冲突的问题。

在赔偿数额不足以弥补被保险人损失的时候，代位权与被保险人损害赔偿求偿权就存在着冲突的协调问题。不同国家对不足额保险的代位权采取的做法不完全相同，从世界范围来看，主要有以下三种处理方式：

（1）保险人享有第三者的全部损害赔偿金。这种处理方式的原则是，即使保险金额低于保险标的的实际价值（保险价值），只要保险人赔付了全部保险金，保险人即可享有第三者的全部损失赔偿金额，如 1870 年英国的 North of England Iron Steamship Insurance Association 诉 Armstrong 案。[1]

（2）被保险人就第三者的损害赔偿金优先受偿。此种处理方式的原则是，无论是保险人还是被保险人向第三者追偿，被保险人就第三者的损害赔偿金优先受偿。若该损害赔偿金无法满足被保险人的实际损失，则保险人无权分享该损害赔偿金。只有损害赔偿金在补偿了被保险人的实际损失后有剩余的情形下，保险人才有可能与被保险人按比例分享该剩余的部分。

（3）被保险人与保险人按比例分享损害赔偿金。这种处理方式的原则是，保险人行使代位权与被保险人行使损害求偿权应当处于平等的受偿地位，向第三者追偿所得的赔偿金应由双方依据平等的法律地位按比例分享。

许多国家明确规定应优先保护被保险人的受偿权，即在被保险人获得全部清偿之前，保险人不得行使代位权，学理上称之为“被保险人优先原则”。[2] 例如，《德国保险契约法》第 67 条明确规定，“保险人代位权的行使不得于对被保险人不利之情形下主张之”；《日本商法典》第 662 条第 2 款规定，“保险人在不损害投保人或者被保险人权利的范围内，可以行使保险代位权”；《澳门商法典》第 1009 条第 3 款规定，“在任何情况下，代位权均不得妨碍被保险人

---

[1] 船东将价值为 9000 英镑的船舶投了保险金额为 6000 英镑的不足额保险，后因他船过错该船沉没，保险人赔付了 6000 英镑，于是保险人提起代位求偿诉讼，过失船舶应赔偿受损船东 9000 英镑的实际损害，但过失船舶依据当时的英国海事法规将自己的责任限制在 5700 英镑，而非保险人索赔的 6000 英镑。对此，保险人宣称，根据代位权的法律规定，其有权取得 5700 英镑的全部赔偿款项，因该数额并没有超过他依保险合同已赔付的 6000 英镑。而被保险人则认为，船舶的实际价值为 9000 英镑而不是 6000 英镑，因此不能以保险人已赔付的 6000 英镑为参照基数，而应按保险金额与实际价值的比例确定保险人与被保险人各自所获的赔偿额，保险人已赔付 6000 英镑，占船舶实际价值 9000 英镑的 2/3，故其应获得 5700 英镑赔偿款的 2/3，而剩余的 1/3 应归属被保险人所有。保险合同双方就此问题争执不下，诉至法院，法院最后判决 5700 英镑尽归保险人所有。

[2] 江朝国：《保险法基础理论》，中国政法大学出版社 2002 年版，第 397 页。

获得部分赔偿”；我国《保险法》第60条第3款规定，“保险人依照本条第一款规定行使代位请求赔偿的权利，不影响被保险人就未取得赔偿的部分向第三者请求赔偿的权利”。

“被保险人优先受偿原则”实际上是对保险人行使代位权的限制，充分体现了保险补偿职能，是保险代位权制度的必然逻辑结论。保险代位权是以保护被保险人得到充分补偿为宗旨的，被保险人的债权应优先受偿于保险人的代位权，不可适用民法中债权人平等原则。否则，被保险人为防止保险人行使代位求偿势必采取损害赔偿的先诉行为，而又必须顾及向保险人索赔的时效，处于两难；与之相对应，保险人基于其自身利益的考虑，完全可以借其诉讼技巧以及经济上的优势地位，以给付保险赔偿金为条件而先于被保险人从第三者处获得代位赔偿，这将损害被保险人的利益。[1]

2. 被保险人放弃求偿权利的后果

在责任保险事故发生后，保险人未赔偿保险金之前，如果被保险人放弃了请求共同侵权第三者赔偿的权利，保险人就会失去代位权，有过错的共同侵权第三者就会逃避赔偿责任。为了制约被保险人放弃对共同侵权第三者请求赔偿权利的行为，保护保险人的合法权益，维护社会公平，《保险法》第61条第1款规定，保险事故发生后，保险人未赔偿保险金之前，被保险人放弃对第三者请求赔偿的权利的，保险人不承担赔偿保险金的责任。该条第2款还规定，保险人向被保险人赔偿保险金后，被保险人未经保险人同意放弃对第三者请求赔偿的权利的，该行为无效。

责任保险事故发生后，保险人向被保险人或者受害第三者赔偿保险金后，即可取得对共同侵权人的代位权，该代位权是法定权利，在保险人向被保险人或者受害第三者支付了保险赔偿金后自动转移。被保险人或者受害第三者获得保险赔偿后，已经在所获赔偿范围内与侵权第三者无债权债务关系，自然也就没有资格放弃对侵权人的损害赔偿请求权。未经保险人同意，被保险人放弃对共同侵

[1] 邹海林：《保险法》，人民法院出版社1998年版，第285页。

权责任人请求赔偿的权利的行为，应依《保险法》第 60 条规定处理。

3. 被保险人协助之义务

保险代位权的特点，是保险人代位被保险人向第三者行使被保险人对其享有的损害赔偿请求权，第三者对被保险人的一切抗辩，除法律规定不得对抗保险人的以外，均可以用于对抗保险人行使代位权。在这种情况下，若被保险人不向保险人行使代位权提供必要的协助，保险人行使被保险人对第三者享有的权利时，会面临诸多困难，在责任保险代位权的行使中也会遇到同样的问题。因此，责任保险事故发生后，保险人行使责任保险代位权时，被保险人应当提供必要的协助。我国《保险法》第 63 条规定："保险人向第三者行使代位请求赔偿权利时，被保险人应当向保险人提供必要的文件和其所知道的有关情况。"《海商法》第 252 条第 2 款也有同样的规定。因此，被保险人的协助义务，主要限于以下两个方面：

（1）提供必要的文件和资料。凡与共同侵权责任人造成保险标的损失有关的文件，被保险人应当尽可能地提供给保险人，包括保险事故发生的时间、性质、损失程度、被保险人向共同侵权责任人的赔偿请求文件、共同侵权责任人否认或者承认赔偿责任的证明文件等。实务中，保险人还会要求被保险人出具权利转让证书，明示保险人取得代位权。除此以外，保险人要求被保险人提供其他有关代位权行使的文件时，被保险人应当积极予以提供。但我国《保险法》、《海商法》并未明确规定被保险人未履行此项义务的法律后果。在理论界占绝对优势的观点认为：被保险人不向保险人提供其能够提供的必要文件，致使保险人不能行使代位权的，保险人可以相应扣减保险赔偿金。

（2）提供知道的有关情况。被保险人是责任保险事故的侵权责任人，对保险标的具有保险利益，对于责任保险事故发生的原因和过程应该有一定程度的了解。因此，被保险人应当将其所知道的有关责任保险事故发生的原因和过程，以及有关的责任情况等告诉保险人。保险人对这些情况进行询问时，被保险人也不得拒绝回答，应当真实客观地向保险人提供有关这些情况的书面陈述。

四、交强险垫付追偿权与保险逆向代位权

强制保险又被称为法定保险，是根据国家法律或行政命令，在投保人和保险人之间强制建立的保险关系，要求特定范围内的任何标的都必须参加保险。商业保险一般都实行自愿原则，但是对少数危险范围较广、影响人民利益较大的保险标的，则应实行强制保险。我国的机动车第三者责任强制保险制度，是依据《道路交通安全法》（以下简称《道交法》）、《机动车交通事故责任强制保险条例》（以下简称《交强险条例》）建立的。

（一）交强险的垫付与追偿

1. 垫付的内涵

垫付，指的是暂时先行代为支付，并有权追回。“垫付”与“支付”仅一字之差，但是责任和后果是完全不同的。

《道交法》首次以法律的形式规定了“垫付”。该法第 75 条规定：“抢救费用超过责任限额的，未参加机动车第三者责任强制保险或者肇事后逃逸的，由道路交通事故社会救助基金先行垫付部分或者全部抢救费用，道路交通事故社会救助基金管理机构有权向交通事故责任人追偿。”《道路交通安全法实施条例》第 90 条规定：“投保机动车第三者责任强制保险的机动车发生交通事故，因抢救受伤人员需要保险人支付抢救费用的，由公安机关交通管理部门通知保险公司。抢救受伤人员需要道路交通事故救助基金垫付费用的，由公安机关交通管理部门通知道路交通事故社会救助基金管理机构。”《交强险条例》第 22 条规定：“有下列情形之一的，保险人在机动车交通事故责任强制保险责任限额范围内垫付抢救费用，并有权向致害人追偿：（一）驾驶人未取得驾驶资格或者醉酒的；（二）被保险机动车被盗抢期间肇事的；（三）被保险人故意制造道路交通事故的。”《机动车交通事故责任强制保险条款》（以下简称《交强险条款》）第 9 条，也做了相应规定，将三种情形分解为四种情形，并明确约定就垫付的抢救费用，保险人有权向致害人追偿。

从上述法律、法规、司法解释和保险条款的规定我们不难看出，保险人的垫付责任与《民法通则》中规定的民事责任种类及承担方式的区别显而易见，是一种独立的、特殊的、新型的民事责任。该责任要求垫付义务人仅承担暂时先行代为支付的义务，并有权向最终责任承担者追回垫付费用。

2. 交强险垫付的适用范围

（1）交强险对道路交通事故承担垫付责任的基础条件包括：一是受害人需要及时抢救。抢救在文义上是对于危重的伤员、病人，采取迅速及时的医疗手段，以挽救生命。《交强险条例》第42条将“抢救”详细规定为：机动车发生道路交通事故导致人员受伤时，医疗机构参照国务院卫生主管部门组织制定的有关临床诊疗指南，对生命体征不平稳和虽然生命体征平稳但如果不采取处理措施会产生生命危险，或者导致残疾、器官功能障碍，或者导致病程明显延长的受伤人员，采取必要的处理措施。《交强险条款》第7条将“有关临床诊疗指南”进一步界定为“交通事故人员创伤临床诊疗指南”，以防止对“指南”的指向不清。二是加害人不能及时支付抢救费用，或者加害人没有经济能力支付抢救费用。三是肇事机动车已参加交强险。符合上述条件时，为实现交强险的目的，保护受害第三者的利益，保险人应当及时赔付。但是仅考虑上述三个条件，只能证明保险人应当及时支付抢救费用，不能说明交强险为什么垫付。此时，我们必须考虑第四个条件，那就是加害人必须最终承担责任。保险人在垫付之后，有权向最终承担责任的加害人追偿。由此，最终形成交强险上的垫付追偿制度。

（2）保险人垫付的法定情形。现行《交强险条例》第22条只规定了三种情形，在《交强险条款》第9条中又详细分解为四种情形。其实，如果道路交通事故符合下述三类情形之一，保险人都应当垫付。

第一，故意制造的道路交通事故，保险人应当垫付。这里之所以不同于《交强险条例》中规定的“被保险人故意制造道路交通事故”，是因为我们必须要考虑到一些特殊情形。这些情形包括未经被保险人允许的驾驶人使用机动车，如机动车租赁、借用期间，驾驶人故意驾车撞伤他人。此类情形中，即使机动车参加了交强险，驾驶人也不属于《交强险条例》规定的“被保险人”。这种情形下，保险人是不是可以完全没有责任呢？《侵权责任法》第 49 条规定：“因租赁、借用等情形机动车所有人与使用人不是同一人时，发生交通事故后属于该机动车一方责任的，由保险人在机动车强制保险责任限额范围内予以赔偿……”由于故意制造的保险事故保险人不负赔偿责任，该第 49 条仅限于过失责任。因此，不论驾驶者是否是被保险人，只要该机动车参加了交强险，发生道路交通事故后，为保护受害第三者利益和及时抢救受害人，实现保险的社会功能，保险人都应当承担责任，才符合交强险的初衷。所以，故意制造的道路交通事故，保险人虽然没有赔偿义务，但是应当负垫付义务，然后向加害人追偿。

第二，从事违法犯罪行为或抗拒抓捕造成道路交通事故的，保险人应当垫付。《交强险条例》只规定“被保险机动车被盗抢期间肇事的”由保险人垫付，但从事其他违法犯罪行为或抗拒抓捕造成道路交通事故的，未列入现行交强险垫付范围，也被排除在保险赔偿之列。倘若此种情形下，驾驶人无经济赔偿能力，受害人很难得到及时抢救。这种情况下，只要机动车参加了交强险，保险人也应当垫付，以保证受害人能够获得及时抢救，以实现交强险存在的社会价值。当然，这类违法犯罪者仍需承担最终的侵权责任，保险人可以行使垫付追偿权向其追偿。

第三，严重违反交通法规，导致出险概率明显增加的道路交通事故，保险人应当垫付。此种情形，在《交强险条例》中仅限定为“醉酒和未取得驾驶资格”。因此，对于其他严重违反交通法规导致出险概率明显增加的行为，包括但不限于机动车行驶超过规定时速50％、驾驶与驾驶证准驾车型不相符合的车辆等，导致发生道路交通事故的，保险人应当承担赔偿责任。

（二）保险逆向代位权

理论和实务中有“责任保险中的保险人一般无代位追偿权，但在强制责任保险或被保险人故意的情况下，可享有代位追偿权”[1]的观点；也有学者认为《交强险条例》第22条规定的垫付追偿权可以适用代位追偿权的规定，即便不能完全使用代位追偿权代替垫付追偿权，也可以用代位追偿权的原理来概括性描述垫付追偿权。在该条规定的三种情形中，除被保险机动车被盗抢期间肇事的情形外，其他两种情形都不排除被保险人作为致害人而承担交通事故责任。由于保险代位权禁止保险人向被保险人行使代位追偿权，所以引入保险逆向代位权来修正或者补充传统的保险代位权的概念，用以涵盖保险人向被保险人追偿的情形。这些观点值得商榷。

首先，《交强险条例》第22条仅规定了垫付义务而非支付义务，更非赔偿义务。垫付与赔偿的文义显然不同，保险人对于受害人的抢救费用只是垫付，这也是《交强险条例》为社会公共利益而赋予保险人的社会义务。对于抢救费用之外的其他费用和损失，保险人不承担垫付义务，更不负赔偿义务。因此，《交强险条例》第22条第1款的意图是对于其规定的三种情形，保险人不承担保险金赔付责任。至于该条第2款，只是对于财产损失情况下保险人不予赔偿的强调，并不具有其他意义。否则，如果根据第2款的规定得出对于人身损害应予赔偿的结论，就会发生与第1款相矛盾的结果，而且第1款也就成为空文，无须规定了。[2]

其次，《交强险条例》第22条规定的三种情形下明确排除保险人的赔偿责任，是对第21条第1款保险人赔偿责任的除外规定；第21条第2款规定，对于受害人因故意制造交通事故所导致的损失，保险人不负赔偿责任，也是对第21条第1款保险人赔偿责任的除外规定。两个除外规定的区别是从不同角度进行规范。《交强险条例》第22条是从被保险人或被保险机动车方面进行规范，而第21条第2款是从受害人方面进行规范，二者相辅相成，共同构

---

[1] 游杰：“责任保险代位权探析”，载《保险研究》2003年第1期，第13页。

[2] 张玉山：“审理交强险案件若干问题的理解与适用”，载《山东法制报》，2011年1月7日。

成了交强险的除外规定。该规定与《保险法》和《道交法》的相关条款也不存在矛盾。交强险的除外规定明确了保险人不负赔偿责任，所以也就不存在保险人赔偿保险金后代位取得被保险人向第三者求偿的权利，即除外条款下保险人无赔偿责任，何来代位权。

再次，对于交强险来说，发生交通事故的致害人一般为被保险人，保险人对受害人赔偿后是不能向被保险人追偿的，这是保险的基本功能，属于保险应有之义。而《交强险条例》第22条第1款明确规定保险人垫付抢救费用后有权向致害人追偿，其中，被保险人并未被排除在外。如果被保险人是致害人，保险人有权向被保险人行使垫付追偿权。至于引入逆向代位的概念来描述保险人向被保险人追偿的行为，则完全曲解了代位的本意。保险人对被保险人的追偿权是指保险人在履行赔偿义务后，因特定情况而向被保险人进行追偿的权利。这时，追偿权利只涉及两方，即保险人和被保险人，被保险人为保险人追偿的对象。在交强险中，保险人因为特殊情形，如超额赔偿、保险单失去效力、除外责任的垫付等，而依法对受害第三者赔付或者垫付后，保险人可以向被保险人进行追偿。这种追偿权即是前述保险人对被保险人享有的追偿权利，此时的追偿权是基于超额赔偿、保险单失去效力、除外责任的垫付等前提，而不是基于合理赔偿的前提。所以这项追偿权是完全不同于代位追偿权，因为它并非保险人代被保险人之位向第三者追偿。如果这种追偿是保险代位权的体现，那就是保险人代被保险人之位向被保险人进行追偿，逻辑上存在明显的矛盾。

最后，《交强险条例》第22条共规定了保险人在三种情形下的垫付责任，使用逆向代位的概念只能解决被保险人可能承担交通事故责任的两种情形，对于机动车被盗抢期间肇事的情形并不能涵盖。引入一个不能涵盖所有情形的概念来解决复杂的现实问题并不可取。

综上，在《交强险条例》第22条第1款规定的三种情形下，保险人仅负垫付抢救费用的义务，不负赔偿责任，谈不上对被保险人的赔偿问题，更无代位追偿的权利可言。至于对受害人的抢救费用予以垫付之后给保险人造成的损失，保险人完全可以依照垫付追偿权的法定权利向致害人追偿，致害人当然包括被保险人；而没必要求助于禁止保险人向被保险人追偿的代位权，也没必要引入逆向代位权的概念。

五、责任保险代位权特殊问题探析

（一）连环代位是否适用

被保险人和其他共同侵权行为人致人损害而应当承担连带责任时，保险人依照保险合同对被保险人承担赔偿责任后，可以就其他共同侵权行为人应当承担的赔偿责任份额，代位被保险人请求其他共同侵权人予以赔偿。当把被保险人、保险人、共同侵权人的关系归结为一般财产保险代位权关系时，将此关系稍微复杂化一点，即在共同侵权人也投了责任保险的情况下，其保险人是否可以直接参与到保险代位权行使的法律关系中呢?

保险人可否依保险代位权直接向共同侵权人的保险人主张权利的问题，可以简化为保险代位权可以代几位进行求偿的问题上来。有观点认为，依据《保险法》第 65 条的规定，被保险人怠于请求保险人直接向第三者赔偿保险金的，第三者有权就其应获赔偿部分直接向保险人请求赔偿保险金。基于第三者的直接请求权，保险人在赔付了保险金后，可以代第三者之位向共同侵权人的保险人求偿。实际上，该观点混淆了债权代位与保险代位的概念。保险人向共同侵权人请求赔偿的依据是保险代位权，是代被保险人之位；而向共同侵权人的保险人直接请求赔偿是代第三者之位，则不属于保险代位权的适用，保险人不能依据保险代位权向共同侵权人的保险人直接请求赔偿，而应当依照债权代位权来对待处理。这就使得请求权的性质、行使依据、行使方式发生了变化，而非保险代位权的适用问题。所以，保险代位权只能代一位，而不能连环代位。实务中，保险人可以依据分担的原理向共同侵权人的责任保险人请求保险赔偿金的分担。

（二）惩罚性赔偿责任是否可以代位

惩罚性赔偿，也称示范性赔偿或报复性赔偿，是指由法庭所作出的赔偿数额超出实际损害数额的赔偿，它具有补偿受害人遭受的损失、惩罚和遏制不法行为等多重功能。[1] 惩罚性赔偿责任是赔偿责任的一种，所以责任保险是否可以承保，承保后是否适用代位权直接关系到被保险人的切身利益。

由于承担惩罚性赔偿责任的原因是多种多样的，所以，正确严谨的做法是根据惩罚性赔偿责任的具体形态来决定某种惩罚性赔偿责任是否可以承保以及代位权的适用问题。

1. 故意侵权行为引起的惩罚性赔偿责任

故意的侵权行为反映了行为人在主观上追求损害他人利益结果的意图，因而应当受到法律的否定性评价。这种否定性评价的表现就是要加害人承担损害赔偿责任，而惩罚性赔偿责任是其中的一种表现形式。

通过惩罚性赔偿责任的承担，可以对加害人起到惩戒和警示的功能，遏制其再次从事类似的侵权行为。但如果承认故意侵权行为引起的惩罚性赔偿责任的可保性，不仅无法对故意侵权行为发挥震慑和遏制的作用，反而会起到鼓励不法行为的负面作用。

无论是《保险法》还是《交强险条例》，均将“被保险人故意”列为法定除外责任，符合保险原理。《保险法》第 27 条第 2 款，《交强险条例》第 21 条、第 22 条都规定了保险人的除外责任。既然故意的侵权行为引起的责任事故不在保险之列，保险人有权解除保险合同，不承担赔偿或者给付保险金的责任。但是在责任限额范围内垫付抢救费用，有权向致害人追偿。此时的责任保险人依据垫付制度可以行使直接追偿权，完全没必要行使代位权来维护自身利益。

2. 过失侵权行为引起的惩罚性赔偿责任

在过失侵权的情形下，被保险人对危害结果的发生，只是抱着

---

[1] 王利明：《惩罚性赔偿研究》，中国社会科学出版社 2000 年版，第 112 页。

疏忽大意或者过于自信的态度。与故意侵权行为相比，过失行为主观恶性要小得多。在被保险人过失造成他人损害而导致承担惩罚性赔偿责任时，将被保险人所应承担的惩罚性赔偿责任纳入保险合同的承保范围是可取的。这种情况下，承认惩罚性赔偿责任的可保性，与公共政策并不冲突，实际上这也是保险存在的意义所在。

当然这种因过失行为承担惩罚性赔偿责任的可保性，并不必然构成责任保险合同的具体的条款内容。一旦责任保险合同约定承保，则应当以具体约定的内容执行，作为法定权利的代位权就有当然适用的可能性。

（三）转承责任是否可以代位

转承责任只是因法定的最终的责任承担人不同，其本身不具有惩罚性。我国《侵权责任法》第四章的规定很好地解决了责任主体的认定，使得转承责任的追偿有法可依。

有的学者认为，转承责任包括委托人对代理人的转承责任、雇主对雇员的转承责任、法人对法定代表人的转承责任、法定代理人对无行为能力人或限制行为能力人的转承责任。[1] 四种情形均属于民事责任的转承，保险人在依保险合同赔付保险金之后，向责任转承者行使代位权应属有法律依据。也有的学者认为，除了前述四种情形外，转承责任还包括国家对国家工作人员的转承责任和定作人指示过失的转承责任。[2]

国家对国家工作人员的侵权行为承担转承责任时，保险人可否向国家行使代位权呢？就此问题，学理上存在两种对立的观点。否定说认为，若被保险人先向国家求偿，国家可以其损害由保险人赔偿而拒绝，既然被保险人都不能向国家主张求偿权，何来保险人的代位权；此种情形下被保险人只能向保险人求偿，保险人赔偿以

---

[1] 李仁玉：《比较侵权法》，北京大学出版社 1996 年版，第 210 页。

[2] 杨立新：《侵权法论》，吉林人民出版社 1999 年版，第 359 页。

后，不得向国家行使保险代位权。[1] 肯定说认为，保险人于给付被保险人赔偿金额以后，得代位向国家行使请求权。[2]

我国《侵权责任法》第 34 条仅适用于民事责任，对于属于国家赔偿法调整范围的，适用国家赔偿法的规定。我国《国家赔偿法》第 2 条第 1 款明确规定："国家机关和国家机关工作人员行使职权，有本法规定的侵犯公民、法人和其他组织合法权益的情形，造成损害的，受害人有依照本法取得国家赔偿的权利。"

虽然国家赔偿本质上不同于民事赔偿，国家机关职务侵权责任在性质上也不属于民事责任，但是，这并不妨碍保险人在赔付保险金之后，向国家机关行使代位权。至于赔偿责任是民事赔偿还是国家赔偿没有不同，只要被保险人对其有损害赔偿请求权，保险人取代被保险人的地位后也同样享有同样的请求权。那种以公法、私法性质有别、不可混同为由，主张保险人不能向公法人行使代位权的观点不能成立。

---

❶ 参见施文森："保险人对国家之代位求偿"，载《法令月刊》2003 年，第 696～700 页。

❷ 参见梁宇贤：《保险法新论》，中国人民大学出版社 2004 年版，第 132 页。

关于责任保险对侵权法影响的批评与思考

——从矫正正义、道德风险和制度成本的角度

白　哲*

一、问题的提出：从责任保险与侵权法的关系开始

本文是从责任保险与侵权法的关系入手进行研究的，近些年来关于这一关系的法律研究文献数量不少，但事实上探讨责任保险与侵权法关系的法学研究历史并不长。哈佛大学的乔治·加德纳（George K. Gardner）教授 1950 年发表的《侵权责任的保险——法律宇宙论的方法》❶ 是早期对责任保险与侵权法关系研究的最重要文献之一，这是一篇具有开拓性的论文❷。如加德纳教授本人所指出的，“针对侵权责任的保险在经历了半个多世纪的发展后，已经成为大众熟悉的日常生活的组成，但相关法律却充满谬论和待解问题，在这个领域见不到任何权威法学论著，见不到用于这个方面

---

* 白哲，中国政法大学民商法学博士，现任职于中国人寿保险（集团）公司法律事务部。

❶ George K. Gardner, Insurance Against Tort Liability—An Approach to the Cosmology of the Law, 15 Law & Contemp. Probs. 455 (1950).

❷ 在这篇论文之前，已经存在一些关于责任保险的法学文献，例如 C. N. Shawcross, The Law of Motor Insurance (Butterworth, 1935; 2nd ed., 1949).

研究的案例记录，所有内容都散见于作为整体的保险法中，零乱的、附带的一笔而过。这个问题是重要的、富有挑战性的国家大事，法学教授们这些日子都在哪里?"[1]

在实践的层面，责任保险的发展对侵权法的实际运转产生了深远的影响，这是近几十年来推动关于二者关系法学研究的重大驱动。从浅显的层面看，责任保险的存在可能使受害人获得更多的名义赔偿金额。在完全依赖侵权责任的情况，如果被告完全无力承担赔偿，则法官（或陪审团）也会失去施加过高赔偿的兴趣，责任保险的存在，至少提供了这种动力。法官虽然在侵权案件中常常根据被告责任保险金的金额而对其课以相应的侵权责任赔偿金额，但并不是那么冠冕堂皇，至少在美国，法官经常需要提示陪审团不要考虑被告责任保险的因素，只是实际上这种提示作用极其有限。美国有实践证据表明，与未保险的被告相比，陪审团更可能裁定由已保险的被告支付较多的损害赔偿金，而对于未投保的被告则很可能裁定比完全补偿数额要少的赔偿金额。[2] 但是，侵权法并非建立在责任保险基础之上，它自有一套完整的规则和体系，责任保险只能是告诉我们，被告有能力支付赔偿，而不是被告应当支付赔偿，[3] 因此责任保险对侵权法的影响又会面临来自侵权法自身机制的抵抗。

二、对责任保险的批评与思考

责任保险对侵权法的积极影响在于保障了侵权损害赔偿的实现，使得侵权法的补偿能力得到提升。但自责任保险诞生之日起即饱受非议，对其所作的批评，基本出于本文所要讨论的三个视角：

---

[1] George K. Gardner, Insurance Against Tort Liability—An Approach to the Cosmology of the Law, 15 Law & Contemp. Probs. 455 (1950).

[2] H Kalven, The Jury, the Law and the Personal Injury Damage Award, 19 Ohio St. L. J. 158, 171 (1958)，转引自［英］彼得·凯恩著：《阿蒂亚论事故、赔偿及法律（第六版）》，王仰光等译，中国人民大学出版社 2008 年版，第 254 页。

[3] 同上书，第 256 页。

（1）有违矫正正义理念；（2）易于滋生道德风险；（3）制度成本高昂。以下分别进行介绍和评述。

（一）矫正正义的视角

从这个角度看，责任保险与矫正正义的理念不相兼容，与侵权法的理念相冲突，这种声音来自于部分侵权法道德理论阵营的学者。温里布教授是基于矫正正义理论的立场否定责任保险的代表，对于温里布来说，矫正正义的核心在于被告的过失因果地导致了原告遭受的损害。[1]

温里布对 Escola 诉可口可乐瓶装厂案[2]的判决和首席法官 Traynor 的意见进行了严厉的批评。该案被视为产品严格责任的肇端，Traynor 法官在该案中提出了法律史上著名的审判意见：

“伤害的风险可以通过制造商的保险作为商业成本在大众中分散掉。（让制造商承担严格责任的）目的是为了公共利益，为了遏制对公众有害的商品走向市场。”[3]

温里布指出，[4] Traynor 的判决意见认为大数量的小剥夺比一个单一大的损失更容易被承受，于是希望风险和损失在大范围内被分散掉，其手段则是保险，这个承受风险的群体便是被保险人群体。[5] 在温里布看来，这样的目的和手段都是不能接受的，原告诉讼的目的转化是为了得到被告认购过的保险金，因此原告所证明的不是特定加害人的责任，而是针对被保险人群体的启动保险进行赔

---

[1] Ernest J. Weinrib, Causation and Wrongdoing, 63 Chi.-Kent L. Rev. 407 (1987).

[2] Escola v. Coca-cola Bottling Co. of Fresno, 24 Cal. 2d 453, 150 P. 2d 436 (Cal. 1944). 在该案中，Escola 是一个服务生，在从冰箱中拿出可口可乐汽水时，瓶子突然爆炸致其受伤，于是将被告可口可乐瓶装厂诉上法庭，被告在法庭上证明了自己已经尽力在瓶子的生产过程中进行严格检验，但多数法官最终采用“事实自证原则”（Res Ipsa Loquitur）认定原告胜诉。

[3] Id. (emphasis added).

[4] ［加］欧内斯特·J. 温里布著：《私法的理念》，徐爱国译，北京大学出版社2007年版，第38页。

[5] 同上。

付的责任。[1] 温里布一贯所坚持的理论是，原告和被告基于因果关系建立了联系，因果关系和保险应当是彼此独立的“异质因素”，将二者联系起来便不能构成“一个整体的正当理由”，因此侵权法的目的绝对不包括损失分散。[2]

笔者认为，温里布虽然强烈反对责任保险，却不否定当代社会对于“损失分散”的需要，他强调“即使没有责任保险的机理，损失分散也能够通过侵权法来实现”，但对于实现的途径，温里布只是简要地提示，“采用立法的方式向全体公民最细小和最广泛的分散事故成本”，但并提到具体的立法方案。[3] 这样的结论含混而隐约地指向社会保险，但缺少基本的论证和说明，无法让人确切理解这是一个更好的替代责任保险的解决方案。因此，温里布反对责任保险的目的，仅仅是为了维护侵权法在形式主义和矫正正义上的纯粹性，温里布对于风险分散理念的暧昧不定，暴露了纯粹道德理论学派难以充分解释当代损害赔偿救济体制发展方向的软肋。

温里布还有许多同盟者，但观点有所不同。其中，爱泼斯坦教授对 Escola 案的观点是——“多数事故和疾病都不是由侵权行为所引起：与侵权法相比，工人赔偿和第一人健康保险都是更为便宜、可靠和全面的工具来解决这些损害，特别是对于由原告自己或第三人引起的这类危险时，侵权法更是左右为难，Escola 案便是如此”[4]。因此，爱泼斯坦也反对在 Escola 案上适用严格责任，即反对侵权法在 Escola 这类产品责任上的应用，建议采用第一人保险等方案，这是一种让伤害留在原地的做法。另外一位同盟者斯蒂文·史密斯（Steven Smith）则认为，侵权法的功能在于解决社会上不同主体之间的争议，确认原告可以从违反社会规则的被告处获得赔偿的正当性，而这种正当性的实现，必须是原告从被告本人获

[1] ［加］欧内斯特·J．温里布著：《私法的理念》，徐爱国译，北京大学出版社 2007 年版，第 38 页。

[2] 同上书，第 38～39 页。

[3] 同上书，第 41 页。

[4] Richard A. Epstein，Torts，中信出版社 2003 年影印版，第 391 页。

得赔偿的结果，而不是从第三人或其他公共赔偿机制，“似乎赔偿必须来自加害人，才能令受害人满意”。[1] 的确，责任保险对侵权法的公平目标的影响是一个非常复杂的问题，因此受到了来自道德理论学派部分学者的批判，但其中有些理由显然过于牵强。

（二）道德风险的视角

从这个角度看，责任保险容易产生道德风险，即削弱了侵权法的阻遏功能（deterrence）。道德风险属于经济学范畴而非伦理学范畴，在保险领域中是指参保人参保前后的行为变化，这种变化导致不测事件发生率的提高或发生之后的后果更加严重，道德风险是保险制度运行成本产生的最重要根源之一。[2] 道德风险可能发生在第一人保险，也可能发生在责任保险中。道德风险在责任保险中可能带来的后果是，潜在的加害人在投保责任保险后，可能会降低注意力水平，包括减少防范事故发生的成本等，这种行为变化会导致事故增加或恶化，从而削弱了侵权法原有的阻遏机制。[3]

现代侵权法对于潜在加害人具有积极的遏制作用，促使其履行安全注意义务，避免加害行为的发生。[4] 责任保险是否限制和削弱侵权法的阻遏功能，成为一个重要而敏感的问题。有学者指出，“侵权法机制与保险机制互动的核心问题便是道德风险的概念——

---

[1] Steven D. Smith, The Critics and the “Crisis”: A Reassessment of Current Conceptions of Tort Law, 72 Cornell L. Rev. 765, 784 (1987); Gary T. Schwartz, The Ethics and the Economics of Tort Liability Insurance, 75 Cornell L. Rev. 313, 333-334 (1989-1990).

[2] 赵曼、吕国营著：《社会医疗保险中的道德风险》，中国劳动社会保障出版社2007年版，第6～7页。

[3] Beatrice A. Beltran, Posner and Tort Law as Insurance, 7 Conn. Ins. L. J. 153, 193 (2000-2001).

[4] 当代侵权法具有一定的阻遏功能为侵权法学界通说，此处可以参阅肯定了侵权法阻遏功能存在的两篇文献：Gary T. Schwartz, Reality in the Economic Analysis of Tort Law: Does Tort Law Really Deter?, 42 UCLA. L. Rev. 377 (1994); Frank A. Sloan, Tort Liability Versus Other Approaches for Deterring Careless Driving, 14 Int' L Rev. L. & Econ. 53 (1994)。

相关主体在购买保险后以更危险方式行为的倾向性，控制道德风险对于避免保险机制导致侵权法机制的阻遏力的涣散至关重要”[1]。

以机动车驾驶人责任保险为例，美国学者 Alma Cohen 和 Rajeev Dehejia 在对美国 50 个州和哥伦布亚特区从 1970 年到 1998 年间机动车保险和无过错责任实施情况进行实证考察后，得出结论认为有证据表明责任保险导致了道德风险成本的出现和交通事故的增加，同时无过错责任也导致了交通事故的增加（大约 6%），因此机动车保险和无过错责任对于控制交通事故具有明显的负面影响。[2] 例如，该文提供证据表明，未投保责任险的机动车驾驶人更为谨慎，事故概率比已投保的低出 2%，因此作者认为责任保险内置了较大的道德风险。[3] 但是，作者也承认在研究过程中忽略掉了风险承担成本和管理成本等规则的影响，仅将视野放在了事故概率上，同时作者也指出，潜在的机动车事故受害人为了获得足够赔偿，倾向于希望机动车投保责任险，减少事故和保障赔偿是两个需要平衡的因素，但作者直言其研究无法做到。[4] 这份研究的可贵之处在于提供了道德风险的现实证据和实证分析，但由于问题的复杂性，许多可能会影响到数据准确性的因素被忽视掉，例如由于保险中“逆向选择”因素的存在，一些驾驶技术更高、更谨慎人往往选择不投保责任险，[5] 他们的事故发生率往往会低一些。

侵权法的阻遏功能的生效过程可以简述为：侵权法的事后惩罚机制对加害人施加了成本，在潜在加害人预防事故的成本将低于因

---

[1] Seth J. Chandler, The Interaction of the Tort System and Liability Insurance Regulation: Understanding Moral Hazard, 2 Conn. Ins. L. J. 91, 93 (1996)。

[2] Alma Cohen & Rajeev Dehejia, The Effect of Automobile Insurance and Accident Liability Laws on Traffic Fatalities, (Harvard John M. Olin Discussion Paper No. 479, 2004) http: //ssrn. com/abstract=557922.

[3] Id., 22.（该文提供了丰富的统计数据，本文不再详细引述，详见该文及所附数据表格）

[4] Id., 23—24.

[5] 倾向不投保的还包括不愿负担保费的人和低风险厌恶性的人，但他们的事故概率或许是中性的。

事故发生所招致的责任成本时，因此加害人偏向预防，于是事故发生概率下降，侵权法的阻遏机制生效。责任保险的道德风险在于，预防成本可以被潜在加害人一次性的买断，因此会导致潜在加害人削减在预防事故发生方面的成本支出，这种结论是从以下两个层面进行分析得出的。

一是对潜在加害人的经济理性分析。从批评责任保险的角度会认为，责任保险属于预防成本的范围，潜在加害人在支付了责任保险之后，从经济理性的立场不可避免会减少预防成本的原有投入水平，而原有成本的投入是针对事故减少的目的，因此不可避免会导致事故的增加，换言之，责任保险破坏了原有的侵权法对行为人最佳注意水平的引导作用。

二是对潜在加害人的行为心理分析。从道德风险的本意考量，行为心理应当是分析的关键，责任保险批评者认为潜在加害人的行为心理会因为责任保险的保护而发生改变，从谨慎偏向鲁莽。由于不同产业、职业和群体的行为差异较大，比如产品责任保险和医疗责任保险中的行为人行为模式相去甚远，前者面临更多行政性的约束，而后者的行为具有内在风险，需要在防范风险与避免过度防御之间进行平衡。因此行为心理难以进行一般性的分析。但是，由于责任保险的存在而产生行为心理的变化，导致行为趋向疏忽、鲁莽的可能性是客观存在的，一些责任保险针对行为人的事故水平设置浮动费率，目的即是在于防止这种道德风险。

因此，从实证数据和潜在加害人的经济理性与行为心理分析，责任保险都存在着滋生道德风险的危险性，这是责任保险的固有弱点。不过，责任保险尽管存在道德风险这一弱点，但仍有其存在和发展的必要性，只是有必要在设计上充分考虑道德风险的因素。

（三）制度成本的角度

关于责任保险的成本问题。实践表明，事实上责任保险的成本非常高昂，其保险金需要大量的用于支付各种间接成本，即直接用于人身赔偿以外的成本，这些成本以诉讼费用为主，还包括保险公司的营运和利润等。责任保险对法律责任的评估基本上依赖于侵权法的体系，虽然国外随着责任保险体制的成熟，保险公司也经常选择和解协商的方式，但保险公司营运的成本仍不可低估。由于大量金钱浪费在诉讼和索赔的过程之中，同时法院也开始倾向于对责任保险覆盖的风险提高赔偿，潜在地也造成了责任保险经营的压力。因此，就成本分析而言，责任保险与侵权法制度各有长短，但责任保险不是一个较好的低成本赔偿制度。

根据罗伯特·基顿（Robert Keeton）教授的研究：机动车事故责任保险金有56%最终用于支付各种间接成本，其中包括原、被告的诉讼费用和一般间接成本（如保险公司的营运费用）；有44%赔付给了受害人，但其中21.5%是赔偿疼痛和痛苦等非财产损失，另外8%的赔偿同时有其他来源，最终只有14.5%属于没有其他来源的赔偿。[1] 奥康纳教授进一步收集了在其他领域责任保险赔偿金的去向：其中在医疗事故责任保险的赔偿中，间接成本高达72%，而受害人获得了28%，其中8.8%是赔偿疼痛和痛苦等非财产损失，6.7%同时有其他来源，12.5%没有其他来源；在产品责任造成人身伤害的赔偿中，间接成本共计占62.5%，受害人获得了37.5%，其中16%是赔偿疼痛和痛苦等非财产损失，7.5%同时有其他来源，14%没有其他来源。[2] 这些数字充分表明了责任保险制度代价之高昂。

三、结论

根据责任保险批评者的观点，在矫正正义和道德风险的角度下，责任保险尽管保障了补偿目标的实现，但破坏了侵权法的原有

---

[1] P. Keeton & R. Keeton, Torts: Cases and Materials, 514 (1971), quoted in, Jeffrey O'Connell, An Alternative to Abandoning Tort Liability: Elective No-fault Insurance for Many Kinds of Injuries, 60 Minn. L. Rev. 501, 504—506 (1975—1976).

[2] Jeffrey O'Connell, An Alternative to Abandoning Tort Liability: Elective No-fault Insurance for Many Kinds of Injuries, 60 Minn. L. Rev. 501, 506—511 (1975—1976).

结构，同时导致了对正义目标和阻遏目标的动摇；从制度成本的角度看，责任保险成本节约的作用也是有限的，其制度成本相当昂贵。

本文分析认为，这些批评的主张往往有一定的理论或实践根据，但未必全部成立。或许令人失望，本文确实无法给出一个全对全错的评判。但是，这种批判性研究与思考的意义在于，如果我们能够充分认识到责任风险的潜在缺陷，了解到责任保险并非是一个完美方案，当法律制度为了实现对受害人的赔偿而日渐过度依赖责任保险时，我们应该更为审慎地考虑来自矫正正义、道德风险和成本角度的压力，避免责任保险的过度扩张，而这种过度的扩张已经被实践证明是相当危险的。

对于责任保险偏离民事责任趋势的几点看法

卞江生*

一、原则上责任保险应以被保险人的民事赔偿责任为基础

责任保险合同，是指以被保险人对第三者依法应负的损害赔偿责任为保险标的的保险合同。责任保险合同的保险标的是被保险人对第三者依法应负的赔偿责任，这种赔偿责任既可以是侵权责任，也可以是合同责任，还可以是法定责任。

根据我国《保险法》第 65 条的规定，责任保险是指以被保险人对第三者依法应负的赔偿责任为保险标的的保险。可见，责任保险应以被保险人应负的赔偿责任为基础。结合国外及境外保险法的规定，对此也概莫能外。例如，《德国保险契约法》第 149 条即规定："在责任保险，要保人基于在保险期间内所引起对第三人应负责任的事由所进行给付，保险人有义务补偿。"《日本保险合同法》第 22 条规定："责任保险中，就该责任保险契约的保险事故对被保险人具有损害赔偿请求权之人，对请求保险给付之权利享有优先权。被保险人在其所偿还的与前款损害赔偿请求权相关债务之金额或者损害赔偿请求权人所承认之金额的范围内，可以向保险人行使

* 卞江生，中国人民财产保险股份有限公司重庆市分公司。

请求保险给付之权利。”《韩国商法典》第719条规定：“在被保险人因保险期间内所发生的事故而应向第三人承担赔偿责任的情形下，责任保险合同的保险人应当承担补偿责任。”《澳门商法典》第1024条规定：“民事责任保险中，保险人有义务在法律及合同范围内为被保险人承担风险，在被保险人须向第三人赔偿因合同所规定之事故造成之损害时作出赔偿。”我国台湾地区“保险法”第90条规定：“责任保险人于被保险人对于第三人，依法应负赔偿责任，而受赔偿之请求时，负赔偿之责。”

由于责任保险的保险标的是损害赔偿责任，因此，责任保险的产生需以民事损害赔偿责任风险的存在及较为完备的法律制度的建立为前提。正因如此，当今世界上责任保险最发达的地方，也是各种民事损害赔偿责任法律制度最完备、最健全的地方。

二、责任保险日益显现脱离民事责任而存在的趋势

在保险实践中，责任保险呈现出一种趋势，即与民事责任相脱节而单纯强调保险公司的赔偿或给付责任，我国的交强险制度就是一个典型的例子。我国《道路交通安全法》第76条第1款规定：“机动车发生交通事故造成人身伤亡、财产损失的，由保险公司在机动车第三者责任强制保险责任限额范围内予以赔偿……”学界普遍认为该条确立了交强险的无过错责任或无责赔付原则。据此，我国的《机动车交通事故责任强制保险条例》第3条即将交强险定义为：“本条例所称机动车交通事故责任强制保险，是指由保险公司对被保险机动车发生道路交通事故造成本车人员、被保险人以外的受害人的人身伤亡、财产损失，在责任限额内予以赔偿的强制性责任保险。”依据该定义，交强险与被保险人是否承担赔偿责任无关，保险公司的赔偿责任与被保险人是否承担责任相分离了。

我国台湾地区的“强制汽车责任保险法”的规定更是明显，该法第25条规定：“保险人于被保险汽车发生汽车交通事故时，依本法规定对受益人给付保险金。”并且，对于受益人的给付，采取的是定额的方式，即分为伤害医疗给付、残废给付、死亡给付三大

类，分别拟定给付标准。依据台湾地区“强制汽车责任保险给付标准”第2条的规定：“受害人因汽车交通事故致身体伤害，强制汽车责任保险之保险人依本法规定为伤害医疗费用给付时，以其必须且合理之实际支出之相关医疗费用为限。但每一受害人每一事故之伤害医疗费用给付总额，以新台币二十万元为限。”第3条规定：“受害人因汽车交通事故致身体残废，其残废程度分为十五等级，各残废等级及开具残废诊断书之医院层级或医师，依附表强制汽车责任保险残废给付标准表之规定。”第6条规定：“受害人因汽车交通事故致死亡者，其死亡给付为每一人新台币一百五十万元。”这种给付方式（而非赔偿方式），与被保险人的民事责任完全无关，而只与受害人的伤害有关联，这与意外伤害保险的赔偿方式已基本无异，完全脱离了被保险人的民事赔偿责任。

除上述强制保险外，近年来我国的其他责任保险，也越来越体现出这种趋势。如某公司的雇主责任保险条款在赔偿处理上，采取的已经是类似台湾强制汽车责任保险的定额给付的做法，该条款规定：“在保险有效期内，发生保险责任范围内的事件，保险人根据被保险人提供的雇员名册，对发生伤、残、亡的雇员按下列标准赔偿：（一）死亡、永久丧失全部/部分工作能力：按保单所附伤残赔偿额度表规定的百分比乘以出险员工的死亡、伤残赔偿限额赔付。（二）暂时丧失工作能力超过五天（不包括五天）的，在此期间，经医院证明，每人/天按当地政府公布的最低生活标准赔偿工伤津贴，工伤医疗期满或确定伤残程度后停发，最长不超过一年。如经过医疗机构诊断确定为永久丧失全部/部分工作能力，按（一）款确定赔付金额，与应付工伤津贴合并在赔偿限额内予以赔偿。（三）医疗费用：保险人赔偿包括挂号费、治疗费、手术费、床位费、检查费（以300元为限）及非自费药费部分。但不包括受伤员工的陪护费、伙食费、营养费、交通费、取暖费、空调费及安装假肢、假牙、假眼和残疾用具费用。”这种规定，保险公司的赔偿责任已脱离了雇主的责任。即保险公司的赔偿不是以雇主依据人身损害赔偿的相关法律法规所确定的民事赔偿责任为基础，而完全与受害人的伤残程度相关联。

再如，近期某保险公司开发的自然灾害公众责任保险，因为与被保险人的责任有一定脱节，还曾引起一些争议。所谓自然灾害公众责任保险，系由当地政府（民政或财政部门）投保，在保险期间内，辖区居民由于列明的自然灾害或经县级以上政府部门认定的抢险救灾行为而致人身伤亡，由保险公司给付抚恤金。该险种保障遭受自然灾害的群众及时得到经济补助，增强其恢复生产生活的能力，开创了政府联手第三方机构开展自然灾害救助救济工作的新模式。但是，由于目前普遍认为责任保险存在的基础是被保险人对于第三者依法应承担的经济赔偿责任，只有被保险人对于第三者依法应承担经济赔偿责任，才能够在责任保险项下获得补偿，部分学者认为，对于自然灾害造成的居民人身伤亡，政府在行政上或民事上都没有赔偿的责任，因此该险种的存在面临着理论上的困境。

三、如何正确看待责任保险的这种发展趋势

笔者认为，责任保险的这种发展趋势，应引起我们的高度关注。它虽然与责任保险的理论有一定相悖，但却不宜完全否定。它一方面迎合了市场的需要，另一方面也凸显了责任保险还有创新的必要。

（一）有利于积极发挥责任险的社会管理功能

责任保险具有较强的外部性，决定了其突出的社会管理功能，它保护的是第三者的利益，公众群体是直接受益的对象，不仅是在具有责任主体的民事侵权领域可以发挥积极作用，在无法明确责任主体，或者确定责任主体及取得赔偿程序很复杂的情况下，都可以引入责任保险机制，从而提升社会管理的效率，最大限度、最快速地保护第三者的利益。近年来在我国旅游、交通运输、安全生产、校园、建筑工程等领域兴起的责任保险，在一些地区建立的保险服务民生示范区，就是充分结合了责任保险机制社会管理的功能特点与行业风险管理的要求而进行的保险创新，与传统的社会救助模式

相比，具有广泛性、公平性等特点，且保障程度相对较高，有利于人民生产、生活的快速恢复。

（二）有利于及时补偿受害第三方的利益

强制保险的这一功能自不必说，即使是其他的责任保险，也应更加注重保护受害人的利益，如同侵权责任由惩罚向补偿的转变一样，责任保险也应更加注重向受害人的补偿功能，与此相适应的制度就是应赋予受害人向保险公司的直接请求权。而且保险人的责任，不应因被保险人责任的免除或减轻，而影响对受害人的赔偿。《德国保险契约法》第158c条关于强制保险的特别规定“保险人对要保人的给付义务应完全或部分免除时，保险人的义务对第三人仍继续存在”可供参考。

（三）责任保险的保障范围应与时俱进

责任保险促进了无过错责任的发展，反过来，无过失责任范围的扩大，也拓宽了责任保险的保障范围。传统侵权法认为，侵权责任的承担以侵权人有过错为要件。然而，随着社会经济的高度发展和科学技术的日益发达，其在给人类物质生活带来繁荣的同时，也给人类带来了灾害。对这些灾害致损如果仍贯彻以过错责任原则，则往往因加害主体复杂、因果关系不明和过错认定困难，而使受害人无端受损却得不到救济。唯有对过错责任原则作重大调整，方能适应社会经济发展的需要。无过错责任原则作为对过错责任原则的修正和补充而逐渐成为一项独立的归责原则。人们在无过错责任原则的实现上，主要是通过责任保险来实现损害分配的社会化。因为保险制度的功能和本质在于转移、分散危险和危险造成的损失，它与无过错责任原则的基本思路“乃是在于对不幸损害之合理分配”相吻合，两者是相辅相成的关系。

（四）控制和防范风险，保持持续创新的生命力

鼓励责任保险的创新与标的的扩展并不是鼓励将责任保险的经营基础扩展到一切风险，这样会增加社会或企业的负担，同时鼓励不劳而获，在发达国家已经有深刻的教训。商业保险经营应坚持基

本的经营原则，包括收益与风险要相匹配，要有健全的风险转嫁机制等等。保险企业应根据自身的风险管控能力自主选择经营风险，并做到承担的风险与收费相匹配，使保险企业能够持续经营，保持持续创新的生命力。

论我国责任保险立法的完善
——以新《保险法》第65条为中心

陈　飞*

一、问题的提出

（一）责任保险概述

责任保险，是指“以被保险人对第三者依法应负的赔偿责任为保险标的的保险。”❶

责任保险具备以下三个典型特征：

（1）责任保险以民事责任的健全与发展为基础，民事责任千差万别，因此责任保险的种类也具有多样性，典型的有机动车交通事故责任强制保险、雇主责任险等。

（2）责任保险的承保均有保险金额的直接约定，因为责任保险承保的是被保险人的法定赔偿责任，而非固定价值的标的，其赔偿责任因损害责任事故大小而异，很难准确预计，所以不论何种责任保险，均无保险金额的规定，而是采用在承保时由保险双方约定赔偿限额的方式来确定保险人承担的责任限额，凡超过赔偿限额的索赔仍需由被保险人自行承担。[1]314－315

（3）责任保险的法律关系较为复杂，责任保险中主要有三方法

---

* 陈飞，中央财经大学法学院讲师，中国人民大学法学博士。

❶ 我国新《保险法》第65条第4款。

律主体，分别是保险人、被保险人以及受害第三人，三者之间互有权利义务。

（二）我国新《保险法》关于责任保险规定的主要缺陷

1. 我国保险法关于责任保险的立法进程

从颁布生效到当前，我国《保险法》经历了两次修改：第一次修改是在2002年，彼时的修改主要集中在保险业法方面，其目的主要是为了解决我国入世后法律制度与入世承诺不相一致的地方，因此对责任保险无多大改动；第二次修改是在2009年，此时的修改，无论在保险业法方面还是在保险合同法方面均有较大改动，其目的主要是强化对投保人、被保险人的保护，进一步促进我国保险业的健康发展，完善保险相关的法律制度，因此在责任保险的规定方面也有较大变动。

根据2009年新《保险法》的规定，其中有两个条文直接涉及责任保险，分别是第65条与第66条：首先，第65条作为基础条款，对责任保险的定义以及责任保险中各方当事人的实体权利义务都作出了较为全面的规定，这是本文研究的重点。其次，第66条则作为补充性规定，对责任保险中仲裁、诉讼费用以及“其他必要的、合理的费用”的分担规则作出了规定，由于这涉及保险人的具体赔偿范围，所以本文将不作重点研究。

2. 新《保险法》关于责任保险的规定及其主要缺陷

新《保险法》第65条规定：“保险人对责任保险的被保险人给第三者造成的损害，可以依照法律的规定或者合同的约定，直接向该第三者赔偿保险金。

责任保险的被保险人给第三者造成损害，被保险人对第三者应负的赔偿责任确定的，根据被保险人的请求，保险人应当直接向该第三者赔偿保险金。被保险人怠于请求的，第三者有权就其应获赔偿部分直接向保险人请求赔偿保险金。

责任保险的被保险人给第三者造成损害，被保险人未向该第三者赔偿的，保险人不得向被保险人赔偿保险金。

责任保险是指以被保险人对第三者依法应负的赔偿责任为保险

标的的保险。”

由此可见，该条分 4 款共规定了 4 项内容：① 保险人对被保险人的赔偿义务及其行使条件（第 3 款）；② 保险人对受害第三人的直接给付义务及其行使条件（第 1 款及第 2 款前半段）；③ 受害第三人对保险人的直接请求权及其行使条件（第 2 款后半段）；④ 责任保险的定义（第 4 款）。

上述 4 款中的第 1 款与第 4 款是对 2002 年《保险法》关于责任保险规定的继承，而其中的第 2 款与第 3 款则是新设规定。这些新规定，增加了保险人对被保险人的赔偿义务及其行使条件，以及受害第三人对保险人的直接请求权。特别是其中受害第三人对保险人的直接请求权，虽然依本条规定，该权利的行使有诸多条件的限制，但毕竟在有关保险活动的基本立法中确立了这样一个制度，顺应了保险法律制度发展的潮流，强化了对受害人的保护，值得肯定。

但是，我们同时应该看到，本条仍然存在一些缺陷。这些缺陷主要有：① 保险人对第三人直接给付义务的规定相互矛盾；② 受害第三人对保险人直接请求权的规定不清晰且较为保守，对受害人的保护并不周全；③ 关于责任保险的定义存在缺陷；④ 没有规定保险人的参与权及其法律后果。以下详述之。

二、保险人的直接给付义务：制度间相互矛盾

新《保险法》第 65 条第 1 款规定：“保险人对责任保险的被保险人给第三者造成的损害，可以依照法律的规定或者合同的约定，直接向该第三者赔偿保险金。”该条第 2 款前半段规定：“责任保险的被保险人给第三者造成损害，被保险人对第三者应负的赔偿责任确定的，根据被保险人的请求，保险人应当直接向该第三者赔偿保险金。”

由此可知，被保险人在造成第三人损害之后，保险人在以下三种情形下直接向第三人支付保险金：第一种是保险人与投保人之间有合同的约定；第二种是有法律的特别规定；第三种是被保险人对

第三者应负的赔偿责任确定时，且被保险人请求时。

（一）直接给付义务的本质

上述两部分确定了保险人对第三人的直接给付义务及其行使条件。该直接给付义务在本质上仍是债法中的代为清偿与代为受领。一般而言，债的关系具有相对性，大多仅存在于特定当事人之间。[2]429 依该原则，保险人只需向被保险人支付保险金，而被保险人只需向第三人支付损害赔偿金，保险人与第三人之间没有任何的权利义务关系，保险人当然也不需向第三人支付保险金以填补第三人的损害。但如果当事人之间有特别约定或者法律有特别规定的时候，则债务人可以向债之外的第三人履行或者由债之外的第三人向债权人履行，❶ 采取这种例外规定的意义在于：可以尽快结束当事人之间不稳定的关系，减少履行成本，符合经济的原则。因此，根据上文所述，就保险人与被保险人而言，保险人向第三人直接给付保险金属于第三人代为受领；而就被保险人与受害的第三人而言，保险人向该第三人直接给付保险金则属于第三人代为清偿。而《保险法》第 65 条第 1、2 款的规定即对代为清偿的原因作了宣示性与具体性相结合的规定。

（二）相关规定的不足

1. 对给付义务履行的规定相互矛盾

本条界定了三种情形，在这三种情形下保险人“可以”或者“应该”向第三人支付保险金，但是这三种情形中有两种情形是重复的，即“有法律的特别规定”与“被保险人对第三者应负的赔偿责任确定时，且被保险人请求”这两种情形，因为保险法就是法律，其在第 2 款的前半段对“法律规定的特别情形”进行了具体化。但是这两种情形的法律后果却又是矛盾的，因为按照本条第 1 款的规定，保险人“可以”向第三人支付保险金，但如果按照第 2 款后半段的规定，保险人却是“应该”向第三人支付保险金，一个

❶ 我国《合同法》第 64、65 条。

是“可以”而一个却是“应该”，何去何从令人生疑。另外，将这两个性质相同且有包含关系的规定分开立法，也有不妥。

2. 本条没有明确请求权行使的主体

本条规定在一定条件下，保险人可以直接向第三人支付保险金，但是本条并没有明确规定行使该请求权的主体。从立法的本意以及代为清偿的规定来看，“经被保险人通知后”保险人向第三人支付保险金，第三人应该不能依本条第1、2款主张保险金的请求权，该请求权的主体应该为被保险人。[3]208受害第三人如果要向保险人行使直接请求权，则只能依本条第3款的规定。

3. 本条存在引起不公平结果的诱因

因为“在被保险人对第三者应负的赔偿责任确定时，根据被保险人的请求，保险人应该直接向该第三者赔偿保险金”，即使在保险人“应该”直接赔偿第三人保险金的情形下，但也可能出现被保险人破产而根本就无人向保险人进行通知，也即无人提出保险金直接给付给第三人的主张，这时受害第三人没有任何的补充性救济措施，只能等待保险金先成为被保险人的破产财产，然后再以破产债权的债权人的身份参与破产财产的分配，这样不仅对受害第三人的保护极为不利，而且也对该受害第三人极不公平。

由此可见，在保险人对第三人的直接给付义务上，新《保险法》第65条的规定存在较大不足。

三、第三人的保险金直接请求权：未分类型且行使条件过于严格

（一）新《保险法》的规定及主要成功与不足

1. 新《保险法》的规定及成功之处

新《保险法》第65条第2款后半段规定，受害第三人在被保险人怠于向保险人请求支付保险金时，有权就其应获赔偿部分直接向保险人请求赔偿保险金。依据该规定，受害第三人在一定条件下享有对保险人的直接请求权，这在中国责任保险的立法上应当说是一项非常大的进步，特别是在有关保险活动的基本立法——《保险

法》中确立该制度，更加显得意义重大。[1]

2. 主要不足

但同时我们也应该看到，在第三人对保险金的直接请求权的问题上，立法者又显得较为保守，既没有区分任意责任保险与强制责任保险，也没有以此为基础区分不同情形下第三人直接请求权的行使条件。新《保险法》的这种规定，不仅背离了强制责任保险的基本目标，同时也忽视了任意责任保险中第三人直接请求权的其他行使条件，如被保险人破产等情形，因此存在较大不足。具体分析如下。

---

[1] 新《保险法》第65条第2款的规定，使得我国在责任保险方面拥有了第三人对保险金直接请求权的纲领性规定。就我国目前而言，除新《保险法》之外，尚有以下立法涉及受害人的直接请求权：第一，与道路交通相关的立法。与道路交通相关的立法主要有《道路交通安全法》（以下简称《道交法》）及《机动车交通事故责任强制保险条例》（以下简称《条例》）。《道交法》第76条第1款规定："机动车发生交通事故造成人身伤亡、财产损失的，由保险公司在机动车第三者责任强制保险责任限额范围内予以赔偿。超过责任限额的部分，按照下列方式承担赔偿责任……"，《条例》第28条规定："被保险机动车发生道路交通事故的，由被保险人向保险公司申请赔偿保险金……"第31条规定："保险公司可以向被保险人赔偿保险金，也可以直接向受害人赔偿保险金……"第二，与海事海商相关的立法。《海事诉讼特别程序法》第97条规定："船舶油污损害的受害人不仅可以向肇事船舶所有人提出赔偿请求，也可直接向承担船舶所有人油污损害责任的保险人或者提供财务保证的其他人提出赔偿请求。"第三，与航空运输相关的立法。《民用航空法》第168条中规定："在保险或者担保继续有效以及经营人破产的情况下，受害人可以直接对保险人或者担保人提起诉讼。"第170条规定："保险人应当支付给经营人的款项，在本章规定的第三人的赔偿请求未满足前，不受经营人的债权人的扣留和处理。"就这些专门立法而言，与道路交通相关的立法中均没有明确规定交通事故的受害人对保险人有直接的保险金请求权，而与海事海商相关的立法以及与航空运输相关的立法都已经通过法律明确规定了受害人对保险人的直接请求权。这样的立法态势所导致的结果是，性质相同或相似的保险，受害人所获得的保障水平并不相同，有违公平的观念；同时也对强制责任保险中的受害人缺乏有力的保护。新《保险法》颁布生效后，规制保险基本活动的一般立法中也确定了受害人对保险人的直接请求权，这样该直接请求权就不再仅仅局限于某一些险种之中，不同类型责任保险中的受害人因此可以获得相同水平的保护，原有立法中的冲突因此被消弭。可以说，该规定对整个保险合同法体系的完善起到了巨大的推动作用。

(1) 与《合同法》中代位权的规定不统一。

《合同法》是关于市场交易的一般性法律，我国在没有民法典的情形下，本应规定在民法典之债法总论中的部分制度，目前被规定在合同法总论之中。[1] 由于保险合同是合同的一种，也应适用合同法总则中的相关规定，特别是代位权、撤销权等本应规定在债法总论中并且对所有债的关系均应适用的规定。在被保险人对保险人的给付保险金债权以及第三人对被保险人的损害赔偿债权均到期且被保险人怠于行使自己的债权以至有害于第三人的债权时，[4]110－117 第三人已经可以依据《合同法》第73条的规定直接向保险人行使代位权，即受害第三人可以直接以自己的名义起诉保险人要求保险人支付相应额度的赔偿金。但新《保险法》第65条第2款后半段，仅仅与《合同法》第73条规定相呼应，对受害第三人的直接请求权作出了宣示性的规定，即被保险人[2]怠于请求时，受害第三人[3]有权就其应获赔偿部分直接向保险人请求赔偿保险金。该规定既没有完全依照《合同法》第73条的规定，明确受害第三人行使直接请求权的全部条件，也没有明确受害第三人行使直接请求权的名义，更没有明确该直接请求权是对所有的责任保险均生效还是仅仅对任意责任保险有效。这样一来，两部法律衔接不够紧密，徒增立法与司法成本。[4]

(2) 没有区分任意责任保险与强制责任保险，并采取不同的立法模式来对待。

以投保是否有立法的强制为标准，可以将保险区分为任意性保

---

[1] 基本上只要有论述债法总论内容的教科书，均将代位权写在债的保全部分。参见王利民主编：《民法学》，中国人民大学出版社2007年版，第468～475页。史尚宽：《债法总论》，中国政法大学出版社2000年版，第464～474页。

[2] 即代位权法律关系中的债务人。

[3] 即代位权法律关系中的债权人。

[4] 由于立法之间有不协调，甚至冲突的地方，拥有广义上立法权限的机关需要在后续的立法活动中对这些不协调或冲突的地方进行立法解释，以弥合该冲突；在没有进一步的立法解释之前，司法机关也需要耗费成本在具体的个案中弥合上述冲突。因此无论从立法上还是从司法上来看，《保险法》与《合同法》之间的立法疏漏，都将导致大量立法与司法成本的增加。

险与强制性保险。一般而言，任意责任保险，是指依投保人自由意志决定投保与否的责任保险。在任意责任保险中，并无立法强制投保人投保该责任保险。而强制责任保险，通常指依照国家法律的规定，投保人（被保险人）必须向保险人投保而成立的责任保险。[5]强制责任保险的特点就在于法律有特别规定，投保人（被保险人）有投保责任保险的法定义务，保险人有不得拒保的义务，保险关系的部分内容由法律直接规定。❶强制责任保险与任意责任保险虽然都可以归属为责任保险，但是两者在目的与功能上有重大区别：一般责任保险的目的在于集合危险，分散损失，即任意责任保险侧重保护被保险人；而强制责任保险除了包括前者的功能外，更重要的是在特定的领域内❷，为受害第三人设置保障制度，使受害第三人能够获得快捷、公正、及时的补偿，[6]7即强制责任保险主要是为有效保护受害第三人而设。❸ 但是新《保险法》第65条并没有区别

---

❶ 需要注意的是，强制责任保险中投保人虽然有投保的法定义务，但其保险法律关系并不是依法律规定自动产生，恰恰相反，强制责任保险法律关系的发生需要当事人主动缔结保险合同，并以保险合同来最终确定保险人、投保的费率、赔偿的保险费金额以及保险费金额的限制等主要权利义务关系。

❷ 这些领域主要集中在，容易对大量受害人造成严重伤害的高度危险领域，典型的有工业灾害领域、汽车事故领域、环境污染公害领域以及商品瑕疵领域等。这些事故发生的领域具有四个方面基本特色：（1）造成事故之活动皆为合法而必要；（2）事故发生频繁，每日有之，连续不断；（3）肇事之损害异常巨大，受害者众多，难以防范，加害人是否具有过失，被害人难以证明。这些领域中，传统的救济制度难以胜任损失填补的任务，而仅仅通过自愿保险也不足以抵御这些意外伤害所带来的巨大危害。参见王泽鉴：《侵权行为法之危机及其发展趋势》，载《民法学说与判例研究》（第2卷），中国政法大学出版社1997年版，第152～154页。

❸ 当然，除了上述区别以外，任意责任保险与强制责任保险的区别还在于：第一，任意责任保险中，投保人的投保以及保险人的承保，均取决于当事人的自由意思表示；而强制责任保险中，特定义务人一般都会基于法律的规定而负有投保的义务，且保险人也不得拒绝投保人投保，即属于强制缔约。第二，任意责任保险的保险金额与保费，原则上由当事人协商确定；但在强制责任保险中，出于政府公共政策的考量，强制责任保险的运作往往处于政府的指导下，其保险金额与保费一般由保险监督管理部门作出指导性规定并随着经济发展适时调整。

强制责任保险与任意责任保险的不同目的与不同性质，忽视了强制责任保险与任意责任保险对受害第三人保护程度的区别，在第三人直接请求权的问题上采取了统一的标准，这不仅使现有的法律制度之间缺乏协调，导致当事人在适用法律的时候无所适从，[1] 同时也削弱了对特定领域受害人的保护力度，减弱了强制责任保险制度体系的保障功能，如果不能很好地弥补这一制度漏洞，甚至会引起剧烈的社会动荡。[2]

(3) 新《保险法》规定的条件限制过于严格，有可能会使受害第三人无法获得有效的救济。

例如，在交强险中，如果被保险人在肇事后受伤或死亡，无法主张保险金的赔付，而不是“怠于”主张，因此无法启动一般的理赔程序，如果不赋予其向责任保险人的直接请求权，那么受害人所受的伤害或损失就无法通过责任保险得到补偿，而责任保险人却可以推卸自己的赔偿责任，这显然是有失公平的。再如，在产品责任险中，发生产品责任事故后，如果被保险人在尚未对受害人赔偿之前破产，此时若不赋予受害人直接向责任保险人索赔的权利，则受害人同样面临着无法得到责任保险全额补偿的风险。

综上所述，新《保险法》虽然规定了第三人在一定条件下对保险人的直接请求权，但没有区分强制责任保险与任意责任保险采取不同保护层级，也没有规定该直接请求权的详细行使条件，并且已规定的该直接请求权的行使条件也过于严格，缺乏弹性。因此《保险法》关于直接请求权的规定存在较大不足，需要在后续的立法中予以修正。

---

[1] 例如，在海事海商活动以及航空运输活动中，受害人对保险人的直接请求权是否需要依《保险法》第 65 条规定的条件来行使，还是不依《保险法》的规定在一般条件下均可行使。

[2] 之所以实施强制责任保险，主要是为了高效地填补受害第三人所受之损害，使大量的受害人能在短时间内获得一定数额的补偿，并借以消解社会矛盾，避免重大社会动荡局面出现。

（二）比较法上的考察

1. 美国

美国各州的立法并不一致。

美国在传统的汽车责任保险之中规定，特定的受害人在特定的情形下可以直接向保险人求偿。而在一般情形下，受害人只能向被保险人提起侵权之诉，在胜诉后才能再向保险人追诉。[7]91—92

而支持受害第三人直接请求权的代表性立法如下：美国纽约州保险法第 3420 条第 1 款中规定："受害人得以保险单或者合同约定的保险责任范围内的赔偿金额为限，对保险人提起诉讼。"威斯康星州保险法第 632 条规定："承保因过失致人损害的责任之保险人，以保险单约定的金额为限，对有权请求被保险人赔偿其人身伤亡或财产损失的人负有责任，不论被保险人的赔偿责任是否依照判决而最终确定。"

2. 欧盟

就整个责任保险而言，欧盟指令中并没有规定受害第三人对保险人的直接请求权。❶

但就机动车强制责任保险而言，欧盟指令规定❷：（直接诉权）各成员国应当确保在机动车交通事故中受害的任何一方有权依据保险合同直接提起诉讼。该保险合同承保加害人的机动车交通事故责任。该机动车已经受本法第 3 条所规定之机动车强制责任保险所保障。

3. 英国

英国《1930 年第三者法》规定，当被保险人由于破产、合并或死亡等原因引起的求偿权利转移到第三者，受害第三人有权向他们的保险人请求赔偿。[8]47

就机动车强制责任保险而言，英国《1972 年道路交通法》第 149

❶ 欧盟最早关于保险的指令 Directive 73/239/EEC，及其后续的相关指令均未规定该直接请求权。

❷ Article 3 and 18，DIRECTIVE 2009/103/EC OF THE EUROPEAN PARLIAMENT AND OF THE COUNCIL of 16 September 2009.

条规定，保险人向被保险人签发有效的责任保险单，被保险人因交通事故对受害人承担的责任，属于保险单承保责任范围，受害人取得对被保险人的赔偿判决后，有权直接请求保险人给付保险赔偿金。

4. 法国

1930 年法国《保险契约法》最早对责任保险之第三人的直接请求权做出了确认，其第 53 条规定：保险人对于受害人因被保险人之责任导致的损害事故之金钱上的结果，只要在保险金额的限度内该金额尚未被赔偿，保险人不得将必须支付的保险金额之全部或部分支付给受害人以外的任何人。学术界普遍认为，由此条规定，受害人就可以根据法律上的直接规定而享有对责任保险人的直接请求权。

就机动车强制责任保险而言，法国最高法院“早在 1926 年即已通过判决承认：车祸加害人如果曾经投保责任险，被害人有直接向加害人的保险人诉请赔偿的权利。此项直接诉权（Direct Action），后来为法律所承认。其结果是，不仅被害人可以直接向加害人的保险人追诉，而且其追诉不因被保险人违背保单条款而受影响。在这种理念支持下，被害人与保险人开始成为损害赔偿之诉的正当当事人；车祸的加害人反而既不是诉讼的当事人，也不对判决负责”。[7]47

5. 德国

德国关于受害第三人直接请求权的规定，主要体现在两个方面：

（1）德国《保险合同法》的一般性规定。德国《保险合同法》对受害第三人直接请求权的行使条件、行使方式等内容作出了较为全面的规定。依该法规定，受害第三人在法定的条件下有权在保险金额之内向保险人直接求偿。[1]

---

[1] See Section 115 (Direct claim), Insurance Contract Act 2008 of Germany (VVG). 该条第 1 款规定：“在如下情形中，第三人可以对保险人提出补偿请求：1. 该责任保险为履行《强制保险法》的义务所成立之保险，或者 2. 针对保单持有人之财产的破产程序已经启动，或者因为缺乏破产财产致使该破产程序启动申请被驳回，或者已经任命了临时破产执行官，或者 3. 保单持有人下落不明。”

（2）特别法的规定。德国也有一些针对特定责任保险的专门立法对受害第三人的直接请求权作出了规定。如德国1965年的《汽车所有人强制责任保险法》明确规定，汽车责任保险具有第三人利益的性质，允许第三人直接向保险公司求偿。[9]407

6. 日本

（1）从整体上而言，日本并没有关于受害第三人对保险人直接请求权的一般规定，❶ 只是特别立法规定在部分强制责任保险中，受害第三人对保险人有直接请求权。如日本《自动车保障法》（以下简称《保障法》）第16条对受害人的直接请求权作出了规定。❷《保障法》第17条则规定了受害人的临时给付直接请求权。❸

（2）为加强对受害第三人的保护，日本《保险法》第22条第1款规定了受害第三人的先取特权，即因责任保险合同的保险事故对于责任保险合同的被保险人享有损害赔偿请求权之人，就保险给付请求权享有先取特权。❹ 依此条之规定，受害第三人对被保险人的债权有优先于其他债权或物权的权利，可以优先获得清偿。也即，在被保险人破产或者死亡时，受害第三人的赔偿请求权不受影响，该受害人的赔偿请求权可以优先于其他债权或物权直接就保险金或被保险人对保险金的债权优先受偿。由此来看，该先取特权虽然不是受害第三人对保险人的直接请求权，❺ 但在一定程度上发挥

---

❶ 日本《保险法》（2009年8月修订）。

❷ See the Automobile Liability Security Law (Japan), Article 3. 即如果依该法第3条的规定，机动车的所有人确实要承担损害赔偿责任，那么该交通事故中的受害人就有权在投保人的责任范围内，直接向承保的保险公司主张支付损害赔偿金。如果保险公司向受害人支付了这项损害赔偿金，那么可以视为保险公司已经向被保险人支付了保险金。除此之外，受害人如果加入了社会保险，还拥有对社会保险的给付请求权。

❸ See the Automobile Liability Security Law (Japan), Article 17. 即在实际损害计算出来之前，受害人有权请求保险公司先垫付一定的金额。

❹ 日本《保险法》（2009年8月修订）第22条。

❺ 在日本保险法领域，受害第三人的先取特权与受害第三人的直接请求权存在较大不同，如两者行使的对象不同、两者的权利性质不同、两者的行使条件不同等。

了直接请求权的作用。

7. 我国香港特别行政区

我国香港特别行政区的立法就该直接请求权作出了详细的规定，形成了完整的体系。其基本规则为：首先，由《第三者条例》对第三者的直接请求权作一个全面的、纲领性的规定；其次，再由特别法对特殊情形下第三者的直接请求权作出具体规定。[1]

8. 我国台湾地区

（1）台湾地区“保险法”的一般规定。我国台湾地区“保险法”（2010年修订）第94条第2款规定：“被保险人对第三人应负损失赔偿责任确定时，第三人得在保险金额范围内，依其应得之比例，直接向保险人请求给付赔偿金额。”

（2）特别法的规定。例如，就机动车强制责任保险而言，我国台湾地区“强制汽车责任保险法”第28条规定，被保险汽车发生汽车交通事故时，受益人得在本法规定之保险金额范围内，直接向保险人请求给付保险金。修正后的“强制汽车责任保险法”第7条规定，因汽车交通事故致受害人伤害或死亡者，请求权人得依本法规定向保险人请求保险给付。第11条规定，“本法所称请求权人，指下列得向保险人请求保险给付或向特别补偿基金请求补偿之人：一、因汽车交通事故招致伤害者，为受害人本人。二、因汽车交通事故死亡者，为受害人之遗属……”由此可见，在我国台湾地区可以向保险公司直接请求给付保险金的请求权人的范围不仅仅限于第

---

[1] 香港特别行政区《第三者（向保险人索偿权利）条例》第1条规定：“本条例旨在授予第三者权利，使其在受保人无力清偿债务时或在某些其他事情发生时，有权向承保第三者风险的保险人索偿。”第2条规定：“在受保人破产等情况下第三者向保险人索偿的权利……”《商船（油类污染的法律责任及补偿）条例》第17条规定：“（第三者向承保人索偿的权利）（1）凡有船舶的船东因任何涉及该船舶的事件，而被指称根据第6条承担法律责任，而该宗事件发生时，与第15条所提及的证明书有关的保险合约或其他保证合约仍然有效，则可就该项法律责任，对提供该项保险或其他保证的人（在本条中称为‘承保人’）诉讼……（5）《第三者（向保险商索偿权利）条例》（第273章）不适用于与第15条所指的证明书有关的保险合约。”

三人，甚至已经扩大到了第三人的近亲属。

9. 主要经验

综合来看，发达国家或地区的立法有如下三点经验：① 就责任保险整体而言，有些国家或地区已经规定了无条件或条件限制较为宽松的保险金直接请求权；② 就比较特殊的责任保险，如特定的强制责任保险而言，发达国家或地区一般均规定了受害第三人，甚至是受害第三人近亲属，对保险人的直接请求权；③ 在没有规定一般的直接请求权的国家，也会通过赋予受害人特定优先权的方式，强化对受害人的保护，保证受害第三人可以获得完整的保险金。

四、责任保险的定义：界定不够清晰

新《保险法》第 65 条第 4 款规定："责任保险是指以被保险人对第三者依法应负的赔偿责任为保险标的的保险。"这实际上是对责任保险定义的概括。

（一）相关规定的不足

根据该定义，责任保险的保险标的是被保险人对第三者依法应付的赔偿责任。该定义比较准确地描述了责任保险的核心内容，揭示了责任保险的本质。但是该定义也有不足之处，主要在于：

（1）没有明确责任保险中可保责任风险的性质。责任保险所承保的责任风险必须是民事责任，[10]295 也即私法上的责任，主要包括违约责任与侵权责任。至于刑事责任与行政责任均不能成为责任保险的标的。原因在于，如果允许刑事责任等公法上的责任可以成为责任保险的保险标的，其一，无异于鼓励社会民众犯罪，有违保险的目的，其二，将产生责任性质不一致的矛盾。质言之，如果被保险人实施了犯罪行为，其刑事处罚的后果是该被保险人被判处罚金，而该罚金竟可以由保险人代为支付，这无异于告诉社会民众：实施犯罪行为都有人为你埋单，这也无异于间接鼓励社会民众实施犯罪行为。另外，民事责任多具有财产性质，而保险属私法范畴，保险人的赔偿责任亦为私法责任，保险人的赔偿责任性质与被保险人的赔偿责任性质相同，因此被保险人可以通过责任保险的方式将财产的赔付责任转移给保险人。但对于其他的刑事责任、行政责任甚至宪法责任都属公法上的责任，其责任的后果并不是赔偿所谓的财产损失所能涵盖的，因此其他责任不宜成为责任保险的保险标的。

（2）没有明确责任保险中可保责任的范围。一般而言，责任保险要求必须是被保险人或者其代理人或雇佣人的过失行为所造成的损害，如果是故意的行为，因为该风险无法控制，而且是被保险人咎由自取的行为，不应该在责任保险的承保范围内。但是我国的特别法也有例外规定，例如，《机动车交通事故责任强制保险条例》第 22 条规定："有下列情形之一的，保险公司在机动车交通事故责任强制保险责任限额范围内垫付抢救费用，并有权向致害人追偿：……（三）被保险人故意制造交通事故的……"由此可见，在我国原则上要求责任保险的承保责任风险必须是被保险人的过失行为所引起，在特别法中责任保险的承保风险也可以由被保险人的故意行为所引起。但这项特点并没有反映到立法中，因此容易在理论及实践中引起争议，并不可取。

（3）没有明确受害第三人可否已经由其他保险所保障。因为责任保险所承保的是被保险人对第三人的民事责任，一旦被保险人给第三人造成损害，该损害可以由责任保险的保险人予以赔偿。但同时，受害第三人也可能另投了其他的保险，如相应的财产险等，这样一来，第三人在遭受责任保险的被保险人的损害时，其可以依据两份保险合同获得两份保障。我们在立法中是否应当允许这种情形的发生，《保险法》并没有予以明确的规定。

（二）比较法上的考察

1. 德国

2004 年德国《一般责任保险法》（Allgemeine Versicherungsbedingungen für die Haftpflichtversicherung，简称 AHB 2004）将责任保险定义为：保险人承保被保险人保险契约有效范围内的风险，包括死亡、受伤或健康受损（人身保险）或物品的损害或灭失（物品保险），且此损害赔偿责任系肇因于第三人的私法责任请求权，[11]上述的保险即为责任保险。该定义强调了两点：第一，该损害赔偿的性质为私法性的；第二，有相应请求权的产生。

2. 澳大利亚

澳大利亚1984年《保险法》将普通责任保险（general insurance）定义为：为被保险人对未经保险的第三者所造成的人身伤害与财产损失提供的保险。❶ 该定义强调受害的第三人必须是没有经过保险的第三人，由此排除了保险责任竞合的情形，即如果受害的第三人已经过其他相同保险的保障，则该责任保险的保险人不再承担相应的保险责任。

3. 我国台湾地区

我国台湾地区"保险法"所称的责任保险，❷ 是指责任保险人在被保险人对于第三人，依法应负赔偿责任，而受赔偿之请求时，负赔偿责任之保险。[3]204该定义强调在被保险人受到赔偿的请求的时候，责任保险人才承担赔偿责任，这与有些国家或地区的立法稍有不同。❸

4. 主要经验

从上述有代表性国家或地区的立法关于责任保险的定义来看，其所强调的重点与层面并不完全相同，但总的来说有以下几条原则可以为我们所借鉴：① 责任保险所承保的责任风险应该是私法性的责任风险，也就是民事责任的风险，而不应该是刑事责任风险、行政责任风险或者其他性质的责任风险。② 责任保险中责任的发生原则上是被保险人过失行为所导致，只有在特殊情形下在特别法有明确规定时，被保险人故意行为所引起的责任才能作为责任保险的承保对象。③ 责任保险中的第三人（受害人）也可以是已经由其他保险所保障的民事

---

❶ See Article 11 of Australian Insurance Contracts Act.

❷ 我国台湾地区"保险法"（2010年修订）第90条。

❸ 如，我国现行《保险法》没有对责任保险中保险人的赔偿条件作出明确规定，而我国的《保险法（修订草案）》对此作出明确规定，该草案第50条第2款规定："责任保险的被保险人给第三者造成损害，被保险人未向该第三者赔偿的，保险人不得向被保险人赔偿保险金；在被保险人对第三者应负的赔偿责任确定时，根据被保险人的请求，保险人应该直接向该第三者赔偿保险金。"

主体。

综上所述，我们认为关于责任保险立法可以修改成：“责任保险是指以被保险人因故意或过失而对第三者依法应负的民事赔偿责任为保险标的的保险。该第三者可以是已经由其他保险合同予以保障的民事主体。”

五、保险人的参与权：制度依然缺失

保险人的参与权，是指保险人参与到被保险人与第三人的和解、仲裁或者诉讼中的权利。[12]68 新《保险法》对责任保险中保险人的参与权没有作出规定。但是新法通过之前的最后一稿草案曾对此有所规定，但在最后的通过稿中，该参与权又被删除了。原草案第 51 条第 3 款规定：“未经保险人参与，被保险人直接向第三者承认赔偿责任或与其达成和解协议的，保险人可以按照合同约定核定保险赔偿责任。”根据该草案的规定，保险人对参与权的行使可以区分以下两种情况：第一种，保险人在保险合同中约定了参与权的，保险人可以在未经其参与时，就被保险人直接向第三者承认赔偿责任或与其达成的和解协议要求重新核定；第二种，保险人在保险合同中没有约定参与权的，则依照反面解释，保险人没有权利要求对被保险人的赔偿责任进行重新核定，即被保险人直接向第三者承认赔偿责任或与其达成的和解协议对保险人有直接的约束力。

（一）参与权的重要作用

参与权主要是为保护责任保险中的保险人而设，主要目的在于保护保险人，平衡保险人、被保险人以及受害第三人这三方之间的关系。如果取消保险人参与权的规定，在保险事故发生后被保险人的行为有可能从两方面加重保险人的赔偿负担：① 就赔偿数额而言，当第三人向被保险人提出赔偿请求时，如果其要求的赔偿数额在责任保险合同约定的限额之内，由于有保险合同的存在，被保险人就有可能怠于行使其对第三人的权利，怠于主张减轻或免除赔偿责任，如放弃抗辩权等，承担其本不应该承担的责任或者承担比其应承担之责更重的赔偿责任。这样实质上加重了保险人的赔偿责任。② 就其他费用而言，当第三人向被保险人提出赔偿请求，而且保险事故明显地应由被保险人承担责任时，如果被保险人不当地对第三人进行了抗辩，就有可能导致仲裁或诉讼失败，其对于程序费用的支出可能会远远超出正常情况，从而使得保险人最终受损。由此可见，赋予保险人在理赔过程中的参与权是非常有必要的，但“肯定参与权并非用以赋予保险人特权地位，而是为了平衡双方利害关系”。[13]78

（二）比较法上的考察

从比较法的角度来看，发达国家与地区的立法与实践均对保险人的参与权作出了规定，这里仅选取两个有代表性的国家或地区予以考察。

1. 德国

2004 年的德国《一般责任保险法》[11] 第 5.5 条规定：“被保险人并无义务在得到保险人同意前，承认或满足全部或局部责任请求权。当被保险人在合法状态下承认或满足时，只要未事先通知保险人，保险人即无保护的义务。”

2. 我国台湾地区

我国台湾地区“保险法”（2010 年修订）第 93 条规定：“保险人得约定被保险人对于第三人就其责任所为之承认、和解或赔偿，未经其参与者，不受拘束。但经要保人或被保险人通知保险人参与而无正当理由拒绝或借故迟延者，不在此限。”

3. 主要经验

从上述的立法来看，德国与我国台湾地区均规定了保险人的参与权。在保险人没有参与的情形下，被保险人与第三人之间的协议对保险人不产生约束力。但是两个立法例的区别在于：① 德国对保险人的保护更加周到，其要求被保险人与第三人协议时必须要事先通知保险人，而我国台湾地区的立法只强调保险人要有事实上的参与。② 我国台湾地区的立法更加全面，其不仅规定了保险人没有行使参与权的后果，还规定了保险人故意拒绝或怠于行使参与权的后果。

因此，我们在再次修订《保险法》的时候可以参照上述的条文科学立法。

六、新《保险法》第65条的修改建议

从前文的论述来看，新《保险法》第65条的规定还存在不科学、不完善的地方，我们建议从以下四个方面予以修改。

（一）保险人对受害第三人的直接给付义务

由于新《保险法》在保险人对第三人直接给付义务的规定上相互冲突，解决办法大致有两个，第一个是直接将现在该法第65条第1款的规定予以删除，仅保留该条后面三款的规定；第二个是综合第1款与第2款前半部分的规定，采用列举加兜底条款的方式将其单独列为一款。

我们认为，相比较而言，将该条第1款直接删除更为合适。其主要原因在于：① 本条只是宣示性的规定，删除后对当事人权利义务关系不会有实质的影响。一般而言，如果立法有特别的规定，强制保险人直接向第三人支付保险金，当然应该依据特别法优于一般法的原则予以适用，无需此处立法附加说明。另外，如果保险人在保险合同中约定了直接向第三人给付保险金的权利，该约定并没有任何违法情形，自然也应该约束保险人，保险人也必须按照该合同的约定直接向第三人支付保险金。所以第1款的规定可以直接删除。② 保留第1款的依据不足。目前保留第1款的主要原因还在于：这是以前立法的条文，直接删除似有不当。但很明显这种理由是不合适的，因为在第1次修订保险法的时候保留该条文还不至于与其他条文相互冲突，但现在如果继续对该条文予以保留，那将直接导致与后续修订条文相互冲突的局面，而且体系上也存在较大缺陷，所以直接删除该第1款的规定是比较合适的。③ 直接删除的方法简单易行。直接删除该第1款简单易行，也不必多花费其他成本为重新拟定法条予以论证探讨，符合经济的原则。④ 发达国家或地区的立法中鲜有类似的规定。本条与我国台湾地区的“保险法”（2010年修订）的规定比较类似，但是纵观台湾地区“保险

法”的规定，没有发现与第65条第1款相类似的规定，因此可以考虑直接将该第1款直接删除。

（二）关于受害第三人的直接请求权❶

1. 区分强制责任保险与任意责任保险分别规定

依前文所述，我们认为可以采用较为折中的方案，将责任保险区分为强制责任保险与任意责任保险，并从以下两个方面完善责任保险中受害第三人直接请求权的规定：① 在强制责任保险中，受害第三人拥有对保险人的直接请求权，且该直接请求权并无法定情形之限制；② 在任意责任保险中，受害第三人也拥有对保险人的直接请求权，但该直接请求权须在法定情形中才能行使。

采用这种方案的主要理由在于：

（1）可以强化对强制责任保险中受害第三人的保护。即通过无条件直接请求权的赋予，使得强制责任保险中的受害人可以通过有效途径及时获得理赔，及时消除因为事故带来的经济困境，有利于及时消解大面积的社会矛盾，维护整个社会的正常秩序与和谐。

（2）可以在最大程度上维护法律的既有基本原则。债权具有相对性，“特定债权人得向特定债务人请求给付”，[14]10 一般情形下，受害第三人依该原则仅能依侵权为由向被保险人请求赔偿，而不能向与其无法律关系的保险人请求赔付保险金。我们论证的方案中，出于对社会秩序的维护，出于对公平正义的考量，❷ 仅仅在强制责任保险中完全突破了该原则，在任意责任保险中有条件的突破了该原则，而没有主张在任何类型的责任保险中均突破该债的相对性原则，赋予受害第三人在任何责任保险中的直接请求权。这实际上是在综合权衡强化受害人保护与维护保险公司利益之间所作出的妥当

---

❶ 需要指明的是，这里的第三人可以是直接受到被保险人的侵害行为侵害的人，也可以是依该侵权行为对被保险人享有损害赔偿请求权的其他人。例如，在直接受害人死亡时，该享有请求权的人则可能为死者的近亲属。

❷ 实际上，对责任保险中受害第三人的保护越多，就是对保险公司利益的漠视越重。而这一对矛盾需要公平的协调，不能不加选择地对一方利益予以一味地倾斜保护。

选择。

（3）可以与既有规则实现合理衔接[1]。如前文所述，我国已经在部分高度危险领域实施强制责任保险，也有立法在上述领域赋予受害第三人对保险人的直接请求权。同时我国《合同法》实际上也赋予了受害第三人对保险人的特定情形下的直接请求权，并且该直接请求权并不区分强制责任保险与任意责任保险的不同。只是上述这些立法并未形成相互协调的立法体系。我们的折中方案，可以有效地规划与整理既有规则，在与上述既有规则顺利衔接的同时，也可以有效地构建起关于责任保险中受害第三人直接请求权的科学立法体系。

（4）本折中方案是对国际先进经验的合理总结，并将其科学地本土化。前文已述，发达国家或地区均在不同程度上于强制责任保险中赋予受害第三人的直接请求权，典型的如机动车第三者责任强制保险中受害第三人的直接请求权。但上述这些国家或地区在任意责任保险的实践上却存在分歧，有的也坚持无条件地赋予受害第三人直接请求权，有的则赋予受害第三人有条件的直接请求权，有的则没有赋予受害第三人直接请求权，当然采取最后一种立法模式的发达国家或地区毕竟不多。但是结合我国的保险实践来看，虽然自改革开放以来，我国保险行业已经有了长足的发展，但是与发达国家或地区的保险产业相比仍然有较大差距。例如，我国在保险密度与保险深度[2]方面都处于相当低的水平，与发达国家相距甚远（见下表）。

---

[1] 笔者另行撰文，详细阐述强制责任保险在我国的体系，并指出在这些强制责任保险中，受害第三人均应享有向保险人的直接请求权，且该请求权不受被保险人破产、死亡、怠于行使权利等法定情形的限制。

[2] 保险密度，是指按照一个国家的全国人口计算的人均保费收入，它反映了一个国家保险的普及程度和保险业的发展水平。保险深度，是指保费收入占国内生产总值（GDP）的比例，它是反映一个国家的保险业在其国民经济中的地位的一个重要指标。

2007年世界保险密度和保险深度排名简表[15]

国家	保险密度		保险深度	
	名次	数值（美元）	名次	数值（%）
爱尔兰	1	7171.4	7	11.6
英国	2	7113.7	2	15.7
荷兰	3	6262.9	4	13.4
瑞士	4	5740.7	8	10.3
丹麦	5	5103.1	12	8.9
法国	6	4147.6	9	10.3
比利时	7	4131.5	11	9.6
美国	8	4086.5	13	8.9
中国	69	69.6	48	2.9
世界		607.7		7.5

因此，从促进我国保险产业进一步发展的长远目标来看，不宜在近期就过分倾向保护受害第三人而对保险机构的利益予以过多限制。所以从平衡保险机构与受害第三人利益的角度出发，我们认为采取折中方案比较可行：在强制责任保险中赋予受害第三人直接请求权，而在任意责任保险中则有条件的赋予受害第三人直接请求权。

2. 任意责任保险中受害第三人直接请求权的行使条件

任意责任保险中受害第三人应当在特定的情形下下才能享有对保险人的直接请求权。这些限制条件应有如下特点：① 在这些法定情形下，受害第三人如果无权直接向保险人请求支付保险金，则这些受害人的部分或全部损失将无法通过保险的方式获得赔偿。② 随着社会的发展，这些法定情形将会不断更新，因此在立法时必须考虑条文适用的伸缩性。

针对上述两项特点，我们认为：① 在当前环境下，任意责任保险中受害第三人拥有直接请求权的法定情形至少应当包括两种情况：第一，基于被保险人主观原因导致受害第三人无法获得保险赔偿；第二，基于客观原因导致受害第三人无法获得赔偿。前一种情况，主要是因为被保险人拒绝赔偿或怠于行使对保险人的请求权使得受害第三人无法获得及时有效的赔偿；在后一种情况下，主要是因为被保险人破产、死亡、被宣告失踪、丧失行为能力且无法定代理人等客观原因导致被保险人无法向保险人主张保险金，并进而无法向受害第三人赔偿时。在上述两种情形下，受害第三人有权突破债权相对性的限制，直接向保险人主张保险金。实际上，特别是在被保险人破产或死亡的情形下，直接请求权已经起到了优先权的作用，可以优先于被保险人之上的其他债权甚至是物权而获得优先清偿。② 在立法技术上，受害第三人直接请求权的行使情形可以采取列举加一般条款的方式，即先列举应有的法定情形，最后再以兜底条款总结。这样一来，可以最大限度地保证本条文适用的伸缩性。

因此我们建议条文可以拟定为：

“被保险人对第三人应负损失赔偿责任确定时，第三人可以在被保险人破产、死亡、被宣告失踪、丧失行为能力且无法定代理人、拒绝赔偿、怠于赔偿等无法从被保险人处获得赔偿的情形下，在保险金额范围内，直接向保险人请求给付赔偿金。

在强制责任保险中，受害第三人行使直接请求权不受前款规定条件之限制。”

（三）关于责任保险的定义

《保险法》第 65 条第 4 款对责任保险的定义作了概括，但是该概括没有全面的描述责任保险的特征，容易在理论及实践中引起争议，因此我们建议作如下修改：“责任保险是指以被保险人因故意或过失而对第三者依法应负的民事赔偿责任为保险标的的保险。该第三者可以是已经由其他保险合同予以保障的民事主体。”

（四）保险人的参与权

比较相关的立法例，我们认为我国台湾地区的规定最为全面、细致，值得参考，因此我们建议将该条增加一款用于规定保险人的参与权，具体条文可以拟定为："未经保险人参与，被保险人直接向第三者承认赔偿责任或与其达成和解协议的，该协议对保险人不生约束力，保险人可以按照合同约定核定保险赔偿责任。但经投保人或被保险人通知，保险人参与而无正当理由拒绝或借故迟延的，不在此限。"

（五）第 65 条的修改结果

综合上文的论述，新《保险法》第 65 条可以修改成：

"责任保险的被保险人给第三者造成损害，被保险人未向该第三者赔偿的，保险人不得向被保险人赔偿保险金。

被保险人对第三人应负损失赔偿责任确定时，第三人可以在被保险人破产、死亡、被宣告失踪、丧失行为能力且无法定代理人、拒绝赔偿、怠于赔偿等无法从被保险人处获得赔偿的情形下，在保险金额范围内，直接向保险人请求给付赔偿金。

在强制责任保险中，受害第三人行使直接请求权不受前款规定条件之限制。

未经保险人参与，被保险人直接向第三者承认赔偿责任或与其达成和解协议的，该协议对保险人不生约束力，保险人可以按照合同约定核定保险赔偿责任。但经投保人或被保险人通知，保险人参与而无正当理由拒绝或借故迟延的，不在此限。

责任保险是以被保险人因故意或过失而对第三者依法应负的民事赔偿责任为保险标的的保险。该第三者可以是已经由其他保险合同予以保障的民事主体。"

英美法国家责任保险危机及其缓和

王　伟*

本文分析了英美法国家责任保险危机及其成因，并以医疗责任保险为例，分析了英美法国家为缓和责任保险危机而进行的改革。

一、社会变迁与责任保险的发展

责任保险是市场经济发展到一定阶段的必然产物，它的产生和发展与国家法律制度、国民法律意识息息相关。从国际上看，责任保险的发展需要具备一定的环境和条件。一是具有良好的外部环境。健全的法律制度是发展责任保险的基础，也是发展责任保险的基础。在一个法制高度发达的社会里，法律确定了人们的行为模式及相应的法律责任，责任保险因此可以起到分散法律责任风险的作用，人们对责任保险的需求，反过来也保障了法律的实施，促进了社会的公平正义，促进了社会经济的协调发展。二是内部环境。如果保险公司的专业技术水平较高，产品开发技术和风险管控能力较强，能够根据市场的需要及时开发适合相应的责任保险产品，则可以有效刺激人们对责任保险的需求。

19 世纪末，欧美等国家的法制环境逐渐成熟，人们的权利意识不断增强，司法体制逐渐完善，人们的法律责任风险大幅度增

* 王伟，中央党校政法部副教授，法学博士，金融与保险学博士后。

加，对责任保险的需求逐渐增大。同时，保险公司顺应社会经济发展的需要，开发了一系列责任保险产品，进一步推动了责任保险的发展。从发达国家的情况看，责任保险得到了全面、迅速的发展。责任保险的服务领域不断扩展，形成了门类齐全、险种众多、专业性强的责任保险体系。美国的责任保险市场份额在20世纪80年代前后即占整个非寿险业务的45%左右，在英、德等欧洲保险业发达国家，这个比例在30%左右。

二、责任保险的发展危机

总体来看，责任保险是在挫折中不断发展和完善的。在英美法国家，责任保险更经历了若干发展危机。

1. 早期人们对责任保险的错误认识

责任保险创立时，受到舆论的指责。民众认为开办责任保险会助长道德沦丧，这与法律追求的公平正义相左，同时使得人们对注意义务有所懈怠，助长反社会行为，有悖社会公益。然而，自19世纪以来，由于社会生产的高度社会化，意外灾害事故频繁，加害者个人负担沉重，受害人也难获赔偿。人们逐渐认识到，责任保险制度有助于提高加害人填补受害人损失的赔偿能力，有助于受害人利益的满足，具有安定社会的功能，从而使损害赔偿社会化，符合社会公益。而且，责任保险制度也并没有助长反社会的行为，行为人并不当然因投保责任险而降低其注意义务。随着社会经济的不断发展，人们对责任保险认识水平的提高，责任保险得到长足发展。根据台湾地区学者的见解，今日法律之趋势，皆认为未能由责任保险补偿过失行为之后果，本身即构成在经济上不负责任之行为。[1]目前，责任保险已经成为具有相对独立理论体系和运作系统的保险制度。

---

[1] 袁宗蔚著：《保险学——危险与保险》（增订三十四版），首都经济贸易大学出版社2000年版，第566页。

2. 当代英美国家的责任保险危机

进入 20 世纪 70 年代以后，在一些国家特别是英美法国家，屡屡发生“责任保险危机”，责任保险的发展因此受到了严重的阻碍。责任保险危机的表现是：加害人的民事责任不断膨胀，法院裁决赔偿金额的大幅增加，保险赔款惊人增长，保险公司不得不大幅度提高责任保险费，甚至退出某些责任保险市场，进而导致投保人难以获得保险，或者需要付出很高的代价才能获得保险。责任保险危机在产品责任保险、雇主责任保险、医疗责任保险以及董事和高级职员责任保险等方面表现得尤为突出[1]。

(1) 石棉引发的责任保险危机

石棉是建筑材料中广泛采用的一种纤维矿物质，坚固耐用，具有很好的防火防热的功效，广泛运用于各个领域。同时，石棉对人体有很大的危害，会引发包括癌症在内的多种疾病，很多与石棉有关的疾病潜伏期很长，甚至能达到 40 年。由于石棉材料在各个行业的广泛运用，因石棉而引发的疾病也不断增加。美国一家疾病控制和预防中心的研究报告表明，在 2000 年，有 1493 人死于与石棉有关的疾病，而在 1968 年，死亡人数只有 77 人。因石棉有关的赔偿金额也不断攀升，根据美国 Tillinghast-Towers Perrin 公司的一项统计，2003 年全美国与石棉有关的赔偿金额上升了 125 亿美元。在高额的石棉赔偿面前，保险公司也遭受了巨大的损失。从 1999 年到 2003 年，美国保险业为石棉索赔而支付的赔款达到了 200 亿美元。石棉案件已经成为一个严重的社会问题，与石棉有关的索赔金额居高不下，石棉生产商不断破产、倒闭，保险公司也因石棉案件而导致经营困难，引发了责任保险危机。

(2) 医疗责任保险危机

在美国，医疗责任保险也存在很大的危机。从 1976—2000 年，由于法院对医疗事故的受害人过分保护，医疗赔偿费用大幅度上

---

[1] 张洪涛、王和主编：《责任保险理论、实务与案例》，中国人民大学出版社 2005 年版，第 32～33 页。

升，保险赔款支出不断增长，导致保险公司不断提高费率水平，或者径行退出责任保险市场。据统计，这段时期全美医疗责任保险的平均保险费率上升505%，其中佛罗里达州的保险费率上升了2654%。部分高风险的医疗领域（如妇产科、脑精神外科等），医疗责任保险费率上扬幅度更加惊人。在这种情况下，从20世纪70年代开始，由于索赔案件不断增多，索赔金额越来越高，许多保险人开始逐步撤离医疗过失责任保险市场。目前，医疗赔偿诉讼的赔偿金额仍然居高不下。从1998年以来，保险人在医疗过失责任方面的损失大幅度上升。扣除通货膨胀因素，从1988年到1997年，每年平均增长约3%，而在1998年到2001年，年度增长幅度达到了8.2%。保险公司的承保利润一直很低，经营风险很高，医疗责任保险领域存在明显的危机。

（3）董事和高级职员责任保险危机

在20世纪80年代中期北美出现的“董事责任和高级职员责任保险危机”中，由于法院判决了众多的高额赔偿案件，保险公司为了弥补亏损，不得不大幅提高保费，保险市场发生了激烈的变化。1987年美国、加拿大等国董事责任和高级职员责任保险保费狂涨，上涨的幅度从200%—2000%不等。进入20世纪以后，由于美国的安然、世界通信等公司在证券市场上存在严重的虚假陈述、欺诈等行为，引发证券投资者对企业及其董事、高级职员的新一轮诉讼，董事和高级职员责任保险再一次陷入危机。例如，在2003年，承保施乐公司（Xerox）董事责任保险的保险公司提出诉讼，要求解除与施乐公司2500万美元的保险单。保险公司称，施乐公司投保董事责任保险时提供了虚假的财务报告。在此之前，美国证券和交易委员指控前施乐公司的高级职员在1997—2000年度，夸大公司收入30亿、利润14亿美元。2003年6月，被指控的高级职员同美国证券和交易委员达成和解，被指控的高级职员同意支付2200万美元，从而和解案件。总体来看，董事和高级职员责任保险仍然是一个高风险的领域，投保难、续保难的状况在短期内难以改变。

三、责任保险危机发生的内在原因

英美法国家责任保险危机的发生，有其深刻的内在原因，主要表现在以下几个方面[1]。

一是西方诉讼文化的影响。由于对权利的重视，在西方形成了好讼的民众心理。诉讼对于西方人来讲并不只是利益之争，还包括对价值观念或权利的追求，这种观念深深融入西方人思想里。20世纪后半叶以来，西方社会中司法的社会功能不断扩大，通过审判确认的权利和损害赔偿责任的无限扩大刺激了诉讼的进一步增长，出现了所谓的“诉讼爆炸”，即诉讼数量多、能量大。这样，西方诉讼文化引发的法律责任风险刺激了人们对责任保险的需求，同时，过于高昂的诉讼成本也导致保险公司的赔付成本过高，导致了责任保险危机的发生。

二是民事责任无限扩大化。无过失责任制度的泛化和高额的惩罚性赔偿金制度是导致责任保险危机发生的根本原因。民事责任传统上采取过错责任主义，这在19世纪达到了鼎盛，但同时也遭受到了压力。压力主要来自于工业灾害和铁道交通事故。随着意外事故的急剧增加和损害填补必要的凸现，无过失责任也由原先的特别法领域渐次扩张，成为具有重要地位的损害赔偿归责原则。在英美法国家，无过失责任广泛适用于社会生活的各个方面。此外，在英美法系国家，惩罚性赔偿金制度也被广泛适用于侵权行为和合同纠纷中，在实践中，法院也大量运用惩罚性赔偿金制度，对受害方给予过分补偿。惩罚性损害赔偿与无过失责任制度的存在，往往使法院倾向于支持受害人高额的赔偿要求。在司法裁决过程中，法官和陪审团更多地考虑保险因素，如果加害人购买了保险，则所判决的赔偿金额也高。实际上，判决程序更多的是考虑保险因素而不是责任本身，因此，裁决被保险人承担责任实际上就是责成保险人承担

---

[1] 张洪涛、王和主编：《责任保险理论、实务与案例》，中国人民大学出版社2005版，第33～35页。

责任。无过失责任制度和惩罚性损害赔偿金的运用，虽然能够显著地保护受害人的利益，但是，无限制的适用这些规则，势必加重加害人承担责任的负担，进而加重保险人的赔偿负担，这就不利于个人资源、社会资源的有效利用，对于一些对社会有益但风险较大的行业，投资者可能会过于谨慎和保守，从而影响科学技术的进步，阻碍整个社会的发展。

三是诉讼体制不合理。英美法国家的诉讼体制也容易助长诉讼的发生，滥诉的情况大量存在。在英美法国家的诉讼制度上，由于侵权行为法无过失责任制度使受害人胜诉的可能性较大，促使律师顺应这一趋势而对侵权案件采取"无效果，无报酬"的所谓"胜诉酬金"方式收费。按照这种收费方式，原告败诉，不需要支付律师费用；如果原告胜诉，律师可从判得的赔款中提取 1/3 或更高的酬金。这样，原告提起诉讼的负担并不沉重，而律师胜诉后可以获得高额的代理费用，这种收费机制客观上引发了大量的诉讼。

美国学者奥尔森（Olson）在其著名的《诉讼爆炸》一书中指出，律师及诉讼产业是诉讼爆炸的原因及抑制诉讼的关键，理由是：首先，关于诉讼的时代思潮的变化和对诉讼的社会伦理制约的解除，使美国的法律职业不仅仅放松了传统的道德规范的约束，那些道德规范不过是非常普通的要求，而且完全把这些道德规范踩到了脚下。不择手段则完全符合这种道德准则。于是律师做广告、拉客户、挑起诉讼成为其业务的重要内容。其次，胜诉酬金已经成为在大多数损害赔偿案件中当事人聘请律师的唯一途径，并逐步变成了一种大胆和公开谋利的产业基础。它使律师受到巨大利益的有力刺激，去谋求最大数额的金钱。再次，律师与当事人的角色发生了倒转。胜诉酬金的扩大无限加剧了律师滥用的诱因。最后，随着诉讼危险的倍增，美国人已开始感到，如果没有律师的支持，他们不敢贸然进行一个重要的交易。律师手里掌握着无比强大的介入权，使他们可以选择当事人，在不确定的法院诉讼中控制当事人，强加以昂贵的费用，通过证据开示制度破坏当事人的隐私，运用专家证人和州际管辖冲突理论等种种策略操纵诉讼过程，等等。

四是保险公司经营管理不善。由于责任保险经营所具有的特点，保险人从承保责任保险开始，到责任保险事故发生，受害人提出索赔要求时，往往事隔数年之久。如果再经诉讼，又须经过较长时间。这就对保险公司的经营管理提出了相当高的要求。很多保险公司在经营责任保险的过程中，存在对风险估计不充分，承保和理赔控制不严，以及投资不善、再保险安排不当、准备金提取不足等问题。这样，当受害人对被保险人提出的索赔突然大幅度增长时，保险公司承担的保险责任已经相当大了，这也是造成责任保险危机的重要因素。

这些原因导致英美法国家屡屡发生责任保险危机。相比较而言，大陆法国家的无过失责任和惩罚性赔偿金制度适用范围有限，诉讼体制上也没有全盘采纳律师“胜诉酬金”制度，多数大陆法国家实行严格的损失补偿原则，人们的法律责任风险相对有限，缺乏发生大范围责任保险危机的社会和法律环境。因此，类似于英美法国家的大规模责任保险危机，很少在大陆法国家发生。

四、责任保险危机的缓和——以医疗责任保险为例

在英美法国家，责任保险的发展面临危机，人们试图通过相应的改革，使民事赔偿制度更加合理，纠纷处理程序更为便捷，从而有效降低民事赔偿责任，为责任保险的发展创造良好的环境和条件。在董事责任保险和医疗责任保险领域，立法者所采取的改革措施尤为引人关注。

以医疗责任保险为例，在该险种的发展过程中，由于医疗民事赔偿费用高昂，保险公司的赔付率一直比较高，业务的高风险性导致保险公司的经营困难，在一些英美法国家和地区也因此导致了医疗责任保险危机。保险公司不愿再承保医疗责任风险，为了有效应对和处理医疗责任保险危机，一些国家和地区开始考虑对医疗赔偿法律以及责任保险制度进行改革。鉴于医疗责任保险危机产生的根本原因是过高的医疗赔偿费用，降低赔偿费用无疑是促进医疗责任保险发展的最佳切入点。医疗赔偿制度改革由医疗责任保险的“重

灾区”美国加利福尼亚州率先进行，并推动了美国其他州的医疗赔偿制度改革。同时，在美国开展的医疗赔偿制度改革也对其他国家产生了深远的影响，带动了一些国家和地区的医疗赔偿制度改革。总体来看，医疗损害赔偿制度经历了一个逐步发展完善的过程，目前仍然在不断地进行改革。美国医疗损害赔偿制度改革是围绕着以1975年加利福尼亚州《医疗损害赔偿改革法》（California's Medical Injury Compensation Reform Act，MICRA）为契机而展开的。1975年12月，加利福尼亚州议会通过了《医疗损害赔偿改革法》，这部法律的意图是通过相应的民事赔偿和程序机制的改革，使民事赔偿问题更加合理。目前，加州的《医疗损害赔偿改革法》已经成为美国医疗损害赔偿制度改革的样板。11个州已经通过了类似的改革法案。

从该法的基本内容来看，主要的改革措施包括[1]：

（1）限制非经济损害赔偿金。该类损害赔偿金的上限为25万美元。

（2）严格适用“其他赔偿来源”规则。在审理医疗过失赔偿案件时，法官应当将原告可以从其他来源获得的支付（如因为同一伤害而可以获得的健康保险金）告知陪审团。

（3）明确规定医疗损害赔偿诉讼的诉讼时效。医疗损害赔偿诉讼时效为：从发现损害或者过失之日起1年，或者从损害发生之日起3年。

（4）严格限制律师费用。

（5）允许采取定期支付的方式偿付将来损害赔偿金。

（6）推动案件和解，如：要求原告提前90天预先通知医生其准备提出医疗过失赔偿请求，从而使医疗机构有可能在庭外解决诉讼。

（7）完善对医生的惩戒制度。

---

[1] 王伟：《职业责任保险制度比较研究》，中国人民财产保险股份有限公司、中国人民财政金融学院博士后研究报告，2005年11月。

第二编

机动车第三者责任保险与交强险研讨

机动车责任保险的责任限额与保险人针对复数第三者的赔偿义务

张　璐　刘建勋*

机动车保险是我国目前财产保险市场中业务量最大、引发诉讼最多的一类保险，而机动车责任保险是机动车保险范围内最为重要的险别之一。法院在审理有关机动车责任保险的案件时需要面对的一个特殊问题是，在被保险人因交通事故向复数第三者承担赔偿责任的情况下，如何确定保险合同约定的责任限额与保险人就复数第三者赔偿保险金总额之间的关系。具体而言，法院应当判断，保险人应当以责任限额为限对保险车辆发生的"每一次保险事故"承担保险责任，抑或以责任限额为限就被保险人对"每一个第三者"承担的赔偿责任承担保险责任。

提出这一问题的原因，首先在于保险法与交强险条例均未就此作出明确规定，❶ 其次在于我国各保险公司所采取的习惯性理赔思路，与相关法律规范的文义解释乃至立法本意之间可能存在的冲突。笔者于本文中试论述，在机动车责任保险的被保险人因发生事故对复数第三者负有赔偿责任的情况下，以"每一次事故"为责任

---

* 张璐，北京市西城区人民法院；刘建勋，北京市西城区人民法院。

❶ 本文所称保险法系指2009年修订的《中华人民共和国保险法》；本文所称交强险条例系指《机动车交通事故责任强制保险条例》。

限额的适用单元存在弊端，并且以此为基础提出了在机动车责任保险的范畴内，应当将责任限额的适用单元由“每一次事故”调整为“被保险人的每一个赔偿责任”的观点。

一、有关责任保险的法律规定与合同约定的关键词

（一）法律的有关规定

保险法第 12 条第 4 款规定：“财产保险是以财产及其有关利益为保险标的的保险。”第 18 条第 4 款规定：“保险金额是指保险人承担赔偿或者给付保险金责任的最高限额。”第 65 条第 4 款规定：“责任保险是指以被保险人对第三者依法应负的赔偿责任为保险标的的保险。”交强险条例第 21 条第 1 款规定：“被保险机动车发生道路交通事故造成本车人员、被保险人以外的受害人人身伤亡、财产损失的，由保险公司依法在机动车交通事故责任强制保险责任限额范围内予以赔偿。”

责任保险属于财产保险，但是有别于一般的财产损失保险，在责任保险的范畴内不存在基于保险标的的保险价值而形成的对保险金额的限制，这是由于责任保险的保险标的不是有形的财产，而是被保险人对第三者依法应负的赔偿责任。而赔偿责任的不确定性，使当事人不能在订立合同时通过预测保险事故所致损害之大小来确定通常意义上的保险价值，进而依此确定保险金额。[1] 据此有一种观点认为，对于责任保险而言并不存在“保险金额”的概念，保险人应当按照其与投保人约定的“责任限额”即“赔偿限额”承担保险责任。[2] 关于保险人在责任保险项下承担责任的上限，交强险条例将其表述为“责任限额”而并非“保险金额”，各家保险公司签发的保险单亦大多采取“责任限额”的表述方法。但是，依据保险法第 18 条第 4 款对于“保险金额”作出的定义，可以认定“保险

---

[1] 吴定富主编：《中华人民共和国保险法释义》，中国财政经济出版社 2009 年版，第 156 页。

[2] 任自力主编：《保险法学》，清华大学出版社 2010 年版，第 262 页。

金额”与“责任限额”在本质上并无区别。

责任保险的保险利益，是一种特殊的、并不为有形财产所承载的责任利益。具体而言，它是指被保险人因对于第三者可能承担合同（违约）责任、侵权责任以及依法应当承担的其他责任而具有的一种不利益，亦可称为消极利益。[1] 责任保险的保险利益表现为，当引发民事责任的保险事故发生之后，保险人以赔偿保险金的方式，对于被保险人因承担责任而造成的损失给予填补，或者直接填补保险事故造成的第三者损失。基于此，责任保险有关“责任限额”的约定，主要功能在于控制保险人承担保险金赔偿责任的限度，保证保险人所收取的保险费能够与预期的赔偿风险形成既定的比例关系，以此实现保险人盈利。机动车责任保险之责任限额的确定，除由交强险条例授权保监会会同国务院公安部门、国务院卫生主管部门、国务院农业主管部门规定之外，在自愿投保的机动车第三者责任保险（以下简称自愿三者险）的范畴内则取决于保险人与投保人的约定，且该约定结果无论为何均有效。

（二）合同的约定

全国各保险公司统一使用的交强险条款约定：“在中华人民共和国境内（不含港、澳、台地区），被保险人在使用被保险车辆过程中发生交通事故，致使受害人遭受人身伤亡或者财产损失，依法应当由被保险人承担的损害赔偿责任，保险人按照交强险合同的约定对每次事故在赔偿限额内负赔偿责任。”

我国目前在机动车保险市场中所占份额较大的几家保险公司，使用的自愿三者险的格式条款，对于保险责任的约定存在细微差别。其中，中国人民财产保险股份有限公司提供的格式条款约定：“保险期间内，被保险人或其允许的合法驾驶人在使用被保险机动车过程中发生意外事故，致使第三者遭受人身伤亡或财产直接损毁，依法应当由被保险人承担的损害赔偿责任，保险人依照本保险

---

[1] 马宁波主编：《保险法理论与实务》，中国政法大学出版社 2010 年版，第 72 页。

合同的约定，对于超过机动车交通事故责任强制保险各分项赔偿限额以上的部分负责赔偿。”中国太平洋财产保险股份有限公司使用的格式条款约定：“保险机动车在被保险人或其允许的合法驾驶人使用过程中发生意外事故，致使第三者遭受人身伤亡或财产的直接损失，对被保险人依法应支付的赔偿金额，保险人依照本保险合同的约定，对于超过机动车交通事故责任强制保险各分项赔偿额的部分给予赔偿。”中国平安财产保险股份有限公司使用的保险条款约定：“在保险期间内，被保险人或其允许的合法驾驶人在使用保险车辆过程中发生意外事故，致使第三者遭受人身伤亡和财产的直接损毁，依法应由被保险人承担的经济赔偿责任，保险人对于超过机动车交通事故责任强制保险各分项赔偿限额以上的部分，按照本保险合同的规定负责赔偿。”

（三）问题的提出

上述各条款所约定的保险人承担保险责任的前提是一致的，均为“保险车辆发生意外事故”与“被保险人对第三者负有财产或人身的损害赔偿责任”的结合。另外，基于保险法第 2 条对“商业保险”、第 18 条第 4 款对于“保险金额”作出的定义，判断保险人在责任保险项下承担保险责任之具体内容的关键词为“事故”、“被保险人对第三者的赔偿责任”与“保险人的责任限额”。其中的“事故”与“被保险人对第三者的赔偿责任”，是限制保险人承担保险责任的前提；而“责任限额”则限制保险人承担保险责任的结果。

仔细研读保险法、交强险条例、交强险条款、自愿三者险条款的上述内容可以发现，上述文件在表述上存在差别。具体而言：交强险条款采取了保险人对每次事故在责任限额内赔偿的表述，而交强险条例则没有；对于自愿三者险而言，保险法与保险条款均未明确责任限额之适用对象是否为“每一次事故”。因此，在司法实践中出现的问题是，在导致保险人承担保险责任的条件（前提）已经成就的情况下，保险合同约定的责任限额限制保险人承担责任的对象是什么？换言之，合同约定的责任限额的适用单元，是“每一次事故”还是“被保险人的每一个赔偿责任”？

二、关键词解读

（一）事故

《辞海》对于“事故”作出的释义为“泛指事情，现在指意外的损失或灾祸”。在保险法的范畴内，保险事故是指保险合同约定的保险责任范围内的事故（保险法第16条第7款）。对于有关机动车的责任保险，最常见的保险事故为“碰撞”。举例分析如下：A车为保险车辆，笔者虚拟其可能发生的两类导致被保险人对复数第三者承担赔偿责任的碰撞事故（假设A车对交通事故负全部责任并因此承担全部赔偿责任），进一步论述事故与赔偿责任之间的关系：

(1) A车与B车发生一次碰撞，B车上乘客C、D受伤，事故导致被保险人负有向C、D赔偿人身损害的责任。

(2) A车与行人E、F分别发生碰撞（两次碰撞，碰撞之间具有一定程度的关联性），行人E、F受伤，事故导致被保险人负有向E、F赔偿人身损害的责任。

按照前文引用的保险条款，交强险条款约定了“保险人对每次事故在责任限额内赔偿”，而其他自愿三者险所使用的保险条款均未就此作出明确约定。但是保险人在自愿三者险项下理赔时，无一例外地坚持“责任限额的适用单元为每一次事故”的观点，即一次保险事故造成的损害，无论受损害的第三者是否为复数，保险公司仅承担一次赔偿责任，且该赔偿责任以合同约定的责任限额为限。

但是，采取上述理赔思路必将面临着如何认定“一次事故”的问题。以上述对于“碰撞”事故的虚拟情形为例，在第一种情形下，仅发生一次物理意义上的碰撞，据此无论受损的第三者是否为复数，将该事故认定为“一次事故”尚可自圆其说。但是在第二种情况下问题则较为复杂，若干次物理意义上的“碰撞”即便具有关联性也表现不一，既可能表现为因果关系，如A车逆行与E碰撞，避让E的过程中又与F碰撞；也可能仅表现为时间与空间上的相对集中，如A车逆行，撞击E后继续行驶又立刻与F碰撞。因此将其认定为“一次事故”颇显勉强。公安机关在处理这类一辆机动车与其他车辆或行人连续发生碰撞的交通事故时，有时将数次碰撞记录在一份事故认定书中并写明因果关系、认定事故责任；有时则分别将数次碰撞记录在不同的事故认定书中并注明另一次碰撞另案处理。但是，简单以公安机关出具一份或数份事故认定书来判断其为一起事故或数起事故，其机械与僵化的弊端显而易见。

（二）赔偿责任

财产保险的功能在于填补保险事故对被保险人造成的损害。对于责任保险而言，保险事故造成被保险人的损害，在于向第三者承担赔偿责任所导致被保险人的财产遭受法律上的不利益。换言之，这种损害结果是第三者行使对被保险人的损害赔偿请求权，从而造成被保险人因承担赔偿责任所导致其责任财产的减少。被保险人对第三者承担赔偿责任这一“损害结果”与“事故”和“保险责任”之间具有如下的关系：“事故”引发“损害结果”（赔偿责任），而“损害结果”引发“保险责任”，即便事故发生并造成了第三者的损失，但如果第三者不向被保险人行使赔偿请求权，即被保险人无须向第三者赔偿，被保险人的损害结果就没有发生，保险公司也无须承担责任保险之保险责任。因此，导致被保险人承担赔偿责任这一“损害结果”的根本的、决定性的原因并非“事故”，而是第三者向被保险人行使了损害赔偿请求权。

在被保险机动车发生交通事故并造成复数第三者受损的情况下，每个第三者对被保险人所享有的请求权都是独立的，与之相对应的被保险人所承担的每一个赔偿责任也具有独立性。因此，导致复数第三者受损的原因，无论被认定为“一次事故”或“数次事故”，均不影响被保险人对复数第三者承担赔偿责任的独立性。在此基础上，将合同约定的责任限额的适用单元确定为“被保险人的每一个赔偿责任”，相对于将责任限额的适用单元确定为“每一次事故”，更为符合责任保险的原理。

事实上，即便在现有的保险市场中，也同样存在保险人按照合同所约定的责任限额，就被保险人对每一个第三者承担的赔偿责任承担保险责任的保险业务。例如，“车上人员责任保险”，保险人就上述险种签发保险单时，会在保险单上注明责任限额为“每座若干元”，而不是单纯载明“责任限额若干元”。对于这一险种，即便保险车辆仅发生一次物理意义上的碰撞，保险人仍然以每一个第三者（车上人员）为理赔单元，就被保险人向其承担的赔偿责任承担保险责任。车上人员责任保险与第三者责任保险（无论自愿保险或强制保险）均为责任保险，在实质上并无差异。显而易见，保险人针对车上人员责任保险，清晰地意识到保险合同所约定的责任限额，适用单元是被保险人对每一个第三者（每个车上人员）承担的赔偿责任，而不是一次事故造成的被保险人对第三者人群（全体车上人员）承担的赔偿责任。

三、以“事故”为单元适用责任限额的弊端

（一）与侵权法上关于侵权行为的认定不符

机动车三者险项下的保险事故通常是侵权行为，被保险人基于该侵权行为承担的责任是侵权责任。在保险人目前“按事故赔偿”的理赔思路之下，将数个时间和空间上相对集中的“碰撞事实”认定为一个侵权行为或一次事故，违背了侵权行为的法理特征。侵权行为是指因不法侵害他人的权益，依法律规定，应对所生损害负赔偿责任的行为[1]，而所为行为，系指受意思支配，有意识之人的活动[2]。

在保险车辆与复数第三者连续、两次以上发生碰撞，且被保险人对于所有碰撞所导致的损害结果均负有赔偿责任的情况下（鉴于侵权行为的复杂性，本文对于因数次碰撞之间的关联性所可能导致的侵权人过错程度的差别予以假设排除），保险车辆驾驶人实施的乃是数次侵权法意义上的侵权行为，而侵权责任乃侵权行为的后果，即行为引发赔偿责任，而并非事故。因保险人认定的事故次数

[1] 王泽鉴：《侵权行为法》，中国政法大学出版社 2001 年版，第 59 页。

[2] 同上书，第 89 页。

与侵权行为次数并不存在一一对应的关系，因此将被保险人承担的侵权赔偿责任与事故形成对应关系，忽略了对侵权行为的判断，不符合侵权行为法中责任构成之法理。

（二）不利于第三者向保险公司直接主张权利

《保险法》第 65 条第 2 款规定：“责任保险的被保险人给第三者造成损害，被保险人对第三者应负的赔偿责任确定的，根据被保险人的请求，保险人应当直接向该第三者赔偿保险金。被保险人怠于请求的，第三者有权就其应获赔偿部分直接向保险人请求赔偿保险金。”基于保险法的上述规定，第三者在被保险人对其造成损害、赔偿责任明确且被保险人怠于请求赔偿保险金的情况下，有权单独向保险公司请求赔偿保险金。据此，在目前保险人以“每一次事故”为合同约定的责任限额的适用单元的理赔思路之下，如果责任限额不足以填补全部第三者的损失，必将导致数个第三者之间就保险金的受偿份额产生纠纷。

（1）第三者基于对被保险人的损害赔偿请求权，与被保险人形成侵权之债；被保险人则基于保险合同对保险人享有保险金请求权，与保险人形成合同之债。第三者直接向保险人行使的保险金请求权实为代位权，[1] 该权利在行使时应当适用合同法的有关规定，其基本处理原则为“先诉先得”，后诉者势必只能获得较少的赔偿甚至无法获得赔偿。

（2）如果将保险法第 65 条第 2 款赋予第三者向保险人的请求权不视为合同法上的代位权，而将其直接视为第三者或第三者群体在保险合同上的债权，那么将保险合同约定的责任限额的适用单元认定为“每一次事故”而不是“每一个赔偿责任”，将导致数个第三者在同一事故中所产生的向保险人请求赔偿保险金的权利成为一种共同共有性质的权利，保险人似乎只能平均或按比例向各个第三

---

[1] 陈飞：《论我国责任保险立法的完善——兼论新保险法第 65 条的规定》，载《中国法学会保险法学法研究会成立大会暨中国保险法制 30 年高峰论坛论文集》，第 183 页。

者赔偿保险金。进而，当仅有部分第三者向保险人行使保险金请求权时，如果存在被保险人对其他第三者是否应当承担赔偿责任、应当承担多少赔偿责任尚未“依法确定”的情形，提出请求的第三者可以获得保险金的数额将无法确定，必将大大拖延有关争议的解决。

同理，上述问题也将影响诉讼程序的进行。如果将合同约定的责任限额的适用单元确定为“每一次事故”而不是“被保险人的每一个赔偿责任”，在数个第三者中的一个就保险金请求提起诉讼的情况下，对于其余第三者是否均系对诉讼标的具有独立请求权的第三人而由法院通知其参加诉讼的问题，也无法得到统一的解决。

四、外国法与保险实践的参照[1]

日本《自动车损害赔偿保障法施行令》（相当于我国的交强险条例）第 2 条第 1 款规定，针对死亡或者受到人身伤害的每一个人，该法第 13 条第 1 款所规定的保险金额的内容如下：(1) 死亡者：由死亡引起的损害（伤害除外）3000 万日元；由死亡前的伤害造成的损害 120 万日元。这里所称的“法第 13 条第 1 款”，系指日本《自动车损害赔偿保障法》第 13 条第 1 款，其内容为：“责任保险的保险金额，由政令规定。”

日本保险公司使用的《自家用自动车综合保险普通保险条款》，在第一章“赔偿责任条款”中的第 1 条（本公司的给付责任——对人赔偿）中约定：当一次对人事故造成的损害额超过依照自动车损害赔偿责任保险（相当于我国之交强险）所应给付的保险金时（若被保险车辆未加入自动车损害赔偿责任保险，则以超过与自动车损害赔偿责任保险金相同的金额为标准），本公司仅针对超过部分给付保险金。

由上述日本法律、政令及保险条款的规定和约定来看，该国责

---

[1] 本文所援引日本有关责任保险之法律、政令规定，以及保险条款的内容均由南京大学法学院岳卫先生提供，在此致谢。

任保险的理赔原则与我国存在一定差异。我国的交强险条例，并未规定责任限额之适用单元是“每一个人”抑或“每一次事故”，而日本有关政令则明确规定该责任限额之适用单元为“每一个人”。日本的保险条款明确约定责任限额的适用单元为“每一次对人事故”，而我国各保险人虽然在理赔中采取相同的做法，但并未在保险条款中就此作出约定。法律规定以及合同约定的不明确，是导致纠纷产生的重要原因之一。

五、思路及建议

（一）司法裁判的后置推动

1. 针对自愿三者险的裁判

《保险法》第 30 条规定：“采用保险人提供的格式条款订立的保险合同，保险人与投保人、被保险人或者受益人对合同条款有争议的，应当按照通常理解予以解释。对合同条款有两种以上解释的，人民法院或者仲裁机构应当作出有利于被保险人和受益人的解释。”基于保险法的上述规定，法院在司法审判活动中可以通过“解释合同”这一司法规制方法消除自愿三者险条款中有关责任限额之适用单元为“每一次事故”或“被保险人的每一个赔偿责任”的不确定性。鉴于保险条款并未就此作出明确的约定，因此上述合同条款所约定的保险责任在文义上存在着两种解释：第一种，对于保险车辆造成第三者人身伤亡和财产损毁的每一次事故引发的被保险人的赔偿责任，保险人在责任限额内给予赔偿；第二种，因保险事故导致被保险人对每一个第三者承担的赔偿责任，保险人在责任限额内给予赔偿。上述两种解释结果在文义上均为合理，因此适用《保险法》第 30 条的规定，似乎可以将有关问题解决。但是通过解释合同消除条款内容之不确定性存在着明显的缺陷，法院对于格式条款的解释，首先应当尽力追求其“通常理解”，而对于格式条款的通常理解，除文义解释外，还应包括体系解释、目的解释、习惯解释在内的多种解释途径。就自愿三者险所使用的格式条款而言，难以通过责任条款之外的其他条款确定责任限额的适用单元究竟为每一次事故或每一个赔偿责任；保险人一贯采用的理赔方法也未必是真正意义上的“交易习惯”；认定投保人对相关问题具有明确的利益期待以及缔约目的同样牵强。因此，通过解释合同消除其不确定性的裁判方法固然可行，但裁判结果欠缺说服力的缺陷难以克服，不能从根本上克服以“每一次事故”为责任限额之适用单元的弊端。

2. 针对强制三者险的裁判

交强险的保险责任是法定责任。在交强险条款与交强险条例第21条第1款就保险责任存在不一致表述的情况下（交强险条款采取了保险人对每次事故在责任限额内赔偿的表述，而交强险条例则没有），针对法律强制投保的险种，交强险条例对于保险责任之规定的效力，应当高于交强险条款的约定。鉴于条例并未规定责任限制之适用单元为“每一次事故”或“被保险人的每一个赔偿责任”，因此法院可以通过法意解释和目的解释，探究条例文字的内涵。所谓法意解释是指，探究法律所应有之合理意思；[1] 所谓目的解释是指，以法律规范的目的为依据解释法律疑义的方法。[2] 交强险条例在第1条明确了设立交强险制度的目的：为了保障机动车道路交通事故受害人依法得到赔偿。基于这一目的，尽量满足（每一个）第三者的损害赔偿请求权符合交强险条例之法意解释的要求。因此，法院在判定交强险责任限额之适用单元为“每一次事故”抑或为“被保险人的每一个赔偿责任”时，可以排除交强险条款对于保险人承担责任作出的“每一次事故”的限制，直接援引交强险条例有关保险责任的规定，判定保险人以责任限额为限，就被保险人向每一个第三者承担的赔偿责任承担保险责任。换言之，交强险条款有关保险人以“每一次事故”为赔偿单元的内容，由于不符合交强险条例的规定，缺乏法理依据，因而不具有约束力。

---

[1] 梁慧星：《民法解释学》，中国政法大学出版社1995年版，第219页。

[2] 同上书，第226页。

（二）保险经营中的前置设立

商业保险产品的设计，在不违反法律、行政法规之强制性规定的前提下，可以充分体现保险人在经营中的自主性。保险人群体作为保险产品及相应格式条款的制定者，在有权通过厘定合理的保险费率以控制风险和实现盈利的同时，有义务保证格式条款的文字和结构更加清晰、合理并避免无谓纠纷。将机动车责任保险之责任限额的适用单元由“每一次事故”调整为“被保险人的每一个赔偿责任”，是否会加大保险人的经营风险呢？笔者认为，即便对于以盈利为目的的自愿三者险，保证保险人盈利的根本因素，并不在于限制保险人对于“每一次事故”所承担保险责任的限额，而在于寻找保险人赔偿保险金的总量与保险费总额之间的合理比例。保险公司厘定保险费率，系以若干年份的平均保额损失率为基础，加上一定程度的安全加成，从而得到纯费率。[1] 就上述保险费率的基本厘定方法而言，保险人对“每一次事故”在责任限额内赔偿，抑或对“被保险人的每一个赔偿责任”在责任限额内赔偿，在本质上没有任何差别，也不会导致保险人承担更大的风险。

另外，责任保险与其他财产保险相比，保险人承担的风险更加具有不确定性。保险人以被保险人对每一个第三者承担的赔偿责任为保险合同约定的责任限额的适用单元，可以据此适度增加保险费，更为有效地减少纠纷，避免诉讼风险。

六、结语

对于机动车责任保险而言，在被保险车辆发生交通事故致使被保险人向复数第三者承担赔偿责任的情况下，保险人在责任限额内就被保险人向每一个第三者承担的赔偿责任给予赔偿，相对于保险人在责任限额内就被保险人向全部第三者承担的赔偿责任给予赔偿，更加具有合理性和可操作性。上述理赔方法，不但使机动车三

---

[1] 孙祁祥：《保险学》，北京大学出版社 2005 年第 3 版，第 290 页。

者险与其他有关机动车的责任保险所确定的保险责任和理赔方法保持协调一致，也更便于厘清第三者的请求权与代位权等法律问题。虽然在目前的司法实践中，难以有效推动责任限额所适用的单元由“每一次事故”转变为“被保险人的每一个赔偿责任”，但是保险人群体应当认真思考目前使用的条款所带来的问题和纠纷的复杂性，以及由此造成经营风险的不确定性，以更为积极的态度在产品设计中推行保险责任更加明确的责任限额适用方式。

机动车责任强制保险中被保险人范围研究

——基于保费原则的视角

张娟娟*

被保险人的范围在一定程度上决定了受害人能否在机动车责任强制保险责任范围内得到救济，于是本文基于保费原则的视角研究机动车强制责任保险中被保险人范围，并对我国机动车责任强制保险中的相关法条进行评析。建议我国未来机动车责任强制保险保费采用“从车兼从人”原则，并扩大被保险人范围，以推进我国机动车责任强制保险的不断完善和发展，更好地保护受害人的权益，促进我国机动车与社会的和谐发展。

机动车责任强制保险是指依照法律规定，机动车所有人或者管理人必须向保险公司投保，以被保险人使用被保险机动车造成交通事故时，对受害人承担损害赔偿责任为保险标的的保险。机动车责任强制保险的被保险人，指经保险人承保之要保人及经该要保人同意使用或管理被保险汽车之人。明确被保险人范围直接决定了受害人能否依机动车责任强制保险得到保险公司的赔偿，对保障受害人的利益救济具有至关重要的作用。

世界各国对机动车责任强制保险的被保险人范围的规定不一致，究其原因，除了与各国机动车责任强制保险利益权衡的机制不

* 张娟娟，武汉理工大学。

同外，还与各国的保费原则有关。保费原则在一定程度上决定了被保险人和被保险机动车的范围，进而最终影响到受害人能否得到救济。

一、保费原则及其项下的被保险人范围

（一）从车原则及其被保险人范围

保费从车原则，是指保险公司在根据被保险机动车的生产厂商、生产年份、款式、配置、结构和使用年限等直接影响机动车性能的风险因素进行科学合理的风险评估基础上确定保费。保费从车原则只考虑被保险机动车本身的风险因素，而不考虑被保险人的性别、年龄、职业等影响机动车使用风险的因素。因而从理论上讲，在发生交通事故时，只要肇事机动车是被保险车辆，造成交通事故的侵权人因驾驶被保险机动车而取得被保险人的地位，则受害人就可以在责任强制保险的范围内获得保险赔偿。简言之，在保费从车原则下，被保险人范围为任何驾驶被保险机动车的人造成交通事故后的侵权行为人。

2005年我国台湾地区“行政院”制定的“强制汽车责任保险法”（草案）中被保险人范围采用的是“从车原则”，其指出：现行汽车责任保险之被保险人，以列名被保险人或经其许可使用汽车之附加被保险人为限，“本法”则加以扩充，凡被保险汽车所致之交通事故，不论其加害人是否为被保险人本人，亦不论是否受到被保险人雇用或经被保险人允许使用被保险汽车，保险人均须对受害人给予保险金。日本对被保险人范围也遵从了从车原则，“日本机动车责任保险保单条件”第2条规定：“被保险人是指被保险机动车的所有人和该被保险机动车的驾驶人。”

（二）从人原则及其被保险人范围

保费从人原则，是指保险公司在根据被保险人的性别、年龄、驾驶年限及驾驶记录、职业、婚姻状况、健康状况、心理状况等影响被保险人驾驶机动车风险的因素进行评估后确定保费。其与保费

从车原则刚好相反，其不考虑被保险机动车本身的风险因素，只考虑被保险人的风险因素。因而在发生交通事故时，只要造成交通事故的侵权人是被保险人，不问肇事机动车是否是被保险车辆，保险公司就应该进行赔偿。简而言之，被保险人驾驶任何机动车造成的交通事故，保险人都应该进行赔偿。

从理论上来讲，任何具有驾驶资格的人在从人原则下参加了机动车责任强制保险时，均可以成为保险合同的被保险人，在保险合同中约定的被保险人在驾驶的任何机动车发生交通事故时，都能够得到保险公司的理赔。保费从人原则下的被保险人范围非常广，能够很好地救济受害人的损失，但其之于保险公司，其风险非常大，因而各国在权衡机动车责任强制保险利益时，没有单纯地采用从人原则。且在美国和加拿大，根据从人原则适用不同保费的规定是否构成歧视并且违反宪法也存在激烈的争论。

（三）从车兼从人原则及其被保险人

保费从车兼从人原则是从车原则和从人原则的综合，即保险公司在确定保费时既要考虑车的风险因素也要考虑人的风险因素，但这是否意味着只有在被保险人驾驶其被保险的机动车（而不包括他人的被保险机动车）造成交通事故时才能获得保险公司的赔偿呢？答案是否定的，在探求被保险人范围时，因保费“从车兼从人原则”既考虑了被保险机动车本身的风险，也考虑了被保险人驾驶机动车的风险，为了符合现代机动车责任强制保险制度最大限度地保障受害人的损失得到及时、便捷、有效的救济的理念，其对应的被保险人“兼”被保险车辆应解读为“或”。换句话说，在交通事故中，只要满足肇事机动车是被保险机动车或者交通事故侵权人是被保险人其中一个条件时，保险公司就应该进行赔偿，受害人的损失就能够得到救济。因此，在保费从车兼从人原则下，被保险人范围为被保险机动车的驾驶人和参加责任强制保险的被保险人。

在保费从车原则下，被保险人驾驶未保险的机动车造成交通事故的情况下，此时为保险机动车致使被保险人丧失了被保险人的资格，因而保险公司拒绝赔偿，受害人的损失得不到救济；在保费从人原则下，非被保险人驾驶被保险的机动车造成的交通事故，保险公司因其是非被保险人而拒绝赔偿受害人的损失，而在保费“从车兼从人”的原则下，被保险人的范围最大，可以使在“从车原则”和“从人原则”下得不到救济的受害人获得赔偿。因此，保费“从车兼从人”原则下的被保险人范围在理论上最广，能更好地救济交通事故中受害人。

美国的汽车强制责任保险保费采用“从车兼从人”的原则，具体有下列影响因素：购买汽车的价格、汽车的性能、被保险人居住的地区、被保险人所拥有的汽车数量、被保险人的年龄、被保险人的婚姻状态、被保险人的驾驶记录、被保险人拥有驾照的时间等。但由于“从车兼从人”原则理论上的被保险人范围过广，使得保险人风险极大，因而在实践中对被保险人范围进行了一定的限制。例如，美国阿拉巴马州规定，机动车所有人的责任保险承保的被保险人，包括保单中的记名被保险人及经其明示或默示许可的使用保单中指定的任何机动车的人。

以上是对三种保费原则理论上对应的被保险人范围进行的分析，可以发现在保费“从车兼从人”原则理论上的被保险人范围最广，然而在实践中，由于风险因素的影响，被保险人范围与保费原则并不一致，但我们可以综合各个保费原则被保险人的范围，并给予一定的限制，使得保险人与被保险人的利益在达到均衡时，最大限度地救济受害人。

二、我国机动车责任强制保险原则

（一）我国机动车责任强制保险的法律规定

我国于 2003 年 10 月颁布了《道路交通安全法》，并在 2007 年 12 月进行了修改，该法第 17 条规定“国家实行机动车第三者责任强制保险制度，设立道路交通事故社会救助基金。具体办法由国务院规定”，确立了我国机动车责任强制保险的制度。2004 年国务院颁布了《机动车交通事故责任强制保险条例》，保监会制定了《机动车交通事故责任强制保险责任限额》和《机动车交通事故责任强制保险基础费率表》等。

1. 我国机动车责任强制保险保费的法律规定

我国《机动车交通事故责任强制保险条例》第6条规定：“机动车交通事故责任强制保险实行统一的保险条款和基础保费费率……”第8条规定：“被保险机动车没有发生道路交通安全违法行为和道路交通事故的，保险公司应当在下一年度降低其保险费率。在此后的年度内，被保险机动车仍然没有发生道路交通安全违法行为和道路交通事故的，保险公司应该继续降低其保险费率，直至最低标准。被保险机动车发生道路交通安全违法行为或者道路交通事故的，保险公司应当在下一年度提高其保险费率。多次发生道路交通安全违法行为、道路交通事故，或者发生重大道路交通事故的，保险公司应当加大提高其保险费率的幅度。在道路交通事故中被保险人没有过错的，不提高其保险费率……”

从以上规定可知我国机动车责任强制保险保费的确定包括基准保费和浮动保费，而基准保费根据被保险机动车的种类（座位和吨位）、性质、用途的不同采用不同保费；浮动保费根据被保险机动车发生的道路交通安全违法行为和道路交通事故次数来确定保费。由此可见，我国保费原则采取的是“从车原则”，虽然《机动车交通事故责任强制保险条例》第11条规定“投保人投保时，应当向保险公司如实告知重要事项，重要事项包括机动车的种类、厂牌型号、识别代码、牌照号码、使用性质和机动车所有人或管理人的姓名（名称）、性别、年龄、住所……”但其保费并没有将投保人和被保险人的年龄、性别、驾驶年龄等“从人”的因素考虑进去。

2. 我国机动车责任强制保险的被保险人范围

我国《机动车交通事故责任强制保险条例》第42条第1项规定：“投保人，是指与保险公司订立机动车交通事故责任强制保险合同，并按照合同负有支付保险费义务的机动车的所有人、管理人。”该条第2项规定：“被保险人，是指投保人及其允许的合法驾驶人。”虽然我国机动车责任强制保险保费采用的是“从车原则”，但对该原则理论上的被保险人范围进行了限制，即限定为被保险机动车的所有人、管理人和他们所允许的合法驾驶人，将其他被保险机动车的驾驶人排除了。

（二）我国机动车责任强制保险的相关法条评析

1. 评析《机动车交通事故责任强制保险条例》第 42 条

我国《机动车交通事故责任强制保险条例》第 42 条规定："……被保险人，是指投保人及其允许的合法驾驶人……"该条将"从车原则"理论上被保险人范围进行了限制，但在具体要求方面很模糊。首先，"合法"一词有四层含义：①"主体合法"，即驾驶人必须依法通过相关考试获得驾驶资格；② 手段合法，驾驶人通过合法手段取得驾驶被保险机动车的权利，即获得被保险机动车的所有人或管理人的许可，相对于因盗窃、抢劫等不法手段而言。③ 目的合法，驾驶人通过合法手段取得驾驶被保险机动车权利后，将被保险机动车用于合法目的；④ 使用方式合法，即驾驶人按规章驾驶，不存在道路交通违法行为。我国《机动车交通事故责任强制保险条例》规定的"合法驾驶人"，应属于上述哪种含义的"合法"，还是兼而有之？法律对此没有明确的规定。其次，"允许"的方式，是明示还是默示，允许的使用范围、方式和时间都没有明确规定。这些语义的模糊性，不利于被保险人范围的确定，不利于保障受害人的利益。

从现代机动车强制保险重点在于保障受害人利益的发展理念出发，立法不应对被保险人的范围做过多的限制，而是应该扩大被保险人范围，使受害人获得保险救济。因此，我们可以参考我国台湾地区"强制汽车责任保险法"（草案）和日本的做法，将被保险人规定为：被保险机动车的所有人、管理人及被保险机动车的驾驶人。至于使用机动车的主体、手段、目的或者方式是否合法，是否得到了所有人或管理人的明示或默示允许可以不考虑。

2. 评析《机动车交通事故责任强制保险条例》第 18 条

我国《机动车交通事故责任强制保险条例》第 18 条规定："被保险机动车所有权转移的，应当办理机动车交通事故责任强制保险合同变更手续。"该条的规定很模糊，只是规定了机动车所有权转移时，应当办理强制保险合同的变更手续，但未规定在没有办理合同变更情况下发生交通事故时，保险人是否对受害人承担保险责任。2010 年实行的《侵权责任法》第 50 条规定："当事人之间已经以买卖等方式转让并交付机动车但未办理所有权转移登记，发生交通事故后属于该机动车一方责任的，由保险公司在机动车强制保险责任限额范围内予以赔偿。不足部分，由受让人承担赔偿责任。"因此可知，机动车所有权转移未办理所有权转移登记的，保险人仍应当承担保险责任，这体现了我国保费"从车"原则下的被保险人的"从车"范围。以此类推，被保险机动车所有权转移的，未办理强制保险合同变更手续的，保险人仍应承担保险责任。建议将第 18 条改为"被保险机动车所有权转移的，应当办理机动车交通事故责任强制保险合同变更手续，在未办理期间发生交通事故的，保险人在保险责任范围内承担保险责任"。

3. 评析《机动车交通事故责任强制保险条例》第 22 条

我国《机动车交通事故责任强制保险条例》第 22 条规定："有下列情形之一的，保险公司在机动车交通事故责任强制保险责任限额范围内垫付抢救费用，并有权向致害人追偿：（一）驾驶人未取得驾驶资格或者醉酒的；（二）被保险机动车被盗抢期间肇事的……有前款所列情形之一，发生道路交通事故的，造成受害人的财产损失，保险公司不承担赔偿责任。"与此同时，《侵权责任法》第 52 条规定："盗窃、抢劫或者抢夺的机动车发生交通事故造成损害的，由盗窃人、抢劫人或者抢夺人承担赔偿责任。保险公司在机动车强制保险责任限额范围内垫付抢救费用的，有权向交通事故责任人追偿。"以上是对特殊情形下发生交通事故时，保险人垫付抢救费并向致害人追偿的规定。

"垫付"一词从字面上可以理解为"替别人付钱"，因而在上述情形下发生的交通事故，针对保险公司是否承担保险责任产生了一些分歧。一种观点认为，在发生的交通事故出现上述三种情形时，保险公司仅是"在机动车交通事故责任强制保险责任限额范围内垫付抢救费用，并有权向致害人追偿"，其不承担保险责任，保险公司多持此种意见。另一种观点认为，根据《机动车交通事故责任强制保险条例》第 21 条的规定“被保险机动车发生道路交通事故造成本车人员、被保险人以外的受害人人身伤亡、财产损失的，由保险公司依法在机动车交通事故责任强制保险责任限额范围内予以赔偿。道路交通事故的损失是由受害人故意造成的，保险公司不予赔偿”，而《机动车交通事故责任强制保险条例》第 22 条只是规定保险公司与致害人之间如何垫付和追偿问题，不能因此得出出现本条三种情形时保险公司就可以不赔偿受害人经济损失的结论。也就是说，出现上述三种情形时保险公司仍然应当负赔偿责任，只是在其赔偿后可以向致害人依法追偿，但对财产损失不负赔偿责任。审判实践中，大多数人民法院持这一观点。

第一，从机动车责任强制保险设立的目的来看，其主要目的就在于通过由保险公司在责任限额内予以赔偿的方式，对机动车这种高危工具给受害人造成的损害及时进行救济。这种公益性目的要求受害人不是故意制造交通事故，而并不要求被保险人的驾驶行为是否有过失。因此，从保护受害人的公益目的出发，保险公司在上述情形下发生的交通事故仍应承担相应的保险责任。为了降低保险公司经营的风险，可以赋予保险公司在赔付后向致害人追偿的权利。

第二，从《道路交通安全法》与《机动车交通事故责任强制保险条例》的关系来看，《机动车交通事故责任强制保险条例》制定的根据是《道路交通安全法》和《保险法》，因此《机动车交通事故责任强制保险条例》应遵守《道路交通安全法》的规定，而不能与其发生冲突。《道路交通安全法》第 76 条规定：“机动车发生交通事故造成人身伤亡、财产损失的，由保险公司在机动车第三者责任强制保险责任限额范围内予以赔偿；不足的部分，按照下列规定承担赔偿责任……”从第 76 条的规定来看，机动车一方不论其是否存在过失或故意，保险公司都应当在保险责任范围内承担赔偿责任。因此《机动车交通事故责任强制保险条例》第 22 条规定的免责内容不符合《道路交通安全法》第 76 条规定的赔偿原则，所以该条与上位法《道路交通安全法》相冲突，应该予以废除。

如果要将这三种特殊情形的赔付问题单独列出来，可以明确规定保险公司的赔偿责任，而不使用“垫付”一词造成不必要的歧义，并赋予保险公司的追偿权，同时这三种情形下的财产损失也应进行赔偿，这样才能与机动车责任强制保险的理念和《道路交通安全法》赔偿原则一致。

三、完善我国保费原则及其被保险人范围的制度

（一）确立保费“从车兼从人”原则

由于目前我国机动车强制责任保险保费采用的是“从车原则”，其只考虑了被保险机动车的种类（座位和吨位）、性质、用途的风险，而没有考虑被保险人的年龄、性别、驾驶年限等“从人”的风险因素，这无疑增加了保险公司的经营风险，因而造成实践中保险公司的赔付责任限额过低，使得受害人得不到有效救济。因而我们可以确立保费“从车兼从人”的原则，将驾驶人的风险因素考虑进去，适当增加保费来降低保险公司的风险，从而提高保险公司的责任限额，使得受害人得到有效救济。

（二）扩大被保险人范围

在确立保费“从车兼从人”的原则后，其相应的被保险人范围也应随着扩大。在保费“从车原则”下，被保险人驾驶未保险的机动车造成交通事故的情况下，此时未保险机动车致使被保险人丧失了被保险人的资格，因而保险公司拒绝赔偿，受害人的损失得不到救济；在保费“从人原则”下，非被保险人驾驶被保险的机动车造成的交通事故，保险公司因其是非被保险人（保单上记名的被保险人）而拒绝赔偿受害人的损失，而在保费“从车兼从人”的原则下，则向被保险人范围赋予了新的内涵，增加了以下两种情形：①被保险机动车的记名被保险人驾驶未投保的机动车造成交通事故的，承保记名被保险人机动车的保险公司应对此种情形下的受害人承担保险责任；②未经记名被保险人驾驶“被保险机动车”发生交通事故造成他人受害的，承保被保险机动车的保险公司对此受害人承担赔偿责任。这样扩大被保险人的范围后，受害人就能够得

到及时有效的救济。

扩大被保险人范围也增加了保险公司的经营风险，为了平衡受害人利益救济与保险公司利益保护，有必要赋予保险人在被保险人故意和重大过失情形下的追偿权。

四、结语

本文从保费原则这个视角研究被保险人范围，以期对我国机动车强制责任保险的发展和完善有所助益，促进整个社会的和谐发展。

论交强险中“第三者”的界定

王卫国　齐红娜[*]

设立交强险的目的是保障机动车道路交通事故受害人能够得到及时的救助，人们习惯上称受害人为“第三者”。在保险实务中，保险公司是第一者，被保险人（车主）是第二者，遭受机动车事故伤害的人叫“第三者”。“第三者”的范围究竟包括哪些人？在何种情况下是“第三者”，何种情况下不是“第三者”，值得探讨。

一、“第三者”范围的相关规定

（一）《保险法》的规定

《保险法》第65条规定：“保险人对责任保险的被保险人给第三者造成的损害，可以依照法律的规定或者合同的约定，直接向该第三者赔偿保险金。责任保险的被保险人给第三者造成损害，被保险人对第三者应负的赔偿责任确定的，根据被保险人的请求，保险人应当直接向该第三者赔偿保险金。被保险人怠于请求的，第三者有权就其应获赔偿部分直接向保险人请求赔偿保险金。责任保险的被保险人给第三者造成损害，被保险人未向该第三者赔偿的，保险人不得向被保险人赔偿保险金。责任保险是指以被保险人对第三者依法应负的赔偿责任为保险标的的保险。”交强险在性质上属于责任保险，所以，《保险法》第65条对交强险是适用的。

---

* 王卫国，河北农业大学；齐红娜，河北农业大学。

（二）《侵权责任法》的规定

《侵权责任法》第48条规定：“机动车发生交通事故造成损害的，依照道路交通安全法的有关规定承担赔偿责任。”第49条规定：“因租赁、借用等情形机动车所有人与使用人不是同一人时，发生交通事故后属于该机动车一方责任的，由保险公司在机动车强制保险责任限额范围内予以赔偿。不足部分，由机动车使用人承担赔偿责任；机动车所有人对损害的发生有过错的，承担相应的赔偿责任。”机动车发生交通事故造成“第三者”伤亡，是一种侵权行为。《侵权责任法》第48条的规定属于准用性规范，即交通事故造成的事故伤害准用《道路交通安全法》（以下简称《道交法》）的相关规定，不再适用《侵权责任法》。

（三）《道交法》的规定

《道交法》第17条规定：“国家实行机动车第三者责任强制保险制度，设立道路交通事故社会救助基金。具体办法由国务院规定。”第76条规定：“机动车发生交通事故造成人身伤亡、财产损失的，由保险公司在机动车第三者责任强制保险责任限额范围内予以赔偿……”《道交法》是制定《机动车道路交通事故责任强制保险条例》（以下简称《交强险条例》）的依据，所以，《交强险条例》的内容不能违背《道交法》的立法精神。

（四）《交强险条例》的规定

《交强险条例》第3条规定：“本条例所称机动车交通事故责任强制保险，是指由保险公司对被保险机动车发生道路交通事故造成本车人员、被保险人以外的受害人的人身伤亡、财产损失，在责任限额内予以赔偿的强制性责任保险。”《交强险条例》第42条第2项规定：“被保险人，是指投保人及其允许的合法驾驶人。”依照上述规定，交强险的受害人应排除本车人员、投保人及其允许的合法驾驶人。交强险的保障范围是本车人员和被保险人以外的受害人。从这里可以看出，并非所有交通事故的受害人都属于交强险保障对象的法定范围，被保险车辆的“本车人员”是依法被排除在外的。

（五）《机动车交通事故责任强制保险条款》的规定

《机动车交通事故责任强制保险条款》第 4 条规定："交强险合同中的被保险人是指投保人及其允许的合法驾驶人。投保人是指与保险人订立交强险合同，并按照合同负有支付保险费义务的机动车的所有人、管理人。"第 5 条规定："交强险合同中的受害人是指因被保险机动车发生交通事故遭受人身伤亡或者财产损失的人，但不包括被保险机动车本车车上人员、被保险人。"这一保险条款更加明确了"第三者"的含义。

仔细研究上述规定可见，《机动车交通事故责任强制保险条款》规定的交通事故受害人，即"第三者"的范围最小，把车上人员（驾驶员、合法搭乘者）、投保人、被保险人（无论其处于车内还是车外）都排除在"第三者"之外。

二、"第三者"案件类型分析

（一）被保险人（驾驶员）在特定情况下可否成为"第三者"

【案例一】2010 年 11 月 2 日，甲就其所有的货车与某保险公司签订了交强险和车上人员责任险合同。同年 11 月 9 日，甲驾驶该车送货时，在某经营部院内停车，因未按操作规范将车熄火和挂挡停车即下车，导致车辆后溜并撞倒走到车后与他人交谈的甲，造成甲受伤抢救无效死亡。事发后，甲的亲属起诉保险公司要求支付交强险保险金，保险公司则以甲不属于保险合同约定的第三者范畴拒绝赔偿。

【案例二】孙某系王某所雇司机，王某的车辆投保了交强险。某日，孙某驾驶装载货物的车辆外出，其将车开出院门后停车，然后离车去锁大门。此时因超载车辆发生溜车，孙某被挤在大门门垛处，当场死亡。孙某的亲属因此提起诉讼，将保险公司、王某列为共同被告，要求保险公司在交强险范围内承担赔偿责任，王某承担相应雇主赔偿责任。保险公司以孙某系合法驾驶人为由提出不应赔偿的抗辩。

根据《交强险条例》，上述案例中的甲和孙某不属于"第三者”。但是，案件争议的焦点是被保险人（驾驶员）能否转化为“第三者”的问题。

（二）“车上人员”可否转化为“第三者”

1. 车上摔下之人是否属于“第三者”

【案例三】 2010年5月9日，谢某乘坐客车去县城，在某处停车上下乘客时，因车门未关好，司机黄某即启动车辆，致使谢某从车上摔下受伤，经法院鉴定，谢某为十级伤残。交警大队认定涉案车辆驾驶员黄某负本次交通事故的全部责任。涉案车辆已在保险公司投保了交强险。后双方因赔偿问题达不成协议，谢某于2010年6月23日将司机黄某、涉案车辆的车主、涉案车辆的投保人及保险公司等告上法庭，要求四被告承担赔偿责任。

【案例四】[1] 2010年6月1日18时许，姚某持K证驾驶其私有手扶拖拉机在行驶途中因剧烈颠簸，将搭乘在他右侧座位上的妻子孙某摔倒在地。孙某遭手扶拖拉机右后车轮碾压受伤，当日经抢救无效死亡。公安机关作出道路交通事故证明，但未对该事故作出责任分析与认定。手扶拖拉机在保险公司投保了限额为12.2万元的机动车交通事故责任强制保险，保险期限自2010年2月13日零时起至2011年2月12日24时止。2010年9月11日，姚某及其儿子向法院起诉，要求保险公司赔偿孙某因交通事故损失合计17.5914万元中的11万元。

2. 乘客为了避险跳车后身亡，是否属于“第三者”

【案例五】 2008年10月7日，卫某乘坐郑某驾驶的农用车返家，途经山路时，因该路段存在安全隐患，在车辆处于危险状态时，卫某遂从驾驶室开车门跳到地面上，以求避免事故。但因车辆已失去了平衡，随之朝卫某着地的方向翻滚，卫某因避让不及，被事故车辆及车上木材碾压而当场死亡。事故经公安局交通警察大队认定为郑某负全部事故责任，卫某无责任。卫某直系亲属与某保险

[1] 陶家平：“交强险中的‘第三者’如何认定”，载《江淮法治》2010年第24期。

公司交涉交强险责任理赔事宜，某保险公司以卫某为车上人员为由拒赔，原告遂诉至法院。

3. 司机跳车，两乘客甩出车外被轧，乘客是否属于“第三者”

【案例六】黄某拥有的拖拉机于2009年6月1日在某保险公司投保交强险。2009年8月17日13时20分许，黄某驾驶装载杉条的拖拉机搭载王某和刘某，行至一下坡路段，因道路呈“S”形急转弯下坡，车辆在倒车时方向失控滑出公路。黄某见状立即打开左侧车门跳下。车辆翻滚时，将王某、刘某甩出车外被轧，造成王某当场死亡，刘某构成一级伤残，拖拉机严重损坏。

经交警认定：黄某对交通事故负全部责任。伤者刘某以雇员受害赔偿纠纷为由起诉死者王某的妻子，王某的妻子又以雇员受害赔偿追偿权为由起诉黄某。法院依法作出民事判决，判令黄某赔偿死者王某的妻子因雇员受害赔偿所造成的经济损失18万余元，并赔偿伤者刘某的护理费（按600元/月的标准）。黄某多次向某保险公司索赔，但某保险公司均以死者王某、伤者刘某系车内人员为由，不同意赔偿保险金。

三、观点之争

实践中，对交强险中第三者范围的认定问题，即第三者身份的确定标准和驾驶员、车上人员是否存在在特定情况下向第三者转化的可能也是一个争议较大的问题，主要有以下三种观点。

一种观点认为，根据保险公司提供的保险条款对第三者范围的规定“本保险合同中的第三者是指除投保人、被保险人、保险人以外的，因保险车辆发生意外事故遭受人身伤亡或者财产损失的保险车辆下的受害者”（这是多数保险公司采用的保险条款），由此可知，被保险人或驾驶员以及车上人员不属于第三者。

第二种观点认为，第三者身份的确定，主要应依照其对车辆的操作和控制状况来进行。驾驶员身份的判定，应依事故发生时其是否实际操纵和控制保险车辆或者有能力操纵和控制保险车来确定。第三者责任保险合同将驾驶员及其车上人员排除在赔偿责任范围之外，主要目的是避免驾驶员在驾驶和操纵车辆过程中故意行为、串通骗取保险金等道德风险的发生，因此应根据具体情况来认定。

第三种观点认为，被保险人和驾驶员无论何种情况均不能成为本车交强险的赔付对象，但车上其他人员在特殊情况下可以转化为“第三者”。

四、评析及结论

机动车强制责任保险合同虽然是由保险人和被保险人订立的，受害第三人不是合同双方的当事人，但是机动车强制责任保险的根本目的并不在于被保险人的责任风险，而是对受害人提供最基本的损害保障，使得交通事故受害人获得及时的经济赔付和医疗救治。从机动车强制责任保险保护第三人赔偿利益的特殊功能看，机动车强制责任保险具有第三人性。在机动车损害赔偿中，如何认定受害第三者的范围关系到交通事故受害人的损害能否得到赔偿，机动车强制责任保险的目的能否得到根本实现的问题，所以科学地界定受害人的范围具有重要的意义。

（一）正确理解交强险将“车上人员”排除在第三者之外的立法本意

交强险的根本目的在于保护受害人，使受害人得到及时、便捷的补偿，而非在于转移被保险人的风险。因此，交强险除具有一般保险的风险管理功能之外，还具有社会保障功能；相对于商业保险而言，交强险不以盈利为目的，在性质上属于政策保险，而且是一种法定的责任保险。机动车所有人必须投保，保险公司也不得拒绝承保，其特有的功能还在于：在其责任限额范围内不再探究被保险人有无过错，只要因道路交通事故造成第三者损害，无论致害人是否有过错，受害人均可请求保险赔付。至于受害人或称第三者的范围，《交强险条例》第 3 条规定，受害人中不包括本车人员及被保险人。将被保险人排除在第三者范围之外，符合机动车交通事故责任强制保险的原理和多数国家的通行做法，也有利于防止道德风险。而将本车人员排除在第三者范围之外，其主要是考虑以下三个方面：一是受到机动车交通事故责任强制保险的赔偿限额、投保人的实际承受能力的限制，不宜盲目扩大范围；二是基于乘车人与驾驶人建立了一种信任关系，对可能发生的风险有一定的预测和认识；三是对客运车辆出现的群死群伤事故，已通过其他制度实现了保障。2004 年 5 月颁布的《道路运输条例》第 36 条规定，客运车辆从事客运服务必须购买承运人责任险。由此，本车人员相应的责任保障已得到实现，无须在机动车交通事故责任强制保险制度中重复规定。[1]

（二）本车人员的界定应有时间和空间的限制

《交强险条例》第 3 条规定了受害人中不包括本车人员和被保险人，但未对“本车人员”内涵做明确界定，结合立法目的，应将其解释为“本车司乘人员”，即驾驶员和乘客。驾驶员能否成为“第三者”，将在下文探讨，这里仅谈论车上的乘客能否成为“第三者”的问题。

考量受害人的身份性质应当把握两点：一是在时间上以发生交通事故的那一瞬间即“车辆接触身体”为时间节点；二是在空间上以机动车为考量对象，即发生交通事故时在机动车上的为本车人员，在车外的为第三者。因为机动车辆是一种交通工具，任何人都不可能永久地置身于机动车辆之上，故机动车辆强制保险中所涉及的“第三者”和“本车人员”均不是永久的、固定不变的身份，二者只是相对空间概念，在某些情形下完全可以因特定时空条件的变化相互发生转换。因保险车辆发生意外事故而受害的人，如果在事故发生时间节点之前是保险车辆的车上人员，事故发生时已经置身于保险车辆之外，则应当属于“第三者”。

在案例三、案例四、案例五、案例六的受害人中，虽然他们有的是主动跳车，有的是被动甩出车外，但他们有一个共同的特点，那就是在发生事故的一瞬间，他们是身处车外的，他们与机动车的

---

[1] 姜艳：“乘员摔地后被碾，是否第三者”，载《道路交通管理》2011 年第 1 期。

身体依附关系已被切断，其身份性质也从“本车人员”转换为“第三者”。故依法应当获得交强险限额赔偿。

（三）被保险人或驾驶员无论何种情况均不得成为己方交强险中的“第三者”

《道交法》第76条规定了受害人的两种类型：一是因机动车肇事而受损害的非机动车上的人或者行人；二是因机动车之间肇事而受到损害的人，既包括参与肇事的各机动车上的驾驶员和乘客，也包括非机动车上的人或行人。但是，本车驾驶员的受害人身份是相对于参与肇事的其他机动车的过失而确定的，如果纯属本车的过失，则本车上的驾驶员属于事故加害人，不具有受害人的身份。至于机动车的所有人或管理人，无论事故当时其所处身份为驾驶员、乘客，还是车外第三人，只能成为侵权法意义上的受害人，不具有机动车强制责任保险的第三人性。

第三者责任险旨在确保第三人即受害人因意外事故受到损害时能够从保险人处获得救济，是为不特定的第三人利益而订立的合同。交强险针对的是第三者责任，第三者责任在民法上的规定是指加害人对受害人要承担的民事损害赔偿责任。而在交强险中，加害人指被保险人（驾驶员），受害人是指被保险人（驾驶员）以外的人。在案例一、案例二中，司机和驾驶员被自己的车撞死，并不存在第三者责任，所以司机本身不能对自己承担责任。如果司机单独购买了“机动车辆司乘人员人身意外伤害保险”，则可以由保险公司赔偿。如果司机没有购买而以在交强险的理赔范围之内为由要求赔偿，保险公司是有理由拒赔的。言外之意，被保险人（驾驶员）无论在何种情况下都不能成为“第三者”，不应该从己方交强险中得到赔偿，但可以从对方的交强险中得到赔偿。

（四）对《最高人民法院关于审理道路交通事故损害赔偿案件适用法律若干问题的解释（征求意见第五稿）》第4条的修改建议

2010年5月20日，最高人民法院发布了《关于审理道路交通事故损害赔偿案件适用法律若干问题的解释（征求意见第五稿）》。其中第 4 条规定："被保险机动车发生交通事故时，处于被保险机动车之外的人员都属于道路交通安全法第七十六条规定的机动车第三者责任强制保险中的第三者。"

该规定将位于车外的受害人都看做"第三者"，而无论其是否属于被保险人或驾驶员，这种理解显然是有悖于保险原理的。根据本文前面的分析，投保人、被保险人和驾驶员是不属于"第三者"的。笔者建议对第 4 条做如下修改：被保险机动车发生交通事故时，处于被保险机动车之外的人员都属于道路交通安全法第七十六条规定的机动车第三者责任强制保险中的"第三者"，但不包括投保人、被保险人及其允许的合法驾驶人。

我国交强险经营若干法律问题评析

朱铭来[*]

一、引言

我国的机动车交通事故责任强制保险制度自2006年7月1日开始实行，至今已经5年，但效果不佳，形势一直严峻。2009年度交强险经营亏损29亿元，其中，承保亏损53亿元，投资收益24亿元；保险行业协会最新数据显示，2010年经营亏损达72亿元，其中，承保亏损高达97亿元，投资收益25亿元，再次背负巨大的经营压力。亏损的主要原因包括人身伤亡赔偿标准中的死亡补偿金和残疾赔偿金上涨，物价指数的攀升使包括丧葬费、交通费、护理费、误工费等多项支出成本上升，工业品出厂价格和生产资料价格的上涨，也直接导致汽车修理行业的价格上涨，增加了交强险财产损失的赔付成本。

由于投资风险性较高，交强险的投资收益受到资本市场的影响较大，发展趋势并不稳定，因此一旦资本市场萎靡，缺少了投资收益支撑的交强险无疑会面临更大的亏损压力。因此，承保利润率才是判定交强险经营状况的关键。交强险的各个运营环节涉及保险机构、汽车工业、交通管理、事故认定、司法裁决、医疗救护、资金

* 朱铭来，南开大学经济学院。

管理、追偿制度等多个领域，牵涉大量复杂的社会关系，常会造成广泛的社会影响。其投保的强制性、赔偿限额的法定性、管理的独立性、运营原则的特殊性都决定了交强险的运作会受到不同领域因素的影响。从交强险的经营实践和有关案例来看，法律实务方面的问题也是导致交强险经营压力的重要因素，并且在交通管理与司法裁判中的某些错误行为已经给交强险带来了巨大的压力和恶劣的影响，亟须予以改正。本文将归纳交强险在法律实践中出现的一些问题，并提出相应的改进建议，以期为我国交强险的发展贡献力量。

二、司法审判中对免责条款规定的漠视

由于我国《道路交通安全法》（以下简称《道交法》）和《机动车交通事故责任强制保险条例》（以下简称《交强险条例》）对交强险的规定都较笼统，中国保监会公布的《机动车交通事故责任强制保险条款》（以下简称《交强险条款》）成为交强险制度实施的主要规范依据。《交强险条款》对交强险的保险责任、垫付与追偿、责任免除等作出了详细的规定。但在具体司法过程中，法官往往对《交强险条款》中的免责规定不予认可。《交强险条款》第9条规定："被保险机动车在本条（一）至（四）之一的情形下发生交通事故，造成受害人受伤需要抢救的……对于符合规定的抢救费用，保险人在医疗费用赔偿限额内垫付。被保险人在交通事故中无责任的，保险人在无责任医疗费用赔偿限额内垫付。对于其他损失和费用，保险人不负责垫付和赔偿……"此条款明确说明了在四种情况——无证、醉酒、盗抢期间、被保险人故意下保险人只有抢救费用的垫付义务而无赔偿及其他义务。但是在实际裁判中，经常出现法官无视该条款而判处交强险在垫付医疗费用之后仍然要承担死亡伤残赔偿项目的赔偿责任的判例。例如，2007年10月，浙江省温州市某法院在审理一起无证驾驶交通事故赔偿纠纷时，判决交强险的承保方承担赔偿责任。2008年9月10日，江苏省某人民法院在审理一起道路交通事故人身损害赔偿纠纷案的过程中，虽然这一案件明显属于醉酒驾车，但法院仍判决交强险的承保方应当在限额内

赔付。根据《交强险条例》的规定，驾驶人未取得驾驶资格或醉酒情况下，保险公司只有抢救费用的垫付责任，不承担赔偿责任。这一点在交强险合同里也有明确约定。但是法官审理认为，有关强制性规定中并没有规定，驾驶人没有驾驶资格或醉酒时，可以免除保险公司人身伤亡的赔偿义务，因此保险公司应承担赔偿责任。而保险条款规定违反强制性法律规定，不具法律效力。

交强险虽然是强制投保和强制承保，但在本质上仍然是保险合同，其费率是按照《交强险条款》的规定而厘定的，是否免责及垫付范围都应当与费率的厘定因素相一致。无视条款的这些规定而判定交强险的承保方承担赔偿责任，将费率制定体系之外的因素强行施加给交强险，违背了风险与费率的平衡原则，也违背了公平原则，是对交强险权益的侵害。另外，《交强险条款》所规定的责任免除事项的对象都是违法行为，作为责任保险，交强险可以为驾驶人员的过失行为提供保障，却不能为驾驶人员的违法甚至是犯罪行为负责，因这些法律所明令禁止的行为造成的损失，加害人应当罪责自担。否则，不仅相当于利用交强险的公益性质，让来自遵纪守法的投保人的保费为违法行为进行赔偿，更是纵容和鼓励违法行为的发生，违背了公序良俗和法律的引导功能。《交强险条例》规定了免责情形下根据受害人的需要垫付抢救费用，是基于对生命的尊重和道义的关怀，但并不能成为令交强险的承保方承担不正当义务的理由。而法官仅仅因为主观认为交强险的承保方应赔，就无视交强险的立法目的和实施宗旨，在没有对保险的性质作出清晰认识的情况下，武断地判定赔付责任，是对投保人权益的侵害，更是对整个社会事故风险防范能力的侵害，损害了民众的生命财产安全。同时，交强险的追偿权在《交强险条例》中得到了明确规定，但是在实务中，在保险公司垫付抢救费用之后，再向致害人进行追偿时，往往得不到法院的支持，法官对基本法律原则的漠视让交强险背上了既不合法也不合理的巨大负担。

《交强险条款》的免责条款有着如此尴尬的法律地位，其部分原因在于《交强险条例》对责任免除事项的模糊规定。《交强险条例》第22条第2款规定，免责情况下发生道路交通事故的，造成受害人的财产损失，保险公司不承担赔偿责任。仅笼统地规定对“受害人的财产损失”不承担赔偿责任，从而使得人身损失成为了法律空白，《交强险条款》中的责任免除条款就缺少了明确的法律依据。

安徽省高级人民法院在审查申请再审人董某与被申请人中国平安财产保险股份有限公司某分公司财产保险合同纠纷一案中，对如何理解和适用《交强险条例》第22条形成不同意见并向最高人民法院请示（皖高法〔2009〕371号）。最高人民法院于2009年10月20日以〔2009〕民立他字第42号函的形式进行了答复，根据答复精神，对《交强险条例》第22条中的“受害人的财产损失”应做广义的理解，即这里的“财产损失”应包括因人身伤亡而造成的广义经济损失，如伤残赔偿金、死亡赔偿金等，而非狭义的“物质性财产损失”。应当说，这一答复已经清楚地界定了“财产损失”的范畴，也就是在《交强险条款》的免责情况下，保险公司是不应当承担赔付责任的。但是，至今为止仍有不少判决交强险的承保方赔付的案例，造成了交强险的承保方的资金压力。

总之，《交强险条款》是当前交强险承保、核赔、支付等运营环节遵循的重要规范性文件，笔者建议保险监管和司法部门应明文确定《交强险条款》的法律效力，特别是免责条款和分项赔付的规定，从根源杜绝法官在审判时因主观臆断而加重交强险的承保方的赔付责任。

三、交通事故责任认定不合理，加重机动车赔付责任

在一些案例中，交强险赔付率较高的一个重要原因是，在交通事故中许多本应认定为无责的机动车被认定为有责，使得交强险的赔付限额发生变化。法官在裁判中又过分依赖《交通事故认定书》的证明效力，从而不当地提高了被保险人赔付责任，直接拉高了交强险的赔付金额，造成交强险的亏损。

根据《交强险条款》第8条的规定，被保险人无责任时，死亡

伤残、医疗费用、财产损失各限额为11 000元、1000元和100元。在交通事故的责任认定中，尤其是机动车方和非机动车方的事故中，即便机动车方本应被认定为无责，为了简化赔偿程序或避免受害人起诉或其他原因，交通部门往往将机动车方认定为有责。这样一来，交强险的承保方便可以对受害人作出较大额度的赔偿，大部分事故的赔偿责任便到此结束，省却了之后计算机动车方赔偿责任甚至提交诉讼等诸多步骤。而交强险的承保方也就“顺理成章”的承担了本不应承担的高额赔付。这类行为违反了公平原则和风险费率的平衡原则，损害了交强险的承保方的权益，也违反了《道交法》、《交强险条例》的立法宗旨。

应该特别指出的是，由于《道交法》第76条固有的瑕疵，即将赔偿责任认定放在交强险限额赔付之后，造成长期以来争议不断。交强险是责任保险，是用机动车方缴纳的保费来实现风险分散功能，如果不区分机动车是否承担责任而按相同标准进行赔付，一方面违背了责任保险的性质原则，损害了交强险基金的权益，加重了交强险的赔付，也相当于损害了所有缴纳保费的投保人的权益，违反了公平原则。另一方面对违反交通法规的行人造成过度保护，有可能诱发违规行为，对交通安全造成不利影响。因此，《交强险条款》第8条的规定按照被保险人有无责任将交强险分为两种赔付限额，灵活适用了《道交法》的立法精神，避免了公平原则在交强险赔付中的缺失。

由于交管部门在事故责任认定中担任了至关重要的角色，因而加强保险机构和交管部门的合作有着显著的重要性，保险公司在第一时间前往现场勘验取证，协同交管部门进行客观公正的责任认定，从根源上保证交强险赔付的合理性，防止其成为交通事故中的“牺牲品”。同时，司法审判中对《交通事故认定书》的证据效力过分依赖也是不当加重交强险赔付的原因之一。法院一般都会完全采信《交通事故认定书》所确定的责任，疏于对事故责任进行重新认定，有必要建立对交通事故责任的复核申请与查勘取证制度，以合理确定事故双方的责任。

四、打通赔付分项限额的倾向违背法律原则

分项限额是《交强险条例》第 23 条规定的法定条款，司法审判时应当将其作为裁判依据，但部分地区法院取消交强险分项赔偿制度的意图越来越明显，甚至已经出现相关判例，形成对交强险的巨大潜在威胁。

法院支持取消分项赔付的理由可以归纳如下：① 分项限额赔付不符合损失填平原则；② 分项限额赔付违背交强险的保障功能；③ 交强险虽然亏损但车险总体盈利，因此亏损是属于管理不当的问题，打通限额不会造成太大压力。上述观点都有其不合理之处，违背了交强险的法律原则，《交强险条例》中分项赔付的规定是绝对不能取消的，分析如下：

首先，所谓的损失填平原则是针对侵权责任而言的，《侵权责任法》第 6 条规定由侵权人承担侵权责任；第 15 条规定“恢复原状”为承担侵权责任的方式之一；第 21 条规定侵害他人人身权益造成财产损失的，按照被侵权人因此受到的损失赔偿。也就是说，承担侵权责任，负责赔偿直至填平受害人损失的主体是侵权人而非其他主体。《侵权责任法》第 48 条规定，机动车发生交通事故造成损害的，依照道路交通安全法的有关规定承担赔偿责任，即应当适用《道交法》第 76 条的规定。《道交法》第 76 条明确规定保险公司在交强险限额内赔偿，即交强险承担的是限额内的赔偿责任而非损失填平的侵权责任。一言以蔽之，保险公司并非侵权人，而是保险人，应该在法定的和合同约定的限额内进行赔偿，而非以填平损失为目的。以填平原则为由要求取消法定的分项限额，是没有法理依据的。法官不积极根据现行的法律寻求让受害人依法获得赔偿的合理路径，却一味地将赔偿责任转嫁到交强险身上，以减轻自身负担，方便司法执行。这不仅违反了司法机构依法公平裁判的原则，也暴露出部分法官在保险法律认识上的不足，在交强险上主观裁决，缺失公平。

其次，从交强险的保障功能来说，其立法目的是保障机动车

道路交通事故受害人“依法得到赔偿”。也就是说，要在法律规定的范畴内进行赔偿。取消限额无疑会诱发过度赔付，不仅损害交强险的持续运营能力，也损害了整个社会交通事故风险的承担能力。

最后，从经营情况来看，费用率和一般车险基本相同，而亏损有多方面的原因，它和一般的商业三责险也有着明显区别。一般三责险要对车型、事故历史情况等进行较为详细的考核，而后制定费率，而交强险是强制保险，许多事故率高、赔付率高的机动车在三责险中可能要缴纳很高的保费或者不予承保，而交强险会以较低的费率进行承保，且还要承担精神赔偿这类商业险不予保障的项目。一般三责险在车主醉酒驾驶、无证等违法行为前提下不予赔偿，属于除外责任，而交强险要在限额内垫付。交强险和商业三责险有如此多的因素差别，法官却将其亏损都归结到“管理不当”上，一方面是没有意识到交强险的特殊保险性质；另一方面则是为打通限额找寻借口，想借打通限额简化程序、推卸责任、增加自身便利甚至牟取不当利益。这种行为应当坚决予以反对，根除于萌芽之中，以免给交强险、对社会、对人民群众造成更大的损害。

五、伤残医疗赔付管理不当

（一）医疗费用赔付项目是否参照基本医保范围未明确规定

在卫生部委托中国医师协会、中国保险行业协会、中华医学会组织制定的《道路交通事故受伤人员临床诊疗指南》的第二篇“道路交通事故受伤人员医疗处置原则和认定”的第3条规定：“在对道路交通事故受伤人员进行临床诊疗的过程中，各项临床检查、治疗包括用药和使用医用材料，以及病房和病床等标准在当地基本医疗保险规定的范围内选择。”《交强险条例》第32条规定：“医疗机构应当参照国务院卫生主管部门组织制定的有关临床诊疗指南，抢救、治疗道路交通事故中的受伤人员。”

由此可见，二者相互呼应，表明交强险仅对当地基本医保规定范围内的医疗费用进行赔付或对其抢救费用进行垫付。这也敦促医疗机构在确保病人得到有效治疗的情况下综合考虑相关法律、法规，减轻当事人的经济负担。但是这一规定往往得不到法院的认可，法官普遍认为鉴于交强险属强制险，且《交强险条例》并未规定保险人须按照基本医保标准核定医疗费用，故不支持保险公司的拒赔抗辩，判决基本医保药品和服务目录之外的医疗费用也由交强险的承保方承担。这样的裁决加重了交强险的医疗费用赔付负担，一方面体现出法官法律素质尚有待提高，另一方面也在深层次暴露出司法机构、医疗机构企图利用交强险来实现自身利益。

当前医疗机构用药混乱，开大处方、推销高价药是当前医疗机构的通病，一旦基本医保范围被突破，医疗费用必将如洪水猛兽般吞噬已经面临亏损压力的交强险资金。这些违法裁判行为的背后，也反映出行政、司法部门的利益冲突，而滥用交强险赔付的后果无疑是由保险行业来承担，并最终转嫁到公众身上。对医疗赔付项目的缺乏限制，将会破坏社会的和谐稳定，侵害人民的根本利益。因此，建议出台法规明文规定交强险仅赔付当地基本医疗保险范围内的医疗费用，以和《道路交通事故受伤人员临床诊疗指南》及《交强险条例》保持一致，减轻过度医疗带来的压力，在法律层面根绝不当的行政与司法行为，避免因此而出现争议和诉讼，浪费社会资源。同时，要敦促医疗机构在基本医保范围内提供服务和药品，不能因为牟利目的而虚开贵药、虚设服务。还需要明确交强险医疗费用的赔付规定，防止医疗机构等牟取不正当利益，损害公众权益。

（二）鉴定机构虚报伤残等级，社会信用制度不完善

伤残鉴定是判定伤残等级的重要依据，直接决定了交强险的赔偿额度，而频繁出现的伤残鉴定机构虚报伤残等级以及鉴定“黄牛”的大量存在，使得伤残等级虚高，令交强险赔偿了本不该赔偿的费用。

在进行鉴定时，各个鉴定所经常相互勾结，为获取鉴定费都向伤残上接近，虚报伤残等级，甚至初次鉴定与复核鉴定的结论大相

径庭。鉴定费与鉴定等级挂钩的制度也有失公平，诱发鉴定机构虚报等级。大量出现鉴定“黄牛”也扰乱了正常的鉴定行为，有的鉴定“黄牛”就在鉴定机构门口拉人，甚至有的在事故现场的第一时间就出现，与受害人迅速达成约定，将受害人领至约好的鉴定机构，虚报鉴定等级后“黄牛”和鉴定机构按照约定瓜分鉴定费用和赔偿金额。

鉴定机构的混乱现象对保险行业的危害很大，交强险本质上仍然是保险，当事人的诚信对于事故损失的确认、赔偿责任的认定有着重要影响，而缺失基本行业道德的鉴定机构对社会信用制度造成了极大的负面影响，诱使受害人装伤装残，骗取赔偿，已经严重到影响社会公序良俗的程度，迫切需要遏制和杜绝。在制度层面上，自然人委托鉴定机构鉴定的制度设置也不尽合理，为鉴定机构和被鉴定人之间的勾结行为提供了便利条件。建议规定涉及保险事故的鉴定机构的资质不仅应当由司法局认可，而且由保险监管部门和保险行业协会对其进行认证，鉴定过程应当公开透明，一旦发生虚报伤残等级或其他违规情况，以上部门均可对其提出质疑并进行复核，以避免鉴定机构和被鉴定人发生勾结行为。同时应严厉打击鉴定“黄牛”等行为，保证鉴定的公开公正。

（三）受害人骗取交强险赔付

部分事故受害人利用虚假暂住证、用工证、失地农民证，使很多本应按照农村地区标准进行的赔偿也按照城市赔偿标准来考量，从而给交强险增加额外的负担。尤其是在收入水平较高的地区，一旦出现骗赔的情况，对交强险的影响更为恶劣。交强险将误工费纳入死亡伤残赔偿限额中，也会导致这部分的赔偿标准较高，对交强险造成较大压力。

同时，一些受害人存在恶意“挂床”、骗取护理费等现象，甚至有的生活水平较低的人抱有“还不如被车撞了然后躺在医院挣误工费”的想法。目前对受害人的违规行为缺乏有效的制约措施，加上法院对受害人的偏袒，使得交强险面对违规索赔行为显得无可奈何。受害人违规行为缺乏有效管控机制的情况极易诱发“碰瓷”行为，对交通安全产生恶劣影响，不利于社会的和谐稳定。因此，对于索赔人利用虚假证件骗取赔付或者恶意“挂床”等现象，应当加强监管以杜绝这些不正当行为。

可以借鉴日本交强险的经验，由律师、医师等专家担任委员，组成争议处理委员会，对保险公司和索赔人发生的争议进行调停和处理。对索赔人出现的一些违规行为予以调查，并实行一定的惩罚措施，促使其依法索赔，为交强险营造健康的赔偿环境。

交强险需要受害第三人直接请求权

——从立法与司法的悖论谈起

赵明昕　余文海[*]

交强险者，机动车交通事故责任强制保险之简称也，这是我国《机动车交通事故责任强制保险条例》（以下简称《条例》）赋予该项制度的正式称谓。而在《中华人民共和国道路交通安全法》（以下简称《道交法》）中，该制度被称为“机动车第三者责任强制保险”。虽然名称上略有区别，但在内涵上却完全相同。对同一项制度，一国法律、法规却有两个正式名称，不知这是不是我国的首创，但这的确反映出相关立法机关在法制统一的问题上似乎有些漫不经心。

交强险制度乃人类进入汽车[1]社会之后，为分散车祸所带来的风险与损害而登上历史舞台的。最早立法强制推行汽车责任保险的是美国的马萨诸塞州，其后美国各州纷纷相继采行交强险。至 20 世纪 70 年代，美国约有 23 个州实施了汽车强制责任保险。再后来，英、法、德、日等国和我国台湾、香港等地也建立了交强险制

---

* 赵明昕，法学博士，经济学博士后，现为深圳大学法学院副教授，硕士生导师；余文海，武汉大学法学院博士研究生。

[1] 因机动车主要是指汽车，且很多国家或地区将机动车责任强制保险称为汽车责任强制保险，所以本文如无特别说明，“机动车”和“汽车”通用。

度。我国大陆的交强险制度产生较晚。在《道交法》出台前，虽然已经有一些地方和部委通过地方立法和部门规章的方式强制性地开始推行机动车责任保险。但是，这些保险并不是交强险。直到《道交法》问世，交强险才作为一项正式的法律制度见诸于全国性高层级法律。而两年后出台的《条例》则秉承《道交法》的意旨，以行政法规的形式为我国的交强险提供了具有可操作性的法律依据。《条例》的颁布实施，标志着我国交强险制度的确立。

迄今，《条例》出台已经五年多了，从实施效果来看，交强险在解决交通事故纠纷、减少社会矛盾冲突、安定公众情绪、减轻政府负担、构建和谐社会等方面发挥了重要作用。但我国交强险制度并不健全。其中的一个突出问题是：未规定受害第三人的直接请求权。交强险作为一种法律制度，是由一系列法律规范构成的，这些规范形成一个完整的系统，这个系统中不仅有强制缔约、严格责任、法定赔偿等内容，在索赔主体上，多国立法皆规定有权直接对保险人请求赔偿的应当是受害人而不是被保险人。所以，受害第三人的直接请求权对交强险而言是不可或缺的，没有它的交强险必然是有欠缺的，需要我们来修改完善。

一、立法与司法的悖论——从一个侧面看第三人直接请求权的必要性

（一）立法上受害第三人并无直接请求权

有人说我国立法已经确立了责任保险受害第三人的直接请求权，尤其是在2009年我国修订了《中华人民共和国保险法》（以下简称《保险法》）后这种观点更是大行其道。[1] 对此，笔者不敢苟同，如果我们仔细梳理一下我国当前与交强险赔偿有关的法律规范，其实不难得出否定的结论。

说到交强险赔偿的法律依据，首当其冲的当然是《条例》，其

---

[1] 很多学者都认为2009年的《保险法》第65条是规定受害第三人直接请求权的条款，但笔者不这样认为，具体原因请见文中的分析。

第 28 条规定："被保险机动车发生道路交通事故的，由被保险人向保险公司申请赔偿保险金……"这就是说，在交通事故发生后，有权利依照交强险向保险公司请求赔偿的主体是被保险人而不是受害第三人。若就此赔偿问题发生纠纷的话，能够以原告身份起诉保险人的也是被保险人，法律依据见《条例》第 30 条："被保险人与保险公司对赔偿有争议的，可以依法申请仲裁或者向人民法院提起诉讼。"《条例》第 31 条虽然在一定程度上考虑了受害第三人的利益，但并无授予第三人直接请求权的意思。其内容为："保险公司可以向被保险人赔偿保险金，也可以直接向受害人赔偿保险金……"很显然，这对保险公司而言是一个授权性条款而非义务性条款，即保险公司有权决定选择被保险人或第三人中任何一方给予赔偿，到底赔偿给谁完全取决于保险人的意思。既然保险人没有负担赔偿受害第三人的义务，那么受害第三人也就不可能享有对保险人的直接请求权。可见，《条例》中没有受害第三人直接请求权的法律依据。

《保险法》中，在赋予责任保险受害第三人直接请求权方面比之《条例》更进一步。其第 65 条规定："保险人对责任保险的被保险人给第三者造成的损害，可以依照法律的规定或者合同的约定，直接向该第三者赔偿保险金。责任保险的被保险人给第三者造成损害，被保险人对第三者应负的赔偿责任确定的，根据被保险人的请求，保险人应当直接向该第三者赔偿保险金。被保险人怠于请求的，第三者有权就其应获赔偿部分直接向保险人请求赔偿保险金。责任保险的被保险人给第三者造成损害，被保险人未向该第三者赔偿的，保险人不得向被保险人赔偿保险金……"与 2002 年的《保险法》相比，2009 年的《保险法》规定了附条件的责任保险受害人直接请求权，这无疑是个进步。但"根据被保险人的请求"和"被保险人怠于请求"这两个前提条件的存在，表明受害第三人得到的是"阉割"过的直接请求权，受害人还是无权在一般情况下直接向保险人索赔。

在我国目前已有的法律、法规中，反倒是 2010 年生效的《中华人民共和国侵权责任法》（以下简称《侵权法》）在赋予交通事故受害第三人直接请求权方面走得更远，该法似乎规定了交通事故受害人对交强险保险人的直接请求权。笔者之所以使用“似乎”这个模糊的词汇，原因在于《侵权法》并未明确规定，但从其条文可推知立法者有赋予受害人直接请求权之意。该法专设第六章“机动车交通事故责任”来规定有关交通事故侵权的赔偿责任问题，其第49条、第50条分别规定了“机动车所有人与使用人不同时的责任承担”和“机动车已交付但未变更登记的责任承担”，而在这两个条款中都有这样的表述：“……发生交通事故后属于机动车一方责任的，由保险公司在机动车强制保险责任限额范围内予以赔偿。不足部分，由……承担赔偿责任。”虽然该法并没有说明保险人应当向谁赔偿，但联系前后文，我们不难得出结论，这里保险公司的赔偿对象应当是“受害人”而不可能是“被保险人”，因为被保险人恰恰是交通事故侵权的责任人，他们不仅没有资格得到保险人的赔偿，还要在保险人的赔偿不足时，承担侵权责任。所以，《侵权法》较之任何保险法律、法规都更为肯定交通事故受害第三人对保险人的直接请求权。但如果将《侵权法》作为受害第三人直接请求权的法律依据仍然显得有些牵强。这是因为：第一，《侵权法》毕竟没有直接规定交通事故的受害人享有对保险人的直接请求权，笔者只不过是推论立法者有此本意。第二，《侵权法》仅规定在“机动车所有人与使用人不同”和“机动车已交付但未变更登记”的情况下，保险人有义务直接向受害人赔偿，但若非此两种情形者，则要“……依照道路交通安全法的有关规定承担赔偿责任”。[1] 这又回到了《道交法》的老路上去了。依《道交法》的规定，交强险赔偿的具体事项要看《条例》，而《条例》并未规定受害第三人的直接请求权，转了一圈受害人的直接请求权仍然于法无据。

由于我国高级别立法均未规定受害第三人的直接请求权，有保护不力之虞，所以保险界和法律界皆在现有的法律框架内寻求解决的办法。例如，2008年中国保险行业协会（以下简称中保协）发

---

[1] 参见《侵权法》第48条。

布了《交强险理赔实务规程》（以下简称《实务规程》）。《实务规程》专设第六节“直接向受害人支付赔款的赔偿处理”，规定了保险人直接向受害第三人理赔的若干情形：（一）被保险人出具书面授权书；（二）人民法院签发的判决书或执行书；（三）被保险人死亡、失踪、逃逸、丧失索赔能力或书面放弃索赔权利；（四）法律规定的其他情形。这等于有条件地赋予了受害第三人享有对保险人的直接请求权。但问题有二：一是如果非属上述情形的，则受害人仍不能享有直接请求权；二是中保协毕竟是行业协会，性质上属于民间组织，其制定的《实务规程》虽然在事实上被贯彻，但却不具有法律效力，即使得到了中国保险监督管理委员会（以下简称保监会）的认可，也至多相当于部门规章，法律层级较低，如果其内容与法律或者行政法规相冲突，当属无效。

（二）司法实践中多数受害第三人实际上享有直接请求权

按照前文的分析，若严格依法办事，则交通事故受害人无权直接向保险人请求赔偿，这无疑对保护受害人的权益殊为不利。受害第三人若想得到保险赔偿只能敦促被保险人向保险人索赔，然后再请求被保险人将得到的赔偿金转交给自己。受害第三人将不得不通过与被保险人协商、请求甚至付诸烦琐的诉讼和执行程序才能最终得到本该属于他的保险赔偿金，这在受害第三人受到人身伤害急需医疗费用的情况下简直是“雪上加霜”。如果被保险人拿到保险人的赔偿后不愿将赔偿金支付给受害第三人，或者干脆对其隐瞒投保和得到保险赔偿的事实，就会对受害第三人更为不利，也不符合交强险制度的初衷。再者，若事故责任人在事故中或事故后死亡，或者责任人为法人或其他破产组织时，那么责任人就不可能以被保险人的身份向保险人索赔，这时受害第三人获取赔偿的困难将更大。

司法者是最易感受到立法之不足的。交通事故中的受害人自然是不依不饶地主张权利，不管是加害人还是保险人，都会成为他们起诉的对象。如果一个侵权诉讼不能得到实际赔偿，受害人会毫不犹豫地再提起另外一个保险纠纷诉讼。而法院为了解决交强险纠纷，常常会采取一些变通措施，其中就包括允许受害人直接起诉保险人。实践中的交通事故损害赔偿纠纷案件，受害人或者将加害人和保险公司作为共同被告起诉，或者单独起诉加害人，或者单独起诉保险公司。单独起诉加害人系侵权纠纷，与交强险无直接关联；但将保险公司列为共同被告或者单独起诉保险公司就涉及受害人有无直接请求权的问题了。针对上述诸情形，一些法院在审理案件时有自己的一套规则。例如，《浙江省高级人民法院关于审理道路交通事故损害赔偿纠纷案件若干问题的意见（试行）》规定："（1）赔偿权利人同时起诉赔偿义务人以及承保机动车强制保险的保险公司的，人民法院应当将赔偿义务人和保险公司列为共同被告。（2）赔偿权利人仅起诉承保机动车强制保险的保险公司的，人民法院应向其释明申请追加赔偿义务人作为共同被告；经释明后赔偿权利人仍不申请追加的，人民法院可依职权追加赔偿义务人作为共同被告参加诉讼。（3）赔偿权利人仅起诉赔偿义务人的，人民法院应向其释明可申请追加承保机动车强制保险的保险公司作为共同被告，并通知保险公司可申请作为共同被告参加诉讼；经释明后赔偿权利人仍不申请追加，保险公司也不申请参加诉讼的，人民法院不应将保险公司列为共同被告。"按照这个指导意见，保险公司在前两种情况下都得作为共同被告参加庭审；只有第三种情况才有可能不必应诉，但这种情况是极其少见的。也就是说，在有关交通事故赔偿案件中，只要肇事机动车投保了交强险，保险公司几乎都是要上法庭的，区别仅在于有的法院将其列为共同被告，而有的法院将其列为第三人而已。据笔者所知，浙江省高级人民法院的做法并非个例，很多法院都有类似的内部规定，其实这就是在司法层面承认了受害第三人的直接请求权。

不过，虽然这样做能够解决交通事故赔偿问题并提高诉讼效率，但由于法律依据并不充分，有违法裁判之嫌。虽然实现了实质正义，却违背了程序正义。另外，毕竟还是有少数法院严格依法办案，不承认受害人享有直接请求权，这无疑会导致不同法院法律适用的不统一和不公平。所以通过司法途径来认可受害人的直接请求权虽然有利于及时地补偿受害人的损失，减少矛盾和纠纷，维持社会和谐稳定，但是否应以破坏法制的统一和法律的公平为代价来换取上述成果其实很值得商榷。

这样，我们就陷入了一个立法与司法的悖论：严格依照法律的规定，则受害人当无直接请求权；而司法机关却在审理案件的过程中事实上赋予了受害人直接请求权，立法和司法发生了冲突与对立。众所周知，立法和司法乃是法制建设中的两个基础环节，依法治国必然要求两者的统一和协调，所以立法和司法的冲突不仅不符合法治的基本要求，还会极大地损害法律的权威。因此，即使从完善立法与司法，建设社会主义法治国家的角度出发，我们也有必要在修订《条例》时明确规定交通事故受害第三人的直接请求权。

二、第三人直接请求权的制度价值

对一个法律制度的研究应当不仅仅限于必要性的层次，而应进一步地向它的制度价值迈进。因为必要性只能是说明我们需要它的粗浅原因，但制度价值能从更深层次阐明我们为什么需要它，进而分析它为什么会产生，它有哪些功能，再结合实际情况，最终确定我们需要什么样的制度安排。

责任保险作为一种保险类型其初衷无疑是为了分散责任风险，减轻被保险人在侵害他人权益时所应承担的赔偿责任。这就是说，责任保险是为被保险人的利益而产生的。但这一认识在今天却日益被另一理念所修正，即现代责任保险更为注重保护事故受害人的利益，以充分发挥其损害救济功能，维护社会的公平与稳定。而责任保险受害人的直接请求权就是这个理念的有力注脚。笔者认为，交强险受害第三人直接请求权有以下两点制度价值。

（一）公平价值

“公平”一词在汉语中有公正而不偏袒之意。《管子·形势解》曰：“天公平而无私，故美恶莫不覆；地公平而无私，故大小莫不载。”西文里的 fairness 也差不多是这个意思，即“公正而正直，不偏私、无偏见。”但在法学领域，公平是一个表明利益衡平的概念，是法律对社会关系的合理设计和理想安排。具体而言，法律上的公平表现在权利义务的合理配置上。正如罗尔斯所言：如果一个制度是正义的或公平的……那么每当一个人自愿地接受了该制度所给予的好处或利用了它所提供的机会来促进自己的利益时，他就要承担职责来做这个制度的规范所规定的一份工作……当一批个人按照某些规则加入互惠的合作冒险，并自愿地限制他们的自由时，服从这些限制的人有权要求那些从他们的服从中获利的人们有一类似的服从。如果我们没有尽自己的一份公平的职责的话，我们就不应从其他人的合作中获利。虽然罗尔斯没有直接使用权利和义务这两个概念，但“好处”、“利益”、“自由”指的无疑就是权利，而“限制”、“职责”、“服从”就是义务的代名词了。

那么在交强险法律关系中，如何配置权利义务才算是公平呢？这就要看交强险能否实现当事人利益的衡平了。作为一种责任保险，交强险自然属于第三人保险，其所承保的危险，是被保险人向其他第三人移转某种利益或为给付的责任。所以第三人虽不是保险合同当事人，但却是其法律关系中至关重要的利害关系人。在交通事故，亦即交强险的保险事故发生后，无论受害第三人是否享有独立请求权，保险人都是要进行赔偿的，区别仅仅在于是向被保险人给付还是向受害第三人给付。因此，请求权配置给谁对保险人的利益而言都无影响，但对被保险人和第三人而言结果就截然不同了。

按照传统的责任保险理论，保险赔偿请求权是属于被保险人的。因为责任保险是附属于或者寄生于侵权责任的。从责任保险的产生和发展过程看，责任保险是侵权行为法的产物，其形成和发展强化了侵权法对受害人的救济功能。责任保险的保险人为所损害的人提供补偿是以他能证明投保人的责任为条件的。因此，这种保险本质上是寄生的，在投保人侵权行为责任得到证明之前，任何赔偿都不得支付。责任保险的这种寄生性定位必然导致保险赔偿系侵权赔偿附属物的结论。在这个理论的指导下，若侵权责任不成立则保险责任无由成立，所以受害人首先要做的就是向加害人主张权利，而加害人则会在侵权责任成立时诉诸保险责任。也就是说，应由加害人（被保险人）享有对保险人的请求权。寄生性理论在逻辑上固然是站得住脚的，但问题是：它忽略了责任保险最需要去保护的主体——受害人，导致受害人的损失有不能得到补偿的可能性，这违背了“有权利必有救济，有损害必有赔偿”的现代法治理念，甚至被保险人还有可能通过对保险人索赔后拒绝赔偿受害人而获得不当得利。这使被保险人和受害人之间的利益严重失衡，其公平性自然大打折扣。

鉴于此，现代的责任保险理论愈发关注其社会公益属性，试图通过调整保险请求权的归属来更好地衡平被保险人和第三人之间的利害关系。有学者更是提出了责任保险的独立救济手段论，认为以强制汽车责任保险等为基础的无过失补偿制度与侵权行为法以及社会安全保障彼此并列，各自成为损害补偿体系中的一个独立的阶层。依此理论，责任保险和侵权行为法一样都是受害人损失补偿综合系统中的一个子系统而已，二者虽有联系，但并无从属关系。这样保险赔偿请求权就不必再以侵权赔偿请求权为基础，作为受到伤害的第三人也不必非要依照“先侵权责任，再保险责任”的索赔途径逐次请求，不再以被保险人向受害人赔偿损失作为保险赔偿的先决条件；而是受害人有权向赔偿能力最为强大的保险公司直接索赔，以实现其填补损失的要求。况且，受害人直接向保险人索赔并不会导致当事人利益失衡。其原因在于：一方面，若无交强险，则加害人需要自行承担赔偿责任，而有了交强险，加害人却能从赔偿的负担下解脱出来，这实际上保全了其利益，使其财产不会因为赔偿责任而减少；另一方面，受害人在从保险人那里得到赔偿之后，必然在保险赔偿的范围内丧失其向加害人请求侵权赔偿的权利，而不会发生双重获赔的情况，故受害人在其合法权益得到满足的同时也不会获得不当得利。另外，由于保险的基本功能就是聚合众人之财，弥补少数人之灾的损害补偿机制，保险人赔偿的资金其实不过是众多投保人支付的保费之和而已，所以保险人理赔并不会导致其自身利益的不当损害。这样，受害人、被保险人和保险人的利益得到了兼顾，法律所追求的公平正义也就得到了实现。

（二）效率价值

效率（efficiency）是指从一个给定的投入量中获得最大的产出，即以最小之成本取得最大之产出。效率既要考虑产出，同时也要考虑投入，即合理地调节人与自然之间的物质变换，“靠消耗最小的力量在最无愧于和最适合于他们的人类本性的条件下进行这种物质变换”。作为法的重要价值，效率为法律促进人类社会发展、促进人类文明发展的表现和需要。法律作为现代社会的调控者，经济的发展根本离不开法律的效率分析和效率诉求。当然，在我们考量投入成本时，不仅有物质化的经济成本，还应包括时间成本，即又快又省地达成目的才是高效率的。

从某种意义上讲，责任保险制度就是人们为了追求赔付效率而建立起来的。依照侵权法的基本理念，损害赔偿判决的第一目的在于补偿受害人所受的损失，以便尽可能使之恢复到不法侵权行为发生之前的原有状态，然而损害赔偿还有一个目的，通过使不法行为人根据损害赔偿的判决而承担责任。法院力图遏制其他人犯类似的过错。可见，侵权行为法不仅追求效率，即尽可能快速而充分地赔偿受害人的损失；而且还要兼顾公平，即让有过错的加害人付出经济上的代价，使其成为损害的最终承担者，以警示其他人谨慎行事。但是，以过错为要件的归责原则在现代社会一再地被修正。在那些高度危险作业❶中，法律对侵权人课以严格责任，这几乎毫无限制地要求加害人承担责任，并没有考虑加害人的公正问题。严格责任适用范围的日益扩大，虽然在保护受害人的利益上是高效率的，但它加重了企业主的赔偿责任，从而增加了企业的经济开支，这对资本主义再生产是不利的。虽然这类开支可以计入成本，但这并非上策——成本增加意味着利润的减少和竞争力的降低，有时也加重了消费者的负担。这对社会来讲肯定是低效率的。另外，受害

❶ 按照《中华人民共和国民法通则》第 123 条规定，高度危险作业包括“高空、高压、易燃、易爆、剧毒、放射性、高速运输工具等对周围环境有高度危险的作业”。

人亦有可能因为加害人的赔偿能力欠缺而无法得到充分的补偿，这对受害人而言既是不公平的，也是低效率的。因此，责任保险作为一种社会化的损害补偿方式登上历史舞台。责任保险削弱了损害赔偿的第二个目的，同时又附带地保证了第一目的更为经常地实现。这就是说，责任保险宁愿在一定程度上牺牲公平，也要追求效率。

如果说责任保险本身就是为追求效率而生的话，那么其受害第三人的直接请求权更是将这种价值诉求推向高峰。首先，直接请求权能够节省各方主体的经济成本。对受害人而言，仅需一次主张即可获赔，在减少索赔环节的情况下自然会降低为索赔而支出的费用，并且保险人的赔偿能力通常远远高于普通的被保险人，权利得到实现的概率大增，“性价比”实在很高；对被保险人而言，能够以微乎其微的保费支出换来高额的保险赔偿金本来就是一件非常有得赚的买卖，并且整个索赔程序无需被保险人参与，节省了大量的诉讼费、律师费等费用支出，还不必劳神费力，简直是划算之极；对政府而言，保险人的直接赔付大大减轻了其社会管理方面的财务负担，降低了维稳成本；对法院而言，减少了讼累，节约了宝贵的诉讼资源；即使是对支付了保险金的保险公司而言，除了必须要承担的赔偿责任之外也不会增加其他任何费用支出，反正都是要赔的，赔给谁不是赔呢，虽然无利可图，但也无本可亏。其次，直接请求权能够大大节省受害人索赔的时间成本。直接请求权的存在是为了使受害人对加害人的赔偿请求权得以迅速实现。如前所述，若无直接请求权，则受害人只能首先向被保险人主张侵权责任。这时，被保险人有两个选择：要么他先承担侵权赔偿责任，然后再向保险人索赔；要么他向保险人提出直接对受害人给付保险金的请求。但无论他作出何种选择，都意味着要发生两个索赔行为，整个理赔过程纷繁复杂，拖沓冗长，甚为低效，这还是在被保险人积极配合受害人的情况下。如果被保险人不予配合的话，则受害人将不得不先将被保险人告上法庭，然后将保险人作为共同被告或者第三人加入到诉讼中来才能实现其权利。这不仅耗时费力，徒增成本，而且在受害人身体受到伤害的情况下很可能会因资金不足而耽误治疗的最佳时机。

三、结语

交强险作为解决交通事故损害赔偿纠纷、并平复由此产生的“社会褶皱”的一种法律制度，其作用是毋庸置疑的。但其功能的充分发挥少不得各个具体规范的合理化设置，受害第三人直接请求权就是其中一项必不可少的内容。鉴于第三人直接请求权制度所具备的公平与效率价值，以及缺乏该项制度所导致的种种弊端，笔者认为我国在交强险中确立受害第三人直接请求权不仅是必要的，而且是紧迫的立法使命。

交强险涉诉的难题及对策

欧秋钢*

加入世贸组织十多年以来，我国汽车工业发展迅速，产销规模居世界第一。汽车从既往奢侈品及身份象征逐步回归到代步工具的自然属性。当汽车走进寻常百姓家庭，私人轿车消费成为主流。2010 年，全国民用汽车保有量达到 9086 万辆。❶ 与此同时，汽车保险尤其是交强险业务得到快速发展。其过程始于 2004 年 5 月 1 日，我国正式颁布实施《道路交通安全法》。随后，国家出台了一系列有关交强险的法律、法规和规范性文件，逐步形成了我国的交强险法律制度。2006 年 7 月 1 日起，全国统一的交强险终于面世。交强险运行 5 年多，我们从关于它的诉讼中发现了一些问题，问题的背后存在诸多方面的原因。本文分析了产生这些问题的原因，并提出了相关对策，意在使交强险在社会经济进程中发挥更大的作用。

机动车交通事故责任强制保险（以下简称交强险），作为市场经济条件下风险管理的一种基本手段，实施 5 年多来，在道路交通安全管理和经济救助保障等方面发挥了积极的作用。与此同时，在理赔过程中也产生了大量的纠纷，其中一部分诉至人民法院。法官

---

* 欧秋钢，毕业于中国人民大学法学院，硕士学位，现任北京保险行业协会法务部主任。

❶ 参见北京保监局：《车险管理制度改革研究》（中国保险学会 2010 年度优秀研究课题）。

在审理这些保险纠纷案件时面临诸多难题，所作判决五花八门，使保险合同的当事人对交强险的理赔缺乏可预见性，也给保险公司的理赔标准造成一定混乱。因此，有必要对交强险法律制度在实务及诉讼中的问题进行梳理、分析，从立法、司法、监管和实务操作等不同层面探索交强险改进之策，以期在维护交通安全、救助交通伤者、促进社会稳定方面发挥更大的作用。

一、交强险涉诉之难题

2006 年至 2008 年，是交强险实施的头 3 年。2009 年年初，在北京经营交强险业务的 19 家财险公司[1]向北京保险行业协会报送了多份涉及交强险诉讼的生效民事判决书。笔者从中筛选出 2006 年至 2008 年共 119 份判决书，其覆盖北京市经营交强险业务 74 % 的财险公司；涉及全市除门头沟区之外的 17 个区县法院和两个中级法院。其中一审判决 99 份，二审判决 20 份；民事判决 116 份、刑事附带民事判决 3 份。判决书各年份件数如图 1 所示。

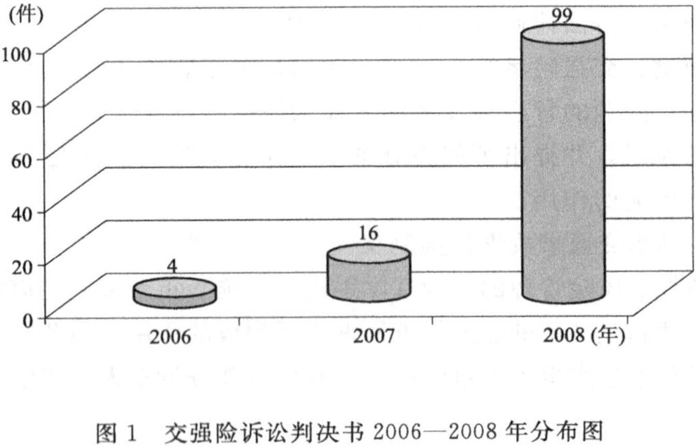

图 1　交强险诉讼判决书 2006—2008 年分布图

---

[1] 参见《北京地区机动车交通事故责任强制保险业务工作手册》，第 119 页。

通过对判决书进行统计分析发现，涉及交强险理赔的民事诉讼，主要存在五大问题。

（一）保险公司的诉讼地位不当

因道路交通事故而遭受人身损害或财产损害的人，在作为原告向人民法院提起诉讼，要求致害人赔偿损失时，大多数仅以发生交通事故的机动车驾驶员作为被告，但民事法官在审理这类侵权赔偿纠纷案件时，一般都会将承保肇事机动车交强险的保险公司列为共同被告进行审理。在 119 件民事判决中，保险公司被列为第二或第三被告的有 114 件，总数占比 96%；5 件被列为第三人，总数占比 4%。可见，北京市基层法院受理的道路交通事故人身损害赔偿纠纷案件中，保险公司绝大多数被列为被告，与肇事司机和车主居于同一诉讼地位。只有少数被列为第三人。这种不恰当的诉讼地位，在民事审判中产生了诸多问题。

（1）保险公司的诉讼地位与案件性质不符。这类案件的案由既然确定为道路交通事故人身损害赔偿纠纷，那么保险公司既非侵权人又非被侵权人，只是案件的处理结果与其具有一定的利害关系，即涉及交强险的理赔问题，在民事诉讼中，应当是标准的第三人。

（2）保险公司的不当诉讼地位导致肇事者怠于应诉。肇事司机与车主怠于出庭，怠于应诉，不利于法庭查清案件事实。尤其是对于那些交通事故发生原因比较复杂、交警无法判定责任，或者发生多人人身伤亡的案件，审理中难以查清事实和责任。

（3）保险公司的不当诉讼地位导致审理方向偏移。法庭在审理中重视查清侵权行为、损害事实和结果，忽略审查保险事故的事实、保险合同性质和责任范围、责任免除范围等。

（4）保险公司的不当诉讼地位导致部分实体判决违法。法官不确定驾驶员的责任，直接将保险责任完全等同于侵权责任。[1] 只要受害人因交通事故遭受了人身伤害及财产损失，且损失没有超过交

---

[1] 参见贾林青：“区分侵权责任与保险责任”，载《金融时报》2011 年 11 月 30 日第 10 版。

强险赔偿总限额，就一律判决保险公司予以支付保险金，而不论驾驶员是否具有过错、是否该负责任。

（5）保险公司的不当诉讼地位与其承担责任的方式不符。如果说，保险公司与侵权人肇事司机和车主居于相同的诉讼地位，那么在共同诉讼中，侵权人就应当与保险公司连带承担保险责任，或者说保险公司就应当与侵权人连带承担侵权责任。但事实上，侵权人与保险公司承担的是不同性质的法律责任：侵权人承担侵权损害赔偿的民事责任，保险公司承担的是基于驾驶员应当承担责任的保险合同责任。

（6）保险公司的不当诉讼地位导致讼累。对于那些交通事故损害事实清楚、责任划分明确、能够正常理赔交强险的案件，因受害人的起诉，或因人民法院的追加，保险公司也不得不出庭应诉。既增加了当事人的讼累，也增加人民法院的工作量。

（二）三种特殊情形的赔偿判决冲突

三种特殊情形是指机动车驾驶员无照驾驶、醉酒驾驶及交通肇事后逃逸。在119件判决中，涉及无照驾驶、醉酒驾驶和肇事逃逸三种情形的有19件，在总数中占比16%。三种情形的详细分类如图2所示。

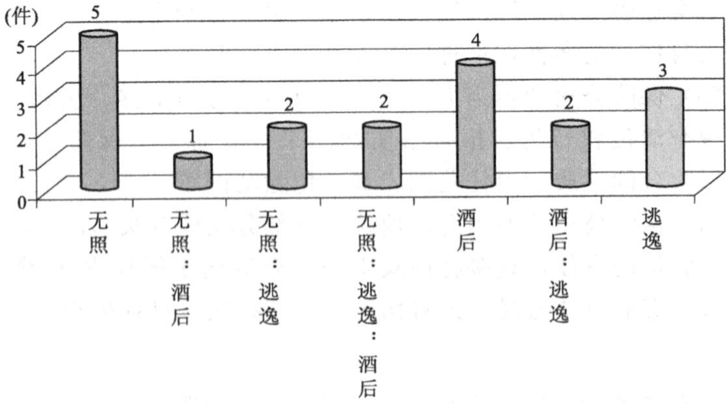

图2 特殊情形分类图

19件案件中，判决保险公司按交强险限额赔付的有16件，总数占比为84%。判决法院包括丰台区、海淀区、大兴区、昌平区、平谷县、顺义区6家法院。判赔的主要理由如下：

(1) 交强险主要功能是社会救济，只要保险公司承保了交强险，就应当承担保险金赔偿责任，在道路交通事故社会救助基金未建立情况下，保险公司应该向受害人先行赔偿。

(2) 无照驾驶、醉酒驾驶和肇事逃逸的免责规定来自于国务院《机动车交通事故责任强制保险条例》（以下简称《交强险条例》）的规定，但《中华人民共和国道路交通安全法》（以下简称《道路交通安全法》）中并无这种规定。根据法的位阶，只能适用《道路交通安全法》判赔。

(3) 无照驾驶不是导致道路交通事故的根本原因，交强险的功能主要是保护第三者，醉酒驾驶肇事不能免除保险公司向第三者的赔偿责任。

另外，有些案件对醉酒驾车肇事，保险公司应该赔偿的理由未进行说明。

在19件案件中，有3件适用《交强险条例》第22条规定，判决保险公司不承担保险责任，由肇事司机承担全部赔偿责任。作出此判决的是丰台区和顺义区两家法院。判决不赔的理由是：《交强险条例》只规定保险公司代垫伤者抢救费，没有规定保险公司的赔偿责任。

三种特殊情形的案件上诉后，二审法院也出现了完全不同的判决结果。例如，艾某诉被告王某某（肇事司机）、王某（车主）、某财险公司北分道路交通事故人身损害赔偿纠纷案，被告王某某无照驾车发生交通事故，致原告身体受伤、财产受损，肇事后弃车逃逸。一审判决保险公司按交强险赔偿总限额向原告支付保险金。[1]保险公司提起上诉后，二审维持原判。[2] 又如，黄某某诉被告陈某

---

[1] 参见北京市平谷县人民法院（2008）平民初字第03903号民事判决书。

[2] 参见北京市第二中级人民法院（2008）二中民终字第16673号民事判决书。

(肇事司机)、李某（车主)、某财险公司北分道路交通事故人身损害赔偿纠纷案，被告陈某无照、醉酒驾车发生交通事故，导致原告身体受伤、财产受损，肇事后逃逸。一审同样判决保险公司按交强险赔偿总限额向原告支付保险金。[1] 被告李某与财险公司分别提起上诉，同一家中级人民法院二审改判陈某赔偿原告黄某某全部损失，车主李某承担连带赔偿责任，保险公司不承担责任。[2] 可见，在法官自由心证中，对交强险法律制度的理解和适用有明显冲突。

(三) 法律适用的混乱

2006 年 5 月至今，北京的民事法官在审理交强险涉诉案件适用法律上，经历了一个从多个法条的堆砌到只援引《道路交通安全法》第 76 条的简化过程。

1.2006 年至 2009 年期间，适用法律多且杂

在 119 份判决中，适用法律的范围广泛。法律方面，适用了《民法通则》、《民事诉讼法》、《保险法》、《道路交通安全法》、《刑法》等；法规方面，适用了《交强险条例》、《北京市实施〈中华人民共和国道路交通安全法〉办法》等；司法解释方面，适用了最高人民法院《关于审理人身损害赔偿案件适用法律若干问题的解释》(以下简称《人身损害赔偿解释》)、《关于确定民事侵权精神损害赔偿责任若干问题的解释》(以下简称《精神损害赔偿解释》) 和《关于民事诉讼证据的若干规定》。

从适用法律的频度看，排在前五位的是：《道路交通安全法》、《民法通则》、《人身损害赔偿解释》、《民事诉讼法》和《精神损害赔偿解释》。此外，有 8 份判决书适用了《交强险条例》。

2.2010 年以后，“一个法条包打天下”

2010 年以后，涉及交强险诉讼的民事判决，几乎只引用《道路交通安全法》第 76 条，形成“一个法条包打天下”的局面。侵权损害赔偿纠纷与保险合同赔偿纠纷案件的合并审理，涉及多重法

---

[1] 参见北京市丰台区人民法院（2007）丰民初字第 05666 号民事判决书。

[2] 参见北京市第二中级人民法院（2008）二中民终字第 09669 号民事判决书。

律关系，仅适用一部法律的一个法条，明显不当。

此外，作为交强险法律关系载体的《机动车交通事故责任强制保险条款》（以下简称《交强险条款》），在民事判决书中则完全没有被适用。

（四）超限额判决

交强险在全国范围内实行统一的费率和赔偿限额，[1] 但法院在民事判决中超限额的情况比比皆是。在119件判决中，超限额判决87件，占总件数的73%。其表现形式如下：

（1）超总限额判决。保险公司承担的责任大于6万元或12.2万元，共21件，占总件数的18%。有的将一次事故中多名受害人分成多案判决，对“每次事故”作出超总限额的判决。

（2）超分项限额判决。保险公司承担的死亡伤残赔偿金、医疗费或财产损失赔偿金超过分项限额，共66件，占总件数的55%。从审判机关分布看，作出这类判决的主要包括海淀区、大兴区、昌平区、平谷县、通州区、丰台区、宣武区等法院，部分案件上诉后得到纠正。

（3）对交强险实施之前的三者责任保险，不管是否投保“不计免赔率”保险，笼统按总保额5万元判赔。[2]

（4）对三种特殊情形案件，判决保险公司按限额或超限额赔偿。[3] 例如，肇事司机刘某某无照驾驶重型自卸货车将行人李某某撞伤，受害人只有医疗费支出，没有发生财产损失，保险公司却被判赔“经济损失”6万元。

超限额判决，首先带来适用法律的混乱。其次，交强险保险费率的假设前提是保险公司按照责任限额（包括总限额和分项责任限

---

[1] 参见中国保监会《关于中国保险行业协会制定机动车交通事故责任强制保险条款、费率的批复》（保监产险〔2006〕638号2006年6月19日），《关于调整交强险责任限额的公告》，2008年1月11日。

[2] 参见北京市昌平区人民法院（2006）昌民初字第5626号民事判决书。

[3] 参见北京市丰台区人民法院（2008）丰刑初字第706号刑事附带民事判决书。

额）承担保险责任。如果判决保险公司超责任限额赔偿呈现普遍性，则意味着既定的保险费率不充足。再次，判决尺度不统一，使判决结果不具有可预见性，给保险公司履行保险合同和生效判决带来一定困难。业务操作中，超额部分没有费用来源，结算时没有会计科目，审计时不符合监管要求。最后，影响交强险年度理赔率统计的准确性。

（五）精神损害抚慰金额度多重

在119件判决中，保险公司被判决赔偿精神抚慰金的有59件，占总数的50%，其判决赔偿数额情况如图3所示。

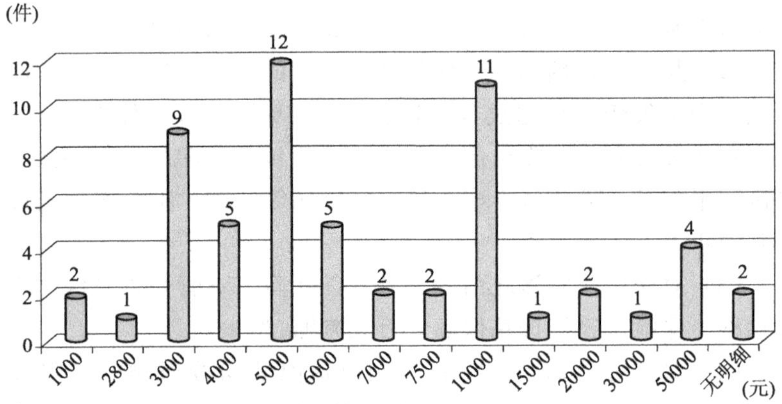

图3　保险公司赔偿精神抚慰金统计图

由统计图可见，精神抚慰金的赔偿数额从1000元到5万元不等，共有13档。名列前三位的是：5000元、1万元和3000元。

由于最高人民法院《精神损害赔偿解释》第9条第3款“其他损害情形的精神抚慰金”及第10条“精神损害赔偿数额的确定因素”规定比较模糊，缺乏明确标准，以及《交强险条款》中虽有精神损害抚慰金的项目，但无赔偿标准，且该条款不被法院所考虑，司法实践中，完全由主审法官行使自由裁量权，导致精神损害抚慰金的判决数额差异极大，档次多重。

从法律适用看，有9件援引《精神损害赔偿解释》。从判赔原因看，交通事故造成受害人死亡、伤残（经过鉴定）的案件大多判赔。但精神损害赔偿金的判赔幅度多达13档，客观上引导受害人一方对精神损害赔偿提出过高索赔要求。有的中级人民法院以会议纪要形式，赋予第三者以精神损害赔偿金优先请求权，以便用交强险中的死亡伤残赔偿金限额先支付精神损害赔偿金；个别案件中，被保险人的代理律师拿判赔精神损害抚慰金与法官做私下交易。

二、交强险难题之原因探讨

交强险在实施过程中出现上述多重问题，原因较为复杂。

（一）立法存在缺陷

交强险法律制度实施过程中，其立法方面的缺陷日益凸显。

1. 同位法本身不同程度地存在操作性不强的问题

《侵权责任法》第16条至第18条规定了人身损害赔偿的范围，都是原则性规定，缺少具体操作方法；第19条规定的“侵害他人财产的，财产损失按照损失发生时的市场价格或者其他方法计算”，规定过于简单，也不够准确。

《道路交通安全法》第76条虽经过修订，其第2款“交通事故的损失是由非机动车驾驶人、行人故意碰撞机动车造成的，机动车一方不承担赔偿责任”中，将机动车驾驶人、行人的“故意”行为仅规定为“碰撞”，显然存在很大的局限性。第75条中对第三者抢救费的垫付，“肇事车辆参加机动车第三者责任强制保险的，由保险公司在责任限额范围内支付抢救费用；抢救费用超过责任限额的，未参加机动车第三者责任强制保险或者肇事后逃逸的，由道路交通事故社会救助基金先行垫付部分或者全部抢救费用，道路交通事故社会救助基金管理机构有权向交通事故责任人追偿”。将垫付伤者抢救费的义务分别赋予保险公司及社会救助基金管理机构，不利于及时实施对生命的抢救；垫付费用的追偿权仅授予社会救助基金管理机构，显然不够全面。

2. 上位法与下位法之间存在衔接不上的问题

由于《道路交通安全法》对几种特殊情形的处理没有规定，使得《交强险条例》第 22 条的规定让人产生多种理解及解释，又有下位法修改上位法之嫌。

《交强险条例》第 24 条将垫付款项由抢救费扩展至丧葬费用，也超出了《道路交通安全法》的规定。

3. 与之配套的地方法规或行政规范性文件规定尚存空白

交强险经营管理中，涉及多项技术规范，需要地方法规、行政规范性文件及行业规范与之配套，但这些配套规定尚存空白。例如，交警对交通事故无法确认事故责任的，采取哪些技术鉴定手段加以确认；军警人员在部队取得的驾驶证能否驾驶民用机动车，驾驶民用机动车肇事按什么标准处理；医院在抢救伤者的过程中使用了自费药或自费检查项目，按国家基本医疗保险标准规定，不能纳入理赔范围，那么这类医疗费用应谁负担，法律、法规及条例条款均未规定。

4. 道路交通事故社会救助基金制度没有及时配套

我国《道路交通安全法》第 17 条规定："国家实行机动车第三者责任强制保险制度，设立道路交通事故社会救助基金。具体办法由国务院规定。"《交强险条例》第 26 条规定，救助基金的具体管理办法，由国务院财政部门会同保监会、公安部、卫生部、农业部制定试行。但至今尚未建立出台。

（二）司法面临困境

1. 民事法官熟悉民事法律关系，但合同意识淡薄

交通事故侵权责任属于特殊侵权责任。在确定侵权责任方面，不仅要适用《侵权责任法》，还要适用《道路交通安全法》、《民法通则》等法律。法院将交通事故损害赔偿纠纷与交强险的理赔合并审理，既需要查明民事法律关系，也需要查明保险合同关系。审判实务中，民事法官熟悉民事法律和民事关系，但合同意识淡薄，前述 119 份民事判决书无一引用《交强险合同条款》，对合同关系的漠视显而易见。

2. 混淆侵权责任与保险责任

交强险首先具有国家强制性的属性，其费率、条款、投保规则、保险期限、经营主体等均为法定。其次，交强险作为责任保险，还具有责任保险的本质特性。它是以被保险人对第三者依法应负的民事损害赔偿责任或经过特别约定的合同责任作为承保标的的一类保险，具有代替致害人赔偿受害人的特点，实务经营中亦有自己的独特之处。[1] 交强险的赔偿限额充分考虑了驾驶员在发生交通事故中的主观心态、对事故发生的责任有无及大小，规定了保险理赔中的过错责任、无过错责任和责任免除。但民事法官在审理中，容易混淆侵权责任与保险责任，要么不确定驾驶员的民事责任，直接确定保险责任；要么直接以保险责任取代民事责任。判决中不考虑驾驶员对事故的发生有责无责、不支持保险公司对抢救费用的垫付与追偿就不足为怪了。

3. 同情弱者心理与创新思维

第三者在交通事故中发生人身伤亡，有的幼年夭折，有的英年早逝，有的惨相环生，的确令人心痛。少数法官在审判中，会不由自主地滋生对第三者及其家属的同情，有时以同情取代理智。此外，由于立法的缺陷，激发了法官的创新思维，体现在判决中，有的超限额判赔，有的不足限额判赔，有的自由裁量额度多重，如精神损害赔偿。此外，对《交强险条款》纳入“责任免除”范围的损失和费用也判由保险公司赔偿或承担，包括出租车停驶损失、伤残鉴定费和一、二审诉讼费等。

4. 维稳压力

民事诉讼中，少数当事人到法院闹访缠诉，属于影响社会稳定的事件。一旦出现这种情况，采取“递进式矛盾化解”方式，“谁的孩子谁抱走，谁的案子谁负责”。法院内部，案件调撤率、上诉改判率等均成为业绩考核的重要指标。压力之下，为了化解矛盾纠

---

[1] 庹国柱主编：《保险学》（修订第四版），首都经济贸易大学出版社，1999 年版，第 202 页。

纷，有的法官以判决或调解的方式，要求保险公司过重地承担社会责任，负有责任的驾驶员却可以不承担任何责任。

（三）条款亟待改进

法律、法规中亟待改进的条款主要体现在以下四个方面。

1. 医疗费用赔偿限额过低

2008年2月1日起，交强险对每次事故的医疗费用赔偿限额虽然由8000元提升到1万元，仍难以适应医疗费用过高的需要。此外，大量交通事故中，死亡人数减少，大部分人员属于轻伤害，其医疗抢救、治疗费用严重不足，死亡伤残赔偿限额却用不上。交强险无责赔偿的医疗费用限额为1000元、财产损失赔偿限额仅100元。其赔偿限额难以发挥作用。取得这么低额度的赔款，还需要历经保险公司有责赔付一样的审批程序，有些人不得不放弃索赔。

2. 抢救及医疗费用的判断笼统、宽泛

《交强险条款》第7条规定，参照卫生部制定的交通事故人员创伤临床诊疗指南和国家基本医疗保险标准确定抢救及医疗费用，但这样的规定过于笼统、宽泛，且这些规定呈动态性，保险公司难以以此作为核赔依据，因而缺乏可操作性。

3. 精神损害赔偿不当

交强险属于广义财产保险范畴。与一般财产保险具有共同的性质，即都属于补偿性保险，从而适用于广义财产保险的一般经营理论和原则。《交强险条款》第8条第2款引入精神损害抚慰金的赔偿项目，背离了责任保险补偿性质，加重了广大机动车保有人和使用人的经济负担，也淡化了该险种救死扶伤、救助危难的功能。

4. 主、挂车出险后的赔偿没做规定

按照公安交管部门对机动车的管理规定，主、挂车单独登记，各自办理不同的行驶号牌。投保交强险时分别办理两份保险，但交强险制度中对主、挂车出险后的赔偿办法没做规定，理赔中易生纠纷。

三、破解交强险难题之对策

破解交强险难题，需要从立法、司法、监管、行业和经营业务的保险公司等多层次、多方面提出综合治理的对策。

（一）改进立法，协调上、下位法律关系

交强险由一整套法律、行政法规、保险监管文件、保险条款等组成。为了解决整个法律制度的统一协调，提出下列建议。

1. 对《道路交通安全法》进行修订

交强险产生和发展的基础是健全的法律制度。《道路交通安全法》是交强险法律制度中最重要的法律。建议立法机关总结交强险实施以来的情况，对相关内容进行修订和调整。

2. 对《交强险条例》进行修改

《交强险条例》是立法机关授权国务院制定的行政法规，其内容不能超越法律的规定。适时修改《交强险条例》，可以使下位法与上位法更好地协调统一，有机衔接。

3. 做好交强险的制度配套

建议由保险监管部门出台行政监管文件，指导中国保险行业协会修订《交强险条款》，调整交强险的赔偿限额，可以考虑将商业第三者责任险与交强险合并，以提高人伤救治的保额；由公安交管机关修订、完善交强险的相关技术规范，对交通事故的现场勘查、证据收集、责任划分等制定明确的标准。

4. 修订行业规范

建议中国保险行业协会修订《交强险条款》，结合交强险实施几年来的经验和实际情况对已出台的交强险投保、核保、定损、理赔及服务标准、规则进行修订和完善。

（二）改进司法，统一案件裁判尺度

1. 设立金融审判庭

最高人民法院已提出要求，在经济发达地区设立金融法庭，专

门审理金融案件，[1] 逐步实现审判案件的专业化。北京、上海、广州、深圳等地区的法院已完全具备设立金融法庭的条件。

2. 培养专业化法官

建议立足于现有法官队伍基础，保障金融审判队伍的稳定性；对法官进行金融专业知识和金融审判能力的培训，逐步打造一支知金融、懂保险的专业化法官队伍。

3. 出台相关司法解释

由最高人民法院出台关于审理保险案件适用法律的司法解释，指引基层和中级法院的法官逐步统一交强险涉诉案件的裁判尺度。重点解决五大问题：

第一，正确确立保险公司的诉讼地位，在交强险的涉诉案件中将承保肇事车辆交强险的保险公司列为第三人。对于保险公司明确表示理赔的案件，可让保险公司退出诉讼，引导受害人到保险公司直接进入理赔程序。

第二，慎重审理几种特殊情形的案件，在法律、法规没有修订之前判决保险公司不承担责任。今年 5 月 1 日，醉驾入刑[2]，仅解决了醉驾交通肇事保险公司不予交强险理赔的问题。但对无照驾驶、交通肇事后逃逸和机动车被盗抢期间肇事等特殊情形，交强险是否应予理赔问题仍存在很大争议。根据“举轻以明重”的法律解释方法，同时考虑交强险以统一责任限额作为厘定费率的基础等因素，建议暂按《交强险条例》第 22 条及《交强险条款》第 9 条规定，判决保险公司只负责垫付抢救费用且享有追偿权。

第三，杜绝超限额及不足限额判决。

第四，正确适用法律。既重视同位阶法律的适用，也注意不同位阶法律的适用；既重视一般规定，也重视特殊规定；既重视法律原则，也重视技术规范；既重视查明侵权责任，也注意查明保险

[1] 参见《最高人民法院关于为加快经济发展方式转变提供司法保障和服务的若干意见》第 7 条。

[2] 参见《刑法修正案》（八）。

责任。

第五，解决好精神损害赔偿问题。在法律、法规修改之前，建议对精神损害赔偿金的判决数额从严掌握。

此外，如果肇事机动车既投保交强险又投保商业车险，诉讼中可将交强险、商业车险理赔纠纷案件合并审理，以便统一裁判尺度，减少第三人讼累。

（三）改进经营，增强保障、服务意识

（1）经营交强险业务的保险公司应当简化交强险的理赔程序和垫付伤者抢救费程序。

（2）逐步建立公安交管机关、保险行业协会与医疗机构共享信息的交通事故理赔信息平台，提升交强险的保障功能。

总而言之，社会各方力量齐动员，逐步完善交强险法律制度，不断改进交强险的业务经营，交强险就能够在社会经济发展中更好地发挥“稳定器”作用。

第三编

食品安全责任保险论证

论创设食品安全责任保险的必要性与可行性

贾林青*

鉴于近年来出现的困扰人们的一系列食品药品安全问题，中国政府出于保障食品、药品等产品安全的需要，强调严厉打击食品生产中的非法添加物，严格执行药品质量标准，并加大了惩处力度；专家学者和社会公众也纷纷为此献计献策。笔者亦建言如下，我国经营财产保险或者专营责任保险业务的商业保险公司可以尝试创设和推出食品安全责任保险，借助该责任保险的保障功能和条款设计来达到督促包括食品、药品等各类产品的生产、经营以及运输、仓储和销售的企业认真履行其依法所应承担的产品安全责任，为广大消费者创造安全的生活环境。

所谓食品安全责任保险指的是以各类产品的生产者、经营者、运输者、仓储者或者销售者因具体产品存在瑕疵缺陷而导致消费者在消费过程中造成的人身伤害或者财产损失，应当依法承担的赔偿责任作为保险标的的责任保险险种。该责任保险的适用范围覆盖到各类产品的生产企业以及相关的运输、仓储、销售等环节的下游企业实施的有关该产品的生产经营活动，笔者设计的食品安全责任保险的保障范围涉及上述企业所生产和经营、销售的各类产品，包括因不符合我国现行各类产品质量标准而产生的赔偿责任，虽然符合

* 贾林青，中国人民大学法学院教授，中国保险法学研究会副会长。

现行产品质量标准却因其存在的缺陷或因流通过程中的原因或因消费者在消费、使用这些产品过程中所存在的个体差异而产生的赔偿责任以及因产品缺陷而予以召回所涉及的赔偿责任等。

显然，食品安全责任保险作为新的责任保险类型出现于我国保险市场，必然涉及现有的与其最为接近的产品责任保险。本文重点立足于以食品安全责任保险取代现有的产品责任保险，就创设和推出食品安全责任保险的必要性与可行性作出论证，以便为其跻身于我国保险市场进行必要的市场宣传和造势活动。

一、创设和推出食品安全责任保险的必要性

在我国保险市场创设和推出食品安全责任保险，希望凭借该责任保险的权利义务设计，通过作为被保险人的产品生产经营企业履行约定的保险合同义务而达到提高产品生产经营企业履行其所应承担的产品安全责任的自觉性和主动性，有助于实现产品安全责任应有的社会效果，此一必要性主要表现在两个方面。

第一，产品的生产经营企业履行产品安全责任是其依法承担的安全注意义务的法律表现形式。

产品生产经营企业作为专门从事相应产品的生产和经营活动的企业法人，属于相应行业中的职业化商事主体，具备生产和经营相应产品所需要的专业知识和生产经营技能，并应当拥有相关的生产经营条件等。因此，这些企业开展产品的生产和经营活动，应当基于其专业化经营者的身份和地位，对其所生产和经营的产品承担和履行高于一般社会成员的安全注意义务，即谨慎注意义务——按照法定的安全标准处理其生产以及运输、仓储和销售等经营环节所涉及的方方面面的因素，以谨慎的态度解决原材料、辅料、添加剂以及生产工艺、生产技术，严把产品的质量关，确保产品在社会公众的消费过程中的安全，防止其所生产和经营的产品存在现实的或者潜在的瑕疵缺陷而危害消费者的身心健康和经济利益。

笔者认为，产品的生产经营企业所承担的该谨慎注意义务的法理前提取决于其商事主体的身份。由于各类产品的生产经营企业之

所以能够在相应的行业内具有从事特定产品的生产经营活动，就是其经过所在行业的主管机构和工商行政管理机关的审查合格，具备在特定行业领域内生产经营相应产品所需的专业知识、经营经验、技术能力、资本实力和信用水平等条件，故而依法批准其从事特定产品的生产经营资格，予以登记注册并向社会公众进行公示的商事主体。这意味着这些从事特定产品生产经营活动的企业属于各个行业领域的职业经营者，它们基于其具备的专业知识、经营经验和技术能力对于本行业的产品有可能存在的市场风险和诸多缺陷的了解和需要采取的预防措施显然高于非本行业的法律主体，为此，商事法律赋予这些产品的生产经营企业在从事产品的生产经营活动过程中承担着谨慎注意义务，要求其生产经营特定产品时应当持有职业经营者高于非本行业法律主体的眼光和谨慎态度，采取必要的预防手段，发挥其专业技术水平，防止产品出现明显或者潜在的缺陷，确保其产品的安全效果，使得其消费者、使用者的人身利益和财产利益免受产品缺陷造成的损失，可见，产品的生产经营企业落实其产品安全责任也就是其履行商事主体之谨慎注意义务的法律形式。而从保险行业在我国保险市场上创设和推出食品安全责任保险的角度讲，因该产品安全责任是以各类产品作为保险标的的责任保险，其适用的过程必然涉及各类产品的生产经营企业履行产品安全责任，所以说，食品安全责任保险是促进产品的生产经营企业履行其安全注意义务的重要途径。

理由是，食品安全责任保险的内容设计可以达到约束产品的生产经营企业实现其所承担产品安全的客观效果。首先，食品安全责任保险作为一种双务合同关系，借助其对双方当事人之间的权利义务设计，要求各方为行使和实现自己的权利就必须以履行各自的相应义务为条件。其中，作为被保险人的产品生产经营企业要获取保险公司的保险赔偿金，就必须履行其在该保险合同中承担的相应义务，诸如食品安全责任保险应当根据现行《保险法》第 51 条的规定，赋予相对人——产品生产经营企业遵守国家有关产品领域的安全生产和经营的质量技术标准，维护其生产和经营的产品在消费领域的安全。而该项义务的切实履行是产品生产经营企业作为食品安全责任保险的被保险人能否获取保险公司之保险赔偿的对价条件。其次，食品安全责任保险的内容应当在现行《保险法》第65条规定的精神基础上，明确规定因产品安全问题而在其消费过程中遭受损害的消费者享有向保险公司直接请求保险赔偿的权利。同时，在食品安全责任保险中约定，消费者是否向保险公司提起此类保险索赔以及索赔次数和赔偿金额的多少是衡量被保险人（产品生产经营企业）之信用水平的重要标志，成为保险公司增加或者减少保险费的主要因素。显然，借助食品安全责任保险的上述内容的履行，不仅没有降低被保险人——产品的生产经营企业在产品生产经营过程中所持有的谨慎注意程度，而是更加在客观上督促产品生产经营企业自觉履行产品生产和经营过程中的安全注意义务。

第二，食品安全责任保险的适用可以成为产品生产经营企业落实其社会责任的重要组成部分。

公司企业是现代社会生活中的基本社会经济单位，其从事的产品生产经营活动，除了实现自身获取盈利目的以外，还应当服务于全社会。尤其是在当今社会化大生产条件下，每个公司企业的生产经营都是社会生产和再生产链条上的一个环节，因此，现代公司企业法的立法精神便是强调公司企业的生产经营活动应当兼顾经济效益和社会效益，即公司企业盈利赚钱与社会责任的承担并重。我国2005年10月修订后的《公司法》第5条亦在此意义上规定公司从事经营活动，必须“承担社会责任”，故产品的生产经营企业作为其中的组成部分，自然应当依法承担和履行社会责任。需要强调的是，由于产品生产经营企业的产品直接及于社会公众日常生活消费的端点，关系到社会公众的身心健康和各个家庭的生活稳定，推而广之，产品消费既涉及个体消费者的利益，也与社会稳定息息相关，则产品生产经营企业在生产和经营具体产品过程中能否履行产品安全责任，便是其承担上述社会责任的重要组成部分。

与此相联系，将食品安全责任保险适用于产品生产经营企业，则有利于落实其依法承担的社会责任，这同样决定于食品安全责任保险的内容设计。首先，考虑到产品安全与社会公共安全利益的紧密联系，食品安全责任保险应当将督促产品生产经营企业落实产品安全责任纳入其适用目标范围内，并基于此，设计保险人在该责任保险中履行保险责任的条件和范围——只对作为被保险人的产品生产经营企业因一般过错或者无过错状态下产生的对消费者的赔偿责任履行保险责任。相应地，因被保险人基于故意或者重大过失而使其所生产的产品存在缺陷，并导致消费者损害的，保险人则不承担保险责任。从而，其适用效果之一就是解除该责任保险险种是产品生产经营企业逃避其承担的产品安全责任之“避风港”的误解，督促产品生产经营企业谨慎地遵守产品生产和经营的安全规则，减少甚至避免因产品生产经营企业的故意或者重大过失而出现的产品安全事故。将产品生产经营企业承担的产品安全责任落实到实处。其次，作为调动产品生产经营企业认真履行产品安全责任的具体举措，食品安全责任保险设计和适用保险费奖惩条款。具体根据被保险人的信用和以往履行产品安全责任的效果来采取相应的梯级费率，对于在保险期限内履行了产品安全责任，并未发生产品安全事故的被保险人，适用优惠费率，反之，对于产品安全事故频发的产品生产经营企业则适用惩罚费率。借此来提升产品生产经营企业履行产品安全责任的主动性。

当然，为了达到食品安全责任保险的上述社会价值，还需要对其予以恰当的市场定位。由于食品安全责任保险是全新的责任保险类型，其保障内容在很大程度上涵盖了现有的产品质量责任保险，故笔者认为，它应当取代现有的产品质量责任保险，改变现有的产品质量责任保险的适用范围有限、适用效果不理想的局面。同时，食品安全责任保险的保险责任范围，着眼于产品安全，其适用范围不仅涉及违反现有产品质量标准的不合格产品造成消费者损害的赔偿责任，也还包括按现行产品质量标准为合格产品，但因其存在着潜在的缺陷或者因消费者的个体差异而发生安全损害后果、或者因产品在运输、仓储、销售等环节的原因而导致损害消费者的后果，甚至作为食品安全责任保险之附加险的保险责任还包括了产品召回责任涉及的财产损害，这意味着食品安全责任保险的保险责任大大超过现有的产品质量责任保险。

不仅如此，创设和推出食品安全责任保险本身的市场价值取向更直接体现出其市场必要性。这涉及如何看待产品责任保险，乃至整个责任保险制度的保险保障作用。

对此，笔者认为应当在责任保险制度发展的现阶段，重新分析责任保险的法律结构，全面评价包含食品安全责任保险在内的整个责任保险制度的保险保障作用，改变很多人存在的有关“责任保险具有削弱民事责任制度的惩戒和教育等社会作用”[1]的看法。因为，责任保险以其突出的社会公益性区别于其他各类保险领域，“它是一项充分发挥保险业社会管理职能，服务于和谐社会建设的重要业务，具有强烈的社会公益色彩”[2]。所谓社会公益性集中体现在责任保险适用的目的是为了让社会活动中因被保险人的行为使第三人（受害人）及时得到充分的赔偿，维护社会和谐，而并非让保险人以其依据责任保险合同约定承担的保险赔偿责任替代。从共性上说，责任保险的此一社会公益性存在于各类责任保险中，不论是自愿责任保险，还是强制责任保险。

具体到产品责任保险，其作为责任保险的新类型，自然应当适应当代社会进步对其保险保障需求的变化，由单纯的以填补被保险人向受害的第三人给付民事赔偿金所发生的实际损失为目的转向着眼于保护受害的第三人，并且，与食品安全责任保险的法律结构相对应，形成了分别涉及被保险人和受害第三人的双重法律价值，可称之为复合型适用价值。

首先，就作为被保险人的产品生产经营企业而言，食品安全责

---

[1] 邹海林著：《责任保险论》，法律出版社 1999 年版，第 38 页。

[2] 丁凤楚、赵清明著：《试论我国医疗责任强制保险制度》，载谢宪主编：《保险法评论（第二卷）》，中国法制出版社 2009 年版，第 197 页。

任保险的适应目标在于加强其向受害的第三人履行民事赔偿责任的能力，即诸多专家学者所称的填补或者补偿被保险人对第三人履行的民事赔偿责任[1]。因为，社会经济发展和进步的原动力是广大社会成员从事的社会活动，其中，行为人基于疏忽、过于自信等过失实施侵权行为对第三人造成损害的，当然包括产品生产经营企业因产品安全事件而依法由其向受害第三人承担的侵权责任，而作为一种法律确认的分散和转移其在产品的生产经营过程中有可以承担的该类侵权责任风险的预防措施，产品生产经营企业亦可以投保食品安全责任保险，向保险公司分散和转移该侵权责任风险。与此相适应，保险人依据食品安全责任保险的约定所承担的保险责任意味着其向产品安全事件中受害第三人支付保险赔偿金，加强了产品生产经营企业向受害第三人履行侵权赔偿责任的能力，可以在一定程度上避免因产品生产经营企业对其因产品安全事件依法所应承担的侵权责任由于缺乏赔偿能力而落空，致使受害第三人在产品安全事件中遭受损害的民事权利利益难以得到恢复。需要强调的是，保险人履行该保险责任并非让保险人以其依据责任保险合同约定承担的保险赔偿责任替代产品安全生产经营企业依法所应承担的民事赔偿责任，故不应认为食品安全责任保险的适用效果是削弱民事责任制度对侵权责任人的惩戒和教育作用。

同时，食品安全责任保险还具有第二层适用价值，这集中体现在对产品安全事件的受害第三人的利益保护，即通过保险公司向其支付保险赔偿金来保障其由于产品安全事件所遭受的民事权利利益损害。应当说，这一保险保障作用的存在体现着现代责任保险制度的进步，是责任保险由单纯的以填补被保险人向受害第三人给付民事赔偿金所发生的实际损失为目的转向以保护受害第三人为重点的法律结果。因为，现代社会的政治与经济领域之间的交互作用与密切联系日益突出，社会稳定正是政治与经济联系的焦点所在。具体

---

[1] 参见陈欣著：《保险法》，北京大学出版社 2000 年版，第 172～175 页；邹海林著：《责任保险论》，法律出版社 1999 年版，第 30～33 页。

讲，依据民法的侵权制度而追究侵权人的侵权责任，是为了恢复因侵权行为所破坏的民事主体相互之间平等的权利义务关系。显然，此类侵权责任关系的处理关乎法律制度的贯彻和政治生活的落实，而通过责任保险的适用来确保因侵权行为所生之债的债权人——因侵权行为而遭受损害第三人的民事权利利益得到补偿，自然有助于实现政治所需要的社会稳定。食品安全责任保险作为保险业经营的适用于各类产品生产经营领域的责任保险，补偿产品安全事件的损害来稳定社会便是其根本的适用效果，则上述保险的社会公益性由此可见一斑。

食品安全责任保险之所以并存着上述双重法律价值，是由它们的保险结构所决定的。由于食品安全责任保险的参与人不仅包括保险人与投保人、被保险人，还必然存在着受害的第三人，原因是它们的保险标的就是被保险人对受害第三人承担的侵权赔偿责任，而被保险人同时也就是该侵权责任人（产品安全责任人），因其应当依法向受害第三人履行侵权赔偿责任，故其需要向保险公司分散和转移承担该侵权赔偿责任的风险，这决定了保险公司在食品安全责任保险中的第一职责就是用保险赔偿金来填补或者补偿产品生产经营企业作为被保险人的侵权赔偿，达到强化产品生产经营企业向受害第三人履行侵权赔偿责任（产品安全责任）的能力。当然，保险公司在上述保险中的作用并非仅限于此，其支付保险赔偿金的最终目的不是替代作为被保险人的产品生产经营企业依法所应当向受害第三人承担的侵权赔偿责任，也不是补偿产品生产经营企业因向受害第三人履行侵权赔偿责任后遭受的损失，却是为了强化产品生产经营企业作为被保险人向受害第三人履行侵权赔偿责任的能力，以便保证受害第三人因产品安全事件而遭受的损失切实得到赔偿。这便是保险公司在食品安全责任保险中的第二职责。

相比较而言，食品安全责任保险的上述法律价值之间既有着诸多法律区别，又是密切不可分的。两者的主要区别在于：① 双重法律价值的适用目的存在差异。其对被保险人的保障是食品安全责任保险适用的直接目的，这是责任保险得以创设和适用、促使社会公众投保责任保险的原动力，表现出责任保险在保险市场中的独立性；而其对受害第三人的保障则是食品安全责任保险适用的最终目标，这是责任保险在现代经济条件下发展和进步的标志，集中体现着责任保险的社会公益性。② 双重法律价值的内容不尽相同。其对被保险人（产品生产经营企业）的保障内容在于提升其作为侵权责任人所应当承担和履行的侵权赔偿责任，为被保险人切实依法进行侵权赔偿，彰显法律的权威和严肃性；而对受害第三人的保障内容则强调保护其遭受损害的民事权利利益，真正恢复其原有的平等法律地位，进而，为维持和谐稳定的社会秩序创造条件。③ 双重法律价值的性质并不相同。其对被保险人之法律价值的性质在于其法定性，因为其所指向的是被保险人依法承担的侵权责任，从而，其适用依据是侵权责任法的明文规定；而对受害第三人之法律价值的性质则属于典型的意定性，即保险人依据食品安全责任保险约定的保险责任，其适用依据是当事人之间在具体的食品安全责任保险的条款约定。这些法律区别成为界定上述双重法律价值的适用标准，可见，上述保险的法律区别表明两者在适用过程中截然不同，泾渭分明，两者不得混为一谈。

不过，这些双重法律价值的区别更反映出两者之间的紧密联系。因为，对被保险人的保障功能是服务于对受害第三人的保障目标，其本身并非最终目的；而对受害第三人的保障能否实现则以对被保险人之保障功能的存在为前提，以该项法律价值的存在为其实现的法律途径。这种密切联系表现出上述保险保障的整体性，两者之间相互依存，缺乏其中一者就意味着食品安全责任保险会因其法律构成不完整而丧失法律意义。

可见，食品安全责任保险的推出，既可以扩展现有产品质量责任保险的适用范围，充实其保险责任的保障内容，又可以填补我国现有责任保险市场上的空白，丰富责任保险领域的险种类型，完善我国责任保险的保障体系。

二、在我国保险市场创设和推出食品安全责任保险的可行性

就我国保险市场经营的角度而言，设计一个新险种是否具有可行性，需要具备诸多的市场条件和专业化的科学的数理计算与风险评估。笔者仅从法理和社会学角度就创设食品安全责任保险进行论证，确认下述因素从各自角度对创设和适用食品安全责任保险产生的影响，表明食品安全责任保险在我国保险市场上占有一席之地是完全可行的。

首先，中国社会主义市场经济的深化发展为食品安全责任保险的入市和适用提供了充分的物质对象和市场空间。

中国近20年来，不断深化发展的经济体制改革促进了中国社会主义市场经济持续高速的发展，取得了令世人瞩目的成果。此类成果不仅表现为中国综合国力的增强，在全球的影响力与日俱增，也充分体现在每个中国人和中国家庭的物质生活质量和物质生活内容上的巨大变化，即社会公众的物质生活已经由满足温饱转变为极大的丰富。究其原因，中国的经济体制改革使得中国的社会经济模式摆脱了计划经济状态带来的禁锢，步入了具有中国特色的社会主义市场经济。其突出的经济特征就是鼓励人们解放思想，突破计划经济条件下的固有经营模式，要求社会公众按照市场经济规律发展。这为充分解放社会生产力提供了重要的社会条件，其结果是激发了大家在市场经济条件下的多元化生产方式经营模式的热情，可谓是八仙过海，各显其能，大家自主选择各类物质产品的生产经营方式和经营规模。由此产生的社会效果就是，进入社会成员消费领域的社会产品的品种日益丰富，产品数量不断增加。这就为迅速发展的中国保险市场上创设和推出食品安全责任保险的新险种进入市场提供了必要的物质对象，并为该新险种的推广发展提供了广阔的市场空间。

从广大的消费者、使用者角度讲，中国现代社会的物质生活水平的提高意味着各个生产经营行业可以向社会公众提供的物质产品

的种类极其丰富，使得大家在消费领域可以选择的产品种类不断增加，选择的范围日益扩大。同时，无论是生活消费，还是生产消费，大家根据各自具体情况，可以选择的消费方式更是多种多样。不过，广大消费者、使用者在获取各类产品以及服务方式带来的享受的同时，也必须承认其在各类产品的消费过程中所面临的产品安全风险概率亦是水涨船高。其道理是显而易见的，由于科学技术水平和人们对自然现象认知程度的局限，大家在消费或者使用新产品，或者接受新的产品服务方式过程中将有可能遭受产品风险的威胁。例证如消费者因使用电热水器、电热毯发生的产品安全事件等。即使是传统产品，也可能因新的消费方式，或者尚无法掌握的潜在瑕疵，甚至是消费者个体差异而出现产品安全风险。为此，广大消费者、使用者消费各类产品就需要获得多方面的社会保障，其中，保险业提供的食品安全责任保险保障便是重要的组成部分，用以保障消费者、使用者的民事权利利益，解除广大消费者在消费、使用各类产品过程中的后顾之忧。需要强调的是，伴随着现代消费者、使用者的产品消费范围的不断扩大，消费方式的日渐创新，其消费标准已经不能仅仅满足于产品是否符合现有质量标准，而是在更高的层次——产品安全角度寻求社会保障，保险保障自然应当成为其组成部分。

而从各类产品的生产经营企业角度讲，各家企业为了在我国社会主义市场经济环境下有实力参与公平的市场竞争，获取生产经营利润，必然会根据社会公众的消费需求生产经营相应的产品，并且，适应着社会公众消费需求的发展变化，生产经营企业生产经营的产品必然不断调整变化，同时，为了更好地满足广大消费者的消费需要，生产经营企业的生产经营模式也势必不断花样翻新。不过，产品生产经营企业在从事生产经营，并获取经营利润的过程中，生产经营的风险也必然如影随形。尤其是新产品的生产经营、新经营模式的运用中所涉及的风险概率更大。其中，因产品安全事件所需承担的风险责任便是产品的生产经营企业寻求保险保障的对象。

由此可见，不论是各类产品的生产经营企业，还是这些产品的消费者、使用者，从各自所涉产品的角度表现出产品安全保险保障，包括食品安全责任保险的需要，形成现代社会经济生活领域中食品安全责任保险的需求方。保险公司完全可以针对上述的广泛的“受众群体”，设计和推出食品安全责任保险，供各个产品生产经营领域的成千上万的企业作为被保险人自行选择投保或者依法履行强制投保义务来予以投保，用以分散各自面对的产品生产经营过程中的产品安全责任风险，而因各个产品生产经营企业投保食品安全责任保险，众多的产品消费者、使用者自然就成为食品安全责任保险的当事人而接受保险公司依据该责任保险所提供的保险保障。这意味着为保险业推出食品安全责任保险既可以满足产品生产经营企业和社会公众的保障需求，也为自身经营该责任保险创造了广大适用空间。

其次，中国保险市场现阶段的发展水平为食品安全责任保险的适用提供了成熟的市场环境。

因为，中国保险市场自 20 世纪 70 年代后期的初创至今三十余年的迅速发展，已经进入成熟和深化发展阶段，其重要标志是我国保险业正步入新的业务扩张期[1]。这意味着中国保险市场上的保险经营者具备了运用其市场经营经验和风险评估能力，根据我国社会经济发展要求和社会公众的保险需求来创设新的保险险种，为社会公众提供更加丰富的保险服务的条件。其中，针对社会公众日益增强的产品安全意识而逐步形成的保险保障需求，创设和推出新的食品安全责任保险便是水到渠成的。尤其是根据笔者对各国保险市场的了解，我国的保险市场需要适应中国经济发展过程的上述变化，与社会公众的上述思想意识的改变相联系，改变我国保险市场上现有的责任保险制度在产品保障方面仅能提供传统的产品质量保险，限制了其保险保障作用发挥的局面。

---

[1] 参见高晨、牛颖惠、敖晓波：“三大金融监管会换帅”，载《京华时报》2011 年 10 月 30 日第 6 版。

因为我国现有的产品质量责任保险在我国保险市场上的运用未能产生预期的效果。我国自1980年开始试办产品质量责任保险以来已有30余年，然而未能达到理想的效果。这不仅体现在产品责任保险业务在我国保险市场上的责任保险领域中的比重极小[1]，难以充分发挥其应有的保障效用，更由于其保险责任的适用对象限于产品质量责任——被保险人就产品存在缺陷而造成的使用者、消费者的直接损失承担的民事赔偿责任，却不能覆盖产品安全的全范围——排除了就合格产品（合于生产经营之时的质量标准）却因相应的质量标准中未能发现或未能包含的隐患，或者其使用者、消费者个体因素或使用环境、使用条件的变化等给使用者、消费者造成的损失部分，以及生产经营企业因潜在的产品缺陷而予以召回所产生的费用损失等。可见，食品质量保险的适用已经明显地滞后于社会公众逐渐形成的产品安全意识，不足以在产品安全范畴内实施全面的保险保障。

所以，在中国保险业进入业务扩张期的情况下，各家保险公司如何走出可持续发展的路径呢，笔者认为，应当强调以产品的差异、服务差异上的优势取代单纯的以资本实力、人际优势为主占有市场份额的方法。为此，就需要保险公司及时地针对社会上的保险需求，设计和推出更加具有适应性的新的保险产品。其中，就责任保险领域而言，我国保险业应当适时地针对人们已经在社会生活中出现的产品安全保障需求而用新的食品安全责任保险取代现有的产品质量责任保险，供产品的生产经营企业选择投保，并借此向社会公众提供有效的保险保障。正是有鉴于此，笔者提出设计和推出食品安全责任保险作为我国保险市场的责任保险领域的新的独立的险种类型。

再次，社会公众已经存在的产品安全意识使得产品安全保险保障的需求方逐步形成，构建了适用食品安全责任保险的社会基础，

---

[1] 1988年产品责任保险业务仅占全部保险业务的0.6%（见许谨良主编：《财产和责任保险》，复旦大学出版社1993年版，第430页）。

这是尤其重要的创设食品安全责任保险的社会原因。

笔者提出以食品安全责任保险取代我国保险市场现有的产品质量责任保险并非无本之木，更不是标新立异，而是基于我国社会经济生活的客观需求。究其原因，用产品安全意识取代产品质量意识已经成为当今的国际性潮流。仅就美国、英国、法国、德国、俄罗斯等国家而言，鉴于各自遭遇的产品安全事件，诸如德国的大肠杆菌事件、日本的生肉不达卫生标准引起的食物中毒事件、我国台湾地区的塑化剂事件等，政府均将立法和社会管理的眼光聚焦在产品安全层面，特别是在食品的生产经营领域，不仅建立了完善的法律规范体系，例如，英国、俄罗斯的食品安全法，德国的食品和饲料法典等；同时，构建起食品安全监督管理体系，其中，较为成功的诸如英国政府设立的食品标准局，作为独立的监管机构与各地方主管当局和社会组织共同执行食品安全监管职能，并且，以食品追溯和召回制度为突出的特色内容，且借助食品危害报警系统、食物中毒通知系统、化验所汇报系统和流行病学通信和咨询网络系统等实现有效地控制有害食物在英国市场流通，保护消费者的权益。又如，2004 年 3 月，俄罗斯时任总统普京下令成立的联邦消费者权益和公民安全保护监督局，结束了原有的国家卫生防疫部门、兽医部门、质检部门和消费者权益保护局分别负责食品安全保障的局面，由其集中行政资源，负责监控食品质量和安全的监管职责。如今的中国亦步入了产品安全时代，因接二连三出现的有关食品、药品的安全事件已经引起中国政府和社会公众前所未有的对产品安全问题的重视。其间的代表莫过于食品安全领域，2011 年 4 月，中国政府开展了食品安全整顿，并于 6 月 13 日至 20 日举行了以向全社会普及食品安全法律知识为目的的食品安全宣传周。尤其具有重大社会意义的是，中国政府分别于 2006 年 4 月和 2009 年 2 月在《产品责任法》以外另行通过了《农产品质量安全法》（2006 年 11 月 1 日施行）和《食品安全法》（2009 年 6 月 1 日施行），并设立了统一行使食品安全监督管理职责的食品安全委员会。

从法律层面上讲，产品质量意识与产品安全意识的内涵虽有重叠之处，却存在着明显区别。产品质量意识侧重于产品的合格与否，其衡量的标准是国家或者部门行业颁行的产品质量标准，正如我国现行的《产品质量法》第12条所规定的“产品质量应当检验合格，不得以不合格产品冒充合格产品”。而产品安全意识强调的则是产品有无瑕疵，其判断的依据在于是否能够保障公民个人和家庭成员的身心健康及其人身、财产的安全。在此，产品瑕疵包含着已经显现的瑕疵、隐蔽的瑕疵和潜在的瑕疵，前两者都是确定的产品瑕疵。已经显现的产品瑕疵是指人们运用一般的常识就能够判断和确认的产品所存在的不利于消费者和使用者身心健康的产品瑕疵，例如，过期食品、药品，报废的车辆等。而隐蔽的产品瑕疵所指的是诸如粮食是否含有黄曲霉素等有毒物质、建筑物的隐蔽部分是否存在质量问题、产品所用材料存在的金属疲劳等均需要专业人员运用专业设备才能够发现的产品瑕疵。至于潜在的产品瑕疵，例如，反式脂肪是运用现代科技而生产的食品添加剂，合格的反式脂肪被用于食品生产是符合《产品质量法》规定的，但是，专家指出，某些人群食用反式脂肪却是于其健康有害的。正是在此意义上，2000年7月修订后的《产品质量法》第13条第1款规定：“可能危及人体健康和人身、财产安全的工业产品，必须符合保障人体健康和人身、财产安全的国家标准、行业标准；未制定国家标准、行业标准的，必须符合保障人体健康和人身、财产安全的要求。”而《农产品质量安全法》从农产品安全角度出发，作出规定“农产品质量安全，是指农产品质量符合保障人的健康、安全的要求”（第2条第2款）。

显然，社会公众由过去的食品质量意识向产品安全意识的转变是上述各国和地区着眼于食品安全的立法实践和监管体系建设的主要社会根源之一。因为，食品质量与食品安全是相互区别又密切相关的两个概念，可以说是一种包容性逻辑关系，即产品质量是产品安全的重要组成部分。人们基于食品质量或者食品安全而形成的思想活动就成为相应的社会意识，不过，两者所表现的社会意识却不尽相同。其中，食品质量意识反映的是社会公众在消费和使用各类产成品过程中基本的物质生存需求，即按照（一定社会阶段的科学技术水平）已知的技术标准所确立的产品质量标准作为衡量产品质量是否合格的依据，确保社会公众在生产消费和生活消费中使用符合上述质量标准的质量合格产品，满足其基本的物质需求。而食品安全意识则是社会公众因社会经济高度发展而在食品质量的基础上形成的更高层次的社会意识，即社会公众消费或者使用各类食品时，所要求的不仅是符合已知技术下的质量标准，还应当减少甚至杜绝产品存在的潜在的、可能危及其身心健康，人身、财产安全的隐患，确保其身心和财产的安全，可见，此一社会意识涉及的范围更为广泛，其适用标准更高，其适用效果更为深入，不仅是社会公众消费、使用各类食品所满足的当时的基本的物质需求，还包括满足其正常的精神生活以及将来的、可能的人身和财产利益，该社会意识的转变是社会进步的重要标志。

从而，人们用于消费的内容、类型和范围均发生了质的变化，其次是社会成员的物质生活与精神生活的同步发展，这使得人们在日常生活中不再满足于解决温饱所应有的基本的物质需求，而是在更高层次上寻求生活质量，愉悦身心，培养多元化的文化修养，不断形成新的消费需求、扩大其消费视野。与此相适应，我国社会成员的思想意识也必然逐渐从满足基本物质需求的产品质量意识提升到实现其物质生活和精神生活所需的产品安全意识。

不过，要想让食品安全责任保险产生预期的社会效果，还需要创造和完善诸多条件，以利于该新型责任保险在我国保险市场上的制度建设和推广适用。

（1）加快完成食品安全责任保险的产品设计，尽快将其推向保险市场。作为新的责任保险险种，食品安全责任保险的内容设计应当贯彻产品安全责任保障与鼓励产品生产经营企业履行产品安全责任相结合的精神，不仅要明确规定其保险标的的范围、保险责任的法律内涵和适用条件，而且，应当规定食品安全责任保险所应适用的第三人的直接保险赔偿请求权、保险费率奖惩等内容。

（2）保险业界和保险理论界应当注重该保险险种的宣传推广，

普及食品安全责任保险的基本知识，为其进入保险市场培养必需的市场环境。

（3）将食品安全责任保险作为贯彻落实产品安全立法工作的组成部分，保险监管部门应当加强与质量监管机关、食品监管机关之间的沟通，相互之间进行分工合作，为食品安全责任保险的适用和产品安全责任的落实而共同履行法律职责。

食品安全责任保险与产品质量责任保险的比较研究

贾林青

一、食品安全责任保险的法律内涵

在此提出的所谓食品安全责任保险，是有别于我国保险市场上现有的各类责任保险的新型责任保险类型，具体是指以各类食品产品的生产者、经营者、运输者、仓储者或者销售者因具体所生产经营的食品产品所存在的瑕疵缺陷而导致消费者或者使用者在消费过程中造成的自己或者第三人的人身伤害或者财产损失，应当依法承担的赔偿责任作为保险标的的责任保险险种。

笔者设想，创设食品安全责任保险，使其适用范围覆盖到我国各类食品产品的生产企业以及相关的运输、仓储、销售等环节的下游企业实施的有关该食品产品的生产经营活动，用以取代现有的适用于食品行业生产经营者的产品质量责任保险。从中国保险市场的深化发展角度讲，该食品安全责任保险的设计和适用并取代产品质量责任保险是对现代责任保险制度的突破，可以适应我国保险业已经出现的业务扩张期的创新需要。具体表现之一是，其在适用范围上扩展到社会公众日常生活中从食品生产经营企业所购买的用于消费和使用的所有食品。表现之二是，其保障范围涉及上述食品企业所生产和经营、销售的各类食品产品所存在的显现出来的和潜在的安全问题，现有科技水平下已知的和尚未了解的安全问题等，而不限于现有质量标准下的食品产品质量问题。食品安全责任保险责任范围包括：① 因不符合我国现行各类食品质量标准而产生的赔偿责任；② 虽然符合现行食品质量标准却因其存在的潜在缺陷而产生的赔偿责任；③ 因流通过程中的原因或因消费者在消费、使用这些食品产品过程中所存在的个体差异而产生的赔偿责任；④ 因产品缺陷而予以召回所涉及的赔偿责任等。

在保险大家族中，责任保险作为后起之秀，从产生[1]至今年龄不过200年，它适应着现代科学技术日新月异的变化而蓬勃发展。尤其是近几十年来城市化的普及、企业活动范围的扩大、民事赔偿责任法律制度的完善等均对责任保险制度的运用和深化发展提出了客观要求，这使得责任保险制度获取了高速发展的直接动力。如今，责任保险的发展速度在一定程度上成为衡量一国保险业发达水平的重要尺度。究其原因，在于责任保险的法律设计和保障功能体现出的相对独立的理论体系和保险理念，有助于提升现代民事责任制度的有效适用。责任保险作为法律关系架构确立了自身的运行模式，其不仅保持着以其被保险人对保险人的保险赔偿请求权来实现保险本身的风险转移功能，更是以第三人对被保险人的民事赔偿请求权作为保险功能适用的基础和对象，致使责任保险成为名副其实的有的放矢的保险活动。

不仅如此，现代责任保险已经将其适用目标从早期的单纯强调填补被保险人对第三人承担民事赔偿责任所遭受的损失逐步转向重视受害第三人的利益保护。这意味着现代责任保险已经与民事责任制度形成密切的分工合作关系，成为对受害的第三人实施法律保护

---

[1] 关于责任保险的出现时间，有的专家认为：责任保险是因1804年《法国民法典》规定了民事赔偿责任而始创于19世纪初期的法国（见邹海林著：《责任保险论》，法律出版社1999年版，第45页；王卫国主编：《保险法》，中国财政经济出版社2003年版，第180页）；有的专家认为：它始于19世纪中叶（见马永伟、林中杰、马明哲主编：《保险业务全书》，中国社会出版社1997年版，第269页；胡援成主编：《财产保险》，东北财经大学出版社1999年版，第250页）。

的重要组成部分。而在中国保险市场推出食品安全责任保险以及以此取代现有的产品质量保险正是迎合责任保险与民事责任制度的这一发展走向。首先，食品安全责任保险适用于所有食品行业企业生产经营的食品产品，从而，一旦发生食品安全事件而形成食品生产经营企业依法向受害人承担的民事赔偿责任，也即是保险人所应承担保险赔偿责任需要履行之时，这标志着该责任保险的保险保障将覆盖食品生产经营的全行业。可见，食品安全责任保险的适用对于作为被保险人的食品生产经营企业而言，无异于提高了其承担民事赔偿责任的能力。其次，出于其保护广大食品消费者利益的目标，食品安全责任保险的保险责任范围内的保险事故，不仅涉及食品产品显现的不符合现有质量标准的质量瑕疵导致的消费者、使用者的利益损害，还包含着食品产品存在的潜在的并为现有技术标准尚无法确认的质量瑕疵导致的第三人的利益损失。可见，食品安全责任保险的保险保障价值更为深远，并非停留于保护现有技术水平能够衡量确认的直接的食品质量责任事件中受害人的利益损害，而且将依据现有技术水平无法确认的或者潜在的原因导致的食品安全责任事件受害人的利益损害纳入到其保险保障范围内，使得食品安全责任保险的保障深度和广度均大于现有的适用于食品行业企业的产品质量责任保险。

二、食品安全责任保险的法律特征分析

与其他各类保险险种，尤其是其他责任保险相比较，食品安全责任保险以其诸多特征在保险领域众多保险险种中独树一帜。具体而言，笔者认为如下的法律特点应当是食品安全责任保险所不可或缺的。

1. 食品安全责任保险的被保险人限于涉及食品的生产经营企业

在中国保险市场上，食品安全责任保险是为了落实国家的食品安全政策，保护广大社会公众在消费和使用各类食品产品过程中的合法利益而专门设计的新的保险险种，其适用于我国食品行业，也

就是说保险公司经营的食品安全责任保险适用于专门以从事食品的生产经营作为其商事活动内容的企业，这使得该责任保险的被保险人限于我国各个行业中涉及食品的生产经营企业，因此，与其他财产保险和人身保险相区别，也不同于其他各类责任保险。

从社会实践角度讲，食品产品自生产、加工后，还要经历流通环节，才能进入消费者或者使用者手中，其间涉及生产、加工、运输、仓储和销售等领域的诸多企业。应当纳入食品安全责任保险之被保险人的企业，可以是直接从事食品生产、加工的工业企业，或者是从事餐饮、娱乐、服务的企业，或者是在流通领域内从事食品的批发、零售的商业企业，也可能是向上述食品工业企业、餐饮、娱乐、服务企业等，提供所需原材料、辅料的企业或者个人，甚至是从事食品运输、物流、仓储经营的企业等。这些企业在有关食品产品的生产、加工、流通和消费过程中所处的角色地位和作用各不相同，但它们的经营活动都与相应的食品产品发生联系，故而，一旦发生食品安全事件，就需要从各自的角度考察其与相关食品产品发生接触的过程中是否存在主观过错、是否应当承担民事赔偿责任，进而，确定应当对食品安全事件承担民事赔偿责任的责任人。可见，上述各个行业的企业因其经营活动涉及食品产品，均面临着有可能对食品安全事件的受害人承担民事赔偿责任的风险。而作为处置此类经营风险的法律举措，除了强调参与上述涉及食品产品经营活动的企业应当以符合职业水准的职业技术和谨慎态度开展各自的经营活动外，保险行业为这些企业提供食品安全责任保险也是一种有效的保障手段。因为，食品安全责任保险是专门以上述涉及食品产品的企业作为被保险人而设计和适用的责任保险类型，这些企业可以在其经营活动中选择该责任保险来获取保险公司的保险保障，达到转移和分散食品安全事件中有可能承担民事赔偿责任风险的效果。

2. 食品生产经营企业依法向受害的第三人承担的民事赔偿责任是食品安全责任保险特定的保险标的

食品安全责任保险具有特定的保险标的，即专门以食品生产经营企业依法向受害的第三人（也就是食品的消费者）承担的民事赔偿责任作为保险标的，并以此与其他各类保险险种，尤其是其他责任保险相互区别。此一保险标的属于一种民商法上的消极利益，既与以特定的有形物为保险标的的一般财产保险不尽相同，也有别于以积极利益，如债权利益为保险标的的信用保险和保证保险。特别需要强调的是，食品安全责任保险的该保险标的的突出特征，“或许就是无法对潜在风险作出充分精确的衡量”[1] 而没有限额，按照保险法理论，食品安全责任保险不能像一般财产保险那样以保险标的的保险价值为依据在约定的保险金额范围内确定保险赔偿责任，而只能在约定的赔偿限额内承担赔偿责任，不存在超额保险或者重复保险问题。

食品安全责任保险以作为被保险人的食品生产经营企业向第三人承担的民事赔偿责任为保险标的，形成其在责任保险领域的独立地位，并以此而产生独特的保险价值和社会功能而形成与其他责任保险的重要区别之一。因为，以食品安全责任作为保险标的意味着该责任保险为我国保险业在责任保险领域填补了极为重要的空白。它针对食品消费领域存在的食品消费安全风险开辟了相应的风险转移机制，而从更深层次的社会总体角度讲，更为广大社会公众的食品消费安全和消费利益提供了新的保险保障手段。

该责任保险的适用，对于被保险人而言，可以借助该责任保险有效地进行其食品的生产经营过程中面临的食品安全责任风险的转移，将此风险分散给食品工业的全行业，甚至是凡在各自的生产经营活动中涉及食品产品的生产、加工、流通、消费的企业予以承担，降低食品生产经营中的成本支出，并提高生产经营管理水平，促进我国食品行业的稳定发展。理由是，通过众多食品行业企业投保食品安全责任保险，以这些投保人交纳的保险费而集聚起来的保险基金构成保险公司就该责任保险进行保险赔偿的经济来源，无异

---

[1] ［美］所罗门·许布纳等著：《财产与责任保险》，陈欣等译，中国人民大学出版社 2002 年版，第 368 页。

于投保人全体分担因食品安全事件所形成的食品安全责任需要的民事赔偿金。

而对于广大消费者来讲，食品安全责任保险的适用，其保险标的的特定内容决定了该责任保险的适用成为处置相关民事责任——食品消费环节的安全责任的配套措施。据此，能够确保广大社会公众因食品安全事件而遭受的损害获得经济形式的补偿，维护大家的消费利益。可见，食品安全责任保险独特的保险标的是其社会进步的明显标志，是中国保险市场适应社会公众消费意识变化而与时俱进的具体步骤。

当然，出于切实发挥食品安全责任保险的保险功能，应当在保险实践中界定食品安全责任保险的保险标的与其他保险险种的保险标的区别，避免发生适用上的混淆。相比较而言，食品安全责任保险的保险标的涉及食品安全事件的受害人的人身伤害，但是，该人身伤害仅仅是作为确认民事赔偿责任和计算民事赔偿金额的依据，也就是说，此类人身伤害的存在是生成食品安全责任保险之保险标的——民事赔偿责任的前提，而并非该保险标的本身。这使得食品安全责任保险的保险标的与人身保险的保险标的——“人的寿命和身体”（《保险法》第 12 条第 3 款）可谓泾渭分明。与此同理，食品安全责任保险的保险标的所涉及的财产损害也是与该保险标的本身是不同的法律概念，从而，食品安全责任保险的保险标的与以有形财产为保险标的的一般财产保险风马牛不相及。即使是在责任保险范围内，食品安全责任保险的保险标的限定为被保险人依法向受害的第三人承担的食品安全责任，并以此区别于其他责任保险的保险标的——交通运输工具致第三人损害责任或公众责任或雇主责任或职业责任等，从中国保险市场的总体角度讲，各类责任保险险种在保险标的上的区别，正是体现出保险业对社会提供保险保障和保险服务所存在的社会分工。食品安全责任保险以食品安全责任作为保险标的，正是出于落实国家食品安全政策，满足社会公众的食品消费安全的要求，保护消费者利益的社会需要。

3. 食品安全责任保险的保险事故具有特定的法律内容

按照保险法理论，保险划分成各类不同险种的原因，就在于彼此提供的保险保障范围的区别。在保险实践中，保险事故就是用于划分各个保险险种的重要标志之一，而且，其在各个保险法律关系中处于十分关键的法律地位，具有重要的作用。具体到食品安全责任保险亦然如此，其以食品安全事件作为保险标的，用民事法律关系理论衡量的话，该保险事故是构成食品安全责任保险不可缺少的组成部分。一方面，食品安全事件作为保险事故是食品安全责任保险得以施行的必要条件。因为，食品安全责任保险的运行机制就是当食品安全事件发生并造成第三人的人身损害和财产损失而产生食品安全责任人的食品安全责任时，保险公司对此法律责任予以承担。可见，食品安全事件是导致食品安全责任保险的实质性原因，失去了食品安全事件，食品安全责任便不会发生，保险公司的保险责任也就无须履行。另一方面，食品安全事件是设计和适用食品安全责任保险的社会根源。以此作为该新型责任保险的保险事故恰恰充分体现出其适用的宗旨，借食品安全责任保险的适用，达到客观上督促食品的生产经营企业认真履行其在食品的生产经营中对社会公众承担的谨慎注意义务，提高消费者在食品消费领域的安全水平的效果。

众所周知，各种保险险种的保障范围都不可能是万能的，而只能限于特定的适用范围和保障范围内，其首要表现在各自的保险责任的范围，而用于确认各类保险之保险责任的客观依据便是保险事故的范围。为此，保险立法强调的是当事人在各类保险中约定的保险事故范围，即“保险事故是指保险合同约定的保险责任范围内的事故”（《保险法》第16条第7款）。具体到食品安全责任保险，其保险事故就是各方约定的食品安全事件，从而，食品安全责任保险的保险范围得以确定，并成为食品安全责任保险与其他各类保险的保障范围得以区分的法律标准。这表明准确认定食品安全事件的内容和范围是正确适用食品安全责任保险的前提条件。

因此，准确把握食品安全责任保险之保险事故的特定内容便至关重要。之所以说食品安全责任保险的保险事故具有特定内容，在于其内容涉及特定的社会经济活动范围和特定的社会活动内容。前者表明其仅仅适用于食品行业以及涉及食品产品的经营活动；后者就是特指因食品存在缺陷所发生的食品安全事宜，其核心内容主要是用现行的食品质量标准作为依据确认的不合格食品，或者按照现行食品质量标准无法认定和难以认定但客观上发生了的食品安全损害后果等。由此可见，笔者设计的食品安全责任保险所涉及的保险事故已经覆盖了现有的产品质量责任保险适用的保险事故的全部内容，故而，无须在现有的产品质量责任保险以外另行设计食品安全责任保险的保险事故，人为地将两者割裂。否则，既不符合经济效益原则，浪费社会资源，也不利于食品安全责任保险之保险事故的认定，影响该新型责任保险的适用效果。

毋庸置疑，保险制度的形成是源于人类在社会生活中面对普遍存在的危险而产生寻求社会保障的需要，从危险管理学角度讲，这些危险属于未来的、可能的和具体的保险关系的当事人无法预料的灾害事故。各国保险业在保险经营中，将这些危险进行划分，设计成各类保险中特定的保险事故，仅就食品安全责任保险来讲，其保险事故被设计为食品安全事件，完全能够适应广大社会公众追求食品消费安全的呼声，可以作为在众多危险事故中独立存在而构成食品安全责任保险独立运行的专门性保险事故。

4. 食品安全责任保险具有明显的保护第三人的社会化功能

这首先取决于食品安全责任保险之内容结构的法律设计，由于该责任保险是以被保险人依法应当向食品安全事件的受害人承担的民事赔偿责任作为保险标的，则构成其内容必然是两层法律关系，即受害人（作为第三人）向被保险人（食品安全责任事件的责任人）请求民事赔偿的关系和被保险人向保险人请求保险赔偿的关系。这意味着食品安全责任保险的构成内容，除了被保险人与保险人之间的保险关系之外，还必须有被保险人与受害人之间因食品安全事件产生的民事赔偿关系，这是食品安全责任保险得以成立和适用的基础。若没有第三人的存在，被保险人的损害赔偿责任无从发生，当无责任保险的适用[1]。为此，很多学者认定责任保险具有第三人性，是为第三人的利益而订立的保险合同，属于第三人保险[2]。

就责任保险是否属于第三人的问题，在此首先应当肯定责任保险具有保险受害第三人利益的社会公益功能。食品安全责任保险作为责任保险范畴内的新险种，其具有保护食品安全事件的受害第三人的利益，维护广大的食品消费者权益的法律功能是无可置疑的。

原因之一是落实国家食品安全政策，维护广大消费者权益的需要。之所以在近年来食品安全事件频繁发生，提高食品安全性，维护广大消费者权益已经成为国家政策的重要内容的情况下设计和推出食品安全责任保险，正是出于落实国家有关食品安全政策，督促食品行业以及涉及食品的流通、销售等环节的企业认真履行对广大消费者承担的食品安全义务，维护消费者之消费权益的考量。因此，食品安全责任保险不仅确立了被保险人基于已经发生的食品安全事件导致第三人损害而依法向受害人承担民事赔偿责任的事实所享有的向保险人请求保险赔偿的地位和权利，实现其签订食品安全责任保险所追求的获得保险保障来转移经营风险的主观目的；更强调了因食品安全事件而遭受损害的消费者直接向保险人要求赔偿的资格和权利，显然，切实改变了遭受损害的消费者在获取赔偿上的消极被动的地位，达到食品安全责任保险具有的向广大消费者提供保险保障的客观效果。

原因之二是适应当代责任保险制度的发展趋势和价值取向。与

---

[1] 吴荣清著：《财产保险概要》，三民书局1992年版，第225页。

[2] 参见邹海林著：《责任保险论》，法律出版社1999年版，第63页；韩长印、韩永强编著：《保险法新论》，中国政法大学出版社2010年版，第293页；王卫国主编：《保险法》，中国财政经济出版社2003年版，第181页等。

侵权责任制度由损害转移向损害分散的转化[1]而产生的单纯注重惩罚侵权人转而注重保护受害人的变化，现代责任保险制度亦将适用的目标自填补被保险人因向受害的第三人进行民事赔偿而遭受的损失转向重视对受害第三人的利益保护。具体而言，笔者以此为设计食品安全责任保险的理论基础，在其各方当事人的地位和权利义务的划分等方面，均将该责任保险适用的倾向性放在保护受害第三人的身上。

5. 食品安全责任保险具有突出的替代性

所谓替代性，意义在于界定和区别保险人承担的保险赔偿责任与被保险人依法应当向食品安全事件的受害人承担的民事赔偿责任加以区别。上述两部分虽然是食品安全责任保险并存的组成内容，但是，彼此的法律性质和适用意义却截然不同。

相比较而言，食品安全责任保险的被保险人，即食品产品的生产经营企业向食品安全事件的受害人承担的民事赔偿责任是其依据《侵权责任法》、《食品安全法》等有关立法而就其在食品安全事件中应负的责任向受害的消费者进行民事赔偿的行为，其性质应当是食品产品的生产经营企业对其不履行食品安全义务而承担的不利后果的行为，是国家依法追究其民事责任，保护广大消费者利益的法律体现。当然，被保险人承担的该民事赔偿责任作为食品安全责任保险存在的基础，是保险人履行保险赔偿责任的必要前提。

保险人在食品安全责任保险中所承担的保险赔偿责任则是依据保险人与投保人双方在《食品安全责任保险合同》中约定而产生的保险责任，按照债法理论，该项保险责任应当是保险人向保险合同所生之债的相对人（被保险人）承担的债务。因此，在具备履行该

---

[1] 损害转移，是侵权责任制度的传统功能，具体是通过在侵权人与受害人之间分配损失，即受害人遭受的损害转由侵权人以承担侵权赔偿责任的方式予以承担来实现侵权风险的合理负担。损害分散则是指侵权损害后果由制造同种危险活动的主体内部共同负担，再经商品服务的价格机制进行社会化分散。责任保险就是以保险公司为媒介来实现损害赔偿责任社会化分散的一种手段（参见王泽鉴著：《侵权行为法》，中国政法大学出版社 2001 年版，第 8 页）。

项债务的条件时，保险人就应当向权利人（被保险人或者食品安全事件中受害的第三人）以支付保险赔偿金的方式予以履行。应当说，保险人履行该保险赔偿责任的过程也就是保险合同的保险保障效果得以实现的过程。不过，虽然保险人履行保险赔偿责任与被保险人向受害的第三人进行民事赔偿的结果相同，均是以货币补偿受害人的损失，但也决不能将两者混为一谈。理由是，保险人向被保险人履行保险赔偿责任，或者直接向食品安全事件的受害第三人交付保险赔偿金均不能理解为是保险人承担食品安全事件的民事赔偿责任，而是保险人居于被保险人因食品安全事件所生之债的债务人地位，代为被保险人向受害的第三人实施保险赔偿金支付行为。由此可见，保险人向食品安全事件中受害的第三人支付保险赔偿金是基于食品安全责任保险合同约定的保险责任，替代被保险人实施支付保险赔偿金的行为。其法律效果与被保险人实际履行民事赔偿责任相同，但性质却迥然不同。

三、食品安全责任保险与产品质量责任保险的比较论证

作为一种新型责任保险类型的制度设计，食品安全责任保险要想为社会公众所接受，并在中国保险市场上获得一席之地，发挥其应有的保险保障作用，就需要让人们了解食品安全责任保险具有的诸多优越性。出于用食品安全责任保险取代我国保险市场上现有的适用于食品的产品质量责任保险的考虑，则对食品安全责任保险与产品质量保险进行比较研究便成为构建食品安全责任保险制度的首要环节，理由在于食品安全责任保险绝不是产品质量责任保险的简单复制或者放大。为此，笔者尝试将食品安全责任保险的法律设计与现有的产品质量责任保险进行比较研究，用以论证其适用于中国保险市场的特殊意义和法律价值。

1. 两者主体结构的比较

主体作为保险活动的参与者，是构成各类保险法律关系的首要因素。如果比较食品安全责任保险与产品质量责任保险的话，可以

发现食品安全责任保险的主体结构在其基本险的范围内与产品质量责任保险相同，而其附加险部分则有所区别。

我国保险市场上，各家保险公司现有的适用于财产保险领域的产品质量责任保险，仅以各类产品的质量符合相应的质量标准作为适用对象的保险类型。即使是以食品产品为保险标的的产品质量责任保险，因其保险保障作用限于就食品产品的生产经营企业对食品产品的质量向其消费者承担的产品质量责任，则产品质量责任保险的主体构成便呈现出单一的类型情况，即由保险人与投保人和作为被保险人的食品产品的生产经营企业三方参与者所构成。

而食品安全责任保险的主体构成却与此不尽不同。根据食品安全责任保险的适用目标和适用范围，笔者将其设计为基本险与附加险两部分。其中，食品安全责任保险的基本险部分是普遍适用于各类食品的生产经营企业向作为其食品产品的消费者或者使用者的社会公众所承担的食品安全责任，构成食品安全责任保险制度的主体部分。而食品安全责任保险的附加险部分却只是有条件地适用于食品的生产经营企业针对其特定食品产品所实施的召回责任。因此，上述食品安全责任保险的主体结构就不尽相同。具体表现是，食品安全责任保险的基本险因其保险标的为被保险人依法应当向第三人承担的食品安全责任，则该食品安全责任的履行发生在食品生产企业与广大的食品消费者或者使用者之间，从而，对此提供保险保障的食品安全责任保险的基本险，其参与者除了保险人与投保人、被保险人以外，还包括食品安全事件所涉及的第三人——因其所消费或者使用的食品产品存在显现的安全缺陷或者潜在的安全隐患而导致其人身损害或者财产损失的受害人。这不仅是产品的生产经营单位履行其产品安全责任的客观需要，也是产品安全责任保险实现其保险保障价值的必然要求。显然，该主体结构与现有的产品质量责任保险并无不同。

但是，鉴于国家食品安全责任政策的要求，有关食品产品的召回制度势必要出现并发展，它应当成为越来越多的食品生产经营企业在处理其食品产品所存在缺陷或者隐患问题时的新兴法律手段，实际上成为食品的生产经营企业向社会公众承担和履行食品安全责任的具体形式。因此，出于鼓励食品的生产经营企业积极主动地发现其产品的缺陷或者隐患，并及时地召回从而有效地保护消费者或者使用者的切身利益的需要，笔者将其纳入食品安全责任保险的保障范围，并考虑到食品生产经营企业实际适用食品召回的特定性，亦将食品召回保险确定为食品安全责任保险的附加险，表明其适用对象和适用范围有别于食品安全责任保险基本险。

但是，食品召回的实施在避免相应食品的消费者或者使用者因产品缺陷或者隐患而导致人身损害或者财产损失结果的同时，也有可能出现连带的人身伤害或者财产损失。此外，食品的生产经营企业在实施食品召回过程中也可能产生自身的财产损失。为此，设计专门以食品召回责任为保险标的的食品安全责任保险附加险，作为保险公司经营食品安全责任保险的一部分，提供给作为被保险人的食品生产经营企业购买食品安全责任保险时予以选择，用以满足其在从事食品生产经营过程中面临的实施食品召回而产生食品召回责任的需要。由于食品召回责任可以涉及第三人或者局限于食品生产经营企业的自身损害，故食品安全责任保险的食品召回附加险的保险责任涵盖上述的涉及第三人的召回责任和实施食品召回的食品生产经营企业自身的财产损失。与此相适应，食品安全责任保险附加险可以分成召回责任保险与召回损失保险。其各自的主体构成是不同的，前者的主体构成同于一般的食品安全责任保险基本险，包括保险人、投保人、被保险人和第三人。后者的主体构成则与产品质量责任保险不同，仅存在保险人和投保人、被保险人，而不存在第三人，但是，为了确保食品召回适用的整体性，应当将此类召回损失一并纳入食品安全责任保险的范畴。

2. 两者保险标的的比较

第一，食品安全责任保险的保险标的与产品质量责任保险存在差异。

众所周知，“责任保险因有分散侵权责任的必要而发生，侵权损害赔偿责任作为责任保险的标的，当无疑义”[1]。但是，作为责任保险组成部分的各类责任保险险种的保险标的又因各自保障范围的区别而不尽相同，用以适应社会公众在经济生活中对责任保险之保障作用的需求。

食品安全责任保险作为责任保险家族的新成员，其保险标的的确立同样建立在此一责任保险理论基础上。不过，顾名思义，食品安全责任保险将其保险标的限定为食品安全责任，应当说，食品安全责任是由我国《食品安全法》予以确认的全新的责任类型，这种新意首先就表现在其保险标的有别于现有的产品质量责任保险。如上所述，食品安全责任保险的保险标的——食品安全责任，与我国《民法通则》和《产品质量法》规定的传统意义上的产品质量责任之间存在着包容性逻辑关系，却也有着明显的法律差异。即食品安全责任除了包含着产品质量责任的内容——以法定的技术标准为依据的不合格产品造成第三人人身损害和财产损失的法律责任以外，还涉及运用现有技术无法统一确认的食品存在的潜在性瑕疵造成第三者的损失或者危及其食品消费者的人身安全和财产安全的可能性导致的法律责任以及被保险人对其食品产品依法负有召回责任而实施召回所形成的法律责任和经济损失。由此可见，食品安全责任保险之保险标的的法律内涵和外延均大于现有的产品质量责任的保险标的。

因此，以食品安全责任作为保险标的的产品安全责任保险与现有的以产品质量责任为保险标的的产品质量保险相比较而言，其保险保障的深度和广度均大于后者也就不足为奇。特别是，随着我国社会主义市场经济的发展，人们的生活水平不断提高，生活内容日益丰富，在消费领域中，各自的消费观念已经不再停留在吃得饱、穿得暖等基本的生存需求上，而是，将消费需求提升到消费安全的高度，既要避免依据现有技术标准而不合格的食品造成的现实的损害，也要远离现有技术尚未确认的食品潜在瑕疵而可能给消费者本

[1] 邹海林著：《责任保险论》，法律出版社 1999 年版，第 52 页。

人的将来，甚至给其后代造成的损害。中国保险市场对于此类消费观念的变化而形成的社会保障需要，应当做出积极的反应，切忌视而不见。设计和推出食品安全责任保险便是此类积极反应的表现，具有适应社会公众消费观念的发展变化，从食品安全的高度满足消费者的食品消费利益，维护社会公众在食品消费环节上的正常秩序，以此体现中国保险市场与时俱进、服务于社会公众的保险职能。

相比较而言，现有的产品质量责任保险受其固有的保险理念的局限，其所适用的保险标的是产品质量责任，即保险人承保作为被保险人的产品的制造商、销售商所生产或销售的产品因存在瑕疵或缺陷，造成消费者、使用者的人身伤害和财产损失而依法应当向受害的第三人承担的民事赔偿责任。正如我国《产品质量法》所确认的产品质量责任，是指因产品存在缺陷造成人身、缺陷产品以外的其他财产损害的，生产者应当承担的赔偿责任（第 29 条）。而在保险实践中，认定产品是否存在缺陷的依据，则主要是我国现行的国家或者行业范围内的产品质量标准，不符合此技术标准的产品，其生产者要承担产品质量责任，而符合此技术标准的产品，则不存在生产者的产品质量责任。至于用现有产品质量标准还不能发现的缺陷，即使因此造成消费者、使用者的损害，也不会产生产品质量责任，所以，我国《产品质量法》“将产品投入流通时的科学技术水平尚不能发现缺陷存在的情况”列为产品的生产者不承担赔偿责任的免责事由之一。因此，仅就适用于食品产品范围内的产品质量责任保险而言，其所能提供的保险保障，局限于运用现有科学技术标准可以加以衡量合格与否的食品产品范围之内，故产品质量责任保险不能够满足广大社会公众已经形成的食品消费安全的需求。

可见，食品安全责任保险的保险责任较之现有的产品质量责任保险更为全面，这意味着其保险保障范围不仅覆盖了产品质量责任保险，更涉及产品质量责任保险不足以提供保险保障的领域，如果仍然仅仅在中国保险市场上适用产品质量责任保险就使得食品消费领域存在保险保障的疏漏，难以满足广大社会公众基于食品消费安全意识而出现的食品消费安全保障的需求。因此，应当适应当今食品消费理念的变化，将保险保障的范围扩大为食品安全的范围，设计食品安全责任保险并纳入中国保险市场的经营行列，不仅可以维持现有的产品质量责任保险在食品消费领域的保障内容，又能够弥补其不足的部分，从食品消费安全的总体范围内实现保险保障效果。

第二，食品安全责任保险之保险事故的内容范围大于产品质量责任保险，表明其保险保障效果更为广泛。

众所周知，保险事故是当事人在各类保险中所“约定的保险责任范围内的事故”（《保险法》第16条第7款），按照保险法理论和保险实务，保险事故在保险关系中的法律价值在于，其是认定各类保险的保险责任范围的依据，也就是说保险事故成为界定保险责任与非保险责任的标准，显然，保险事故是构成保险关系的必要组成部分，它的存在是各类保险得以运行和实现保险保障功能的重要条件。

不过，保险事故在不同保险类型中的内容和成就方式应是各不相同的，具体到责任保险，其中的保险事故之内容并非有形财产或者民事权利等积极的物质内容，更不是被保险人的身体或寿命，而是以一种独特的消极事件——导致被保险人依法应当向第三人承担的民事赔偿责任得以产生的侵害事件为内容。与此相适应，责任保险之保险事故的成就方式自然也不同于其他保险类型，均表现为被保险人实施了致第三人损害的侵害行为。正是由于此侵害行为的实施，因其具备我国《侵权责任法》规定的责任构成条件，才引起责任保险的被保险人依法应当承担的民事赔偿责任，进而，也就出现了保险公司需要履行保险赔偿责任的必要性。反之，被保险人在责任保险期限内未实施对第三人的侵害行为，或者其实施的致第三人损害的行为因存在抗辩事由而无须承担民事赔偿责任的，便不涉及保险人之保险责任的履行。应当说，新设计的食品安全责任保险和现有的产品质量责任保险皆属于责任保险的范畴，它们的保险事故的内容和成就方式尽皆如此。

既然保险事故是衡量各类保险的保险保障效果的重要标志，则比较食品安全责任保险与现有的产品质量责任保险的保险事故之不同，对于切实把握这两种责任保险的优劣，进一步作出各自价值取舍的判断就具有重要意义。从共性上讲，当事人在这两种责任保险中所约定的保险事故都属于被保险人实施的致第三人损害的侵害行为，但是，两者的保险事故亦存在着实质性差异。仅以食品消费领域看，产品质量责任保险是建立在产品质量的基础上，则其中约定的保险事故，准确地说应当是食品质量责任事件，由于当事人在产品质量责任保险中约定的保险事故涵盖的是制造商、销售商因其生产、销售或提供的食品产品存在的缺陷，而国家现行的食品质量技术标准是用于衡量是否构成食品质量责任事件的法律依据。至于现行的食品质量技术标准尚未涉及的，或者无法发现和确认的食品产品的潜在缺陷却因缺乏法律依据而排除于产品质量责任保险的保险事故之外。

同样是适用于食品消费的食品安全责任保险，它是针对社会公众现有的食品消费安全的消费理念而设计和推出的新型责任保险，按照已经改变的食品消费观念，笔者将食品安全责任保险的保险事故设计为食品安全事件，其内容既包括了上述的以食品质量技术标准为依据的食品质量责任事件，也将上述的为产品质量责任保险的保险事故排除在外的食品质量技术标准尚未设计的，或者无法发现和确认的食品潜在缺陷纳入该保险事故范围之内，甚至还涉及了因食品缺陷而实行的召回行为。

两者比较的结论当是明显的，新型的食品安全责任保险之保险事故的内容范围大于现有的适用于食品消费领域的产品质量责任保险，表明在我国保险实务中适用食品安全责任保险的话，其保险保障的范围超出现有的产品质量责任保险，这使得食品安全责任保险的保障效果明显地强过现有的产品质量责任保险，即不仅覆盖了后者的保障范围，还弥补了其适用上的空白，可以较好地满足社会公众已经形成的食品消费安全观念下的保障需求。

关于以食品安全责任保险取代产品质量责任保险的思考

——兼论食品安全责任保险的市场定位

贾林青

一、问题的提出

近年来困扰人们的一系列出现在消费领域的食品安全问题，诸如三鹿奶粉事件、“三聚氰胺事件”、“双汇瘦肉精事件”等等，不一而足，这不仅暴露出企业生产经营者的沦丧天良的丑恶嘴脸，显现我国食品安全监督管理体制的诸多漏洞，更反映出社会公众在食品消费安全领域的需要亟待满足。正如中国公众环保民生指数显示的，82%的公众都高度关注食品安全，38%的公众在日常生活中“遭遇”过食品安全问题。应当说，能否有效地解决食品消费安全问题已经成为关乎我国经济社会稳定和发展的重要因素。

原因在于，当今社会环境下，提供给社会公众用于满足其生活所需的食品，大多属于经过食品生产经营企业加工、制作，用于销售的食品产品[1]。这些食品产品是我国广大人民必需的物质基础，即使是初级农产品，由于其在农业生产过程所施加的现代科学技术

[1] 参见《中华人民共和国产品质量法》第2条第2款。

成分不断增加，导致人为加工的因素日益扩大，已经与传统的初级农产品有很大区别[1]。因此，从各国的立法趋势看，越来越多的国家，特别是发达的工业国家逐步将初级农产品列入食品产品的范围。从而，工业化社会的社会公众在食品消费领域不可能脱离人类加工的食品产品。与此相适用，人们的食品消费观念也发生了重大改变。随着社会发展和科技水平的提高，人们的社会生活水平不断提高，“民以食为天”的人们的食品消费要求已经不再满足于“有食果腹”和符合食品产品的标准，而是提升到食品安全的高度。也就是说，社会公众作为食品消费者在食品消费过程中遭遇食品安全事件，并由此遭受损害的，受害的消费者依据《侵权责任法》的规定，有权向食品产品的生产经营企业进行追索，寻求法律的保护。

当然，按照民法规则，因食品安全事件而遭受损害的消费者有权向该食品产品的生产经营者、销售者寻求民事赔偿来补偿其遭受损害的消费利益。因为，食品行业作为现代工业化中的一个具体行业，是由众多的具有食品生产经营专业知识的工业企业所从事的专业化生产经营活动所构成的。这些食品行业的生产经营企业为了实现盈利目的而开展食品产品的生产经营，其应当就其提供的食品产品向广大的消费者承担和履行谨慎注意义务，确保其食品产品是安全的、有益于身心健康的，但是，事实告诉我们，在现有的科学技术水平下，甚至是出于食品产品的生产经营者的过错状态下，食品安全事件的发生仍然难以避免。为此，除了依法追究其责任者所应承担的法律责任以外，建立完善有效的食品安全责任应急管理机制，借助相应的法律手段，及时处理此类食品安全事件，减少因此给广大消费者带来的损害后果，维护广大社会公众的健康与安全，已经成为我国政府对于世界第一大消费群体实施有效的社会管理时必须重视的战略性、基础性工作。

---

[1] 有学者认为，初级农产品应排除在产品之外，主要理由是初级农产品是未经过人类加工的大自然的产物。参见李晓安、幺家伟著：“关于产品与产品责任的法律探析”，载《经济与管理研究》2003 年第 3 期。

所以，中国政府出于保障食品安全的需要，强调严厉打击食品生产中的非法添加物，严格食品质量标准，并加大了惩处力度，专家学者和社会公众也纷纷为此献计献策。笔者亦建言如下，我国经营财产保险或者专营责任保险业务的商业保险公司可以尝试创设和推出食品安全责任保险。因为，面对一再出现的食品安全事件，政府处理的得当与否，其首要的结果就是受害的消费者能不能得到及时有效的医治救助和充分的经济补偿。不过，为达到此一效果，仅仅依靠政府的财政拨款和行政命令经常会感到独木难支，而借助保险制度就可以取得有效的社会支持。原因在于，中国的保险市场作为我国社会主义市场经济的组成部分，以其独有的社会保障功能向社会经济活动的各个领域和广大社会公众提供着保险服务。其中，食品安全责任保险作为责任保险领域的新险种，发挥其转移和分散食品安全事件所造成的社会损害后果的功能，使广大遭受食品安全事件损害的消费者及时得到保险赔偿，从而，在处理食品安全事件的过程中，可以让大家体会到食品安全责任保险来自于现代责任保险制度的积极效果。

现代责任保险制度虽然沿用了早期责任保险的法律结构设计，但是，适应着当代侵权责任制度的发展由注重惩罚加害人而达到损害后果转移逐步转向充分保护受害人来分散损害后果的转变，将其保险的价值取向指向保护受害人（第三人），利用责任保险的风险转移和分散功能让社会大众分担受害人所遭受的损害后果，从而，食品安全责任保险作为责任保险的一员，通过其适用于处理食品安全事件，不仅能够让受害的消费者免受因诉讼追索民事赔偿带来的诉累，减少诉讼成本，也可以及时获得较有保障的保险赔偿，补偿其损害后果。正如有的专家所说的，现代责任保险制度“具有了维护社会第三人利益的公益性”。[1]

不仅如此，借助食品安全责任保险的保障功能和条款设计还能够达到督促包括食品产品的生产、经营以及运输、仓储和销售的企

---

[1] 邹海林著：《责任保险论》，法律出版社 1999 年版，第 71 页。

业认真履行其依法所承担的食品安全责任，为广大消费者创造安全的生活环境。因为，推出产品安全责任保险有利于督促相关企业履行其依法承担的食品安全责任。这些企业作为食品安全责任保险中的被保险人，要想获得保险人提供的保险保障，就必须履行该责任保险所赋予的包括在食品产品生产经营过程中的安全注意义务在内的各项义务，客观可以达到提高食品产品的安全质量，降低发生食品安全事件的概率，维护广大消费者消费利益的社会效果。

二、食品安全责任保险取代产品质量责任保险的市场定位

要想让食品安全责任保险在中国保险市场获得一席之地，并为广大社会公众所接受，除了科学地设计其保险内容和运作机制以外，还应当赋予其正确的市场定位，才能够避免过分夸大其适用范围和市场价值，使其在应有的市场范围内恰如其分地在中国保险市场上发挥其应有的保障作用。当然，正确地确认食品安全责任保险的市场地位，需要解决如下问题。

1. 食品安全责任保险属于商业保险

第一，食品安全责任保险应当纳入商业保险的范围。

笔者设计食品安全责任保险的立足点，是中国保险市场在我国经济生活中的市场功能和社会需求。一方面，中国保险市场作为我国社会主义市场经济体系中相对独立的市场结构，以其独特的保险保障功能为生产资料市场、农产品市场、技术市场、信息市场、房地产市场、运输市场、文化市场、消费品市场等其他市场领域的运行和各个行业的生产经营活动提供着保险服务，发挥着“保驾护航”的作用，因而，成为我国国民经济的重要组成部分。食品安全责任保险正是基于其具有对我国食品行业企业以及涉及食品产品的运输、仓储、销售等环节的经营活动提供保障的功能而推出的新型保险险种，借助此责任保险的约定内容来督促食品生产经营企业在食品的生产经营过程中认真履行谨慎注意义务，实现食品行业正常的生产经营秩序。

另一方面，作为社会再生产终端的消费环节是使各类商品的使用价值得以实现的必经途径，从而，保护消费者的权益已经成为各国政府实施社会管理的重要内容。其中，食品消费更是广大社会公众至关重要的消费内容，并且，随着社会政治经济和科学技术的不断发展，各国对广大消费者在食品消费过程中的利益保护已经从关注食品产品的质量合格与否提升到食品安全（包含着食品质量在内，而不限于食品质量）的高度，显然，这对消费者在食品消费方面的权益保护的深度和广度已经与单纯的食品质量保护阶段不可同日而语，也标志着社会的发展与进步。因此，适应保护消费者权益制度的需要，按照食品安全的内涵和外延设计的食品安全责任保险，就是针对社会公众和食品行业企业寻求保险保障的需求，为保险公司在保险市场上增加新的保险产品，借助其转移风险和分散损失的作用，有效地向广大消费者在食品消费范围内提供相应的保险保障，维护广大消费者在食品消费范围内的权益。因此，首先应当确认食品安全责任保险是我国商业保险家族的一员，保险公司经营该责任保险的过程，包括其运作机制、保险内容和经营模式均应当按照我国保险市场的经济发展规律进行操作。

第二，食品安全责任保险不属于社会保险。

与此相适应，食品安全责任保险就不属于社会保险。当然，设计食品安全责任保险的初衷是为了落实国家的食品安全政策，用以保护食品消费者权益是无可置疑的，但是，食品安全责任保险是由商业保险公司自主经营的商业保险险种，而不是国家政府经办的社会保险。从保险实务角度讲，保险业务存在着社会保险与商业保险的划分。其中，社会保险是由国家政府经办的，以国家作为责任主体的保险类型，是不以盈利为目的的政府行为。它属于社会保障体系的组成部分，“依据法律规定，通过国民收入再分配”，向其被保险人提供的社会保险保障[1]，例如，我国目前由政府的社会保险机

---

[1] 孙光德、董克用主编：《社会保障概论》，中国人民大学出版社 2000 年版，第 4 页。

构所经办的养老保险、医疗保险和失业保险等。这些社会保险的基本功能“在于为整个社会经济的正常运行创造良好的环境，增加社会经济的有序性，使国民经济和整个社会有机体得以持续、稳定、均衡、协调地发展”[1]。其特点之一是以法定范围内的劳动者作为适用对象；特点之二是以国家立法规定为依据，具有突出的强制适用效力。

按照社会保险的上述理论衡量食品安全责任保险的话，可以发现其无法纳入社会保险的行列。因为，食品安全责任保险虽然与国家的食品安全政策密不可分，是落实国家食品安全政策的途径之一，但其并非由政府经办，却是商业保险公司经营的保险业务。商业保险公司按照中国保险市场的发展规律和社会公众获取该责任保险保障的需求来经营食品安全责任保险，追求盈利是其作为商事经营者必然持有的经营目标。从而，将食品安全责任保险与社会保险加以区别，是其准确的市场定位所需的必要步骤。

第三，食品安全责任保险亦不是政策性保险。

同样，食品安全责任保险也应排除在政策保险范围之外。所谓政策性保险指的是，国家出于推动特定领域的社会发展需要，制定专门的政策性立法，并设立专门的保险机构或者授权商业保险公司经营相应的政策性保险业务来贯彻上述立法内容的保险活动。例如，我国为促进进出口业务的发展而设立专门的出口信用保险公司经营的出口信用保险业务、设立专门的政策性农业保险机构试点经营的政策性农业保险业务等均属于政策性保险的范畴。从法律性质上讲，政策性保险的存在是为了有效贯彻国家的社会发展和经济发展战略的手段，具有不同于社会保险和商业保险的性质。

概括来讲，政策性保险的首要特点就是政策性保险的经营者，一般是由专门组建的国有保险机构专门经营或者国家授权的商业保险公司专项经营特定的政策性保险业务，用以实现国家相应的政策

[1] 孙光德、董克用主编：《社会保障概论》，中国人民大学出版社2000年版，第34页。

性保险立法的内容。国家对于此类政策性保险的经营实施相应的财政扶持或者保费补贴等经济支持。其次是政策性保险适用上的特点，根据国家政策性立法的规定形式，相应的政策性保险可以强制适用，或者是自愿适用，也可以是自愿和强制并用。至于其中的强制适用范围内的社会组织和个人，负有必须投保的义务。第三是政策性保险的盈利性，无论是国有保险公司经营还是授权商业保险公司专项经营的政策性保险，大多确认其不以盈利为目的，或者允许其适度盈利。

而食品安全责任保险的设计则突出其商业保险的属性，而区别于政策性保险。究其原因，食品安全责任保险采取商业性的市场运作模式更能够体现其巨大的生命力和灵活性。商业化经营的食品安全责任保险的生命力来自于广阔的市场需求。众所周知，民以食为天，无论是何许人，皆离不开柴米油盐酱醋茶等生活内容，而社会经济愈发达、人们的生活水平愈高，其食品消费的准则也已经由单纯的合于质量标准提升到追求食品消费的安全可靠，故而，广大的社会公众作为消费者均可能成为食品安全责任保险的需求群体。同时，食品产品由原材料的提供到产成品的形成以及从生产到流通和最终进入社会公众的消费环节，要经历诸多层次的生产经营企业的经营活动，则这些经营活动涉及食品产品的企业，面对社会公众获取安全消费的呼声，均存在着转移食品安全消费层面上经营风险的需要，使其成为食品安全责任保险直接的消费者。借用专家学者所说的，食品安全责任保险具有的“直接保障被保险人利益、间接保障受害人利益的一种双重保障机制”[1]，表明因巨大的市场需求使其生命力之大不可限量。

而食品安全责任保险的灵活性则取决于其灵活的商业化保险内容和商业保险运作机制。唯如此，才能够满足因食品产品类型的多样性，食品行业企业的食品生产经营与其他涉及食品产品的行业经营活动的不同特点而在食品安全责任保险方面多种多样的消费需

[1] 徐卫东主编：《保险法》，北京大学出版社 2010 年版，第 214 页。

求。从而，商业保险公司按照商业模式经营食品安全责任保险，借助其独立的商业主体地位，不仅可以提供格式化食品安全责任保险条款，满足一般性的保险需求，也可以依法运用该责任保险的商业条款，与存在特殊保险需要的投保人进行针对性的协商，达成个性化的食品安全责任保险合同。同时，商业保险公司还可以发挥食品安全责任保险中的奖惩费率条款进行灵活的商业保险经营活动，运用浮动费率的价格杠杆来鼓励被保险人履行食品安全义务的行为，充分发挥食品安全责任保险作为落实国家食品安全政策机制的社会作用。

2. 食品安全责任保险应当取代产品质量责任保险

第一，食品安全责任保险属于财产保险。

按照保险法理论，食品安全责任保险作为独立的保险险种，应当属于财产保险的范畴。这首先是由其保险标的所决定的，如前所述，食品安全责任保险的保险标的是食品的生产经营企业作为被保险人而依法应当向食品安全事件中的受害人遭受的人身伤害和财产损失承担的民事赔偿责任。依照保险分类的标准，以该民事赔偿责任作为保险标的的食品安全责任保险应当是财产保险的组成部分，即属于“以财产及其有关利益为保险标的”的财产保险（《保险法》第 12 条第 4 款）。因为，在食品安全责任保险中，作为保险标的的民事赔偿责任对于被保险人而言，并非其人身和有形的财产，但是，由于被保险人的行为——食品安全事件行为导致食品的消费者（第三人）的人身伤害和财产损失而需要对该第三人进行民事赔偿，使其承担着一种消极的经济利益负担，被保险人寻求的就是保险人以保险赔偿金的形式对此予以替代的风险转移效果。

应当注意的是，虽然食品安全责任保险的被保险人向受害人（第三人）承担的民事赔偿责任不仅涉及其在食品安全事件中遭受的财产损失，更包括其人身伤害（包括该第三人因食品安全事件造成的身体伤害，甚至是致残或者死亡），但是，此类人身伤害在相关的食品安全事件中出于被保险人作为侵害人依法所应承担民事赔偿责任的对象，而不是食品安全责任保险之保险标的——民事赔偿责任本身，因此，不应将此类人身伤害看成是食品安全责任保险的保险标的，即使是有保险公司因受害的第三人遭受人身伤害而直接向其支付保险赔偿金，也应当确认食品安全责任保险与人身保险风马牛不相及。

既然属于财产保险，商业保险公司经营食品安全责任保险就应当保持财产保险的运行特点，确保其填补性的实现。与人身保险（人寿保险）突出的给付性和返还性截然不同，财产保险的运行强调损害填补，即经营财产保险的商业保险公司以保险事故造成被保险人的实际损害为限承担保险责任，用以补偿被保险人实际失去的财产价值——财产损失或者经济损害。此一损害填补规则同样适用于作为财产保险组成部分的食品安全责任保险，也就是说，商业保险公司经营食品安全责任保险亦应贯彻该损害填补规则——在食品安全责任保险项下支付保险赔偿金的基本标准，是填补被保险人因向食品安全事件中受害的第三人履行民事赔偿责任而失去的利益为限度，这意味着被保险人不得利用食品安全责任保险来获取高于其履行民事赔偿责任的额外利益。

第二，食品安全责任保险是新型责任保险。

从责任保险领域来讲，食品安全责任保险是一种全新的责任保险类型。概括国内外的保险实践，专门针对食品安全责任的保险基本上处于空白状态，大多将其纳入产品质量责任保险的范围内，但是，产品质量责任保险自 20 世纪初期至今的百余年间[1]，已在英国、美国、西欧、日本等国家和地区的保险市场迅速发展。不过，现有的产品质量责任保险仅以是否符合产品质量标准作为承担保险责任的依据，而且，其适用范围只是构成产品的食品，故其保险保障范围无法涉及食品安全的全部。至于理论研究层面，有关产品质量责任保险的制度建设不能满足社会公众针对产品安全保障的需要，更由于缺少专门的食品安全责任保险的研究和探讨，使得广大

[1] 参见马永伟、林中杰、马明哲主编：《保险业务全书》，中国社会出版社 1997 年版，第 287 页。

消费者和众多的食品行业企业寻求用保险手段获取保险保障和转移风险的愿望难以成真。我国国内保险市场和保险理论研究的情况亦大体相同，即使是个别保险公司推出了食品安全责任保险[1]，但是也因缺乏完善的制度设计和理论支持而影响甚微。

可见，笔者在此是立足于构建食品安全责任保险制度体系和理论基础的前提上设计食品安全责任保险，使其成为中国保险市场的一个新型的责任保险种类，以其特定的保险标的、保险责任等达到保障广大消费者在食品消费过程中的安全利益，维持食品产品从生产到流通、消费诸环节的安全秩序的社会效果。

第三，食品安全责任保险应当取代现有的产品质量责任保险。

进一步讲，为了充分实现食品安全责任保险作为责任保险领域内新成员的作用，笔者对其的定位是以取代现有的产品质量责任保险的身份加入中国保险市场上的责任保险行列，如下的诸多理由可以证明此市场定位的优势。

首先，这可以与广大社会公众追求食品消费安全的需求相适应。

如前所述，随着我国社会主义市场经济的深化发展和科学技术水平的不断提高，广大社会公众的日常生活内容日渐丰富，消费水平亦水涨船高。尤其是在食品消费领域内，大家的消费需求已经不再仅仅满足于食品的质量符合现有的质量标准，而是要求食品消费的安全，其内容涵盖了有关食品安全的方方面面，包括现有质量标准内的安全和现有质量标准尚未涉及的安全，既要当前现实的安全，也要求将来的安全。此一食品消费观念的变化，不仅反映着社会公众生活水平的提高，更是社会经济发展和整体国力进步的标志。

因此，作为保障体系组成部分的保险制度应当对此作出相应的

---

[1] 2007年，上海安信农业保险公司推出我国首个农产品食用安全保险；2008年，平安财产保险股份有限公司开办了食品安全责任保险；2009年，我国长安责任保险公司亦于《食品安全法》颁布后开设了食品安全责任保险。

反应，即适应社会公众在食品消费领域观念的变化，设计和推出新的保险类型——食品安全责任保险。借助食品用以满足和保护广大消费者之食品安全的消费要求。可见，食品安全责任保险出现在我国保险领域，充分体现着中国保险业的与时俱进，服务于社会需要、服务于民生，促进社会发展的作用。

其次，国家食品安全立法政策的支持。

针对我国民生领域近年来频发食品安全事件的情况，关注社会公众的食品消费安全已经是我国政府的工作重点，有关食品安全的立法成为支持和落实国家食品安全政策的有力手段，形成了包括《侵权责任法》、《产品质量法》、《合同法》、《保险法》和《食品卫生法》、《食品安全法》等法律法规的食品安全保障法律制度。其中，基于《食品卫生法》而于 2009 年 2 月 28 日经十一届人大常委会通过的《食品安全法》处于核心地位，该法适应着新的形势发展需要，从制度上解决现实生活中存在的食品消费安全问题，建立了诸如食品安全风险评估和监测制度，制定了强制性的统一的食品安全标准体系和食品召回制度等，为建立食品消费安全秩序提供了直接的法律依据。

这些有关食品安全的立法政策均应当是保险业向食品业企业和广大社会公众推出和营销食品安全责任保险的法律支持。其理由是显而易见的，借助上述有关食品安全的立法所确认的食品安全内涵、食品安全标准、食品安全的法律责任等均是设计食品安全责任保险的法律基础，而有关侵权责任、食品安全标准、召回制度的规定则成为适用食品安全责任保险的法定标准。也就是说，上述有关食品安全法律制度体系为食品安全责任保险的展开和适用创造了相应法律环境。

再次，其核心内容与产品质量责任保险的重叠。

相比之下，可以看到食品安全责任保险中的食品安全责任与现有的产品质量责任保险所涉及的产品质量责任之间在内容上存在着重大的重叠，用形式逻辑理论来分析，是一种包容性关系，即食品安全责任完全包容了产品质量责任的内容，即产品质量责任是食品安全责任的组成部分之一。因为，食品安全责任同样是以现行的食品质量标准作为判定食品的生产经营企业是否应当在食品安全事件中承担侵权责任的主要（但不是唯一的）依据，这意味着食品安全责任保险的保障内容已经覆盖了产品质量责任保险矛盾，故而，保险公司的盈利目标决定着其在责任保险领域内的经营分布，完全可以将产品质量责任保险吸收到食品安全责任保险之中，用以取代现有产品质量责任保险的经营活动，借食品安全责任保险提供的保险保障替代产品质量责任保险的市场价值。

按照效率原则的要求，我国的社会主义市场经济“必须按照商品生产的优胜劣汰法则建立市场机制和企业经营机制”[1]，具体到中国保险市场上，以食品安全责任保险取代产品质量责任保险符合上述的优胜劣汰法则，有利于提高保险行业企业的发展能力，促使各家财产保险公司或者责任保险公司在各自的保险经营中尽可能科学地利用其保险资产和人力资源，开展高效率的保险经营。究其原因，这些财产保险公司或者责任保险公司在各自获准经营责任保险的范围内总结实务经验，放弃现有的经营效果不理想、保险设计内容明显滞后于社会公众的食品消费安全理念的产品责任保险，改而用食品安全责任保险的经营予以取代，不仅因其可以满足社会公众的食品消费安全的社会需求而带来高效率的经营效果，更能够从保险公司经营的角度将保险资产和人力资源投入到该新型责任保险的经营，实现这两大生产要素的结合，争取尽可能多的经营性产出，实现保险公司资产的增值。显然，以食品安全责任保险取代现有的产品质量责任保险符合我国社会市场经济条件下的社会资源优化配置的要求。

此外，经营产品质量责任保险的经验可供借鉴。

即使是以食品安全责任保险取代产品质量责任保险符合中国保险市场的优胜劣汰规则，但是，产品质量责任保险在我国自 1980

---

[1] 丁云本、王新建主编：《社会主义市场经济实现论》，中共中央党校出版社 1993 年版，第 179 页。

年开始试办至今已有30余年，各家财产保险公司或者责任保险公司均积累了一定的经营经验，并奠定了相应的市场基础。这既是经过老一辈保险从业人员竭心尽力开创的局面，也是中国责任保险领域进一步发展的有利条件。因为，食品安全责任保险的内容在很大程度上覆盖了产品质量责任保险，两者的影响策略、展业手段和运行模式具有很大的相似之处，从而，食品安全责任保险的初创阶段完全可以借鉴产品质量责任保险运用中的成功经验，吸取其经历教训，避免重蹈覆辙。这可以说是具有事半功倍的价值。

如今，推出新的食品安全责任保险于中国保险市场上取代产品质量责任保险，从投入产出的角度看，要想在中国保险市场上成功地为食品安全责任保险进行推广宣传，创立其应有的市场份额，就应当借鉴和吸收各家商业保险公司经营产品责任保险的经验，并以产品质量责任保险已有的市场领域为基础，而无须从零开始进行市场打拼。这种做法，一方面可以在一定程度上节省食品安全责任保险最初进入中国保险市场所需支出的宣传和展业费用，降低该责任保险的前期经营成本；另一方面，有利于实现现有产品质量责任保险之退出与食品安全责任保险之入市的平稳转换，顺利地完成食品安全责任保险取代产品质量责任保险的市场交接。当然，各家财产保险和责任保险公司为此应当做好相应的准备工作，安排好尚未执行完毕的产品质量责任保险的履行和新的食品安全责任保险的宣传、展业和签约等工作环节。

3. 食品安全责任保险宜自愿保险与强制保险并存适用

众所周知，商业保险领域内按照投保环节是当事人自愿决定还是强制性投保的不同而存在着自愿保险与强制保险的分类。就食品安全责任保险在中国保险市场上的定位而言，亦涉及自愿保险与强制保险的适用关系问题。笔者的看法是，需要确认食品安全责任保险在中国保险市场上的适用，应当建立自愿保险与强制保险并存的格局，即以自愿保险为主，而特定范围内则适用强制保险。

第一，食品安全责任保险应当以自愿保险为主。

自愿保险突出了当事人的意思自治，允许社会公众根据自身的实际情况，自愿决定是否投保、投保何种保险以及如何投保等，可见，自愿保险合于合同制度最为推崇的意思自治原则的精神。因为，中国保险市场是我国社会主义市场经济的组成部分，商业保险更是典型的由作为商事主体的保险公司从事的商事经营活动。指导此类商事活动的基本规则显然应当建立在平等、自愿等市场规律的基础上，并由此形成合同法上的诸多基本原则，故而，用于固定参与保险活动的各方当事人之权利和义务关系的保险合同应当定性为民商合同的具体种类，保险合同的适用当然要遵循合同法的平等、自愿等法律原则。正是出于上述法律原因，食品安全责任保险的适用，首先应当以自愿保险为主，也就是说，在保险立法和相关立法未有明文规定的情况下，食品安全责任保险的适用贯彻自愿原则，赋予当事人自愿决定的权利，任何一方都不得强制对方投保该责任保险。

而从社会经济活动的实践角度讲，食品安全责任保险的适用强调自愿保险为主，较大多数市场主体的经营理念，更能够迎合复杂多样的市场情况和市场需求，容易被大家所接受。应当说，食品安全责任保险的适用范围较为特定，即涉及食品行业的生产经营企业和相关行业的在经营活动中涉及食品产品的企业，这些生产经营企业要想求得在市场经济环境下实现盈利目的并获得发展，需要在诸多方面加以努力。其中，树立投保食品责任保险意识是其可以进行的选项之一，这意味着上述企业出于投保食品安全责任保险的需求而具备投保该责任保险的主动性。作出此判断，并非是主观臆断，而是决定于上述企业在市场经营中存在的主客观因素。

其主观因素是上述企业在市场经营中应对市场竞争的需要。上述企业实施的涉及食品产品的经营活动均是市场经济条件下的市场经营行为，其目的当然是追求生产经营的盈利结果。不过，竞争作为市场经济活动的附随物，与市场经济的形成和发展是同生同灭的关系，任何一个企业在参与市场经营过程中都必然地置身其中而不可幸免，因此，各个企业为了在市场竞争下求得生存和发展，就必须具备一定的竞争实力以适应这一竞争环境。市场经济的实践告诉我们，企业的市场竞争实力由一个企业的诸多综合因素所构成，除了其资本实力以外，其信用水平、产品适销程度、经营服务水平等均对此有着重要的影响。仅以食品行业的企业为例，其向消费者提供的食品产品是满足广大社会公众生活消费必不可少的内容，则这些食品产品的消费安全就与大众的人身安全息息相关。正因为如此，这些企业生产经营的食品产品是否安全就成为其信用水平、经营服务水平的重要标志，自然体现着这些企业的市场竞争实力。而运输、仓储、销售等行业的企业所从事的涉及食品产品的经营活动，同样因其是否影响到相关食品的消费安全而关系着各自的企业信用，进而波及企业的市场竞争实力。鉴于此，上述企业出于维持其市场竞争实力的需要，必然需要重视其食品产品消费安全，以便确保其企业的社会评价，避免企业竞争实力遭受损失。投保食品安全责任保险当是意义重大的手段，借此达到转移因食品的生产经营所涉及的食品安全事件而承担民事赔偿责任的经营风险，避免自行担负由此出现的经济损失。而从客观角度讲，社会公众作为消费者已经逐步确立的食品消费安全意识所形成的社会压力，足以督促这些企业的市场竞争需要而产生投保食品安全责任保险的要求。

当然，针对上述企业存在的食品安全责任保险的需求，只要经营食品安全责任保险的财产保险公司和责任保险公司进行切实有效的宣传和推广，让上述食品生产经营的企业准确了解该责任保险的保险内容、运行机制和保障效果等，就能够将投保食品安全责任保险的思想意识纳入各自的经营理念中，主动进行该责任保险的投保。

第二，法定范围内的食品安全责任保险宜适用强制保险。

此处所说的强制保险，指的是国家以强制性手段赋予特定范围内的社会组织或者公民个人投保特定商业保险险种的义务而得以建立的商业保险关系。显然，强制保险是国家政府或者地方政府为了落实其某种社会公共政策而借以利用的保险工具。在我国的商业保险范围内，该类强制性的商业保险险种同样存在，诸如，以落实国家的《道路交通安全法》确立的交通安全政策而在全国范围内统一适用的交强险，以落实国家有关保护游客合法利益、维持旅游市场正常秩序的政策而强制旅行社从业过程中投保的游客责任保险等均属于强制性责任保险。

与此同理，就食品安全责任保险适用强制保险的答案便是肯定的，因为，以其强制性手段落实国家的食品安全政策，保护广大社会公众在食品消费过程中的利益是我国各级政府施政的核心内容。不过，笔者对于食品安全责任保险一律定性为强制保险的观点持有异议[1]，理由在于，“强制保险是建立在传统的民事责任基础上，通过国家公权力对保险政策的干预，把社会进步中难以解决的问题纳入责任保险的运作体系中，这种基于公共利益的政策考量使得强制责任保险呈现出与其他类型保险不同的‘异质’性特点”[2]。但是，立足于中国保险市场来讲，强制保险实质上是对合同自由的限制，不应当成为市场活动的普遍现象。因为，从市场经济的整体而言，合同自由是与尊重和维护市场主体的独立经济利益相一致的，应当成为调整市场经济活动的基本形式，而合同强制则属于例外，适用于需要用政府的社会公益政策施加影响和干预的特定情况。具体到保险领域，强制保险也就应当带有特定性。

探究其中的原因，我国社会生活中发生的食品安全事件，大多是类似于2008年因“三聚氰胺”引发的三鹿奶粉事件，按照食品行业现有技术水平是完全可以避免的，但因这些食品的生产者、加工者出于牟取非法利益之目的故意违反生产加工技术规范，甚至是恶意地在食品产品中掺加有毒有害物质而致消费者的人身伤害和财产损失。对于这些故意侵权的食品安全责任是不能适用责任保险予以解决和分散风险的。因此，不宜将所有的食品安全事件一律纳入

---

[1] 参见中国人民大学法学院海商法保险法研究所与中国保险法学研究会共同举办的《责任保险在中国的适用与发展——暨产品安全责任保险研讨会论文集》所载李华著：《论我国食品安全强制责任保险制度的构建》，潘红艳：《食品安全强制责任保险的几点思考》；卢燕：“构建食品安全强制责任保险的必要性和可行性”，载《商业时代》2009年第32期；段胜：“构建我国食品安全强制责任保险之我见”，载《上海保险》2009年第1期。

[2] 郭峰、胡晓珂：“强制责任保险研究”，载《法学杂志》2009年第5期。

食品安全责任保险的适用范围，食品安全责任保险更不应全部成为强制保险。正确的市场定位应当是区别各类不同的情况，针对特定的范围适用强制保险。笔者设想，可以考虑推动有关主管部门，就如下两个路径规定适用强制性的食品安全责任保险。

（1）根据食品行业的企业规模，确认食品安全责任强制保险适用于大中型企业。从我国的社会现实角度讲，在食品的生产、加工、流通和消费等环节中，从事食品的生产经营的企业数以千计，其中的小型，甚至微型企业占绝大多数，如果“一刀切”地要求这些企业投保食品安全责任强制保险，将难以有效实现，也不一定能够产生积极的适用效果。而食品行业领域内的大中型企业，因其生产经营的食品产品的规模大，品种多，销售范围广，影响力巨大，一旦涉及食品安全事件，其为处理这些事件的成本更高，商誉损失更大，所以，这些企业接受食品安全责任强制保险的阻力会较小。同时，将食品安全责任强制保险适用于大中型食品企业，可以借助这些企业的社会影响力产生较好的示范效果。特别是大中型食品企业的影响力决定了与其有关的食品安全事件所产生的负面影响往往会引发社会公众对食品行业甚至是政府的信任危机，故应对食品行业大中型企业适用强制性食品安全责任保险。

（2）根据食品产品的种类和消费群体的不同，确认食品安全责任强制保险适用的特定范围。

由于现实生活中，食品产品的种类众多，消费群体亦有所区别，确定食品安全责任强制保险的适用范围时，应当考虑各类食品在消费过程中发生食品安全事件的不同概率、损害程度和损害范围等因素，确定其中的特定范围，如儿童食品纳入食品安全责任强制保险的适用范围。理由是众所周知的，构成儿童食品的消费群体是儿童，这些无行为能力人尚不具备正确的分析判断意识，且求知欲和好奇心极强，致使其身体极易遭受侵害。一旦遭遇食品安全事件，所需医疗费用和相关费用较大。因此，对儿童食品适用食品安全责任强制保险符合对儿童的身心健康实施特殊保护的精神。

食品安全责任保险制度的法律设计（一）

——食品安全责任保险的主体构成与认定

贾林青

食品安全责任保险作为我国责任保险制度的新型险种，为了维持其正常的保险运作，使其能够充分发挥独特的保险保障作用，其主体结构当然要符合责任保险的主体设计。不过，食品安全责任保险的各类主体的地位、资格条件等就必须适应该责任保险的内容需要和运作要求。

一、食品安全责任保险的主体分布和适用范围

食品安全责任保险作为责任保险的具体类型，其法律构成和运作的基本原理当然应当符合责任保险的法律理论，同时，又必须体现自身的特有内容。这里首先就保险在其主体的分布和在我国社会经济生活中的适用范围进行讨论。

根据责任保险理论和责任保险的实务经验，责任保险的参与者按照各自在责任保险活动中的角色和作用而成为其主体的组成部分，具体包括保险人、投保人、被保险人和第三人等。此一主体分布自然是决定于责任保险具有的将被保险人承担的责任风险实现转移和社会分担的保险功能，以及用保险赔偿责任替代民事赔偿责任的保障效果。因此，以落实国家食品安全政策，实现食品安全责任的转移和社会分担为己任的食品安全责任保险，上述的主体分布亦

不可例外，也就是说，食品安全责任保险的主体应当包括保险人、投保人、被保险人和第三人。

不过，论及食品安全责任保险之主体的适用范围，就必须与其适用于食品消费领域的特定性和食品生产经营活动的特殊性相对应，以便为实现食品安全责任保险的保险功能而创造基础条件。

1. 食品安全责任保险的保险人

具体而言，食品安全责任保险的保险人是商业保险行业中专门从事盈利性商事保险活动的商事经营主体，其作为该责任保险中承担保险责任的当事人，只能是在中国商业保险市场上，依据保险立法具有经营责任保险业务范围的财产保险公司或者责任保险公司。相应地，经营人身保险业务的商业保险公司和经办社会保险的社会保险机构就不能成为食品安全责任保险的保险人。

2. 食品安全责任保险的投保人

食品安全责任保险的投保人，根据我国《保险法》第13条第1款和第10条第2款的规定精神，是指就食品安全责任保险向保险人提出要求，与保险人签订保险合同的组织或者个人。同时，分析《保险法》第12条第1款和第2款的规定精神，该投保人可以是接受食品安全责任保险之保障的被保险人本人，也可以是被保险人以外的独立主体。从我国的保险实务角度出发，不仅食品行业从事食品的生产、加工、销售活动的企业与食品产品的流通和消费领域中参与食品经营活动的运输企业、仓储企业等可以投保食品安全责任保险而成为投保人。食品行业以外的其他行业的企业，只要是与被保险人之间存在法律联系（如作为食品行业企业的投资人的企业或者食品行业企业下属的子公司），并且，不为被保险人持反对态度的，就可以为其他食品行业的企业投保食品安全责任保险。

3. 食品安全责任保险的被保险人

食品安全责任保险的被保险人，在我国的保险实务中可以是投保人本人，也可以是投保人以外的独立主体。鉴于被保险人在食品安全责任保险中所处的被保障对象的核心地位，界定该责任保险之被保险人的适用范围就是十分重要的，笔者认为，以下企业或者个人均能够成为食品安全责任保险的被保险人。

第一，纳入食品安全责任保险之被保险人范围的，当属食品行业的生产经营企业。这些企业直接从事着食品产品的制造、加工等生产和经营活动，其生产经营活动与广大消费者消费或者使用食品产品的利益后果息息相关，因此，有必要强化这些企业作为商事主体在生产经营食品产品活动过程中，对于食品产品的安全事宜需要承担和履行的谨慎注意义务，以便减少甚至避免食品安全事件的发生，维护广大消费者的消费利益。投保食品安全责任保险显然是食品行业的生产经营企业履行其谨慎注意义务的重要组成部分。故应当通过经营食品安全责任保险的保险公司和有关部门的宣传和推广，引起食品行业的生产经营企业的高度重视，树立应有的参保意识，积极主动地参加此责任保险，以被保险人的身份获取保险公司提供的有关食品安全的保险保障。特别是属于法定的适用强制保险范围内的作业。

第二，餐饮、娱乐、服务行业的企业在从事餐饮、娱乐、服务等方面的经营过程中，必然涉及向广大消费者提供食品的内容，而且，上述行业的企业大多属于中小型规模，甚至是小微企业，这亦成为的这些行业领域的又一特点，则这些企业在各自的经营中便面临着因其提供的食品存在明显的缺陷或者潜在的瑕疵发生安全事件导致消费者损害而承担民事赔偿责任的风险。虽然，涉及食品安全事件的上述企业可以在向受害的消费者履行赔偿责任后，向相应食品或者其所需原材料、辅料的提供者进行追偿，但是，对于其自行加工的食品则只能自担后果。因此，这些企业投保食品安全责任保险就成为可供选择的有效途径之一。

第三，在流通领域中，从事食品的批发、零售业务的商业企业就其销售给广大消费者、使用者的食品，应当依据其从事商事经营所应履行的谨慎注意义务而向消费者承担和履行食品安全责任。一旦其销售的食品存在明显缺陷或者潜在瑕疵，这些商业企业首先应当向食品安全事件导致消费者或者使用者的损害承担民事赔偿责任。为此，商业企业可以投保食品安全责任保险作为转移上述经营风险的手段，以减少或者避免损失的发生。

第四，向上述食品行业的工业企业，餐饮、娱乐、服务行业的企业提供食品生产、加工和销售的企业所需原材料、辅料的企业或者个人，在其从事的生产经营过程中，同样承担着因其提供的原材料、辅料存在的缺陷引起食品安全事件致消费者或者使用者损害而承担赔偿责任的风险。从而，借助向保险公司投保食品安全责任保险可以有效地转移和分散此类风险，则从事此领域生产经营活动的公司、三资企业、合伙企业、个人独资企业以及众多的个体工商户、农村承包经营户等均可以成为食品安全责任保险的被保险人。

此外，从事运输、物流、仓储的企业在开展相应的运输、物流、仓储等业务经营的过程中，往往会涉及食品产品。如果由于这些企业所参与的食品流通环节上的原因，导致其所运输、仓储的食品出现被污染、变质等质量缺陷引起食品安全事件致使消费者或者使用者的损害而承担相应的赔偿责任，对此，这些企业也可以通过投保食品安全责任保险，以被保险人的身份来转移上述风险给保险人，减少或者避免由此遭受的经营性损失。当然，考虑到这些企业在生产经营中涉及食品产品的情况，有的是专门以食品产品的运输、物流、仓储为经营内容，有的是在经营中会涉及专项的食品产品，因此，这些企业可以根据实际需要，选择投保一年期的食品安全责任保险保险，也可以针对特定的食品产品投保短期的专项食品安全责任保险。

4. 食品安全责任保险的第三人

食品安全责任保险的第三人，因其是食品安全责任保险中实质意义上的最终保障对象，是该责任保险适用之社会价值的直接体现，故使其成为该责任保险的必要组成部分，这意味着任何一个食品安全责任保险均必须存在着第三人，缺少了该第三人，食品安全责任保险也就不可能成立了。

需要强调的是，食品安全责任保险的第三人具有明显的特点，即从食品安全责任保险合同成立和生效时起至其保险事故——食品安全事件发生时止，该责任保险的第三人表现为不特定的社会公众，也就是可能参与食品安全责任保险承保范围内的食品产品之消费的广大消费者均属于该责任保险的第三人。而在食品安全事件发生时，该第三人由不特定性转化为特定性，即因食品安全事件而遭受损害的特定的消费者成为该责任保险的第三人。笔者认为，食品安全责任保险的第三人的这种由不特定性向特定性的转化标志着食品安全责任保险之保障功能在转化前后不同的侧重点，其在该责任保险的第三人不特定的阶段，突出了展示其向广大社会公众提供了食品消费环节上的安全保障，借此体现食品产品的生产经营企业对社会承担和履行其在食品生产经营过程中安全注意义务；但当该第三人因食品安全事件而转化为特定时，其通过保险人进行保险赔付显示食品安全责任保险对消费者之消费利益的保险保障。

二、食品安全责任保险中各类主体的法律地位

为了确保食品安全责任保险的有效适用，正确认定其各类主体的法律地位就是必要的前提条件，原因在于食品安全责任保险的各类主体在该责任保险关系中应当是扮演各自的角色，各自执行自己的职责，有利于实现统一的保险法律活动。为此，需要明确以下法理要点。

1. 食品安全责任保险的各类主体都是该责任保险活动必不可少的参与者

提到食品安全责任保险的各类主体，首先需要强调的是，这些主体都应当是该责任保险活动必不可少的参与者。其中，保险人与投保人作为食品安全责任保险合同的签订者，其参与该责任保险活动的必要性是无可置疑的，具有引起食品安全责任保险关系产生的关键作用。至于食品安全责任保险中的被保险人，其处于食品安全责任保险之保障对象的地位，也即是适用食品安全责任保险之目的所在，从而，该被保险人作为食品安全责任保险活动参与者的身份就是当仁不让的。

尤其是食品安全责任保险中的第三人，其参与该责任保险活动的地位因自身存在着的由不特定性向特定性转化的环节而具有特殊

的法律特色。具体来讲，该第三人在不特定阶段参与食品安全责任保险活动的内容，表现为对被保险人所从事的食品产品的生产经营活动进行社会监督，督促该被保险人承担和履行食品安全注意义务，维系食品消费安全的社会秩序，这是食品安全责任保险之社会性的法律结果。而在完成上述的特定性转化以后，该第三人得以食品安全事件之受害人的身份而直接参与该食品安全责任保险的实施过程，不仅能够获取民事赔偿，更可以直接向保险公司行使保险赔偿请求权而取得保险赔偿来弥补其因食品安全事件所损失的消费利益。这意味着该第三人存在于食品安全责任保险的全过程，使其成为食品安全责任保险活动不可缺少的参与者。

2. 食品安全责任保险的各类主体都是该责任保险的当事人

准确地讲，食品安全责任保险的各类主体在保险实务中，均是该责任保险关系的当事人，而无需将这些主体人为地划分成当事人与关系人[1]。

理由之一，正如上述的食品安全责任保险的各类主体都是该责任保险活动的直接参与者，亦从各自的角度履行职责，发挥着相应的作用，并关系到该责任保险的建立和运行，切实实现其转移和分散食品消费领域之安全风险的价值。可以说，这些主体都是食品安全责任保险必不可少的参与者，不存在区分为当事人与关系人的实质性差别。

理由之二，这些主体在食品安全责任保险关系中的法律地位平等，他们基于各自独立的经济利益参与到该责任保险活动中，各自在该责任保险中均处于独立的角色地位，分别享有相应的权利，承

[1] 保险法理论界，很多专家学者将保险关系的主体分为当事人和关系人，认为保险人和投保人是保险合同的当事人，被保险人和受益人是保险合同的关系人。参见庄咏文主编：《保险法教程》（修订本），法律出版社 1993 年版，第 82 页；徐卫东主编：《保险法》，北京大学出版社 2010 年版，第 55～59 页；任自力主编：《保险法学》，清华大学出版社 2010 年版，第 87～91 页；韩长印、韩永强编著：《保险法新论》，中国政法大学出版社 2010 年版，第 74～79 页；王卫国主编：《保险法》，中国财政经济出版社 2003 年版，第 66～71 页；等。

担相应的义务，不需要再将这些参与者区分为当事人和关系人，以免产生误导效果。因为，仅仅在于是否参与食品安全责任保险合同的签订，只能是该责任保险关系建立环节上的程序性差异，这丝毫不可能改变被保险人作为保险保障对象的核心地位。

3. 食品安全责任保险的保险人和投保人是具体参与该责任保险合同签订的缔约人

应当说，保险人和投保人作为食品安全责任保险合同的缔约人的地位是没有疑义的，这意味着保险人和投保人的存在是该责任保险关系得以建立和存续的首要主体因素，食品安全责任保险体现着保险人和投保人建立该责任保险关系的真实的一致的意思表示，从而，缺少了保险人或者投保人，该责任保险关系也就无从出现。

不仅如此，食品安全责任保险关系在法律上具有的双务性和有偿性集中体现在保险人对食品安全风险承担的保险责任和投保人承担的交纳保险费义务上。其中，保险人承担的保险责任构成该责任保险关系的核心地位，它是当事人建立该责任保险关系所追求的保险保障目的和保险功能的物质表现形式。与此相对应，投保人承担的交纳保险费义务，显然是保险人之保险责任的对价条件。上述权利和义务表明保险人和投保人在食品安全责任保险关系中的重要地位。

4. 食品安全责任保险的被保险人是该责任保险的保障对象

食品安全责任保险的被保险人在该责任保险中处于保险保障对象的地位，也就是说，食品安全责任保险作为转移和分散特定的社会风险——食品消费安全风险的法律手段，其所保障的是被保险人的经济利益。理由在于，一旦保险事故——食品安全事件发生，被保险人将是该保险事故所生损害后果——依法承担民事赔偿责任的直接承受者，故而，保险人因此对其履行保险责任，就是将保险保障效果落实到被保险人身上。

被保险人的这一主体地位，使得其成为食品安全责任保险关系中至关重要的不可缺少的参与者，尤其需要强调的是，被保险人在食品安全责任保险中是核心性权利——保险赔偿请求权的享有者，故更不可能将其置于可有可无的关系人的地位。因为，作为保险保障对象的被保险人是食品安全责任保险之适用目标的所在，缺失了被保险人便会导致保险赔偿请求权因无权利享有者而流于形式，也就意味着该责任保险会由于保障对象的消失而丧失了适用价值。

5. 食品安全责任保险的第三人是该责任保险最终（实质上）的适用对象

从前文所述中已知，食品安全责任保险作为责任保险家族的新成员具有明显的社会性，即该责任保险的实质性适用价值在于向广大消费者提供食品消费的安全保障，借以达到落实国家食品安全政策精神。第三人参与食品安全责任保险活动正是该责任保险之社会性的法律表现，因为，食品安全责任保险得以在中国保险市场上加以适用，其直接对象是用保险人承担的保险赔偿责任来转移和分散被保险人在食品消费领域因食品安全事件而依法承担的民事赔偿责任，而食品安全责任保险适用的最终效果则在于弥补该第三人在食品安全事件中遭受的损害。

论及该第三人在食品安全责任保险中的主体地位，就需要强调其处于必然的参与者地位和身份。首先，该第三人的存在是食品安全事件的组成内容。食品安全责任保险是专门适用于食品消费领域的责任保险险种，其中所约定的保险事故就是食品安全事件，而该第三人是此类食品安全事件的当事者，也是食品安全事件的损害后果的承担者。其次，该第三人是产生被保险人之民事赔偿责任的前提条件。按照保险法理论，保险人在责任保险中履行保险责任的必要条件是存在被保险人依法承担的法律责任。具体到食品安全责任保险，就是被保险人依法向食品安全事件的受害人承担的民事赔偿责任，该第三人便是此类遭受损害的当事人，可见，该第三人的存在成为被保险人的食品安全责任的责任要件，进而，是保险人依据食品安全责任保险而承担保险赔偿责任的前提条件。

当然，理解第三人之法律地位的重点，更应当着眼于食品安全责任保险的适用效果。此一适用效果，在食品安全事件发生之前表现为广大不特定的第三人作为社会监督者在食品消费环节上参与社会监督，即用食品消费安全的眼光，监督着食品的生产经营企业向广大食品消费者认真履行食品安全义务。而在食品安全事件发生后，作为特定的第三人便作为实际遭受损害的受害人，接受食品安全责任保险的保险人所支付的保险赔偿金来补偿其受到损害的食品消费利益，故该第三人作为保险赔偿的最终承受者而成为食品安全责任保险关系不可缺少的参与者。

三、食品安全责任保险之主体的身份资格与认定

能否成为食品安全责任保险主体，取决于各自所应具备的相应身份资格条件。这些资格条件是保险立法以及保险合同当事人根据实际需要而规定的，具体到食品安全责任保险，保险人、投保人、被保险人和第三人亦应当具备各自的资格条件，才能够具有法律认可的主体资格而成为合格的当事人而在食品安全责任保险关系中获得一席之地。从而，这些资格条件成为认定各方主体身份和确认各自权利和义务的法律依据。

1. 食品安全责任保险之保险人的资格条件

众所周知，保险人在食品安全责任保险关系中是保险责任的承担者，其参与该责任保险直接关系到其保险保障作用的有效实现，为此，确认食品安全责任保险之保险人的身份，就需要具备以下的资格条件。

第一，食品安全责任保险的保险人应当具有获准经营商业保险的资格。

此一法定条件体现着保险人是以经营商业保险的商事主体身份参与食品安全责任保险活动的，当然，获取该商事主体身份应有的条件显然不同于民事主体，依据我国《保险法》第 10 条第 3 款的规定精神，该保险人限于依法获准经营商业保险的保险公司。因此，按照我国《保险法》和《公司法》的有关规定，具体包括如下条件。

其一，保险公司的主要股东应当符合《保险法》规定的条件。

由于保险经营是一种专业性的商事经营活动，其经营状况不仅

关系到保险公司承担保险偿付的能力，更关乎我国的经济安全和社会稳定，因此，《保险法》不满足于保险公司本身的资信水平，更是借鉴了国外有关保险业监督管理的有益经验，将立法衡量的标准指向了保险公司的出资人所应具有的经营状况和资本实力，尤其是对保险公司具有控制力的主要股东，要求此类股东应当“具有持续盈利能力，信誉良好，最近三年内无重大违法违纪记录，净资产不低于人民币二亿元”（第 68 条第 1 项）。从保险实务的角度讲，此处所说的主要股东指的是，其持有保险公司的比例达到了控制程度或者可以借助投资、业务往来、资金融通等方式对保险公司的经营管理产生实质性影响的出资人。如果将此法定条件适用于保险公司设立的实践中，显然，可以在客观上大大地提升保险公司的资本实力和信用水平，维持其良好的保险经营管理水平，确保其稳定的保险赔付能力，实现其担负的保险保障效果。

此条件的适用，表明国家对于保险公司等金融业企业的监督管理明显地严于一般的工商企业。

其二，有符合《保险法》和《公司法》规定的公司章程。

保险公司是具有法人资格的从事商事经营的组织实体，其从事经营活动就必须依据统一的行为规则才能够实现有组织的良好的经营活动，由其全体股东依法制定的公司章程便是保险公司有关组织机构和经营规则的自治性规则，它作为保险公司开展经营活动的依据而成为其必备文件，也是主管机关审查核准的重要内容之一。鉴于此，我国《保险法》第 68 条将“有符合本法和《中华人民共和国公司法》规定的章程”列为设立保险公司应当具备的条件之一（第 2 项）。

按照我国《公司法》的规定，保险公司的公司章程是由公司发起人起草，并经公司创立大会决议通过。然后，只有经我国保险监督管理机关核准后才具有法律约束力。该公司章程应当载明法定的必要内容，包括：（1）公司的名称和住所；（2）公司经营范围；（3）公司设立方式；（4）公司股份总数、每股金额和注册资本；（5）发起人的姓名或者名称、认购的股份数、出资方式和出资时间；(6) 董事会的组成、职权和议事规则；(7) 公司法定代表人；(8) 监事会的组成、职权和议事规则；(9) 公司利润分配办法；(10) 公司的解散事由与清算办法；(11) 公司的通知和公告办法；(12) 股东大会会议认为需要规定的其他事项（《公司法》第 82 条)。

其三，有符合《保险法》规定的注册资本。

在此，保险公司的注册资本就是其股东所交纳给公司而形成公司资产的、经主管机关核准和登记确认的出资数额。考虑到注册资本是保险公司得以设立和从事保险业务运行的物质基础，我国《保险法》第 69 条对于保险公司的注册资本规定了最低限额的要求，即“设立保险公司，其注册资本的最低限额为人民币二亿元。国务院保险监督管理机构根据保险公司的业务范围、经营规模，可以调整其注册资本的最低限额，但不得低于本条第一款规定的限额”。而且，该法进一步要求“保险公司的注册资本必须为实缴货币资本”。

其四，有具备任职专业知识和业务工作经验的董事、监事和高级管理人员。

保险作为一种经济补偿制度，其运营具有强烈的专业技术性，诸如保险费率的厘定、保险产品的开发设计、保险资金的运用、保险事故的理赔等，均要求从业人员具有一定的专业知识和工作经验。因此，我国《保险法》规定了保险公司的董事、监事和高级管理人员应当具备法定的任职条件。

依据我国《公司法》、《保险法》和《保险公司董事和高级管理人员任职资格管理规定》的有关规定，这些任职条件包括积极的任职条件和消极的任职条件。前者是指保险公司的董事、监事和高级管理人员应当依法具备的任职内容，例如《保险法》第 81 条要求：“应当品行良好，熟悉与保险相关的法律、行政法规，具有履行职责所需的经营管理能力，并在任职前取得保险监督管理机构核准的任职资格。”后者则是禁止具有的法定内容，例如《公司法》第 147 条和《保险公司董事、监事和高级管理人员任职资格管理规定》规定的均是不得担任保险公司的董事、监事和高级管理人员的情况。

中国保监会及其派出机构对保险公司的高级管理人员实行分级审查、分级管理，经审查合格的人员出任高级管理人员，就成为设立保险公司的条件之一。

其五，有健全的组织机构和管理制度。

保险公司是由众多的出资人和从业人员组成的经营组织体，出于维持其正常的经营管理秩序和切实履行保险职能的需要，《保险法》规定保险公司应当具有健全的组织机构和管理制度。

保险公司有健全的组织机构是其开展正常经营活动的组织保证，当然，保险公司应当按照《公司法》有关公司的组织机构的规定和实现保险公司的法人治理结构的要求，尤其是从事保险业务经营活动的实际需要来组建其组织机构。同时，保险公司的管理制度是其从事保险经营活动的制度保证，为此，保险公司应当根据保险经营的要求，建立完善的管理制度体系，包括公司的财务会计制度、人事管理制度、劳动工资制度、业务管理制度以及员工工作纪律制度等，以便为保险公司的管理和运作提供良好的规范依据。

其六，有符合要求的营业场所和与经营业务有关的其他设施。

保险业务的专业技术性决定了保险公司从事保险经营活动需要具备相应的营业场所和设施，显然，这些营业场所和设施成为保险经营活动的应有的物质条件。因此，《保险法》要求保险公司应当根据其从事保险经营的需要，具有所需的经营用房、办公设备等营业场所和必需的通信、交通、安全、信息处理、文档储存等设施。

保险公司只有具备上述法定条件的，向中国保监会提出设立申请，经严格的审核批准，获取保险业经营许可证，并依法向工商管理机关履行登记注册手续，领取营业执照后，始具有经营保险业的资格。

第二，食品安全责任保险的保险人的业务范围中应当包含食品安全责任保险业务。

这是确认保险人资格的又一个资格条件，之所以有此条件适用于保险人资格的认定，是因为保险业实行的分业经营规则。所谓分业经营，是指同一个保险公司不得同时兼营财产保险业务和人身保险业务。这是为大多数国家所确认的保险经营规则，原因在于，财产保险与人身保险之间不同的特点，用以确保经营秩序和保险偿付的稳定。我国《保险法》同样确立了分业经营规则，即“保险人不得兼营人身保险业务和财产保险业务”；“保险公司应当在国务院保险监督管理机构依法批准的业务范围内从事保险经营活动”（第 95 条第 2 款和第 3 款）。

因此，认定食品安全责任保险之保险人的身份，就必须符合分业经营规则的要求。具体表现为，即使依法获得商业保险经营资格的保险公司，其所参与的具体的保险活动也必须是在其获准经营的业务范围之内。按照我国《保险法》规定的分业经营规则的要求，能够成为经营食品安全责任保险业务之保险人的，限于财产保险公司或者是专业化的责任保险公司。

2. 食品安全责任保险之投保人的资格条件

从保险法理论上说，哪些人能够成为食品安全责任保险之投保人，其资格认定条件涉及相应的行为能力和保险利益两个方面。

第一，投保人应当依法具有相应的行为能力。

认定投保人身份所适用的这一条件，目的是确保投保人具有正确的分析判断能力。因为，行为能力是参与法律活动的主体“能够独立通过意思表示，进行民事行为的能力”[1]。其中，投保行为就是一种能够引起相应的法律后果的法律活动，则投保人实施投保行为能够正确地作出正常的判断，认识到其应有的法律后果，以便保证该投保活动真正代表着其真实的意愿，符合其追求的法律后果。

当然，在保险实务中运用该认定条件时，会因保险险种的不同而有所差异。具体到认定食品安全责任保险的投保人，应当考虑其特定的适用范围在于食品的生产经营领域。因此，有可能投保该责任保险的投保人，首先就应当是食品行业中从事食品生产经营的各

---

[1] 王利明主编：《民法》，中国人民大学出版社 2008 年版，第 55 页。

类企业，包括大中型的食品公司、小型的食品企业，甚至是微型的合伙企业、个人独资企业、个体工商户和农村承包经营户等。其次是其经营活动涉及食品产品的流通、运输、仓储和销售环节中的各类企业和个体经营者。应当强调的是，这些企业投保食品安全责任保险的，作为资格条件就是应当具有独立的商事行为能力——依法经过商事核准登记，取得独立从事商事经营的主体资格。上述企业在具备正常的商事行为能力的情况下，亦可以为其下属的子公司、分公司或者其他分支机构投保食品安全责任保险。从而，这些企业的商事行为能力因其遭遇解散、被撤消、被歇业和破产等事由进入清算程序以及处于关、停、并、转等状态下而受到影响的，便不宜成为食品安全责任保险的投保人。

其他行业领域的企业、事业单位和社会团体能否为上述企业投保食品安全责任保险，考察其行为能力也是首要条件。也就是说，这些社会组织体要想成为食品安全责任保险的投保人，就必须是其独立的法人资格或者法律认可的相对独立的活动资格未因为出现法定的变更或者终止事由而具备正常的商事行为能力或者民事行为能力，并且不存在法定的禁止为上述企业进行投保活动的情况。

自然人能否为上述企业或者个体经营者投保食品安全责任保险，我国《保险法》和保险业监督管理规则并未加以禁止，只要是出于当事人的自愿就可以选择为上述企业进行投保。但首要条件同样是其行为能力的问题，目的是保护其合法权益和维持其所投保食品安全责任保险的效力。对此，认定的尺度应当严格把握在为上述企业投保食品安全责任保险的自然人必须是具有完全民事行为能力，而限制行为能力人和无行为能力人均不具备食品安全责任保险之投保人的资格。

第二，投保人应当依法与保险标的之间具有保险利益。

在确认了投保人之行为能力的前提下，投保人是否对保险标的具有保险利益便是亟待解决的问题，理由是，在保险法领域中，保险利益的法律意义十分重大，甚至形成了统领保险业经营的保险利益原则。该项原则的建立“是与保险业的规范化、法制化相连的”[1]，是防止保险活动的参与者利用保险牟取不当利益和减少道德危险的法律手段。鉴于“保险利益产生于投保人或被保险人与保险标的物之间的经济联系”，[2] 我国《保险法》第12条第6款正是在此意义上规定：“保险利益是指投保人或者被保险人对保险标的具有的法律上承认的利益。”因此，强调投保人应当对保险标的具有保险利益为投保食品安全责任保险的条件也就是必然的。

不过，运用此条件来认定食品安全责任保险之投保人的主体身份时，还涉及《保险法》第12条有关“人身保险的投保人在保险合同订立时，对被保险人应当具有保险利益”（第1款），而“财产保险的被保险人在保险事故发生时，对保险标的应当具有保险利益”（第2款）之规定的理解和适用。对此，有的学者认为，“因财产保险的主要目的在于补偿被保险人所遭受的损失，只要被保险人在因保险事故发生而遭受损失时具有保险利益，损失补偿原则的目的就能够完全实现，而在保险合同成立时，投保人或被保险人对保险标的是否具有保险利益并无太大实际意义”[3]。“因此，财产保险合同的投保人与保险标的之间非以具有保险利益为必要。”[4] 笔者却不以为然，出于避免保险领域道德危险的目的，强调保险事故发生时，被保险人对保险标的具有保险利益固然重要，但是，在订立保险合同这一保险活动的首要环节中，一般情况下要求投保人对保险标的具有保险利益，不仅有利于建立和维持良性的保险市场秩序，而且，也符合我国保险实践的具体需要。

笔者基于上述认识，提出认定食品安全责任保险之投保人的主体身份时，应当关注投保人与保险标的之间的经济联系。原则上以投保人应当对保险标的具有保险利益为条件，但是，如果投保人为

---

[1] 庄咏文主编：《保险法教程》（修订本），法律出版社1993年版，第45页。

[2] 马永伟主编：《保险知识读本》，中国金融出版社2000年版，第57页。

[3] 任自力主编：《保险法学》，清华大学出版社2010年版，第51页。

[4] 徐卫东主编：《保险法》，北京大学出版社2010年版，第57页。

他人——食品的生产经营企业投保食品安全责任保险的，应当考虑该投保人与被保险人之间的意愿是否一致。具体做法是，要求投保人提供被保险人所出具的投保同意书，明确表达同意投保人以其作为被保险人投保食品安全责任保险，以免日后因投保事宜产生异议。

3. 食品安全责任保险之被保险人与第三人的资格条件

在食品安全责任保险关系中，被保险人与第三人作为必备的参与者，彼此之间存在难以分离的关系，同时，他们又从不同的角度发挥着各自的作用。其中，被保险人是保险人提供保险保障的对象，从而，被保险人是通过食品安全责任保险实现其在日常的食品产品的生产经营中转移和分散食品安全风险目的的受惠者。但是，被保险人此目的的实现是以第三人的存在为前提的，也就是说，只有在第三人因食品安全事件而遭受损害时，保险人才会向被保险人实施保险赔偿，反之，失去了该第三人便不会产生保险赔偿责任履行的事实。显然，这一对应关系成为认定食品安全责任保险之被保险人与第三人的身份资格的基础。

第一，认定食品安全责任保险之被保险人的资格条件。

由于在食品安全责任保险中对被保险人身份资格的认定关系着食品安全责任保险的有效施行，因此，应当按照该责任保险的运行特点，严格审查被保险人的身份，确保食品安全责任保险之保险保障职能的实现。具体而言，以下条件是认定被保险人身份时需要考虑的。

其一，食品安全责任保险的被保险人应当具有从事食品产品的生产经营资格。

食品安全责任保险是适用于特定领域的新型责任保险，该特定性的首要表现就是其被保险人限于特定的范围，这取决于该责任保险具有的特定的保险保障内容。顾名思义，食品安全责任保险作为责任保险的具体类型，是专门针对食品消费领域因食品安全事件产生的民事赔偿责任提供保险保障的保险，而在我国的社会生活中可能承担食品安全责任的主体当然是从事食品生产经营的食品行业的各个企业以及在流通、物流、运输、仓储和销售等行业的经营中涉及食品产品的诸多企业。这些企业便成为食品安全责任保险的适用群体，并使其在具体的食品安全责任保险关系中处于被保险人的地位。

因此，认定食品安全责任保险的被保险人身份资格的首个条件就在于其是否具有食品产品之生产经营资格。原因是显而易见的，在人们的生存所需的衣食住行诸条件中，食品消费是重要的消费内容，是人类生存的关键所在，并且，随着人类社会的工业化水平和商事化程度的不断增强，食品已经不仅仅是自制自用的消费品，而是工业化生产的对象之一，更进入商品流通领域成为被用于交换的商品。为此，国家出于保护广大消费者之消费利益，维持社会稳定的需要，运用公权力对于食品产业实行管理，并将食品产品的生产经营活动纳入国民经济的范畴。从而，食品行业已然是由符合法定标准的食品企业运用相应的专业技术和专业知识所从事的一种职业化生产经营活动，其法律标志当然就是食品企业依法获取的从事食品生产经营的主体资格。因为，“只有那些具有民事能力，而又具有营业能力者，才能成为商人”。但“取得营业资格并成为商人，是需要具备一定条件的”。[1]

既然我国食品行业的企业是从事食品产品的生产经营的职业性商事主体，则认定其能否是合格的食品安全责任保险之被保险人，前提条件之一就是其应当具有依法获准从事食品生产经营的商事主体资格。根据商事主体制度的理论，食品企业在具备了从事食品生产经营所需的人、财、物等当面的物质和技术条件后，只有按照商事登记的规定向有关的登记机关提出申请，经过登记机关依法审查合格，核准其设立而予以登记，并颁发营业执照用以体现其商事主体资格。在我国，“商事登记不仅仅是商法人取得法人资格的前提条件”，也是其“取得商事经营活动资格的前提条件”。[2] 而就这些

---

[1] 王保树主编：《商法》，北京大学出版社 2011 年版，第 51 页。

[2] 范健主编：《商法》，高等教育出版社、北京大学出版社 2001 年版，第 52 页。

食品行业来讲，凡经过商事登记取得从事食品产品的生产经营资格的企业法人，既是其以独立商法人身份向社会公众提供食品产品的条件，也是其能够成为食品安全责任保险之被保险人的资格依据。不仅如此，虽然不具有法人资格但依法处于相对独立的其他组织的主体地位，依法经过了工商登记程序、获准从事食品产品的生产经营或者向食品生产企业提供所需原材料的分公司、合伙企业、个人独资企业、个体工商户、农村承包经营户等也符合食品安全责任保险之被保险人的资格条件。反之，未经过商事登记的企业是不具备食品产品的生产经营活动。其在此情况下即使进行食品的生产经营活动，也属于我国法律严格禁止的无证照经营行为，不应当纳入食品安全责任保险的适用范围，则此类企业不得成为该责任保险的被保险人。同样，因自行解散、被撤消、歇业和破产等原因而终止其商事主体资格的食品企业也由于丧失了商事营业能力而不应成为食品安全责任保险的被保险人。

其二，食品安全责任保险的被保险人应当对保险标的具有保险利益。

笔者基于保险利益应当是保险合同关系的客体而统一适用于所有保险关系的观点[1]指出，要求食品安全责任保险的被保险人对保险标的具有保险利益应当成为认定该责任保险之被保险人身份的条件。理由是，保险利益体现着被保险人与保险标的之间必然存在的经济利害关系，从而，被保险人才能够处于保险合同之保障对象的地位，我国《保险法》正是在此意义上，将保险利益定义为“投保人或者被保险人对保险标的具有的法律上承认的利益”（第12条第6款）。

运用此条件认定食品安全责任保险之被保险人身份的意义重大，具体表现在：首先，可以确保该责任保险之保险职能的实现。因为，认定被保险人对食品安全责任保险具有保险利益，意味着该

---

❶ 详见贾林青著：《保险法（第四版）》，中国人民大学出版社2011年版，第57页。

责任保险的保险事故发生时（法律责任），被保险人必然要为此承受不利的法律后果（为履行该法律责任而支付民事赔偿金），则保险人的保险责任便是对此而施行。这完全满足了财产保险的补偿目的，从而，食品安全责任保险的保险职能由此得以实现。其次，有利于预防保险领域的赌博行为和道德危险。保险是典型的保障制度，这决定着保险的适用过程中应当杜绝赌博行为和道德危险等与保险保障职能相悖的现象。而在食品安全责任保险适用中，以保险利益的存在作为认定被保险人身份之条件的价值亦在于此，因为，被保险人对保险标的具有保险利益，说明被保险人会因保险事故的发生而遭受不利后果，保险人履行保险责任就是有的放矢，可以避免相对人借食品安全责任保险来获取不当利益。

当然，在保险实务中，运用保险利益解决实际问题时，可以表现为多种形态。仅就财产保险来看，其保险利益可以概括为现有利益、期待利益和责任利益等三大类。其中的责任利益是以被保险人因保险事故发生而承受的不利益为内容，这不同于由积极利益构成的现有利益和期待利益。运用此保险利益理论考察食品安全责任保险，明眼人一看便知其保险利益属于上述的责任利益，衡量的标准在于被保险人在日常的活动中是否可能面临着对第三人承担法律责任的风险。

依据此标准，食品安全责任保险之被保险人无疑是从事食品产品生产经营活动的企业。因为，只有这些专门以食品产品的生产经营为职业的企业，才有可能在其向社会公众提供食品产品或者为实现食品产品交换和消费而提供运输、仓储和销售等服务活动过程中，因存在发生食品安全事件的可能性而需要向消费者承担法律责任。这成为认定该责任保险之被保险人身份和范围的特定性，而其他行业和社会领域的企业或者国家机关、事业单位和社会团体等，因其日常活动中不存在承担食品安全责任的风险，故均不得成为食品安全责任保险的被保险人。

第二，食品安全责任保险之第三人的资格条件。

如前所述，第三人不仅是食品安全责任保险不可缺少的参与者，更是该责任保险最终适用效果的承受者，以此体现出该责任保险具有的社会属性和公益特点。因此，认定食品安全责任保险之第三人的身份便关系到该责任保险的建立和运行，于该责任保险之保障职能的有效发挥意义重大。

不过，在认定食品安全责任保险之第三人的身份时，应当与其法律特点相适应。因为，该第三人具有在保险事故发生前后从不特定向特定转化的特点，与此相对应，从食品安全责任保险成立至保险事故（食品安全责任事件）发生之前，其第三人处于不特定的状态，不涉及保险责任的履行，则无认定第三人身份的需要。但是，自食品安全责任保险的保险事故发生时起，一旦被保险人提出保险索赔，保险人就需要确认其是否应当履行相应的保险赔偿责任，其中的前提之一就是认定第三人的身份。

具体的认定条件包括：

其一，食品安全责任保险的第三人应当是食品产品的消费者。

食品安全责任保险的社会性表明其适用于我国社会生活的价值在于其服务于广大社会公众作为食品消费领域的消费者利益的法律举措，这意味着食品安全责任保险的适用效果只能最终落实到食品消费领域的消费者，由此限定了食品安全责任保险的第三者为食品消费领域的消费者，从而，排除消费领域中其他各类产品的消费者于该责任保险的适用范围之外。

这是认定食品安全责任保险的首个条件，不过，此条件只是提供了认定第三者身份，决定是否承担保险赔偿责任的可能性。因为，运用该条件的认定结果仅仅是确定了产生第三人的特定范围，尚未就具体的食品安全责任保险直接确认其中特定的第三人，或者说是为认定特定的第三人完成了第一步工作，而认定结果的实现还需要运用第二个条件。

其二，食品安全责任保险的第三人应当是在食品安全责任事件中遭受损害的消费者。

此条件就是认定特定第三人的第二个条件，由于食品安全责任保险之保险事故（食品安全事件）发生的后果，往往是一定的食品消费者的人身或者财产遭受损害。对此，本应当由食品安全事件的侵权责任人（食品产品的生产经营企业）依《侵权责任法》向这些受害人承担民事赔偿责任。而在侵权责任人选择适用食品安全责任保险的情况下，基于该责任保险应有的转移和分散食品安全责任风险的功能，由保险人履行的保险赔偿责任替代上述的民事赔偿责任来弥补食品安全事件中特定的受害人所遭受的损失。可见，该责任保险的第三人便是这些特定的受害人。

于是，认定食品安全责任保险的第三人就应当是食品安全事件中遭受损失的消费者。不过，运用此认定条件时应当注意的是准确理解其中“特定性”的内涵，由于食品安全事件的特点在于其造成的损害后果往往事先难以确切预见，则该“特定性”所指的就是食品安全事件导致损害的消费者群体，即食品安全事件所涉及的特定范围内的消费者中的一个、几个或若干个，甚至是该消费者的全体等。当然，认定该第三人时需要避免任意性，而应当要求提出赔偿请求的消费者提供相关证据来证明其有消费食品安全事件所涉及的特定食品和遭受损害的事实。

食品安全责任保险制度的法律设计（二）

——食品安全责任保险当事人的权利与义务分配

贾林青

与其他各类民商事法律活动一样，食品安全责任保险也是一种独立的保险法律关系，其内容是由有关的保险权利和保险义务所构成的，这些权利与义务相互对应，互为条件，统一形成保险运作的实际组成部分。而这些权利和义务在各方当事人之间的分配，意味着各自所应享有的权利，各自分担的义务，具有平衡彼此之间利益冲突的法律价值。

一、食品安全责任保险当事人权利与义务分配的法律依据

按照民商法理论，食品安全责任保险是由各方当事人相互之间的法律关系所构成的，具体内容包括了有关保险的权利和义务。但是，如何在各方相互之间进行权利和义务的分配，直接关系到食品安全责任保险关系的合理构建和稳定运作。

1. 食品安全责任保险之权利和义务的分配是当事人之间利益冲突的博弈形式

从法律关系理论上讲，食品安全责任保险关系是法律对于社会经济生活进行调整后上升为上层建筑领域的一种思想意识形态的社

会关系，“它是被民法所调整的法律上的人与人之间的关系，是以权利和义务为内容的社会关系，即本质上的民事权利义务关系”[1]。由此可见，食品安全责任保险关系完全是社会经济关系的反映，则该社会经济关系便是其实质内容所在。

分析食品安全责任保险赖以建立和运行的社会经济关系，可以明显地认识到存在于食品安全责任保险的各方参与者之间的是彼此经济利益上的对立冲突与平衡。所谓经济利益，是指人们在经济生活过程中所追求的物质需要和物质满足。在社会生活中，参与其间的人与人均有各自的利益追求，这些因指向相同或者不同的利益需要形成的利益关系，在无法得到满足的情况下便形成了利益冲突。具体到我国市场经济领域，此类利益冲突是普遍的客观现实，民商立法的颁布和施行正是为了规范和调整社会成员之间存在的这些利益冲突。解决的法律方式就是借助民商事活动的参与者的行使权利和履行义务的行为达到相互之间的利益平衡，民事法律关系便是以此为己任的法律形式。

与此同理，食品安全责任保险的社会基础也是各方参与者之间的利益关系，并形成相互间的利益冲突。这种利益冲突表现在：首先，构成该责任保险之相对人的保险人与投保人、被保险人和第三人之间的利益冲突是显而易见的。保险人一方作为保险服务的提供者，由于其是借助商事经营活动向相对人实施的保险服务，则收获对价条件就是必然的。因此，以尽可能小的成本支出收获最大的经营利润便是其面对的利益冲突。而投保人、被保险人和第三人作为该责任保险关系的相对人所面临的利益冲突就是保险费的支出与保险保障程度的取得。其次，是存在于投保人与被保险人以及投保人、被保险人与第三人之间的利益冲突。当食品安全责任保险的投保人与被保险人分别为两个主体时，虽然他们对保险人一方有着共同的价值取向，但相互之间在交纳保险费与行使保险请求权上的利益冲突也是在所难免的。至于投保人、被保险人与第三人的关系，

[1] 王利民著：《民法本论》，东北财经大学出版社 2001 年版，第 94 页。

各自在民事赔偿与保险赔偿的适用关系间存在着利益冲突。保险立法采用食品安全责任保险关系的设计来解决这些利益冲突，具体的做法是，分配相应的法律权利和法律义务给食品安全责任保险的各个参与者，利用权利与义务相互间的制衡作用来达到各自当事人之间的利益平衡，也可以说，食品安全责任保险的权利和义务的分配是各方为达到利益平衡的需要而进行博弈的法律形式。

2. 食品安全责任保险之权利和义务的分配是实现公平正义的法律途径

之所以在21世纪的今天推出食品安全责任保险，不仅是迎合大众要求食品消费安全观念转变的需要，也是为了适应现代侵权责任制度的发展变化，有助于在实质意义上实现社会的公平正义。

相比较而言，19世纪的侵权责任制度适应资本主义初期的“私法自治”精神而形成以过错为核心的传统功能，[1] 确立了补偿职能，强调侵权人与被害人之间分配损失后果达到实现侵权风险的合理负担，将被害人遭受的损害转由侵权人按照商品价值来赔偿受害人的损失。[2] 然而，随着现代社会经济的发展，传统侵权责任制度的局限性已然显现，其表现是面对不断增长的工业事故和灾害事故，“不能对受害人的损失提供足够的、及时的补偿，因此，当代侵权法通过一系列措施大大加强了对受害人的损失提供补偿的职能”[3]。鉴于当代社会生活中，工业化生产条件下行为人在无有过错情况下导致他人损害，甚至是在无法确定任何人有过错的状态下形成的损害已不在少数，于是，侵权责任制度的“私法公法化”趋势日渐明显，不论是法理学说，还是立法实践，均出现了将侵害损失转嫁给社会公众集体分担的制度，以便表现社会的公平正义，“既不应在承担民事责任后，使受害人的民事权益得不到应有的补

[1] 王卫国著：《过错责任原则：第三次勃兴》，浙江人民出版社1987年版，第115页。

[2] 游先德编著：《民事侵权与损害赔偿》，中国经济出版社1990年版，第4页。

[3] 王利明主编：《民法·侵权责任法》，中国人民大学出版社1993年版，第66页。

偿，也不应使责任者的合法权益因承担责任而遭受不合理的损失”❶。

其中，责任保险的适用被公认为是实现侵权损失分担的具体措施。在此，暂且不评价责任保险对侵权责任制度的是与非，仅从我国社会主义市场经济发展的现实需要出发，针对社会公众因消费领域的频繁发生的食品安全事件而产生的强烈的食品消费安全呼声，设计和提出食品安全责任保险也势在必行。而作为该责任保险制度设计的具体内容，其权利和义务在当事人之间的分配就直接关系到其损失分担和风险转移功能的实现。

3. 食品安全责任保险之权利和义务的分配是进行保险运作，完成保险商品交换目的的法律手段

笔者始终认为，保险活动具有双重属性，其一是经济层面上，保险属于保险商品交换关系；其二是法律层面上，保险是一种由保险权利和义务构成的法律关系。前者是保险关系的社会物质基础，处于法律调整对象的地位，后者则是保险活动的法律形式，是法律调整的结果。作为保险商品交换关系，保险是保险人基于社会公众存在的保险保障需求而以保险服务商品提供者的身份与其之间建立商品交换关系，其活动规律贯彻着平等、自愿和等价有偿等原则。而在现代社会条件下，这些来自于社会经济生活的物质性保险商品供需关系的实现，离不开具有国家强制力的法律扶持，保险法为此创造了必要的法律环境，即用保险法律关系将保险商品交换关系予以固定，将其上升为思想意识形态的权利义务关系，引导着各个参与者在相应的法律意识作用下来行使权利和履行义务，从而，实现相应的保险商品交换内容。

食品安全责任保险属于具体的保险类型，则根据上述理论来分析的话，可以得到如下答案：为了维持其保险商品交换之实质内容的实现，就需要在相应的保险法律关系范围内科学合理地为各方参与者进行权利和义务的分配，使得各方参与者明了其在食品安全责

❶ 王利民著：《民法本论》，东北财经大学出版社2001年版，第456页。

任保险关系中的地位，享有哪些权利，并承担哪些义务，这些权利和义务各自所代表的是什么样的经济利益。进而，通过各方当事人在食品安全责任保险活动过程中依法行使各自的权利和履行相应的义务，实现食品安全责任保险的商品交换内容。

二、各方当事人的权利义务分配

从法律层面讲，食品安全责任保险是由各方当事人的保险权利和义务所构成的。不过，出于平衡各方利益冲突的需要，这些保险权利和义务的分配就具有重要意义。而且，考虑到保险关系具有双务性的色彩，该责任保险名下的权利和义务分配应当体现权利与义务之间的对应关系，维持两者之间的权益上的对价联系。同时，其权利和义务的分配也应当反映责任保险特有的活动内容。

1. 食品安全责任保险的保险人的保险责任与保险权利

在食品安全责任保险中，保险人作为保险保障的提供者，其所承担的保险责任就成为该责任保险的核心内容，直接体现着适用食品安全责任保险的目标和功能。与此相对应，保险人在食品安全责任保险环节下，也享有相应的保险权利，这些权利不仅是相对人履行各自义务的对价条件，也是促进保险人切实履行保险责任的有利保证。

第一，保险人在食品安全责任保险中的保险责任。

与各类保险一样，保险人在食品安全责任保险中承担的保险责任，是其在该责任保险关系中的基本义务。不过，因各国保险制度长期以来形成的习惯，将其称之为保险责任，其法律内涵是指："保险人对于合同约定的可能发生的事故因其发生所造成的财产损失承担赔偿保险金责任"（《保险法》第 2 条），确切地说，以支付保险赔偿金的方式替代被保险人补偿第三人因食品安全事件造成的损害。

保险人承担的该保险责任的性质属于食品安全责任保险合同项下的义务，依据债法理论，应当是保险人向相对人承担的债务，故不同于我国民法领域的民事责任。两者的区别在于，民事责任是义务人因不履行其所承担的法定义务或者约定义务而应当承受的不利的法律后果，这表明民事责任的承担是以责任主体此前实施了民事违法行为——不履行民事义务为前提的，无有此前提也就无所谓民事责任。因为，义务人依法履行了其所承担的民事义务，其后果是其他权利人的民事权利得以实现，符合民事法律规则的调整目标，便不会产生法律的制裁。而保险责任则与此截然不同，其作为一项合同义务是依据有关的食品安全责任保险合同的约定而产生的，需要义务人（保险人）按照约定自觉地予以履行，而不存在义务人（保险人）的违法事实。即使在食品安全责任保险项下适用于食品安全事件引起的民事赔偿责任，但此处的民事赔偿责任也只能是保险人之保险责任指向的保险标的，并非是保险人自己所应承担的法律责任。

保险人在食品安全责任保险中承担的该保险责任具有的突出特色在于补偿性，即用于填补被保险人（食品产品的生产经营企业）因向受害的第三人履行民事赔偿责任所承受的消极利益损失，故而，该保险责任的履行应当以被保险人向食品安全事件遭受损害的第三人实际依法履行了民事赔偿责任为前提。这显然不同于人寿保险中具有给付和返还性质的保险责任。

保险人基于食品安全责任保险所承担的该项保险责任具有的替代性，具体表现在，基于责任保险的转移和分散相应的责任风险的功能，用保险人支付的保险赔偿金来替代本应由被保险人作为食品安全责任承担者依法应当向受害的第三人支付的民事赔偿金，这使其有别于其他财产保险合同的保险责任，后者所涉及的保险赔偿金是直接补偿被保险人因保险标的在保险事故中遭受的经济损失。

第二，保险人在食品安全责任保险中的抗辩义务。

所谓抗辩义务，是指当食品安全责任保险中的第三人向被保险人提起民事赔偿请求权时，保险人有义务为被保险人的利益而对该第三人的民事赔偿请求予以抗辩。确认保险人在食品安全责任保险项下承担的该抗辩义务，目的在于维护被保险人的合法权益，避免或者减少其陷身于诉讼之累。

各国的保险实务中，大多按照保险合同的对价理论承认责任保险的保险人基于保险合同的约定而承担抗辩义务，不过，也有很多学者认为，进行抗辩，既是保险人在责任保险中承担的义务，也是其享有的权利[1]。而在我国现行《保险法》未对抗辩义务作出明文规定的情况下，应当确认保险人在各类责任保险中承担的抗辩义务属于保险合同约定的合同义务。因此，在适用食品安全责任保险合同时，应当重视有关保险人承担抗辩义务的约定，以便在涉及第三人向被保险人索取民事赔偿的诉讼过程中，保险人利用其因最终支付保险赔偿金的主动地位、参与诉讼的经验技巧等优势，不仅维护了自身的利益，也兼顾了被保险人的利益。因为，从利益博弈的角度讲，保险人和被保险人作为食品安全责任保险的参与者，既存在着利益冲突，而在面对食品安全事件中受害的第三人提出了民事赔偿请求，两者之间又形成相同的利益取向。

当然，保险人履行食品安全责任保险中的抗辩义务时，还应当注意和正确地处理该抗辩义务与保险人之保险责任之间的关系。需要明确的是，该抗辩义务并非保险人在食品安全责任保险项下所承担的保险责任的依附物，亦不是来源于该保险责任，而是一项独立的合同义务。

概括其原因，其一，保险人履行该抗辩义务是其所提供保险服务的组成部分。食品安全责任保险作为具体的保险产品，其内容同样是保险商品交换活动。保险人以收取保险费为对价条件而向被保险人提供保险服务，其中，保险人履行抗辩义务意味着其是立足于维护被保险人合法权益的立场上，实现被保险人在食品安全责任保险关系中合法利益最大化，从而，完全可以将此视为保险人提供的保险服务的组成部分。其二，保险人履行抗辩义务有利于责任保险之法律效果的实现。按照责任保险理论，食品安全责任保险的适用效果，对于被保险人而言，是其所面临的食品安全责任风险的转移

[1] 参见 Robert H. Jerry Ⅱ，Understanding Insurance Law. Lexis Nexis Group，2002，p. 858.

和分散，而就受害的第三人来讲，则是保险人以支付保险赔偿金的形式替代被保险人来补偿受害的第三人因食品安全事件遭受的损害。显然，被保险人与受害的第三人之间存在着利益上的冲突，故而，需要有相应的平衡机制实现两者之间的利益平衡。受害的第三人履行抗辩义务便具有平衡上述利益冲突的价值，因为，通过保险人履行抗辩义务，有利于依据侵权责任法的规定，认定被保险人是否应当承担侵权责任，从而，既可以确保适用食品安全责任保险之法律效果的实现，也能够避免被保险人的合法权益受到损害。不过，保险人履行抗辩义务过程中，是以独立的主体身份参与诉讼，应当确认其无独立请求权的第三人的地位。

第三，保险人在食品安全责任保险中的和解参与权。

在此，保险人的和解参与权，是指食品安全责任保险的受害第三人向被保险人行使民事赔偿请求权时，保险人有参与被保险人与第三人之间进行和解的权利。保险人在食品安全责任保险中享有和解参与权，是基于该责任保险的法律关系结构和特定的保险内容。由于食品安全责任保险的适用，是以保险人支付保险赔偿金替代被保险人向食品安全事件的受害第三人承担的民事赔偿责任为基础的。而被保险人与受害的第三人之间就食品安全事件的赔偿事宜进行和解，本是双方依据侵权责任法处理食品安全侵权责任的行为，但因涉及保险人依据食品安全责任合同支付保险赔偿金，则被保险人与受害的第三人进行和解的结果就与保险人的经济利益息息相关，所以，保险人享有的和解参与权可以控制被保险人向第三人实施民事赔偿的规模，实质上是为了保护其自身利益的需要。

很多国家或者地区的保险立法确认了责任保险的保险人享有和解参与的权利。例如，我国台湾地区的“保险法”第 93 条规定，保险人得约定被保险人对于第三人关于其损害赔偿责任的承诺、和解或者赔偿，未经其参与者，不受约束。考虑到我国《保险法》未明确规定保险人在责任保险中享有和解参与权的情况下，当事人应当在食品安全责任保险合同中明确约定保险人享有参与和解的权利，以及行使该权利的条件等。

需要注意的是，保险人行使和解参与权的覆盖面涉及被保险人与第三人为处理食品安全侵权事宜进行和解的全范围，这包括双方在诉讼以外的非诉和解和诉讼程序内的诉内和解。保险人具体参与和解的方式，表现为保险人就被保险人与第三人之间有关予以民事赔偿的承诺或者第三人放弃民事索赔权利等事项达成的和解内容，须经保险人书面同意。

不过，保险人基于食品安全责任保险所行使的和解参与权的约束力并非绝对的，具体表现在，被保险人与受害的第三人之间达成的和解，即使未经保险人参与表示同意，但是，被保险人在解决赔偿事宜上尽到了谨慎合理的注意义务，并未损害保险人利益的，则保险人不得以未经其参与为由拒绝承担保险责任。《韩国商法》即有类似的规定，被保险人未经保险人同意，与第三人成立和解，但被保险人的行为并非显属不当的，保险人不得拒绝承担保险责任。借鉴上述成功经验，在保险实践中适用食品安全责任保险时，需要对此作出相应的约定。

第四，保险人在食品安全责任保险中的监督检查权。

为了发挥食品安全责任保险所具有的督促作为被保险人的食品产品的生产经营企业履行食品安全责任的社会职能，降低该责任保险的出险概率，应当赋予保险人相应的监督检查之权利。即保险人享有在食品安全责任保险约定的合同期限内，采取相应的方法对于被保险人从事的食品产品的生产经营活动进行检查，督促其认真履行谨慎的安全注意义务，按照食品安全的法律要求向社会提供安全食品的权利。

保险人行使此权利的方法，包括根据需要随时查看被保险人有关食品产品生产经营的账簿文件和记录，以便了解和掌握被保险人从事食品生产经营的情况。同时，还可以检查与食品产品的生产经营有关的一切情况，诸如，涉及食品产品生产经营的机器、设备、厂房、场地、运输设备、仓储设施的安排，参与食品产品的生产经营人员的健康状况、技术水平，生产经营食品产品所需原材料、辅料、添加剂等进货渠道，有关食品产品的质量检验情况等。一旦发现存在食品安全隐患或者管理漏洞的，应当及时向被保险人发出改进的书面通知。

与此相对应，被保险人有义务接受保险人的上述监督检查，并为此而提供相关的资料和条件；并且，对于保险人提出的改进食品产品的生产经营管理方法，避免发生食品安全事件的要求，应当采取适当措施予以接受和落实。

2. 被保险人在食品安全责任保险中的保险赔偿请求权利与通知义务、协助义务

第一，被保险人的保险赔偿请求权。

保险赔偿请求权是与保险人承担的保险责任的对价条件，是被保险人参与食品安全责任保险活动过程中拥有的核心权利，它表现出投保人、被保险人参与该责任保险所追求的目的在于发生食品安全事件导致消费者损害而由被保险人依法向受害的第三人承担民事赔偿责任时，有权请求保险人支付保险赔偿金来避免其消极利益的损失。可见，被保险人享有的保险赔偿请求权是食品安全责任保险具有的转移和分散食品安全责任风险的功能得以实现的法律途径。

按照保险法理论，保险赔偿请求权是被保险人在食品安全责任保险中的固有权利，是其作为保险保障对象身份的集中表现。这意味着不论被保险人是与投保人相互独立的法律主体，还是与投保人合二为同一个法律主体，也不因被保险人作为企业组织体是否具有法人资格，还是个人独资企业、个体工商户、农村承包经营户等个体经营者，均在具体的食品安全责任保险关系中独立地享有该项请求权，至于被保险人的资本规模、经营范围、社会声誉等抑或大中型企业、微小企业的分类等均不会影响到该请求权的归属。

按照民商法理论，被保险人在食品安全责任保险中享有的保险赔偿请求权的本质属于该责任保险合同约定的债权，其权利内容仍然是由特定的请求权所构成的，即被保险人在具备法定和约定条件的情况下，请求保险人向其履行支付保险赔偿金的义务。鉴于此，被保险人行使保险请求权就应当以债权理论为基础，以合同法的规则为依据。分析我国现有立法体例可以发现，有关保险合同的法律

规则大多纳入了《保险法》的保险合同部分。因此，被保险人行使保险赔偿请求权，首先要遵守食品安全责任保险的约定，其次是适用《保险法》的有关规定，提出保险索赔请求，并提供相关资料，以便进行理赔，直至按照食品安全责任保险合同的约定向被保险人支付保险赔偿金。但是，被保险人在行使保险赔偿请求权过程中涉及《保险法》尚未规定的情况，当然就应当适用《合同法》的有关规定。因为，《合同法》作为统一规范和调整各类合同关系的法律规范体系，是“社会分工及其不断专业化、细化，是生产社会化的必然结果”，[1] 保险合同是适用于保险市场的合同类型，属于民商合同的组成部分。

第二，被保险人的通知义务。

被保险人承担的通知义务是各类保险关系内容的重要组成部分，该义务的履行不仅可以确保保险关系的稳定运行，也关系到各方当事人的切身利益。具体到食品安全责任保险，因其特定的保险内容，决定了被保险人在该责任保险中承担的通知义务包括食品产品变更的通知和发生食品安全事件的通知。

其一，被保险人承担的食品产品变更的通知义务。

这是被保险人在食品安全责任保险中承担通知义务的具体内容之一，其义务内容表现为，被保险人在食品安全责任保险合同约定的保险期间因食品产品的生产、经营或销售等环节涉及新产品的试制、试销或者合同约定范围内的食品产品的物理成分或化学成分发生变化的，被保险人有义务在合同约定的时间范围内或者合理的时间内通知保险人。

被保险人履行食品产品变更的通知义务的价值，在于重新确认双方平等的权利义务关系。因为，上述食品产品所发生的变更，往往会导致被保险人在食品产品的生产经营过程中形成食品安全责任的风险发生概率的改变，这使得保险人在原有的发生食品安全责任风险情况为依据确定的保险责任赖以为续的基础有所改变，而保险

[1] 刘瑞复主编：《合同法通论》，群众出版社 1999 年版，第 47 页。

人对此变化不一定知情，故被保险人作为必然的知情人就应当通知保险人，以便让保险人根据新的情况作出判断，并决定所应采取的措施。若不如此，对于保险人而言就是有失公平，所以，责成被保险人承担食品产品变更时的通知义务实质上是平衡彼此之间因新情况的出现而构成的新的利益冲突的法律举措。

如果被保险人未履行该项通知义务就会让其承担不利的法律后果，即“因保险标的的危险程度显著增加而发生的保险事故（发生食品安全事件——笔者注），保险人不承担赔偿保险金的责任”（《保险法》第52条第2款）。

其二，被保险人承担的发生食品安全事件的通知义务。

要求被保险人在食品安全责任保险中承担发生食品安全事件时的通知义务，是我国《保险法》第21条所规定的出险通知义务在食品安全责任保险中的具体适用，具体表现为，被保险人在食品安全责任保险合同约定的保险期间内知道发生食品安全事件或者得知食品安全事件中遭受损害的第三人向其提出或者通过起诉来提起民事索赔请求时，应当及时通知保险人。

被保险人履行该项通知义务的意义，显然是为了让保险人及时知道发生保险事故——食品安全事件的情况，以便及时了解有关情况，收集证据资料，为将来的保险理赔做准备，并采取相应的处置措施。尤其是便于保险人适时行使和解参与权，用以维护自身的合法权益。

如果被保险人出于故意或者重大过失未及时通知保险人的，依据《保险法》第21条的规定，被保险人就有可能要为此承担不利的法律后果，即由此致使保险事故（食品安全事件——笔者注）的性质、原因、损失程度等难以确定的，保险人对无法确定的部分，不承担赔偿保险金的责任。

第三，被保险人承担的协助义务。

适用于食品安全责任保险的协助义务，是针对该责任保险的特定内容而确立的通知义务，其内容表现为，被保险人在保险人根据其索赔请求而进行保险理赔的过程中，针对理赔的需要而负有予以协助的义务。

不言而喻，食品安全责任保险的被保险人向保险人履行协助义务的目的，是为了保险人及时地进行理赔，确保食品安全责任保险的保障功能有效地实现。可见，借助被保险人履行该协助义务，既关系到保险人之保险责任的认定，维护其合法权益，又直接涉及被保险人之保险请求权的行使效果，影响其在食品安全责任保险合同中的保险利益。

鉴于我国《保险法》对于此协助义务只在某些条文中有所涉及而未正面加以规定的局面，结合我国的保险实务，可以概括该协助义务包括如下主要内容：一方面是以作为为内容的协助义务，具体有被保险人有义务协助保险人进行调查；有义务提供必要的文件和其所知道的有关情况；另一方面是以不作为为内容的协助义务，具体有被保险人不得违反约定剥夺保险人的和解参与权；不得与食品安全责任保险的第三人恶意通谋使该第三人获取超过实际的高额赔偿等。

3. 食品安全责任保险的第三人的直接保险赔偿请求权

在此，所谓第三人的直接保险赔偿请求权，是指食品安全责任保险中受害的第三人直接请求保险人向其支付保险赔偿金的权利。之所以在食品安全责任保险中确认第三人享有直接保险赔偿请求权，是适应责任保险制度的发展趋势。正如学者所指出的："责任保险之目的本来在于保护被保险人，但近来其保护重心渐移于受被保险人侵犯之第三人，亦即受害人。"[1]在此形势下，保险法理论界越来越多的声音是呼吁改变传统责任保险制度上否认第三人的直接保险赔偿请求权的观念，承认责任保险的第三人有直接保险赔偿请求权。理由是，"责任保险的意义在一定程度上是为受害人的利益而存在，若不承认第三人对保险人的损害赔偿请求权，不利于保护第三人的利益"[2]。

从民商法理论上探讨，第三人在食品安全责任保险中的法律地

---

[1] 郑玉波著：《民商法问题研究（二）》，三民书局 1980 年版，第 194 页。

[2] 许崇苗、李利著：《中国保险法原理与适用》，法律出版社 2006 年版，第 377 页。

位决定了其应当享有直接保险赔偿请求权。因为，责任保险的主体结构表明食品安全责任保险关系不仅存在着相互对应的保险合同所生之债的当事人——保险人与投保人、被保险人，而且，还必然有受害的第三人参与其中，并且，受害的第三人是获取食品安全责任保险之补偿效果的最终承受者，用以保护其食品消费者的消费利益。由此使得该责任保险具有类似于第三人利益合同的属性，所谓第三人利益合同，是指合同的双方当事人约定，由其中一方向第三人为一定给付行为，而第三人因此直接取得请求其给付权利的契约[1]。由于第三人利益合同的适用效果是满足第三人的利益，故又称其为利他合同。

在保险领域中，早期的责任保险理论因突出对被保险人的风险转移和分散功能，而强调保险人与被保险人之间的保险赔偿关系和被保险人（侵权人）与第三人之间的民事赔偿关系为各自独立的民事法律关系，故而保险人只向被保险人支付保险赔偿金，则受害的第三人不得向保险人直接请求保险赔偿金。但是，如今的责任保险制度因其保护目标明显地转向受害的第三人，这意味着责任保险的第三人所处地位近乎于第三人利益合同中的第三人。“为此，保险立法有日益要求保险人直接向第三人赔偿保险金的趋势。”[2] 而且，确立第三人对保险人的损害赔偿请求权，并未损害被保险人的利益，而且，第三人通过直接向保险人行使保险赔偿请求权可以简化法律程序，降低经济成本和时间成本，便利其及时获取保险赔偿金。从而，确认第三人享有对保险人的直接保险赔偿请求权已为大势所趋。我国《保险法》第 65 条第 2 款正是在此意义上规定：“责任保险的被保险人给第三者造成损害，被保险人对第三人应负的赔偿责任确定的，根据被保险人的请求，保险人应当直接向该第三者赔偿保险金。被保险人怠于请求的，第三者有权就其应获赔偿部分

---

[1] 佟柔主编：《中华法学大辞典》，中国检察出版社 1995 年版，第 118 页。

[2] 许崇苗、李利著：《中国保险法原理与适用》，法律出版社 2006 年版，第 377 页。

直接向保险人请求赔偿保险金。”因此，当事人在食品安全责任保险合同中，亦应当明文规定第三人享有向保险人直接保险赔偿请求权。

当然，第三人行使该直接赔偿请求权也不能过于随意，而是应当服从相应的条件。根据上述的《保险法》第65条的规定精神，食品安全责任保险的第三人向保险人行使该项直接保险赔偿请求权时，应当具备的条件包括：①被保险人对该第三人依法应当承担的民事赔偿责任已经确定，此类确定的依据可以是人民法院或者仲裁机构的裁判文书，也可以是国家有关主管机关的行政文书，或者是保险人与被保险人达成的责任认定协议等。②本食品安全责任保险的被保险人怠于向保险人行使保险赔偿请求权，具体的尺度是，存在着被保险人有能力和条件向保险人提出保险索赔却无正当理由情况下，不积极地行使保险索赔权的事实。

三、食品安全责任保险之保险责任与责任免除的认定与适用

论起食品安全责任保险的适用，其核心内容当属保险人的保险责任，它涉及该责任保险之设立目的和保险职能的有效实现。因此，如何认定保险人在食品安全责任保险中承担的保险责任就成为保险责任得以适用的前提条件，而保险责任的适用也就是食品安全责任保险运作的实际过程。

1. 食品安全责任保险之保险责任的认定

鉴于保险人的保险责任在食品安全责任保险中具有至关重要的作用，各方当事人均对其十分关注，则认定保险人的保险责任就成为正确履行保险责任的首要环节。从保险实务角度讲，认定食品安全责任保险的保险责任涉及其责任内容、责任范围、成立时间等诸多方面。

第一，食品安全责任保险之保险责任构成内容的认定。

相比较各类责任保险，食品安全责任保险的保险责任的构成内容体现出该责任保险的社会分工而要求的特定性，具体限定于社会

公众日常的食品消费领域，即由于约定的食品存在有害于消费者的瑕疵而引起食品安全事件造成消费者的损害，被保险人因此依法应当向受害的第三人（消费者）承担的民事赔偿责任。按照具体的法律地位，进一步分成基本责任与附加责任。

通常情况下，食品安全责任保险的保险责任是由如下具体内容所构成的。

其一，因食品安全事件造成的第三人的人身损害和财产损失。该责任保险针对的是食品安全责任风险，因此，被保险人在该责任保险合同约定的责任期限内，由于其所生产、经营、流通和销售的食品产品存在瑕疵引起食品安全事件，造成消费或使用该食品产品的消费者或使用者以及其他任何人员的人身伤害、罹患疾病、死亡或者造成相应的财产损失的，依法均应当由被保险人承担民事赔偿责任，则食品安全责任保险的保险人要对此承担保险赔偿责任。

不过，在认定食品安全责任保险的保险责任时，还应注意掌握下述标准：首先是造成损害的食品产品是否属于承保的保险标的范围。只有承保范围内的食品产品造成的损害，被保险人对此应当承担的民事赔偿责任，保险人才应当承担保险赔偿责任。其次是食品安全事件是否发生在责任期间内或者第三人是否在责任期间内提出民事索赔。当然，运用此标准的依据在于食品安全责任保险约定的承保方式，若按期内发生式承保的，只有食品安全事件发生在责任期间内的，保险人承担保险责任。但按期内索赔式承保的，则只要第三人在责任期间内提出民事索赔的，保险人应当承担保险责任。再次是被保险人是否应当承担民事赔偿责任。也就是说，只有被保险人依据有关法律应当对食品安全事件造成的损害承担民事赔偿责任的，保险人才对此承担保险赔偿责任。此外，食品安全责任保险的保险人承担保险赔偿责任是以该责任保险合同约定的赔偿限额为限度。

如果涉及被保险人开办经营的餐厅、宾馆、旅馆等场所的自制、自用的食品、饮料发生食品安全事件致消费者、使用者损害而产生的法律责任的承担，因其具有公共场所致第三人损害的性质，可以选择另行投保公众责任保险寻求保险保障。但又因其包含食品安全事件致第三人损害的事实，也可以事先经过协商而将其纳入食品安全责任保险的适用范围。

其二，被保险人所支付的有关费用。这是指被保险人在食品安全事件发生后，被保险人为确认该事件的性质、查明原因以及责任归属等事宜所花费的诉讼费用和其他有关费用，由于其涉及保险人所支付保险赔偿金的数额，故属于食品安全责任保险的保险责任范围。但是，根据责任保险的实务经验，保险人承担这些费用，应当符合两个条件：一是属于必要的、合理的费用支出；二是这些费用的支出应当事先经过保险人书面同意。但是，保险人承担的本项费用和上述的保险赔偿金之和应当以该责任保险列明的赔偿限额为限。

其三，实施召回而产生的损失。此项保险责任应当是食品安全责任保险之保险责任中的附加责任。其内容是指该责任保险的被保险人因食品安全事件的发生，或者因其发现所生产经营的食品产品存在有损或可能损害消费者身心健康的瑕疵而下达召回该食品产品的决定，并在实施该政策过程中导致消费者的损失和被保险人自身的损失。具体表现为，因实施食品产品召回而造成的第三人损失，被保险人依法承担的民事赔偿责任。而由于实施食品产品召回而造成的自身损失，则是指被保险人为实施召回而支出的必要的、合理的有关费用，诸如，通信、运输、储存、销毁所需费用等。

考虑到社会实践中，食品产品的生产经营企业实施召回举措往往是与食品安全事件密切相连，或者是起因于食品产品存在瑕疵，是这些企业履行对社会承担的食品安全注意责任的行为，与落实国家的食品安全政策不可分离，故将该项损失确立为食品安全责任保险的附加责任，纳入保险人之保险责任的组成部分，用以鼓励被保险人主动地自觉地对于其问题食品实施召回。

当然，运用该项附加责任，要注意的是，① 在投保了食品安全责任保险基本险的前提下，另行投保该项召回责任附加险。② 被保险人明确向社会表达针对问题食品实施召回。③ 该项责任的内容，包括被保险人因实施召回而造成消费者损失而应依法承担民事赔偿责任和被保险人自己由于对问题食品实施召回而造成的自身损失。

2. 认定食品安全责任保险的适用范围

食品安全责任保险之保险责任的特定性意味着其只是适用于特定范围，所以，出于界定该责任保险范围的需要，区分食品安全责任保险与其他保险险种的保险责任，以便确保该责任保险的适用与其保障效果相一致，并符合当事人订立食品安全责任保险的初衷。为此，对食品安全责任保险的保险责任的认定应当排除以下情况。

第一，认定食品安全责任保险之保险事故所应排除的情况。

谈到认定食品安全责任保险之保险责任的范围，首先就涉及应当排除保险人所需承担保险责任范围以外的情况。

其一，从经济内容上讲，认定食品安全责任保险之保险责任应当予以排除的情况，保险人不应当对其承担保险责任。例如，食品安全责任保险承保的保险标的以外的食品产品造成的消费者损害；根据食品安全责任保险合同约定的承保方式，采取期内发生式而食品安全时间发生在责任期限以外所涉及的被保险人的民事赔偿责任，抑或采取期内索赔式而第三人在责任期限以外提出的民事索赔所涉及的被保险人的民事赔偿责任；被保险人依法无需承担民事赔偿责任所涉及的消费者的损害；被保险人对第三人承担的民事赔偿责任而超过食品安全责任保险约定的保险赔偿限额的部分；与食品安全责任有关的精神损害；应当属于食品安全责任保险的责任免除规定范围内的食品消费者的损害等，均在适用食品安全责任保险时，保险人所应承担的保险责任范围以外。

其二，从被保险人的主观要件上讲，认定食品安全责任保险之保险责任应当予以排除的情况。责任保险制度对于侵权责任制度的影响许久以来饱受诘问，不少学者提出责任保险制度削弱了侵权行为法抑制侵权行为发生的功能，使“侵权行为法正处于危机状态”。[1] 因此，为了扭转这种夸大责任保险制度负面影响的观点，就应当客观地指

---

[1] 转引自王利明主编：《民法·侵权行为法》，中国人民大学出版社 1993 年版，第 68 页。

出，包括食品安全责任保险在内的责任保险“将受害人遭受的损失分散给社会大众共同承担，将进一步提升民事责任填补损害的功能”，而“成为侵权损害赔偿制度的有益补充。”[1]

以食品安全责任保险之保险责任的适用范围排除被保险人的故意导致的食品安全事件造成的损害便是例证。

首先，食品安全责任保险主要适用于被保险人无有过错的意外性食品安全事件。在现有科学技术水平下，被保险人从事食品的生产经营过程中同样面临着其难以预见的、无法控制的，或者由于消费者个体差异导致的意外性或者偶然性的灾害事故。对此类食品安全事件造成的消费者损害，食品生产经营企业并无主管过错，适用食品安全责任保险提供保险保障，当然符合其转移食品安全风险给社会公众分担的保险功能。这也包括被保险人的代理人或其雇员的过错行为引发的食品安全事件，对于被保险人而言，是无有过错的。

其次，食品安全责任保险适用于被保险人一般过失导致的食品安全事件。从客观上讲，食品生产经营企业对于食品安全事件的发生存有不同的主观过错，表现出其作为侵权行为人实施食品安全侵权过程中不同的主观恶意程度，其中，被保险人因其一般过失引起的食品安全事件造成的消费者的损害而承担的民事赔偿责任。在此，被保险人主观上的一般过失说明被保险人在食品安全事件中的主观违法程度较为轻微，对其侵权责任的追究更需要强调教育和惩戒作用，达到督促其接受承担民事赔偿责任后以一个勤勉、谨慎的商事经营者的注意义务从事食品的生产经营，有效地防止新的食品安全事件的发生。与此同理，对被保险人的一般过失适用食品安全责任保险就能够充分发挥其保险保障效果。

再次，被保险人因故意和重大过失引起的食品安全事件导致的消费者损害，对受害的第三人承担的民事赔偿责任应当排除在食品安全责任保险的适用范围以外。究其原因，食品产品的生产经营企

[1] 韩长印、韩永强编著：《保险法新论》，中国政法大学出版社 2010 年版，第 296 页。

业属于商事领域内专门从事食品产品生产经营，并向社会公众提供食品产品的职业化生产经营者。出于保护广大消费者的食品消费安全，维持社会正常秩序的需要，理应强调这些食品生产经营企业以高于民事主体的谨慎注意义务从事食品的生产经营活动。但这些食品产品的生产经营企业故意或者基于重大过失引起食品安全事件发生，表明其主观上违法程度十分严重，势必需要对其追究法律责任，以其因此自行承担消极利益的不利后果的方式来达到教育和惩戒的效果。相应地，排除食品安全责任保险对此范围的适用，就实现了与责任保险制度与侵权责任制度的立法目标的协调统一。

第二，认定食品安全责任保险的适用区域。

认定食品安全责任保险还涉及其约定的适用区域范围。由于食品行业企业所生产经营的食品产品的销售区域或者消费区域难以准确地界定，而保险公司考虑到经营效率，其食品安全责任保险所适用的范围则需要加以明确，具体表现在双方当事人在签订食品安全责任保险时，应当在适用区域条款中明确约定承保的区域范围，用以界定该责任保险适用的地区范围。

在保险实务中，通常约定区域范围的方式有两种，一种方式是在适用区域条款中用列举的方式明确约定特定的区域为承保范围。诸如，明确列举我国国内的某个或某几个地区，或者列举某个国家或地区或者某几个国家或地区。另一种方式是在适用区域条款中没有约定适用的区域，表明该食品安全责任保险是以全球为其承保的适用范围，而没有适用区域的限制。当然，运用后一种方式时，还应当有司法管辖权条款。

3. 食品安全责任保险之保险责任的成立时间和责任期间的认定

认定责任保险之保险责任的成立时间，在理论上和实践中存在着不同看法，有的学者将其概括为四种[1]：第一，损害事故说，即保险人在责任保险中的保险责任成立于损害事故发生之时。第二，

[1] 参见梁宇贤著：《保险法新论》，中国人民大学出版社 2004 年版，第 208～209 页。

被保险人接受请求说，即保险人在责任保险中的保险责任成立于第三人向被保险人提出赔偿请求时。第三，被保险人责任发生说，即保险人在责任保险中的保险责任成立于被保险人向第三人承担的民事赔偿责任被确定时。第四，赔偿义务履行说，即保险人在责任保险中的保险责任成立于被保险人向第三人实际履行赔偿责任之时。

笔者认为结合保险市场实务经验，认定食品安全责任保险之保险责任的成立时间采取被保险人责任发生说比较科学，也与食品安全责任保险的运行情况相吻合，有利于落实国家的食品安全政策。理由是，食品安全责任保险是专门适用于食品消费领域的责任保险，其指向的保险标的是被保险人依法对受害的第三人承担的民事赔偿责任。从而，一旦被保险人所应承担的民事赔偿责任被确认，除了法律另有规定以外，保险人就应当实际承担保险责任了，据此成立该保险责任便无可置疑。而在被保险人的民事赔偿责任确认之前，保险人是否需要实际承担保险责任因缺乏法律前提而尚无法确认。至于认定保险人在食品安全责任保险的保险责任是否需要被保险人接受到第三人的索赔请求，应当不影响保险责任的成立。这是与当代责任保险制度因强调保护受害第三人利益而确立第三人享有直接保险赔偿请求权的发展趋向相一致的。同理，被保险人向受害的第三人实际履行民事赔偿责任更不能成为保险人之保险责任成立的条件。当然，为了避免出现争议，当事人应当在食品安全责任保险合同中就保险人之保险责任的成立时间作出明确规定。

食品安全责任保险之保险责任的认定还涉及其责任期间。其中，食品安全责任保险的保险期限是认定其责任期间的首要依据。客观地说，食品产品一般都属于一次性消费的易耗品，因此，食品安全责任保险的保险期限便与一般的财产保险大体相同，通常为1年。期满后可以续保。但是，考虑到有些食品产品，尤其是新型食品或者使用了新的原材料、辅料或者添加剂的食品产品，其因存在危害性瑕疵造成的损害后果并非立时显现，则当事人可以就此对保险期限作出特别的约定。

而且，保险人在具体的食品安全责任保险中的承保方式不同，也对食品安全责任保险的责任期间的认定产生影响。由于食品安全事件造成的消费者损害情况可能是复杂多样的，而这些受害的第三人确认自己遭受的损害结果和向被保险人进行民事索赔等情况亦是千差万别的，因此，保险人在食品安全责任保险合同中适用的承保方式也就不应当“一刀切”。在保险实务中，有期内发生式和期内索赔式等两种承保方式可供选择。所谓期内发生式，是指保险人在食品安全责任保险中承保的保险事故——食品安全事件必须发生在该责任保险合同约定的保险期限之内，保险人才承担保险责任。至于食品产品是否在保险期限内生产或者销售、食品安全事件致消费者损害的后果何时发现，以及被保险人提出保险索赔是在保险期限之内还是之后等均不会产生影响。所谓期内索赔式，则是指保险人承保在食品安全责任保险合同约定的保险期限内形成的保险索赔涉及的保险赔偿责任。具体表现是，只要被保险人在该责任保险合同约定的保险期限内向保险人提出保险索赔请求的，不论相应的保险事故——食品安全责任事件发生在保险期限内还是保险期限之前，保险人就应当承担保险赔偿责任。当事人应当根据所涉及的食品产品的具体情况，选择相应的承保方式并在食品安全责任保险合同中作出规定。

此外，认定食品安全责任保险的责任期间还涉及被保险人的索赔期限。如前所述，保险人在食品安全责任保险中所承担的保险赔偿责任属于一种债务，与此相对应，被保险人基于该责任保险合同的约定而享有的请求保险人进行保险赔偿的权利就是一种约定的债权，而受害的第三人基于保险法的规定所享有的直接请求保险人予以保险赔偿的权利就是一种法定的债权。不过，从社会关系稳定和谐发展和加速民商事流转的需要出发，这种相互对应的保险债权与债务关系在具备实现条件时应当及时地完成。为此，被保险人和第三人的保险请求权的行使就必须服从索赔期限的约束。首先，对于被保险人而言，其向保险人请求保险赔偿的索赔期限，从发生约定的食品安全事件造成第三人损害显现（或者约定的被保险人向受害的第三人承担的民事赔偿责任确定）时起，不得超过 2 年。其次，就受害的第三人来讲，其享有的直接保险赔偿请求权虽然是保险法为了保护消费者的合法消费利益而赋予的法定权利，然而，着眼于保险合同各方当事人之间平等的法律关系，第三人行使该保险请求权同样要接受有关索赔期限的约束，以保护保险人的合法利益。即从具备行使该保险请求权的条件时起的2年内。

需要明确的是，笔者对于《保险法》第26条将保险索赔期限规定为诉讼时效持有异议[1]。理由是，被保险人或者第三人行使上述的保险赔偿请求权均是引起保险人履行保险责任这一债务的开始，并非是因保险人拒不履行保险责任（债务）而寻求法院的强制保护，尚未出现适用诉讼时效的前提。因此，当事人应当在食品安全责任保险中就被保险人和第三人行使保险请求权的索赔期限作出明确规定。

3. 食品安全责任保险之责任免除的认定

按照保险市场的惯例，责任免除同样是食品安全责任保险的必要组成部分。该部分的存在对于处理食品安全责任保险与其他各类保险的适用关系，界定保险人在食品安全责任保险中的保险责任范围等均具有重要的作用。因此，认定食品安全责任保险也必然涉及对其责任免除部分的理解和确认。一般而言，保险人在食品安全责任保险中对下列原因导致的消费者的损害，是不承担保险责任的。

第一，被保险人因故意或者重大过失而发生食品安全事件导致的消费者、使用者的人身伤害和财产损害的。之所以将该项列为食品安全责任保险的首要责任免除事由，原因是被保险人在食品产品的生产经营中导致食品安全事件发生，盖源于其持有故意或者重大过失之类的主观过错所致。这类主观过错意味着被保险人作为食品行业中专门从事食品产品生产经营的职业化经营者，基于其严重的违法意识而不履行所承担的谨慎注意义务，故意或者放任食品安全事件的发生，损害广大食品消费者的消费利益，形成违反国家食品

---

[1] 详见贾林青著：《保险索赔时效的性质不宜规定为诉讼时效》，载贾林青主编：《保险法判案新解》，中国人民大学出版社2011年版，第175页。

安全政策的行为，并与食品安全责任保险的适用目的完全相悖，自然不应当纳入该责任保险的适用范围。

第二，被保险的食品本身的损失。该项责任免除事由强调的是保险人在食品安全责任保险中承保的保险标的——食品产品本身的损失。顾名思义，食品安全责任保险所承保的是被保险人在从事食品产品生产经营中所涉及的食品安全责任风险，而食品产品仅仅是该责任保险的保险标的，其本身由于外界原因导致的损失或者因自身缺陷导致的损失等，皆不属于食品安全责任风险，故而不属于食品安全责任保险的保险责任。如果食品产品的生产经营企业欲对此寻求保险保障，就应当将这些食品产品列入企业资产，另行投保财产损害保险。

第三，根据劳动法或者雇主责任法的规定或者劳动（雇佣）合同的约定，应当由被保险人对其雇员以及有关人员承担的损害赔偿责任。食品安全责任保险的被保险人在日常生产经营中依据劳动法或者雇主责任法所承担的此类责任，往往是基于其与受害的职工或雇员之间的劳动（雇佣）关系而产生的伤亡赔偿、丧葬、抚恤、救济等费用。这些都与食品安全责任无关，因而不应当纳入食品安全责任保险的保险责任范围。

第四，被保险的食品仍处于被保险人的生产销售场所，且其所有权尚未转移给消费者、使用者时发生食品安全事件造成的损害；此项责任免除事由的确认，在于其所涉及的食品产品仍然处于被保险人的管控之下，尚未进入消费领域。因其发生的食品安全事件导致的损害与食品安全责任保险的保障范围是风马牛不相及，而应当运用其他保险险种进行处理。如果该食品安全事件造成被保险人的职工或雇员损害的，应当依据劳动法的规定予以处理；如果该食品安全事件造成第三人损害的，可以依据《侵权责任法》处理，或者投保公众责任保险。

第五，被保险人依据有关合同约定所应承担的合同责任。应当说，食品安全责任保险所针对的食品安全责任风险，应当属于侵权责任。因此，此项责任免除事由所指的却是被保险人基于其他合同关系所形成的违约责任，故排除在食品安全责任保险的保险责任之外就是自然而然的。

第六，被保险人违法生产、分配、销售的食品造成他人的人身伤害、疾病、死亡或者财产损失。这一类违法行为体现出被保险人违法的恶意程度，则由此产生的致人损害结果应当由其自行承担，以此表明国家法律对此类恶意违法的法律制裁，而不能利用食品安全责任保险的风险转移功能让违法者逃避法律的制裁。从而，将此列入食品安全责任保险的责任免除也就理所当然。

第七，由于发生食品安全事件导致被保险人营业中断的损失。按照责任保险的法律设计，食品安全责任保险涉及的是被保险人依法对食品安全事件的受害第三人承担的民事赔偿责任，而此处所讲的被保险人的营业中断损失，是指由于食品安全事件引起的被保险人自身的营业损失，与被保险人按食品安全责任保险约定的其对第三人损害的民事赔偿责任无关，不应当适用食品安全责任保险，而可以另行投保营业中断险。

第八，食品的消费者、使用者食用已过保质期食品导致的中毒事件。此类中毒事件以及由此产生的损害后果，完全是出于受害的消费者、使用者的自身行为所致，与食品安全责任的被保险人的生产经营行为本无致害的因果关系，故应当排除在该责任保险的保险责任范围以外。但应当注意，如果上述中毒事件是因被保险人故意销售的已过保质期的食品，或者被保险人未在食品包装上注明保质期限等导致的，则不属于该项责任免除事由的内容，而应当另行依法处理。

第九，被保险人因其违法生产经营行为而被执法部门处罚的各种费用和相关的调查、鉴定、检验、交通、劳务等费用。在此所列举的诸多费用均是由于被保险人违法生产经营导致的、应当由其承担的行政法律责任，是国家行政主管机关行政执法的法律后果，因此，为了维护国家行政机关行政执法的权威性和对行政违法行为的制裁性，不应当利用食品安全责任保险进行风险转移，故属于该责任保险的责任免除。

四、食品安全责任保险之保险责任的适用

食品安全责任保险的保险责任适用应当是该责任保险的保险保障功能得以实现的唯一途径。因此，研究食品安全责任保险之保险责任的适用就意义重大，其涉及该责任保险之法律功能的充分实现。

如果全面理解食品安全责任保险之保险责任的适用效果的话，与其他各类保险险种一样，也体现在出险与不出险的两个方面。

1. 食品安全责任保险的保险责任在未发生食品安全事件时的适用效果

具体到食品安全责任保险的适用，所谓不出险就是指其在约定的责任期间内并未发生食品安全事件，对此，很多人会认为，食品安全责任保险买得不值。但是，笔者的看法不同：投保食品安全责任保险决不会放任食品安全事件发生，而是为了尽可能地杜绝此类事件的发生，达到维护广大社会公众消费利益的社会效果。

正是在此意义上讲，适用食品安全责任保险过程中不出险——未发生食品安全事件，这不仅符合国家食品安全政策的要求，与广大消费者的消费利益相一致，也应当是食品安全责任保险适用效果的客观表现。因为，在食品消费领域适用食品安全责任保险的宗旨，就在于落实国家食品安全政策，保护社会公众的食品消费安全。如前所述，食品安全责任保险此目标的实现，正是借助该责任保险的约束力，督促食品行业的生产经营企业在食品产品的生产经营过程中认真履行其对社会公众承担的食品安全责任。由于食品安全责任保险的内容上，有关保险人与被保险人之间的权利义务设计就是国家食品安全政策精神的具体化，当事人履行该责任保险的约定内容，便是实现国家食品安全政策的过程。

而从食品安全责任保险的保障功能角度讲，即使在未出险——未发生食品安全事件的情况下，食品安全责任保险的保险保障效果仍然是不可否认的。究其原因，食品安全责任保险作为一个独立的责任保险险种，就保险公司经营该责任保险的整体来讲，虽然，社

会公众拒绝食品安全事件的要求是强烈的，保险公司作为该责任保险的经营者在经营过程中的目标当然是追求降低发生食品安全事件，减少该责任保险的保险赔付率。但是受各种因素的影响，在适用食品安全责任保险的范围内，基于保险公司所掌握的社会生活的规律，发生食品安全事件的概率仍接近于必然。可见，适用食品安全责任保险的整体范围内，必然会因局部的个体食品安全责任保险涉及出险——发生食品安全事件而产生被保险人的民事赔偿责任，使得保险人为此向被保险人履行保险赔偿责任成为必然，故该责任保险的保障作用就无可置疑。

而就具体的食品安全责任保险来讲，被保险人在未出险——未发生食品安全事件的情况下，由于没有产生其对第三人的民事赔偿责任，也就不会有保险人履行保险赔偿的结果。仅就该责任保险的权利与义务的层面看，被保险人基于交纳保险费所取得的保险赔偿请求权并未实现对价条件。不过，从深层次角度说，被保险人仍然在享受着食品安全责任保险的保险保障。因为，被保险人在食品安全责任保险适用的过程中，其约束力必然体现在被保险人从事食品产品生产经营时所持心态上，即在其由于过失或者难以归责自身的原因引起食品安全事件依法向第三人承担民事赔偿责任时，可以在由保险人的保险赔偿予以替代履行而解除后顾之忧的基础上，认真履行食品安全责任保险中约定的各项义务来提高其在食品产品生产经营中的责任心，以谨慎注意的态度确保向社会公众提供安全的食品产品。

综合上述诸方面，均表明食品安全责任保险在不出险状态下具有的适用效果。它意味着即使不出险，该责任保险仍然发挥着相应的保险保障作用，这也是我国《保险法》规范调整中国保险市场的价值所在。

2. 食品安全责任保险的保险责任在发生食品安全事件后的适用效果

所谓出险，当然是指食品安全责任保险适用的另一方面，也就是在其责任期间内发生了保险事故——食品安全事件，被保险人依法应向受害的第三人承担民事赔偿责任。与此相对应，食品安全责任保险的适用效果集中表现在保险人履行保险责任，即按照该责任保险的约定，保险人应当向被保险人履行保险赔偿责任。应当说，保险人履行食品安全责任保险的保险责任，是该责任保险之转移和分散风险功能的直接体现，也是社会公众关注和认可其具有的保险保障作用的原因所在。

当然，保险人履行食品安全责任保险的保险责任，还应当具备相应的法律条件。否则，保险人为由于缺乏具体条件而依据《保险法》第 24 条的规定作出不属于保险责任的核定，并向被保险人发出拒绝赔偿的通知，表明其不履行保险责任的态度。

全面而言，保险人履行食品安全责任保险的保险责任，应当同时符合以下的各个条件。

第一，应当发生食品安全责任保险约定的保险事故。具体表现为，该责任保险承保范围内的食品产品发生了食品安全事件，并且，造成了消费者在消费该食品产品过程中的人身伤害和财产损失。这是食品安全责任保险的保险人履行该责任保险项下的保险责任的首要前提，因为，根据食品安全责任保险的法律设计，只有发生了特定范围的食品产品安全事件，并因此造成消费者的损失，才能出现被保险人向第三人承担民事赔偿责任的可能性。

第二，食品安全责任保险的保险事故的发生或者被保险人的保险索赔的提出是在该责任保险约定的责任期间内。该条件的确认首先取决于食品安全责任保险中有关承保方式的约定，如果约定为期内发生式，只要食品安全事件发生在食品安全责任保险约定的责任期间内，不论相应的食品产品是否在该责任期间内生产或者销售，也不管食品安全事件造成的损害发现或确定的时间，更不分受害的第三人提出索赔是在责任期间内还是期满后，保险人就应当承担保险赔偿责任；而如果约定为期内索赔式，只要被保险人在责任期间内提出保险索赔请求的，不论保险事故——食品安全事件是发生在责任期间内，还是责任期间之前，保险人就应当承担保险责任。显然，该条件是用于确认保险人应否履行食品安全责任保险之保险责任的时间因素。

第三，被保险人依法应当向食品安全事件的受害第三人承担民事赔偿责任。只有食品安全责任保险的被保险人依法应当向受害的第三人承担民事赔偿责任的，保险人才需要履行保险赔偿责任。如果被保险人依法不应对第三人遭受的损失承担民事赔偿责任的，则保险人也就无需承担保险责任。因此，该条件是确认保险人之保险责任的法律前提，这是食品安全责任保险作为责任保险具体类型的必然要求。

第四，保险人应当在食品安全责任保险约定的赔偿限额范围履行保险责任。即使确认了保险人应当向被保险人履行保险赔偿责任，保险人也只是在一定的限度内承担保险责任。原因是，食品安全责任保险属于商业保险的具体类型，其内容实质上是一种保险商品的交换活动，等价交换是其所应遵循的规则之一，故而，保险人的保险责任不可能是无限制的。赔偿限额就是保险人在食品安全责任保险中履行保险责任的限度，受害的第三人所遭受的损失超过赔偿限额的部分，应当由被保险人自行赔偿。

3. 保险人履行食品安全责任保险之保险责任的方式

相比较来讲，食品安全责任保险作为责任保险的具体险种，保险人履行保险赔偿责任的方式有自身特色，其首要因素取决于保险人是接受保险赔偿请求的对象。

第一，保险人向被保险人支付保险赔偿金。按照传统保险法理论，食品安全责任保险的保险人应当根据被保险人的保险赔偿请求，向其支付保险赔偿金。因为，被保险人是与保险人相对应的保险合同所生之债的相对人，保险赔偿请求权归属于被保险人。而且，早期的责任保险理论强调填补被保险人损失的功能，从而，食品安全责任保险的保险人应保险赔偿请求权人的请求而向被保险人支付保险赔偿金就是顺理成章的，但是，在“被保险人未向该第三人赔偿的，保险人不得向被保险人赔偿保险金”（第 65 条第 3 款）。

第二，保险人向受害的第三人支付保险赔偿金。由于现代的责任保险制度明显地将其保障功能转向保护第三人利益，则作为责任保险领域的新型险种，食品安全责任保险亦应当将保护食品安全事件的受害第三人的消费利益列为其保险功能的主要部分。正是在此意义上，我国《保险法》第 65 条第 2 款赋予了责任保险之第三人享有直接保险赔偿请求权。虽然，第三人行使该直接保险赔偿请求权是有条件的，但只要具备这些条件时，食品安全责任保险的第三人依法向保险人提出保险赔偿请求时，保险人就得向其支付相应的保险赔偿金。

不仅如此，《保险法》还规定了保险人直接向责任保险的第三人支付保险赔偿金的权利（第 65 条）。但在具体的适用中，保险人决定直接向食品安全责任保险的第三人支付保险赔偿金的，可以是“依照法律的规定或者合同的约定”来进行选择，也可以是“根据被保险人的请求”来进行选择。

食品安全责任保险条款设计

贾林青

根据建立我国产品安全（尤其是与社会公众利益攸关的食品安全）制度的实际需要，笔者针对广大社会公众作为产品消费者而追求食品（产品）安全的需求，专门设计了食品安全责任保险作为责任保险领域的一个新险种，用以保护社会公众的人身安全和财产利益。同时，借助食品安全责任保险所具有的督促食品生产企业切实履行其在食品生产经营过程中向特定的消费者承担的安全注意义务和向全社会不特定的社会公众承担的社会责任的作用，有利于我国食品安全监督管理制度的功能，故应当考虑将其纳入到我国食品安全监督体制。因此，笔者将研究设计的食品安全责任保险介绍如下，并辅之以相应的适用说明。

一、食品安全责任保险条款设计要点及其适用说明

在此，笔者就设计的食品安全责任保险条款所涉及的要点内容逐项列出，以期引起读者的了解和重视，并针对其在保险实践中的适用作出必要的法理说明，确保大家在保险实践中能够正确地把握食品安全责任保险的法律内涵，正确地对其予以理解和有效适用。

1. 食品安全责任保险的当事人条款

第一，该条款的内容：

“保险人：某某保险公司（或者分支公司）

投保人：某某公司（或者分公司、合伙企业、个人独资企业、个体工商户、农村承包经营户等）

被保险人：某某公司（或者分公司、合伙企业、个人独资企业、个体工商户、农村承包经营户等）

第三人：受害人（即因特定食品安全事件而遭受损害的社会公众）”

第二，相关的法理说明：

在食品安全责任保险中，上述当事人的身份要求各不相同。其中：

其一，食品安全责任保险的保险人应当是经中国保监会批准设立的、具有独立法人资格、具有经营责任保险业务范围的财产保险公司或专业的责任保险公司，或者是由前述保险公司依法设立的、具有在授权范围内相对独立从事保险业务经营的分支公司。

其二，食品安全责任保险的投保人可以是向保险人实施投保行为、明确表示承担交纳保险费义务、并具有独立的商事经营主体资格的、并对相应的食品安全责任保险的保险标的具有保险利益的公司、独资企业、合伙企业以及依法成立而具有相对独立经营资格的分公司，符合上述条件的个人独资企业、城市合作社、农业生产合作社、个体工商户、农村承包经营户等亦可以投保该保险险种。

其三，食品安全责任保险的被保险人，必须是依法获得相应的工商行政管理机关批准设立的、具有在食品行业领域内独立从事相应的食品（包括固态食品、液态食品、原材料、辅料、添加剂等）的生产、经营、批发、零售以及运输、储藏等环节之生产经营活动的公司、独资企业、合伙企业以及依法成立并具有相对独立经营资格的分公司、个人独资企业、城市合作社、农业生产合作社、个体工商户、农村承包经营户等。需要强调的是，食品安全责任保险的被保险人与投保人可以是同一个商事主体（公司、合伙企业、个人独资企业、个体工商户、农村承包经营户等），也可以分别是各自独立的而相互协商同意分别作为产品安全责任保险的投保人和被保险人的商事主体（公司、合伙企业、个人独资企业、个体工商户、农村承包经营户等)。

其四，产品安全责任保险的第三人，就是指基于食品安全责任保险所具有的一方当事人，其是食品安全责任保险之社会公益性的直接体现。笔者将该第三人设计为食品安全责任保险的必备当事人。其法律特点在于，当食品安全事件（保险事故）发生之前，该第三人是指除了该责任保险合同中特定的保险人、投保人、被保险人以外的一切作为保险合同约定范围内的食品之消费者的不特定的社会公众，但是，当相应的食品安全事件发生后，该第三人则从不特定的社会公众中予以特定化，转化为在上述的特定食品安全事件中遭受人身损害和财产损失的特定的受害人(消费者)。

2. 食品安全责任保险的保险标的（保险对象）条款

第一，该条款的内容：

“本保险经过投保人与保险人协商一致，以被保险人生产经营的某某食品（或者某若干类食品）为保险标的，保险人对此予以承保。”

第二，相关的法理说明：

鉴于食品安全责任保险适用于各类食品产品的生产经营行业的责任保险险种，从而，其保险标的自然是食品生产经营企业获准生产、经营、批发、零售以及运输、仓储的食品产品等，即经过产品生产企业加工、制作，并用于销售以及为此而进行运输、仓储的产品，包括产成品、半成品、副产品、试制的试制品以及用于食品生产经营所需的原材料、辅料、添加剂等。

当然，作为食品安全责任保险之保险标的的食品，根据当事人在具体的食品安全责任保险中的约定，可以是一种，也可以是若干个类型的多个品种。同时，作为食品安全责任保险之保险标的的食品，应当是法律认可的合法产品，从而，假冒食品、仿冒食品等均不能成为该责任保险的保险标的。

而且，食品安全责任保险的保险标的限于具有物质形态的食品产品，从而，有关食品的生产方法、服务产品、非物质的精神产品等就不能成为该责任保险的保险标的。

3. 食品安全责任保险的保险责任条款

第一，该条款的内容：

“当发生下述产品安全责任事件时，保险人在约定的赔偿限额内承担保险责任：

其一，食品安全责任，即消费者或者使用者在消费、使用被保险人生产、制作、加工或者销售的食品过程中，因食品存在明显瑕疵或者隐蔽瑕疵或者潜在瑕疵而发生意外事件或者偶然事故，造成消费者、使用者或者其他任何人的人身伤害、罹患疾病、死亡或者财产损失，被保险人依法应当承担损害赔偿责任的；

其二，食品召回责任，即因被保险人实施食品召回而导致食品的消费者或者使用者遭受的人身伤害或者财产损失，被保险人依法应当承担损害赔偿责任的；

其三，特别约定的一般过失，即经双方特别约定，因被保险人的一般过失而发生上述食品安全责任事件，被保险人依法应当向第三方受害人承担损害赔偿责任的；

其四，与食品安全责任事件相关的费用，即经当事人约定的、被保险人在上述食品安全责任事件发生过程中或者处理过程中所发生的相关费用。”

第二，相关的法理说明：

笔者设计的食品安全责任保险的保险保障范围大于现有的适用于食品行业的产品责任保险，集中表现在该保险合同所确定的保险责任的内容范围。当然，为了达到理解和适用食品安全责任保险之保险责任条款的内容，需要作出如下说明。

其一，在运用食品安全责任保险的基本责任部分时，应当注意的是：

（1）该条款中的所谓的消费者，是指社会公众为了满足其物质消费需要，并基于买卖、租赁、承揽、借用等各类合同关系而与被保险人之间存在有关食品消费的权利义务的特定者。与此不同，所谓的使用者，是指消费者以外的为满足其物质消费需要而使用被保险人所生产经营的食品的特定人。

（2）该条款中的明显瑕疵，是指被保险人生产经营的食品所存在的不符合国家法定的食品质量标准的、用一般经验就可以判断的食品缺陷。而所谓隐蔽瑕疵，是指被保险人生产经营的食品所存在的不符合国家法定的食品质量标准、但是需要专业技术人员运用专业知识和专业设备才能够判断发现的食品缺陷。至于潜在瑕疵，则是指被保险人生产经营的食品虽然符合现有的法定的食品质量标准，但因该食品质量标准受现实科技水平的限制而未能涵盖的食品技术指标，或者存在缺陷的技术指标，或者因消费者、使用者的个体差异或因食品在运输、仓储过程中的原因而存在的质量缺陷。

（3）认定被保险人依法应当承担的损害赔偿责任，其应当存在的主观要件限于被保险人无过错，但是依法应当适用无过错责任原则而需要承担法律责任的情况范围之内。当然，按照无过错责任原则的理论，在该法定的适用无过错责任原则的范围内，被保险人对于食品安全事件的发生有主观过错的，更应当承担法律责任。

（4）该食品的消费者、使用者遭受食品安全事件的损害大多发生在作为被保险人的食品生产经营企业生产、制作、加工或者经营、销售该食品的场所以外；也可以是生产、经营或者销售该食品的现场，但其法律前提是该食品的所有权已经转移到消费者手中。

其二，在适用食品安全责任保险的食品召回责任部分时，应当注意，该食品召回责任专指被保险人因食品存在安全问题而对其实施召回而应当向受害的第三人承担的损害赔偿责任以及被保险人为实施食品召回所需支出的有关费用。笔者设计食品安全责任保险时，考虑到对食品实施召回的原因大多源自该食品所存在的安全问题，故将其一并纳入到食品安全责任保险的保险责任范围之内，但是，又与上述的基本责任相区别，属于基本责任之外独立的附加责任。该附加责任的适用条件是，需要经过当事人特别约定后，才能够予以适用，而且，专门适用于食品安全事件中发生食品召回的情况。

其三，特别约定的一般过失部分，由于一般过失的过错程度较轻，因此形成的食品安全事件的损害程度和社会影响有限，而将一般过失吸收到食品安全责任保险的保险责任范围内。做此规定有利于调动作为被保险人的食品生产经营企业自觉履行食品生产经营过程中的安全注意义务和社会责任的主动性。当然，能否将被保险人的一般过失纳入该保险责任，是以双方当事人在食品安全责任保险合同中加以特别约定为前提条件的。

其四，在适用与食品安全责任事件相关的费用部分时，应当注意，这些费用的发生和支付应当是与食品安全责任事件密不可分的，经过双方当事人的约定后，将其纳入保险责任之中，由保险人予以承担。在现实生活之中，作为被保险人的食品生产经营企业因食品安全责任事件而产生相关的费用或者由食品的生产经营企业支付费用是难以避免的，诸如，食品生产经营企业因实施食品召回而需要支出的费用或遭受的损失，或者为了确定被保险人是否要承担损害赔偿责任以及具体的赔偿数额而参与诉讼或仲裁所支出的诉讼（仲裁）费用、律师费用、调查取证费用等。此类费用与食品安全事件存在不可分离的关系，则应当将其纳入食品安全责任保险的保险责任之列。不过，如果被保险人在法庭以外与因食品安全事件而受害的第三人协商解决损害赔偿事宜而产生的费用，是否能够列入保险责任，则取决于保险人与投保人在食品安全责任保险中的约定。

4. 食品安全责任保险的责任免除条款

第一，该条款的内容：

“保险人对下列原因导致的损害，不承担保险责任：

其一，被保险人因故意或者重大过失而发生食品安全事件导致的消费者、使用者的人身伤害和财产损害；

其二，被保险的食品本身的损失；

其三，根据劳动法或者雇主责任法的规定或者劳动（雇佣）合同的约定，应当由被保险人对其雇员以及有关人员承担的损害赔偿责任；

其四，被保险的食品仍处于被保险人的生产销售场所，且其所有权尚未转移给消费者、使用者时发生食品安全事件造成的损害；

其五，被保险人依据有关合同约定所应承担的合同责任；

其六，被保险人违法生产、分配、销售的食品造成他人的人身伤害、疾病、死亡或者财产损失；

其七，由于发生食品安全事件导致被保险人营业中断的损失；

其八，食品的消费者、使用者食用已过保质期限的食品所导致的中毒事件以及由此发生的人身伤害和财产损失；

其九，被保险人因其违法生产经营行为而被执法部门处罚的各种费用和相关的调查、鉴定、检验、交通、劳务等费用。”

第二，相关的法理说明：

基于保险法基本理论，食品安全责任保险的保险责任范围不可能涵盖食品安全事件涉及的所有损害，则该责任保险亦应当明确列举与保险人之保险责任关系密切且容易产生误解或者争议的，而保险人不予承担保险责任的事项，用以界定保险责任的法律范围。当然，理解和适用上述责任免除条款时，应当注意的是：

其一，被保险人的故意或者重大过失造成的食品安全事件，表明其具有严重的违法恶意，会带来重大的社会影响，应当对其加大法律的制裁程度，故不应当由保险人将被保险人依法承担的民事赔偿责任承担保险责任，以免其利用该责任保险来减轻法律制裁后果，丧失对其追究法律责任所应产生的法律制裁效果。

其二，被保险人依据劳动法、雇主责任法或者劳动（雇佣）合同而向其雇员承担的损害赔偿责任属于另类法律关系，与食品安全事件产生的赔偿责任存在实质意义上的区别，不属于食品安全责任保险的保障范围，故不应当将其纳入食品安全责任保险的保险责任范畴之内。

其三，被保险人依据有关合同约定所应承担的合同责任。应当说，食品安全责任保险所针对的食品安全责任风险，应当属于侵权责任。因此，此项责任免除事由所指的却是被保险人基于其他合同关系所形成的违约责任，故应当排除在食品安全责任保险的保险责任之外。

其四，被保险人违法生产、分配、销售的食品造成他人的人身伤害、疾病、死亡或者财产损失。这一类违法行为体现出被保险人违法的恶意程度，则由此产生的致人损害结果应当由其自行承担，以此表明国家法律对此类恶意违法的法律制裁，而不能利用食品安全责任保险的风险转移功能让违法者逃避法律的制裁。从而，将此列入食品安全责任保险的责任免除。

其五，消费者、使用者食用已过保质期食品导致的中毒事件，其所指的是消费者、使用者因误解、疏忽等自身过错所致的损害后果，与食品的生产经营企业的生产经营行为之间无致害的因果关系，不应当纳入食品安全责任保险的保障范围。不过，如果是由于食品生产经营企业的故意销售，或者将过期食品伪造、变造为合格食品的，由此造成消费者、使用者的人身伤害和财产损失的，便需要纳入食品安全事件的范围，相应地，由此产生的法律责任就应当纳入食品安全责任保险的保障范围，由保险人对此承担保险责任。

5. 食品安全事件中遭受损害的第三人的直接保险赔偿请求权条款

第一，该条款的内容：

“因食品安全事件而遭受损害的第三人在被保险人怠于向保险人行使保险赔偿请求权时，有权直接向有关的保险人行使该保险赔偿请求权。保险人亦得以直接向该受害的第三人在食品安全责任保险合同约定的赔偿限额内支付保险赔偿金。”

第二，相关的法理说明：

在保险实践中适用食品安全责任保险过程中，理解和适用该受害的第三人的直接保险赔偿请求权条款时，应当注意的是：

其一，之所以在食品安全责任保险条款中明文规定受害的第三人享有直接的保险赔偿请求权，是因为我国《保险法》存在着尚未明确规定该类直接赔偿请求权的立法背景。因此，必须是在食品安全责任保险合同中明文约定的，才能够使该项权利在当事人之间具有法律约束力，用以弥补保险立法的不足。由此可见，用食品安全责任保险合同的约定确立食品安全责任事件中受害的第三人享有向保险人的直接保险赔偿请求权，既是对我国《保险法》的补充，也是在食品安全责任保险当事人之间构建科学的权利义务关系，达到避免受害的第三人在接受保险赔偿方面的被动地位，更有利于实现食品安全责任保险的保障作用。

其二，受害的第三人行使直接保险赔偿请求权是有条件的，即必须存在被保险人不积极向保险人行使权利的事实，用以改变受害的第三人获取保险保障的被动地位，平衡被保险人与受害的第三人之间的利益冲突。因此，应当注意不要将该项请求权的适用范围予以扩大化。

其三，与受害的第三人享有的直接保险赔偿请求权相对应，保险人有义务根据受害的第三人提出的保险赔偿请求而直接向该受害的第三人支付保险赔偿金，这显然是以我国《保险法》第65条的规定为根据的，并且，也是切实实现受害的第三人享有的直接保险赔偿请求权之法律价值的需要。当然，保险人向受害的第三人支付保险赔偿金是以食品安全责任保险合同约定的赔偿限额为限度的。

6. 被保险人承担的符合国家有关食品生产经营之法律法规和履行食品生产经营中安全注意义务的条款

第一，该条款的内容：

“被保险人在从事日常的食品生产（制作、加工）、经营或者销售活动过程中，应当符合国家有关食品生产经营的法律法规的规定。同时，应当履行其在食品的生产经营过程中的安全注意义务，保证雇佣可靠的、合格的、持有指定医疗机构出具的健康证书的工作人员，用于食品产品的生产、经营和销售的厂房、机器、设备、装置等处于良好的可供正常使用状态。”

第二，相关的法理说明：

其一，该项条款确立的是作为被保险人的食品生产经营企业所应当在食品安全责任保险合同中承担的基本合同义务，是其向保险人行使保险赔偿请求权的对价条件。这意味着被保险人要想实现其对保险人的保险赔偿请求权，就必须履行该项义务，否则，保险人得以对被保险人提出的索赔请求予以抗辩。

其二，笔者设计被保险人的该项义务不仅是落实我国《保险法》第51条的规定精神的需要，更是为了充分发挥食品安全责任保险所具有的强化和督促作为被保险人的食品生产经营企业承担和履行其安全注意义务的作用。

7. 保险费率与保险费条款

第一，该条款的内容：

“投保人应当按照食品安全责任保险合同的约定向保险人履行缴纳保险费的义务。

双方约定本保险适用梯级费率。若被保险人在上一个食品安全责任保险合同期限内严格履行其所承担的合同义务的，或者在该责任保险期限内未发生食品安全事件的，适用优惠费率，反之，则适用惩罚费率。”

第二，相关的法理说明：

其一，该项条款中所约定的适用于食品安全责任保险的保险费率，当然需要以精算人员的科学厘定计算为根据，在此，笔者仅仅是从法理角度以合同条款的形式加以规定。

其二，设计该项条款的目的，是将其作为调动食品的生产经营企业认真履行食品安全责任的法律手段。因为，借助食品安全责任保险所设计的保险费奖惩条款，具体约定按照相关的履约情况而分别采取梯级费率。其中，对于在保险期限内履行了食品安全责任而未发生食品安全事故的被保险人（食品的生产经营企业），适用优惠费率，反之，对于食品安全责任事故频发的食品生产经营企业则适用惩罚费率。借此，提升食品生产经营企业履行食品安全责任的主动性和责任心。

8. 食品安全责任保险的赔偿限额条款

第一，该条款的内容：

“食品责任保险的投保人可以选择以下任意一种限额方式投保，或者选择同时投保：

（1）每次保险事故的赔偿限额；

（2）累计赔偿限额。

保险人在双方约定的赔偿限额内承担保险责任。”

第二，相关的法理说明：

其一，按照责任保险的基本理论，责任保险与其他保险类型的区别之一，就是其适用限额赔偿。因此，在食品安全责任保险条款中设计赔偿限额条款就是必备的条款内容，以此作为明确和限制保险人在食品安全责任保险合同中承担保险责任的风险范围。虽然，与食品安全责任保险相联系的是法院依据有关法律的规定来裁判被保险人在食品安全事件中所应承担的民事损害赔偿责任，不过，这只能是保险人在食品安全责任保险中承担保险责任的前提条件，却不是唯一条件，而食品安全责任保险合同约定的赔偿限额则是又一重要的适用条件。因为，保险人不可能无限制地承担食品安全事件的全部损害后果，它只是在该责任保险合同中约定的赔偿限额范围内予以赔偿，超过该赔偿限额的损害部分则应当由被保险人自行承担。

其二，在具体的食品安全责任保险合同中，投保人在投保之时，可以根据各种因素选择具体的赔偿选项，同时，也可以进一步将赔偿限额划分为人身伤害和财产损害的赔偿限额。

9. 食品安全责任保险的承保地域条款

第一，该条款的内容：

“本保险合同的承保地域，经保险人与投保人协商，确定××地区为承保地域，本合同的约束力覆盖双方约定的承保地域范围。”

第二，相关的法理说明：

其一，该条款的意义，该承保地域条款是用于限定食品安全责任保险所应适用地域范围的，成为确定具体的食品安全责任保险的空间适用效力的依据。

其二，该条款的规定内容，是根据双方的商定，列明其所应适用的地域范围为：我国的全境或者某一个区域或若干个区域；某一个或者若干个具体国家或者地区；也可以约定为全球。

10. 食品安全责任保险的承保方式条款

第一，该条款的内容：

“经双方商定，本保险合同的承保方式为：

A. 期内发生式；

B. 期内索赔式；

C. 某些食品产品适用期内发生式；

D. 某些食品产品适用期内索赔式。”

第二，相关的法理说明：

其一，该条款的意义在于，该承保方式条款是用于确定食品安全责任保险合同所约定的保险人承担保险赔偿责任的方式，是认定保险人是否需要承担保险赔偿责任的重要依据。

其二，该条款的规定内容，是双方根据食品安全责任保险所涉及的具体食品产品的实际情况，区别被保险人在食品产品的生产经营过程中所面临的食品安全责任风险程度协商确定的，具体可以分为 4 类可供选择的基本类型，A 是采取期内发生式，B 是采取期内索赔式，C 是某些食品产品采取期内发生式，D 是某些食品产品采取期内索赔式。

所谓期内发生式，是指在保险合同约定的责任期间内，发生食品安全事件造成消费者损失的，保险人对被保险人依法向第三人承担的民事赔偿责任履行保险赔偿责任。

所谓期内索赔式，是指在保险合同约定的责任期间内，被保险人就发生的食品安全事件造成消费者损失而依法对第三人承担的民事赔偿责任向保险人提出保险索赔请求的，保险人承担保险赔偿责任。

11. 保险人的和解参与权条款

第一，该条款的内容：

“发生涉及本责任保险承保范围的任何食品安全事件或者民事索赔诉讼的，未经保险人书面同意或者参与，被保险人不得对第三人作出承认、拒绝、和解、抗辩、赔偿、付款的表示。保险人认为有必要时，有权以自己的名义参与索赔或者诉讼的处理解决。”

第二，相关的法理说明：

所谓保险人的和解参与权，是指食品安全责任保险的受害第三人向被保险人行使民事赔偿请求权时，保险人有参与被保险人与第三人之间进行和解的权利。保险人在食品安全责任保险中享有和解参与权的目的，是由于食品安全责任保险的适用，是用保险人支付保险赔偿金替代被保险人向食品安全事件的受害第三人承担的民事赔偿责任。则被保险人与第三人之间就食品安全事件的赔偿事宜进行和解，涉及保险人依据食品安全责任保险支付保险赔偿金而与保险人的经济利益息息相关，保险人行使和解参与权可以控制被保险人向第三人实施民事赔偿规模，实质上是保护其自身利益的需要。

需要注意的是，保险人行使和解参与权的覆盖面涉及被保险人与第三人为处理食品安全侵权事宜进行和解的全范围，这包括双方在诉讼以外的非诉和解和诉讼程序内的诉内和解。保险人具体参与和解的方式，表现为保险人就被保险人与第三人之间有关于以民事赔偿的承诺或者第三人放弃民事索赔权利等事项达成的和解内容，须经保险人书面同意。

12. 保险人在食品安全责任保险中的监督检查权条款

第一，该条款的内容：

“保险人在保险合同约定的责任期间，有权查阅被保险人有关食品产品的生产、经营和销售的账册和记录，有权了解一定时期内的食品产品的生产、经营和销售情况，检查涉及食品产品生产、经营和销售的厂房、机器、设备、装置，监督生产食品产品所需原材料、辅料、添加剂的情况以及进货途径等，检查参与食品生产、经营和销售的人员的健康证明。发现问题或者隐患的，有权提出整改建议，并有监督检查被保险人落实执行的情况。”

第二，相关的法理说明：

为了发挥食品安全责任保险所具有的督促作为被保险人的食品产品的生产经营企业履行食品安全责任的社会职能，降低该责任保险的出险概率，保险人享有监督检查权。但是，保险人行使该监督检查权并非为了干涉被保险人正常的生产经营活动，而是为了及时发现被保险人从事的食品产品的生产经营活动所存在的发生食品安全事件的隐患，督促其认真履行谨慎的安全注意义务，按照食品安全的法律要求向社会提供安全食品产品。

保险人行使此权利的方法，涉及被保险人从事食品产品生产经营的诸多方面，包括查看被保险人有关食品产品生产经营的账册和记录，检查与食品产品的生产经营有关的厂房、机器、设备、场地、运输设备、仓储设施的安排，参与食品产品的生产经营人员的健康状况、技术水平，生产经营食品产品所需原材料、辅料、添加剂等进货渠道，有关食品产品的质量检验情况等。一旦发生存在食品安全隐患或者管理漏洞的，应当及时向被保险人发出改进的书面通知。

13. 被保险人在食品安全责任保险中的通知义务条款

第一，该条款的内容：

“被保险人在保险责任期间，生产、经营、运输、仓储或者销售新的食品产品的，应当在5日内书面通知保险人，经保险人同意，并增加相应保险费的，该新的食品产品纳入承保范围。

被保险人在保险责任期间，因食品产品的化学成分或物理成分的变化，或者食品产品种类、包装等有可能涉及食品产品安全的因素发生变化的，应当在5日内书面通知保险人。

被保险人应当在食品安全事件发生或者得知食品安全事件造成的损害后果的48小时内通知保险人。”

第二，相关的法理说明：

被保险人承担和履行该通知义务，不仅可以确保保险关系的稳定运行，也关系到各方当事人的切身利益。其中，被保险人履行食品产品变更通知的义务和履行发生食品安全事件通知的义务分别具有各自的特定价值。

被保险人履行食品产品变更的通知义务的价值，在于重新确认双方平等的权利义务关系。因为，上述食品产品所发生的变更，往往会导致被保险人在食品产品的生产经营过程中形成食品安全责任的风险发生概率的改变，这使得保险人在原有的发生食品安全责任风险情况为依据确定的保险责任赖以为续的基础有所改变，而保险人对此变化不一定知情，故被保险人作为必然的知情人就应当通知保险人，以便让保险人根据新的情况作出判断，并决定所应采取的措施。

被保险人履行发生食品安全事件的通知义务，显然是为了让保险人及时知道发生保险事故——食品安全事件的情况，以便及时了解有关情况，搜集证据资料，为将来的保险理赔做准备，并采取相应的处置措施。尤其是便于保险人适时行使和解参与权，用以维护自身的合法权益。

二、食品安全责任保险条款范本

基于上述的食品安全责任保险条款设计的要点和法理精神，笔者将其归纳为如下的食品安全责任保险条款范本，供广大专家学者和保险业界人士参考，并欢迎提出批评和修改建议。

食品安全责任保险合同（范本）

合同当事人

保险人：某保险公司（或者分支公司）

投保人：某某公司（或者分公司、合伙企业、个人独资企业、个体工商户、农村承包经营户等）

被保险人：某某公司（或者分公司、合伙企业、个人独资企业、个体工商户、农村承包经营户等）

第三人：因特定食品安全事件而遭受损害的社会公众（消费者）

第一章　一般规定

第一条（食品责任保险合同的构成）

本保险合同是由保险条款、投保单、保险单、批改申请书、批单和特别约定所组成。凡涉及本保险合同的约定，均应当采用书面形式。

第二条（食品安全责任保险的范围）

本保险条款包括基本险和附加险。

基本险是保险人承保被保险人因食品安全事件造成的消费者或者使用者遭受的人身伤害和财产损失而依《侵权责任法》以及有关法律法规应当向上述遭受损害的第三人承担的赔偿责任的保险。

附加险是经过保险人与投保人约定的，保险人承保被保险人因施行食品给第三人造成的人身损害和财产损失依法应当承担的赔偿责任，或者自身遭受的损失。

食品安全责任保险的附加险不能独立投保。附加险条款与基本险条款相抵触，或者附加险条款有未尽之处的，均以基本险条款的规定为准。

第三条（食品安全责任保险的保险标的以及释义）

本保险经过投保人与保险人协商一致，以被保险人生产经营的某某食品（或者某若干类食品）为保险标的，保险人对此予以承保。

本保险条款中的产品，是指在中华人民共和国境内（不含港、澳、台地区），由具备合法资格的被保险人生产经营的，经过加工、制作，用于销售的固态食品产品、液态食品产品及其副产品、原材料、辅料、添加剂等。

第四条（食品安全责任保险之第三人以及释义）

第三人是本保险关系中的保险人与投保人、被保险人以外的一方当事人，即食品安全事件中的受害人。

本保险条款中的第三人，是指在发生食品安全事件中及以后，遭受人身伤害或者财产损失的该食品的消费者、使用者。

第五条（本强制保险的投保义务）

本责任保险属于强制保险，强制适用于法定范围内的食品的生产经营行业。

依法取得法定范围内的食品的生产经营食品资格的企业，有义务向具有经营责任保险业务范围的保险公司投保食品安全责任保险（注：该条款适用于法定范围内的强制性食品安全责任保险）。

第六条（食品安全责任保险的生效）

本责任保险合同自______时生效。当事人对于本责任保险合同的生效另有约定的，以约定为准。

A. 某年某月某日；

B. 被保险人收取投保人填具的投保单；

C. 投保人交纳全部保险费；

D. 被保险人收取投保人填具的投保单，并将为第一次收取的保险费签发的凭证交付给投保人；

E. 保险人签发本责任保险的保险单。

第七条（食品安全责任保险的保险期间）

除当事人另有约定外，本责任保险合同的保险期间为一年，具体以保险单载明的时间为准。

第八条（食品安全责任保险的承保地域范围）

本保险合同的承保地域，经保险人与投保人协商，确定为______，本合同的约束力覆盖双方约定的承保地域范围。

第九条（食品安全责任保险的承保方式）

经双方商定，本保险合同的承保方式为：

A. 期内发生式；

B. 期内索赔式；

C. 某些食品产品适用期内发生式；

D. 某些食品产品适用期内索赔式。

第十条（食品安全责任保险合同的解除）

保险责任开始前，投保人要求解除本责任保险合同的，应当按保险费金额的5%向保险人支付退保手续费，保险人应当向投保人退还保险费。

保险责任开始后，投保人要求解除本责任保险合同的，自其通知保险人之日起，本责任保险合同解除。保险人按日收取自保险责任开始之日起至本责任保险合同解除之日止期间的保险费，并向投保人退还剩余部分的保险费金额。

第十一条（保险人的和解参与权）

发生涉及本责任保险承保范围的任何食品安全事件或者民事索赔诉讼的，未经保险人书面同意或者参与，被保险人不得对第三人作出承认、拒绝、和解、抗辩、赔偿、付款的表示。保险人认为有必要时，有权以自己的名义参与索赔或者诉讼的处理解决。

第十二条（被保险人的协助义务）

被保险人应当为保险人行使和解参与权提供所需的资料和其他知道的有关情况，并就保险人对此进行的询问，如实予以答复。

第十三条（食品安全责任保险的纠纷解决）

双方当事人发生有关本责任保险合同的争议，可以通过协商予以解决。双方协商不成的，根据本责任保险约定的仲裁条款，提交保险单载明的仲裁机构予以仲裁。保险单未载明仲裁机构，且在争议发生后未达成仲裁协议的，当事人得以向有管辖权（或者双方在本保险合同中指定）的人民法院提起诉讼。

发生与本责任保险的保险赔偿责任有关的仲裁或者诉讼的，被保险人应当及时书面通知保险人。

第二章　食品安全责任保险的基本险

第十四条（食品安全责任保险的保险责任）

在保险责任期间，发生下述产品安全责任事件时，保险人在约定的赔偿限额内承担保险责任：

第一，食品安全责任，即消费者或者使用者在消费、使用被保险人生产、制作、加工或者销售的食品过程中，因本责任保险承保范围内的食品存在明显瑕疵或者隐蔽瑕疵或者潜在瑕疵而发生意外事件或者偶然事故，造成消费者、使用者或者其他任何人的人身伤害、罹患疾病、死亡或者财产损失，被保险人依法应当承担民事损害赔偿责任的；

第二，特别约定的一般过失，即经双方特别约定，因被保险人的一般过失而发生上述食品安全责任事件，被保险人依法应当向第三方受害人承担民事损害赔偿责任的；

第三，与食品安全责任事件相关的费用，即经当事人约定的、被保险人在上述食品安全责任事件发生过程中或者处理过程中所发生的相关费用。

第十五条（食品安全责任保险的责任免除）

保险人对下列原因导致的损害，不承担保险责任：

第一，被保险人因故意或者重大过失而发生食品安全事件导致的消费者、使用者的人身伤害和财产损害；

第二，被保险的食品本身的损失；

第三，根据劳动法或者雇主责任法的规定或者劳动（雇佣）合同的约定，应当由被保险人对其雇员以及有关人员承担的损害赔偿责任；

第四，被保险的食品仍处于被保险人的生产销售场所，且其所有权尚未转移给消费者、使用者时发生食品安全事件造成的损害；

第五，被保险人依据有关合同约定所应承担的合同责任；

第六，被保险人违法生产、分配、销售的食品造成他人的人身伤害、疾病、死亡或者财产损失；

第七，由于发生食品安全事件导致被保险人营业中断的损失；

第八，食品的消费者、使用者食用已过保质期食品导致的中毒事件；

第九，被保险人因其违法生产经营行为而被执法部门处罚的各种费用和相关的调查、鉴定、检验、交通、劳务等费用。

第十六条（食品安全责任保险的赔偿限额）

保险人按照本责任保险合同约定的赔偿限额范围内向承担赔偿责任，并根据被保险人或者受害的第三人的请求，履行赔偿责任。

每次食品安全事件的赔偿责任限额，由当事人在签订本责任保险合同时协商约定。

投保人可以选择以下任意一种限额方式投保，或者选择同时投保：

（1）每次保险事故的赔偿限额；

（2）累计赔偿限额。

第十七条（食品安全责任保险的保险费与保险费率）

投保人应当按照本责任保险合同的约定，向保险人履行缴纳保险费的义务。

双方约定适用梯级费率。若被保险人在上一个食品安全责任保险合同期限内严格履行其承担的合同义务的，或者在该责任保险期限内未发生食品安全事件的，适用优惠费率，反之，则适用惩罚费率。

第十八条（食品安全责任保险的被保险人承担的食品生产经营的安全注意义务）

被保险人在从事日常的食品生产（制作、加工）、经营或者销售活动过程中，应当符合国家有关食品生产经营的法律法规的规定。同时，应当履行其在食品的生产经营过程中的安全注意义务，保证雇佣可靠的、合格的、持有指定医疗机构出具的健康证书的工作人员，用于食品产品的生产、经营和销售的厂房、机器、设备、装置等处于良好的可供正常使用状态。

第十九条（保险人的监督检查权）

保险人在保险合同约定的责任期间，有权查阅被保险人有关食品产品的生产、经营和销售的账册和记录，有权了解一定时期内的食品产品的生产、经营和销售情况，检查涉及食品产品生产、经营和销售的厂房、机器、设备、装置，监督生产食品产品所需原材料、辅料、添加剂的情况以及进货途径等，检查参与食品生产、经营和销售的人员的健康证明。发现问题或者隐患的，有权提出整改建议，并有监督检查被保险人落实执行的情况。

第二十条（食品安全责任保险的第三人直接赔偿请求权）

因食品安全事件而遭受损害的第三人在被保险人怠于向保险人行使保险赔偿请求权时，得以直接向本责任保险的保险人行使该保险赔偿请求权。保险人亦得直接向该受害的第三人在食品安全责任保险合同约定的赔偿限额内支付保险赔偿金。

第二十一条（食品安全责任保险的被保险人的施救义务）

发生食品安全事件时，被保险人应当及时尽量地采取合理的、必要的抢救措施进行施救，防止或者减少损失。

第二十二条（食品安全责任保险的被保险人的通知义务）

被保险人在保险责任期间，生产、经营、运输、仓储或者销售新的食品产品的，应当在 5 日内书面通知保险人，经保险人同意，并增加相应保险费的，该新的食品产品纳入承保范围。

被保险人在保险责任期间，因食品产品的化学成分或物理成分的变化，或者食品产品种类、包装等有可能涉及食品产品安全的因素发生变化的，应当在5日内书面通知保险人。

被保险人应当在食品安全事件发生或者得知食品安全事件造成的损害后果的48小时内通知保险人。

第二十三条（食品安全责任保险的被保险人索赔）

被保险人向保险人进行保险索赔时，应当向保险人提供保险单、损失清单和与确认保险事故的性质、原因、损失规模和损失程度等有关的证明资料。

第二十四条（食品安全责任保险的保险人支付保险赔偿金）

保险人履行本责任保险的保险责任时，可以向遭受损害的第三人直接支付保险赔偿金。

被保险人因食品安全事件给第三人造成的损害，且未向该第三人支付民事赔偿金的，保险人不得向被保险人予以赔偿。

第三章　食品安全责任保险的附加召回责任险

投保了食品安全责任保险的基本险的食品生产经营企业，可以投保本附加保险责任险。

第一条（召回责任保险的保险责任）

在保险责任期间，保险人对被保险人发生的食品召回责任承担保险赔偿责任：

（1）因被保险人实施食品召回而导致食品的消费者或者使用者等第三者遭受的人身伤害或者财产损失，导致被保险人依法应当向受害的第三人承担民事损害赔偿责任的；

（2）因被保险人实施食品召回所需支付的调查、通信、运输、储存、销毁等有关费用。

第二条（召回责任保险的责任免除）

保险人对于以下损失，不承担保险责任：

（1）属于食品安全责任保险基本险的保险赔偿责任涉及的损失；

（2）属于其他人身保险或者财产保险的承保范围的损失；

（3）属于被召回的食品产品本身的损失

（4）被保险人故意支出的、不合理的损失；

（5）双方约定的免赔额范围内的损失。

第三条（召回责任保险的赔偿限额）

保险人按照本责任保险合同约定的赔偿限额范围内向第三人承担赔偿责任，并根据被保险人或者第三人的请求，履行赔偿责任。

每次实施食品召回的赔偿责任限额，由当事人在签订本责任保险合同时协商约定。

投保人可以选择以下任意一种限额方式投保，或者选择同时投保：

（1）每次食品召回的赔偿限额；

（2）累计食品召回的赔偿限额。

保险人与投保人双方协商确定的免赔额为______。

第四条（召回责任保险的给付）

保险人在食品召回责任保险项下，以约定的赔偿限额为限度，向被保险人承担保险赔偿责任。

保险人按照约定的损失价值计算方法，计算被保险人因实施食品召回所需支付的各项有关费用。

第五条（被保险人的通知义务）

被保险人应当自食品产品的召回向社会公布之日起 3 日内通知保险人，并告知有关召回涉及的食品产品的范围、可能的数量、地域范围和实施召回的原因、可能造成的消费者的损害、召回所采取的措施等情况。

第六条（保险人的知情权）

保险人有权了解食品产品召回的实施情况，被保险人应当将有关召回的进展、致使第三人的损失和其为实施召回所支付的费用等向保险人汇报。

论我国食品安全强制责任保险制度的构建

李　华[*]

从三鹿奶粉“三聚氰胺事件”到“双汇瘦肉精事件”，频繁发生的食品安全事故进一步拷问企业家的良心，人们呼吁企业家身上应“流淌着道德的血液”。食品安全法律制度的完善不仅要完善监管制度，同时还要加强对事故受害人利益的保护。从以前的食品安全事故处理的结果来看，受害人利益保护问题主要是靠政府来解决，但政府“埋单”的行为使政府从一个监管者变为责任事故的承担者，不仅角色错乱，而且会使受害人形成一种错误的心理依赖，即食品安全事件发生后由政府来解决并予以赔偿。本文分析了食品安全强制责任保险的可行性，提出构建我国的食品安全强制责任保险制度，由保险公司对受害人予以赔付，以完善我国食品安全法律制度的内容。

一、食品安全强制责任保险建立的必要性

2008 年在全国掀起巨大风波的三鹿奶粉“三聚氰胺事件”，于 2009 年以石家庄中院裁定三鹿集团破产之后在司法程序上划上了终止符，但法律意义上的程序终止，并不意味着此事件的真正终结，事实上受害儿童的家庭陷入了巨额的治疗费用无人埋单却又索

* 李华，南京大学法学院副教授。

赔无门的窘境。从法律意义上来说，法院的判决没有问题，公司承担有限责任是现代公司制度的基本法律特征之一，❶ 但是依法处理的结果确实给受害儿童及其家庭带来了深重的灾难，也产生了严重的负面社会效应。罗尔斯在其巨著《正义论》中告诉我们："正义是社会制度的首要价值，正像真理是思想体系的首要价值一样。"❷然而这样的依法处理结果，却严重违背了法律制度的首要价值。为解决食品安全问题，我国 2009 年 2 月通过了《食品安全法》，其第 96 条规定："违反本法规定，造成人身、财产或者其他损害的，依法承担赔偿责任。生产不符合食品安全标准的食品或者销售明知是不符合食品安全标准的食品，消费者除要求赔偿损失外，还可以向生产者或者销售者要求支付价款十倍的赔偿金"。但这也仅仅是加重了食品生产者和消费者的违法成本，并不能从根本上解决类似受害儿童索赔无门这样的问题。可以说现有的法律和制度确实对上述问题无能为力，但问题并不因我们无法解决就不会发生，2010 年 7 月，三聚氰胺超标奶粉事件，2010 年 7 月 5 日美国的麦乐鸡含毒事件，2011 年 3 月"双汇瘦肉精事件"接踵而至，一次次的冲击我们的眼球，以上事件虽然严重程度不如"三聚氰胺事件"，没有造成数以万计受害者索赔无门的严重情况，但是一次次的食品安全事件却给我们敲响了警钟。如果"三聚氰胺事件"政府还可以用法律制度不健全来为自己开脱的话，当问题再次发生之时，若政府还是束手无策，将会面临巨大的信任危机和民意压力。虽然政府在食品监管领域抱着很大的决心，但想短期内解决食品安全问题，难度很大，特别是食品安全事件中受害人利益的保护问题更值得重视。本文认为，通过立法建立并推动食品安全强制责任保险制度，以完善我国食品安全该法律制度的内容。

❶ [美] 莱纳·克拉克曼等著：《公司法剖析：比较与功能的视角》，北京大学出版社 2007 年版，第 1 页。

❷ [美] 罗尔斯：《正义论》，中国社会科学出版社 1988 年版，第 1 页。

二、国内外食品安全责任保险实施和理论研究现状

目前世界各国专门针对食品安全责任的保险很少，更多的是将食品安全责任保险纳入到产品责任保险之中，产品责任保险始于1910年前后的英美保险市场的毒品责任保险，至今已有一百多年的历史。早期的产品责任保险，主要承保一些直接与人体健康有关的产品，其中主要的就是食品，当然也包括药品和化妆品等，后来承保范围才逐渐扩大到各种其他产品。随着20世纪70年代美国确定了严格责任并在世界上产生广泛影响，产品责任保险迅猛发展，西欧国家、日本、韩国、新加坡、澳大利亚、新西兰、中国台湾等国家和地区的产品责任保险业务的增长速度也很快。

理论研究方面，虽然国外很多国家和地区的产品责任保险制度已经十分完善，但是在单纯的食品责任保险领域研究和现行制度非常少，以美国和中国台湾地区为例，美国的产品责任保险很发达，其理论研究多围绕产品责任保险展开，缺少对于食品安全责任保险的详细论述。而且，由于美国对于缺陷产品实施惩罚性赔偿，在一定程度上吓阻了违法行为的发生。在责任保险中，多把属于产品的食品纳入到产品责任保险的范围。但实际情况是，很多食品不属于产品责任法的产品，那么对于不属于产品的食品，就很难用产品责任保险来转嫁风险和分散损失。我国台湾地区在2008年6月份修订了“食品卫生管理法”，其第21条规定，一定种类、规模之食品业者，应投保产品责任保险。这凸显了食品安全责任保险的重要性，但把食品责任保险纳入到产品责任保险范畴。学界以往的研究也只着眼于产品责任保险领域，食品安全强制责任保险理论方面的研究也刚刚展开。中国的产品责任保险始于1980年，当时主要是为了满足出口的需要，针对外贸出口产品设立，之后经过30多年虽然有所发展，具体到食品行业也有成功利用该保险规避风险的案例，例如，2003年，吉林海城发生的大规模“学生奶”中毒事件，因该企业投保了产品责任险，从保险公司获得300多万的赔款，转赔给受害者，从而减轻企业赔偿负担

的同时，保障了受害者及其家属的权益；[1] 但比起外国成熟市场，在投保率、投保范围、制度的完善程度上还有非常大的差距。对于食品安全责任险也有国内保险公司已经设立了，但是在制度设计上存在问题，目前影响很小。[2] 至于理论研究方面，2008 年“三聚氰胺事件”之后，学界对食品安全强制责任险研究渐渐深入，但更多的局限于分析论证食品安全强制责任保险的必要性与可行性，并没有对该制度作深入探讨，没有关于食品安全强制责任保险制度的具体设计，特别是在食品安全强制责任保险发展的路径以及如何推行强制保险、投保企业范围的界定、保险责任范围、事故发生后受害人通过何种途径如何获得保险赔偿等方面都没有论及。

三、责任保险制度建立的法理基础

自亚里士多德以来，人们一直认为法律制度的功能是为了矫正正义，即纠正违法行为。[3] 侵权行为法主要关注的是受害人恢复到侵权行为发生以前的状态。在这种理念前提下，侵权行为和保险制度没有任何联系，法院在处理产品侵权行为时，只需依法判决侵权行为人赔偿受害人损失即可实现正义。但是，随着社会经济的发展，传统侵权法的局限性逐渐暴露出来，由于过于简单地追求矫正正义，而忽视了要达到正义所需具备的其他因素，使其无法实现实质社会正义，依法赔偿的结果往往是企业付出巨大成本甚至破产的代价，受害者却仍得不到应有赔偿。正如波斯纳所认为的，“如果赔偿是过失制度的唯一目的，那它就是一种贫困的制度，因为它不但成本很高而且很不完善”[4]。如果要走出困境，我们就不能将产品侵权损害赔偿看作是单纯的私人纠纷，而应将其视作一个社会问

---

[1] 曲哲涵：“产品责任险：用好这把保护伞”，载《新安全》2005 年第 1 期。

[2] 如长安责任保险股份有限公司于 2009 年《食品安全法》颁布后开设食品安全责任险。

[3] ［美］理查德·A. 波斯纳：《法律的经济分析》（上），中国大百科全书出版社 1997 年版，第 346 页。

[4] 同上。

题，因为现实已经表明，侵权法所提倡的矫正正义只能实现形式上的公平和正义，并不能实现实质意义上的公平与正义。罗尔斯所提出的分配正义观的理念恰恰可以弥补解决传统侵权领域矫正正义观的不足，作为建立“损失承担社会化”的责任保险制度的法理基础。[1] 在分配正义的理念下，责任负担分配的正当理由，不是基于矫正正义的过错，而是加害人和受害人分散损失能力的比较。[2] 在责任保险制度中，受害人的损失由具有赔偿能力的保险公司进行赔付，从而为受害人实际获得赔偿提供了充分的保障，使该制度成为应付风险社会中无处不在的风险的保障工具，这一制度利用社会化的机制，实现了财富的较为公平的分配，很好地体现了分配正义。我国台湾的学者对于责任保险制度的必要性是这样认为的，“今日法律之趋势，皆认为未能由责任保险补偿过失行为之后果，本身即构成在经济上不负责任之行为”[3]。

四、食品安全强制责任保险制度的具体设计

（一）国家强制的必要性

食品安全强制责任保险主要牵涉两方，即被保险人食品经营者和保险人保险公司。首先，从被保险人食品经营者的角度来看，由于我国目前从事食品经营者从数量上来说多为资金有限、规模不大、销售额不高、产品销售区域也有限的小企业。相关统计数据表明，我国现有食品生产加工企业中10人以下小企业、小作坊有35万家，占总数的78.7%；餐饮企业中95%都是个体私营性质；在食品流通领域，集贸市场有近10万个，个体户的数量则有百万之多。[4] 企业的利润有

---

[1] ［美］罗尔斯：《正义论》，中国社会科学出版社1988年版，第2页。

[2] 张洪涛主编：《责任保险理论、实务与案例》，中国人民大学出版社2005年版，第48页。

[3] 袁宗蔚：《保险学——危险与保险》，首都经济贸易大学出版社2000年版，第566页。

[4] 饶婧婧、陈婷：“［餐饮］应推行食品安全强制责任保险”，载《中国保险报》2010年5月11日。

限，且稳定性很差，投保产品责任保险无疑会增加其经营成本，且就其个体利益来做短期考量又似乎看不出任何好处，因此，小企业往往会认为其投保是在为大企业埋单，如果采取自愿投保的方式，其投保的积极性肯定不高。其次，从食品安全事件的特殊性来看，食品行业往往是小事故发生的概率很高，大事故发生的概率很低。对小企业来说，在发生小事故的情况下，大部分受害者由于出于诉讼成本的考量，往往会选择自认倒霉，即使是小部分受害者向企业提出索赔请求，企业凭借个体力量在付出极小成本的情况下往往就可以解决；在发生大事故的情形下（受生产规模和销售范围所限，小企业发生大事故的可能性肯定低于大企业），发生了大事故产生的赔偿责任会远大于其企业的资产和个人资产，在此种情况下损害赔偿责任已经不能为其规避风险提供足够的激励。正如学者所指出的，如果潜在加害人的资产小于他们所引发的损失，出于对风险的厌恶，潜在的加害人会理性的排斥对保险的购买，这是责任保险产生强制性的原因之一。[1] 再次，从保险公司的角度来说，一般的商业保险皆以盈利为目的，责任保险却不是以盈利为目的的，而是出于对公共利益的保护以达到社会公平正义的目的，按国际通行做法，保险费率的设定应遵循不盈不亏的原则。保险公司作为商业个体在市场经营中当然追求的是利益最大化，而责任保险并不能给其带来收益，反而会承担一定风险。因此，从其角度来考虑也有将食品安全责任保险强制化的必要。根据我国《保险法》的规定，强制保险由法律、行政法规规定。如果要实行食品安全强制责任保险，需要由相关法律或行政法规规定。为实现保证食品安全，保障公众身体健康和生命安全这一公共政策，需要在法律或行政立法层面确立食品安全强制责任保险制度。

（二）食品安全强制责任保险中投保人范围

从食品安全法的规定来看，在食品生产、加工、流通、消费

---

[1] 郭锋、杨华柏、胡晓柯、陈飞著：《强制保险立法研究》，人民法院出版社 2009 年版，第 17 页。

等各个环节，从事食品生产经营的民事主体很多，而且小企业占绝大多数，如果要求所有的相关经营主体都投保，目前来说在实践中很难实现。比较好的解决办法是不要“一刀切”而是采取循序渐进的办法，先行规定达到一定规模的大中型企业必须投保食品安全强制责任保险进行试点。首先，这些企业的规模大，影响力大，与小企业相比处理各种食品安全事故的成本更高（除了经济利益损失外，不能及时处理事故还可能造成商誉受损、品牌价值受到影响），因此他们更愿意投保。强制责任保险从他们开始推广遇到的阻力会小很多。其次，由于食品安全强制责任险在我国属于新型险种，国外的参照也很少，因此如何进行风险控制和事故理赔都没有很多的经验可以借鉴。因此选择数量少且发生大事故概率高的大中型食品企业往往能有助于保险公司能集中力量在短期内形成一套比较完善的风险控制和理赔制度和体系。再者，大中型企业的影响力大，这些企业的行为通常具有较强的示范效果。倘若食品安全责任险在试点企业取得显著成效，必能赢得公众信任，为今后其全面覆盖作出良好铺垫。最后，纵观这几年我国出现的影响力巨大的食品安全事件，更多的与大型食品企业有关，这些事件不仅给无数消费者带来巨大伤害，事故企业也是以元气大伤或破产收场。更糟糕的是引发了全民对食品行业的信任危机，以及由于赔偿和监管不力带来的政府信任危机。因此，以大中型企业为切入口，能有助于快速有效地重塑消费者对行业和政府的信心。具体认定大中型企业的规模，笔者以为必须考虑到企业的注册资本、销售额、生产或销售食品的数量、市场所覆盖的范围等诸多因素予以界定。

（三）保险责任范围

从保险原理来看，从经营效益和风险控制考虑，保险公司多把投保人的故意、重大过失和违法行为排除在保险责任范围之外，这样可以防止道德危险的发生。而我国目前设立的食品安全责任险也确实将投保人的故意和违法行为排除在保险责任之外。[1] 毫无疑问，将被保险人的故意、重大过失和违法行为排除在保险范围之外对保险公司有利，能够有效地控制风险。但强制责任保险不仅仅是分担责任人的风险，其主要的功能在于对事故中受害人的积极保护，从而实现社会的分配正义。中国目前处于社会转型期，传统道德影响力日渐式微，体现在商业领域表现为“货真价实，童叟无欺”等经商价值观已少人尊奉；与此同时，外部法律制度和监管体系尚不完善，双向作用之下，使中国的市场中充斥着谎言、欺诈、知假贩假。这一点在爆发的各种食品安全事故中体现得尤为明显，阜阳奶粉大头婴儿事件、广州假酒中毒事件、三鹿三聚氰胺事件无不是经营者为求巨额利益铤而走险所为。在这样的社会现实面前，如果将被保险人故意、重大过失和违法行为设置为保险人的免责条款，则笔者敢断言，未来爆发的大量食品安全事件，受害者的利益还是和现在一样难以得到保障，也就是说，食品安全强制责任险的保护受害人的终极价值的目的将在很大程度上难以实现。当然，如果将投保人的故意、重大过失和违法行为纳入保险责任范围，则保险人的风险会显著增大，但是考虑到责任保险尤其是强制责任保险的实质本身就是经由保险公司将社会财富和社会资源分配向弱者倾斜，使弱者在面临残酷的危机时有所依靠。因此，其承担一定风险也是其分所当为。此外，保险公司面对风险并非无能为力，其可以通过设定赔偿限额和向被保险企业行使追偿权等手段来挽回自己的损失降低风险。当然，责任保险所引发的道德危险也是我们不能回避的。事实上，在保险产品的创新过程中，责任保险和犯罪保险成为道德危险的高发领域，它常使人陷入道德困境。[2] 在责任保险领域产生道德危险的主要原因在于保险人在对被侵权者提供经济补偿的同时，也使被保险的侵权行为人从经济赔偿责任中

---

[1] 长安责任保险股份有限公司食品安全责任保险条款第 6 条第 6 款规定：“投保人、被保险人或其雇员的故意行为或重大过失保险人免责。”第 7 条中列明了被保险人各种违法行为保险人免责。

[2] 王和、吴军：“保险产品创新的道德困境”，载《中国保险》2003 年第 9 期。

解脱出来。如果将被保险人的故意和违法行为也纳入保险赔偿范围的话，被保险人势将更加无所顾忌，引发道德危险的可能性也大幅提高。对此，笔者的观点是，我们不能因噎废食，最大限度的保护受害人的利益始终是食品安全强制责任保险的终极价值。至于道德风险，保险公司可以通过加大对被保险人的安全监督、灵活调整保险收费率、设立投保企业安全信用级别公示制度等方法来避免，而国家相关部门也应抓紧完善监管和处罚机制，从外部对企业施以强有力的威慑。最后，根据强制保险制度设立的特殊意义，保险公司所承担的赔偿责任应当局限于直接的人身损害，即包括受害者的死亡赔偿、伤残补偿、医疗补偿等。如果将财产损害和间接损害等所有损失都纳入保险人的承保责任，将违背强制保险为受害人提供基本保障而非全部保障的基本原则，[1] 不利于保险的推广和全面覆盖。

（四）食品安全强制责任险的权利义务划分

食品安全强制责任险虽然为国家立法强制实行的保险，但是并不因其由法律强制保障实施，就一定会得到各方的认可且很快得到推广。事实上，由于强制责任保险的制度设计目的更多是为可能的受害者服务，所以对保险双方都有那么点勉为其难，这点在上文已有详细论述。而“法不强人所难”又是基本的法治原则之一，富勒也认为：“法律不能要求不能实现的事情。……一旦出现了不切实际的要求，只有两种后果在前面等待：强迫公民去实现他们不可能实现的事情；或者对于公民由于不能实现这一要求而产生的违法行为保持沉默，无论出现哪一种情况，都不会再有法治了。”[2] 所以，为了避免富勒所说的两种后果的出现，就要合理确定保险人和被保险人的权利义务，尽可能地使双方都能接受，不那么勉为其难就显得尤为重要。

---

[1] 张洪涛总主编：《责任保险理论、实务与案例》，中国人民大学出版社 2005 年版，第 87 页。

[2] 吴玉章著：《法治的层次》，清华大学出版社 2002 年版，第 29 页。

首先，保险人对被保险人的故意、过失、违法行为不能免责，关于此点的必要性，上文已有详细阐述。与此相对的就应该赋予保险人对被保险人的监督权以控制风险。笔者以为，监督权可以体现在以下几个方面：第一，保险人在投保企业设立专门的监督员，定期与不定期的检查食品质量，在发现安全隐患之时有权利要求企业整改，企业应当予以配合（当然企业可以抗辩）。第二，保险人可以根据被保险人事故发生频率和损失大小灵活调整收费标准。第三，保险公司可以建立“投保企业安全信用级别”，依据合理标准将企业的食品安全现状分级并对外公示，这样既能让消费者及时了解食品企业的安全情况，又能使食品企业重视食品安全管理，防范道德风险。

其次，应当赋予受害第三人直接赔偿请求权。“受害第三人”直接请求权，是指在发生食品药品安全事故致人损害而被保险人应当承担赔偿责任时，食品药品事故的受害者可以直接向保险人请求支付保险金额限度内的损害赔偿额。❶ 关于直接请求权的性质，学术界有不同主张，有学者认为直接请求权的目的也是填补第三人的损失，就是损害赔偿请求权；❷ 也有学者认为，直接请求权兼具保险金和损害赔偿请求权双重性质，并以损害赔偿请求权为主。❸ 笔者以为，无论是根据侵权法的责任自负原则还是合同法的责任相对性原则，第三人请求权都不可能是损害赔偿请求权，而只能是基于责任保险所体现的分配正义下的保险金请求权。以前在美国除了少数情形外，第三人是没有权利直接起诉侵权人的保险人的，❹ 我国

❶ 丁凤楚著：《机动车交通事故侵权责任强制保险制度》，中国人民公安大学出版社2007年版，第191页。

❷ 李薇著：《日本机动车事故损害赔偿法律制度研究》，法律出版社1997年版，第247页。

❸ 江朝国著：《强制汽车责任险法》，台湾制胜文化事业有限公司1999年版，第287页。

❹ ［美］小罗伯特·H. 杰瑞、道格拉斯·R. 里士满著：《美国保险法精解》，李之彦译，北京大学出版社2009年第4版，第302～303页。

的法律对于此点的规定比较模糊，《保险法》第 50 条第 1 款规定："保险人对责任保险的被保险人给第三者造成的损害，可以依照法律的规定或者合同的约定，直接向该第三者赔偿保险金。"也就是说，法律只是规定了保险人向受害第三人直接支付，而并没有明确受害第三人是否有向保险人直接请求支付保险金的权利。在保险实务中，事故发生后，受害者一般会被要求先向食品经营企业索赔，例如，在我国的机动车第三者强制责任险中，一般情况下被保险人要先向受害人赔偿，之后保险公司再行侵权人赔付。但笔者仍坚持认为如果受害第三人没有直接请求权将会严重影响该保险的效用。第一，如果被保险人本身怠于行使保险金赔偿请求权而其自己又无力赔偿的话就会影响受害人的利益。第二，如果被保险人在获得赔偿后，有可能恶意地将赔偿金据为公司所有，甚至私人所有，再以破产来逃避赔偿责任，同样使受害人的利益得不到保障。第三，食品安全强制责任保险设置的根本目的在于及时有效地保护受害人的利益，赋予受害第三人直接请求权，而免去被保险人这一中间环节，能最迅速有效地保护受害人的利益。

（五）保险赔偿

1. 赔偿限额

由于食品安全事故可能造成成千上万的消费者受害，所以可能造成的事故损害赔偿责任是极其巨大的，在这种情况下，保险公司作为风险中性者一般不会愿意冒险承保，即使在强制承保的情况下，法律也不应该将如此巨大的风险强加在保险公司的头上。此外，如果要求保险公司承保此种无限额的保险，保险公司必将会收取巨额的保费，又会影响被保险人的投保积极性。因此，承保人设定固定限额。当然这种限额是双方磋商而定的，限额越高，保费自然越高。

2. 保险费率

一般的商业保险自然是以盈利为目的，而强制责任保险却主要是出于对公共利益保护和社会正义实现的目的来考虑的，保险费率的设定原则应遵循不盈不亏的原则，这也是大多数国家的强制责任保险设立的通行规则。强制责任保险虽然有其特殊性，但是既然是按照商业模式操作，当然应当按照保险经营的理论与原则来确定保险费率。正常情况下，保险费率的高低，取决于保险人所担风险的大小。[1] 参照国内外产品责任险的费率厘定标准，再结合食品安全强制责任险的特性，笔者以为，应从下面几个因素来考虑厘定费率：① 经营的产品性质和可能对人体造成危害的风险大小。食品行业在我国是比较成熟的行业，产品复杂多样，发生事故的风险也不一样。② 产品销售量及销售额。产品销售量大，销售额高则保险人承担的风险必然大，费率自然要高。③ 产品销售的地区范围。产品销售范围越广，风险自然越大。④ 产品制造者的技术水平和质量管理水平。⑤ 投保产品的过往事故率及赔偿金额。⑥ 赔偿限额的高低。在保险实务中，保险公司在确立费率前，应当对投保人进行风险评估，厘定费率，当然费率并非一成不变，在保险期间，保险公司在对投保人进行监督时可以依据各项因素的变化灵活调整费率。如果投保人认为自己的各项指标有所变化或完善也可以向保险公司申请调低费率，这样通过费率的灵活调整可以促使被保险人更加重视食品安全。

五、结语

食品安全责任保险，这一保险原应是市场行为，但是市场的缺陷需要国家的干预。强制责任保险体现了行政干预的特色，其行政化的一面可以保证其迅速得以推广实施，以迅速有效地解决我国食品安全事故中的受害者利益保护难题，以完善我国的食品安全法律制度。

---

[1] 郑功成著：《责任保险理论与经营事务》，中国金融出版社 1991 年版，第 126～128 页。

食品安全责任保险若干问题探析

李新天　印　通*

本文认为不能笼统地将所有食品安全责任纳入强制责任保险，应当结合食品科学研究以及食品安全事故发生的概率、危险程度等因素，将转基因食品、儿童食品等纳入强制责任保险。食品安全责任的主体有生产者、销售者，强制投保的对象应仅限于生产者。在认定保险人的除外责任时，应当严格认定被保险人的“故意”，同时保险人的保险金给付义务仅限于损害填补部分，惩罚性赔偿金的目的在于惩罚生产者、销售者，因此不能通过责任保险分散风险。

之所以建议设立食品安全责任保险，皆缘于近年来频繁发生的食品安全事故，严重危及人民生命健康权。如何防范和规制食品安全事故的发生，已成为一个严峻的话题。防范食品安全事故的发生，首先需借助食品科学的研究，其次政府部门制定完善相关食品安全标准，对食品生产者、销售者实行严格的管理。但在现代工业社会，无论制定多么完善的标准，食品安全事故也将不可避免地发生。而食品安全事故一旦发生，对食品生产者和消费者来说，无疑都是巨大的灾难。因此从私法的角度，如何分散或者转移食品安全事故所带来的损害也不失为一种应对风险的有效措施。本文从责任保险的角度，论述食品责任保险的相关问题，以实现对受害人的有效保障。食品安全责任保险以食品责任的成立为基础，因此本文首

* 李新天，武汉大学法学院教授、博士生导师；印通，武汉大学法学院民商法专业硕士研究生。

先讨论食品责任的归责原则以及免责事由。

食品是指各种供人食用或者饮用的成品和原料以及按照传统既是食品又是药品的物品。[1] 据此，食品不仅包括经过加工制作的能够直接食用的各种食物，还包括未经加工制作的初级农产品。食品责任是指食品的生产者、销售者对因生产、销售的食品致他人发生财产、人身损害而应当承担的民事责任。学界基本没有就食品责任的归责原则以及免责事由单独加以讨论。《食品安全法》第96条第1款规定："违反本法规定，造成人身、财产或者其他损害的，依法承担赔偿责任。"学者们在解释该条时，认为违反本法规定，造成人身、财产或者其他损害的，应当承担赔偿责任的行为包括食品经营者的损害赔偿责任，捏造虚假事实损害食品生产经营者的赔偿责任以及食品检验机构的损害赔偿责任。[2] 因此该条不完全是关于食品责任的规定，试图从这一条规定入手分析食品责任的归责原则是行不通的。所以，在认定食品责任的归责原则以及免责事由时，通常适用《产品质量法》和《侵权责任法》的相关规定。然而并非所有的食品均属于《产品质量法》所称的"产品"。《产品质量法》第2条第2款规定：本法所称产品是指经过加工、制作，用于销售的产品。因此，经过加工、制作，用于销售的食品当然属于产品，适用《产品质量法》和《侵权责任法》的相关规定；未经加工、制作的传统初级农产品显然不属于产品。有学者认为，将初级农产品排除在"产品"之外，主要理由在于初级农产品是大自然的产物，经过人类漫长的历史检验，一般来说没有危险性，即使偶尔出现，其致害程度也远远小于工业品。[3]

---

[1] 参见《中华人民共和国食品安全法》第99条的规定。

[2] 参见信春鹰主编：《中华人民共和国食品安全法释义》，法律出版社2009年版，第239～241页。

[3] 参见李晓安、幺家伟："关于产品与产品责任的法律探析"，载《经济与管理研究》2003年第3期。但从各国的立法趋势来看，越来越多的国家，特别是工业发达国家逐渐将初级农产品列入产品的范围。参见张涛著：《食品安全法律规制研究》，厦门大学出版社2006年版，第181页。但从解释论的角度，我国现行《产品质量法》所称的产品不包括食品，却是不争的事实。

因此根据现行法律的规定，对于食品责任的归责原则以及责任构成，应当区分加工食品和未加工的初级农产品。加工食品属于产品，适用《产品质量法》和《侵权责任法》的相关规定，采危险责任原则。未经加工的传统初级农产品致他人发生损害的，适用《侵权责任法》关于一般侵权责任的规定，采过错责任原则。然而新技术农产品适用何种归责原则？严格来说，新技术农产品也未经加工制作，属于初级农产品，但是新技术农产品与传统农产品有本质区别，是工业技术发展的产物，如转基因食品，其危险性与一般工业产品相比，有过之而无不及，因此应当类推适用《产品质量法》和《侵权责任法》关于产品责任的规定，采危险责任原则。

除《侵权责任法》规定的一般免责事由外，《产品质量法》第41条第2款规定："生产者能够证明下列情形之一的，不承担赔偿责任：（一）未将产品投入流通的；（二）产品投入流通时，引起损害的缺陷尚不存在的；（三）将产品投入流通时的科学技术水平尚不能发现缺陷的存在的。"笔者认为，《产品质量法》关于免责事由的规定有待商榷，首先，将食品投入流通时科学技术水平尚不能发现缺陷存在的，这一风险应当由生产者负担，不能成为免责事由，因为生产者制造了危险源，并获得利益，因此由生产者承担责任，符合正义的要求。另外生产企业可通过产品价额机制以及保险制度予以分散技术风险；其次，即使产品投入流通时引起损害的缺陷尚不存在，是销售者导致产品存在缺陷的，生产者仍不能免责。《侵权责任法》第43条第3款规定："因销售者的过错使产品存在缺陷的，生产者赔偿后，有权向销售者追偿。"

一、食品安全责任保险应否纳入强制责任保险

责任保险是指以被保险人对第三者依法应负的赔偿责任为保险标的的保险。责任保险在性质上属于广义的财产保险，但与一般财产保险不同，责任保险不是以被保险人的某一具体财产为标的，而是当保险事故发生时，被保险人的损害赔偿责任由保险人负担的保险。因此，责任保险是以被保险人全部财产为保险标的的一种保

险。传统的责任保险，以填补被保险人对第三人承担赔偿责任而受到的损失为基本目的，然而随着责任保险的发展，责任保险对受害人的保护价值日益受到重视，进而发展了受害人对责任保险人的直接请求给付保险赔偿金的制度。《保险法》第 65 条第 2 款规定："责任保险的被保险人给第三者造成损害，被保险人对第三者应负的赔偿责任确定的，根据被保险人的请求，保险人应当直接向该第三者赔偿保险金。被保险人怠于请求的，第三者有权就其应获赔偿部分直接向保险人请求赔偿保险金。"责任保险的产生和发展，正赶上契约自由衰落的"痛苦"时期，又适逢以民事责任观念转化为保护受害人的赔偿利益为重点的历史时期，照顾和保护受害第三人的赔偿利益，逐步发展成为适用责任保险的主要方面，使得责任保险具有维护社会第三人利益的公益性。[1]

根据是否自愿订立保险合同可以将责任保险分为自愿责任保险和强制责任保险。自愿责任保险是指投保人和保险人在自愿、平等、互利的基础上，经协商一致而订立的责任保险合同；[2] 自愿保险充分体现当事人的意思自治，投保人有权决定对其可能发生的损害赔偿责任是否投保责任险，而保险公司则有权决定是否接受对方的投保。强制责任保险是指依照国家的法律规定，投保人必须投保，保险人必须接受投保的责任保险，[3] 是一种国家为推行社会公共政策而规定的保险，是对契约自由的限制。"强制责任保险是建立在传统的民事责任基础上，通过国家公权力对保险政策的干预，把社会进步中难以解决的问题纳入责任保险的运作体系中，这种基于公共利益的政策考量使得强制责任保险呈现出与其他类型保险不

---

[1] 参见邹海林：《责任保险论》，法律出版社 1999 年版，第 71 页。

[2] 事实上，在保险实务中，由于保险业经营的社会化和标准化，法律允许由保险公司提供格式化的合同条款或保险单，投保人无权就合同的基本条款进行协商或变更，因此自愿责任保险中投保人的"自由"主要限于订立合同的自由，对合同的内容并无自治空间。

[3] 强制责任保险并非绝对限制合同自由，在特定情形下投保人享有选择保险人的自由。

同的‘异质’性特点。”[1] 交强险是最典型的强制责任保险。但值得一提的是，强制特定人投保责任险，课予其投保并缴纳保费之义务，系属剥夺人民财产权。《宪法》第13条第1款规定：“公民的合法的私有财产不受侵犯。”因此制定强制责任法，必须有充分而坚强的理由，否则不免有违宪之嫌。另外，在市场经济条件下，合同自由为最基本的指导原则，契约强制为例外，“市场不受政府监管是一种常态，凡是鼓吹政府实行干预的人，必须证明自由的市场无法达至重要的公共政策目标”[2]。因此只有在特定情形下，才能对行为人的财产及契约自由加以必要限制。然在何种情形下有限制行为人财产及契约自由之必要？此涉及法律价值的判断和取舍。正如有学者所言，“对于如何设置强制责任保险，并没有一个统一的标准或模式，各个国家或地区一般都是结合本地的社会经济发展状况来确定强制责任保险的范围”[3]。

近年来，频繁发生食品安全事故严重侵害消费者的合法权益，而食品生产经营者往往没有能力赔偿消费者的损失，于是有学者建议在食品安全领域充分引入责任保险，分散风险，对消费者提供充分的救济。根据现行法律的规定，我国食品责任保险实行自愿责任保险，食品生产者、销售者自主决定对其可能发生的损害赔偿责任是否投保。然由于食品生产加工者、销售者为了降低成本以及对风险评估不足等原因，食品安全责任保险的投保率非常低。因此有学者认为，我国现行食品责任保险制度不能满足经济发展的需求，对消费者保护不利，不能解决食品安全频发等社会问题，特别是食品安全事件中受害人不能得到有效赔偿的问题。因此建议对食品安全责任保险实行强制责任保险。[4] 学者们一般认为，将食品安全责任

---

[1] 参见郭峰、胡晓珂：“强制责任保险研究”，载《法学杂志》2009年第5期。

[2] ［美］小罗伯特·H. 杰瑞等著：《美国保险法精解》（第四版），李之彦译，北京大学出版社2008年版，第1页。

[3] 参见郭峰、胡晓珂：“强制责任保险研究”，载《法学杂志》2009年第5期。

[4] 参见卢燕：“构建食品安全强制责任保险的必要性和可行性”，载《商业时代》2008年第32期。

纳入强制保险具有以下理由：第一，通过强制责任保险，可以使受害第三人得到及时的赔偿，特别是当责任主体没有给付能力时，受害第三人的损害赔偿请求权可以顺利实现；[1] 第二，企业通过责任保险，可以有效分散损失[2]；第三，通过责任保险，使保险人参与到食品安全责任的预防中来，保险人可以为被保险人提供全方位的防灾防损服务，使食品安全事故及其损害得以避免或者减轻，从而促进我国食品行业的健康发展[3]；第四，食品企业参加责任保险，发生保险事故由保险公司及时给予赔偿，可减轻政府责任；第五，食品提供者缺乏社会责任感，仅在出口食品方面投保责任险，面向国内市场的食品行业投保率非常低，因此有强制的必要性。

笔者以为，食品责任保险是否应当纳入强制责任保险的范畴，应当具体分析。首先，尽管责任保险具有保障受害人、分散风险等优点，但不能因为其有这些优点就得出推行强制责任保险的结论。是否将食品安全责任保险纳入强制责任保险的范畴，实际上关涉安全和自由这两对法律价值的判断和取舍。在现代市场经济条件下，行为人的财产及契约自由应当优先保障，只有在特定情形下才能牺牲行为人的自由，强制其投保责任险，以保障潜在受害人的利益。强制责任保险的核心在于通过国家公权力对保险政策的干预，把社会进步中难以解决、大量发生的责任类型纳入责任保险的运作体系中。因此只有在社会进步中无法避免、难以解决且频繁发生的责任类型才有纳入强制责任的必要，如机动车交通事故责任。分析我国食品安全事故产生的原因，大多是生产者故意违法生产加工，监管制度不完善造成的，如三鹿奶粉案。“在我国，食品安全问题更

[1] 参见赵博晗：“试论我国食品安全强制责任保险构建的必要性”，载《现代经济信息》2009 年第 15 期。

[2] 参见段胜：“构建我国食品安全强制责任保险之我见”，载《上海保险》2009 年第 1 期。

[3] 参见鞠珍艳：“大力发展食品安全责任保险的思考”，载《中国保险》2009 年第 11 期。

多的不是由于技术层面的原因，而是人为因素造成的。”[1] 因此在我国大多数食品安全问题并非是社会进步中无法避免的，而是可以通过规范的操作和完善的监管克服的。其次，不同的食品行业，其危险程度不同，有些食品行业，基于现行技术水平，食品安全事故完全可以避免。在这些食品行业，食品安全事故频繁发生，是因为生产者、销售者为了牟取非法利益，故意掺杂有毒有害物质。因此对这些故意侵权的责任类型，责任保险是不能解决问题的，因为被保险人故意致人损害，属于保险人的免责事由。再次，并非所有的食品安全责任均属危险责任，正如前文所说，传统初级农产品责任适用一般过错责任原则，因此没有强制投保的必要。另外食品供应者众多，如城市小摊贩，对其实行强制责任保险，缺乏可操作性。因此，将所有的食品责任纳入强制责任保险的范畴，不仅不科学，也不具有可操作性。

有学者认为，可选择在部分重点省市先行试点，待试点结束后，在总结前期经验的基础上，在全国范围内展开。[2] 笔者认为，食品行业推行强制责任保险不能以部分重点省市先行试点，因为以部分省市优先试点，会增加试点地区食品生产企业的成本，进而影响该地区食品企业与外地企业的竞争，有失公平原则。食品行业与机动车不同，食品行业内部的不同领域危险程度并不相同，有些行业危险程度非常低，只要稍加注意，损害事故完全可以避免，而有的领域具有较高的危险性，即使严加注意，损害也不免发生，因此有实行强制保险的必要。

综上所述，笔者不赞同将所有食品责任纳入强制责任保险的范畴，应当区分对待不同的食品行业，结合食品科学的相关研究成果

---

[1] 刘宁、张庆等著：《透视中国重大食品安全事件》，法律出版社 2005 年版，第 311 页。关于我国食品安全存在的主要问题及其产生原因，参见张涛著：《食品安全法律规制研究》，厦门大学出版社 2006 年版，第 45～60 页；赵林度著：《食品安全与风险管理》，科学出版社 2009 年版，第 5～8 页。

[2] 参见“新食品安全法实施，食品强制责任保险应尽快出台”，载《北京商报》2009 年 6 月 1 日。

以及食品行业发生安全事故的频率、危险程度、损害范围等因素，对部分食品行业实行强制责任保险，其他领域仍然实行自愿责任保险。如转基因食品、儿童食品等行业，应实行强制责任保险。转基因食品是指利用转基因技术在物种基因组中嵌入外源基因的食品，包括转基因植物食品、转基因动物食品和转基因微生物食品。转基因作为一种新兴的生物技术手段，具有不成熟和不确定的特点。因此将其纳入强制责任保险的范畴，实有必要。将儿童食品纳入强制责任保险的范畴，主要基于对儿童特殊保护的需要，因为儿童身体易受侵害，一旦发生食品安全事故，需要支付巨额的治疗费和后期相关费用。这样做可以更好地调和安全与自由的法律价值冲突，既保障了食品行业主体的自由，又有效地保障了受害人的利益。正如前文所说，我国食品安全问题频发的主要原因不是食品生产发展过程中产生的无法克服的技术问题，而是生产者、销售者为牟取非法利益故意从事违法生产、销售活动，因此解决问题的根本措施在于加强和完善监督管理，完善市场准入机制。

因此，在食品安全责任领域，应当实行自愿责任保险和强制责任保险二元结构，由于自愿责任保险强调当事人的意思自治，保险当事人的权利义务主要由保险合同约定。而强制责任保险，体现了国家公权力的干预，因此在诸多制度上有别于自愿责任保险，如我国机动车强制责任保险。因此加强对食品安全强制责任保险的研究，是有必要的。后文关于保险当事人、免责事由等问题的研究也仅限于食品强制责任保险这一类型。

二、食品强制责任保险的当事人

经加工、制作的食品属于产品，因此加工食品致害责任属于产品责任之一种，当然适用于《侵权责任法》第五章的有关规定。《侵权责任法》第 41 条规定：“因产品存在缺陷造成他人损害的，生产者应当承担侵权责任。”第 42 条规定：“因销售者的过错使产品存在缺陷，造成他人损害的，销售者应当承担侵权责任。销售者不能指明缺陷产品的生产者也不能指明缺陷产品的供货者的，销售者应当承担侵权责任。”第 43 规定：“因产品存在缺陷造成损害的，被侵权人可以向产品的生产者请求赔偿，也可以向产品的销售者请求赔偿。产品缺陷由生产者造成的，销售者赔偿后，有权向生产者追偿。因销售者的过错使产品存在缺陷的，生产者赔偿后，有权向销售者追偿。”根据以上规定，食品生产者和销售者均为食品责任的主体，食品生产者与销售者之间承担不真正连带责任，对于受害人来说，无论其有无过错，均承担损害赔偿责任。因此在食品责任保险关系中，食品生产者、销售者均可作为投保人。然食品生产者、销售者是否均为强制的对象？笔者认为，强制对象只能限于食品生产者，因为从本质上来说食品销售者最终承担的是过错责任，只要其尽到相当的注意义务，就不用承担最终责任，即使其主观上不存在过错，受害第三人向其请求赔偿的，其在赔偿后仍然可以向生产者追偿，而生产者已经投保责任保险，此时保险人负有代生产者承担损害赔偿责任的义务。因此在实行食品强制责任保险的行业，强制投保的对象仅限于生产者，销售者不应成为强制对象。当然销售者可以投保自愿责任保险。

被保险人如何认定？即当生产者作为投保人时，被保险人是否包括销售者？[1] 机动车第三者强制险的投保人通常是机动车所有权人，被保险人不限于机动车所有权人，还包括机动车所有人允许使用机动车的人。[2] 正确认定被保险人非常关键，当生产者投保责任保险时，如果销售者也是被保险人，则当食品安全事故发生致他人受到损害时，无论是食品生产者还是销售者的责任，保险人均负有给付保险金的义务，并且如果是销售者的责任，保险人给付保险金以后，不能向销售者追偿；反之，如果销售者不是被保险人，则保险人给付保险金后，责任属于销售者一方时，保险人有权向销售者

[1] 美国一般责任保险中，在被保险人是个人的情况下，被保险人一词是指指明的被保险人及其家庭成员；当被保险人是企业时，责任保险仅为该企业提供风险保障。参见所罗门·许布纳等著：《财产和责任保险》（第四版），陈欣等译，中国人民大学出版社 2002 年版，第 389 页。

[2] 参见《机动车交通事故责任强制保险条款》第 4 条。

追偿。笔者认为，销售者不能成为被保险人，因为销售者与生产者属于不同的主体，如果将销售者作为被保险人，会降低销售者的注意义务，反而不利于食品行业的健康发展。因此，生产者作为强制责任保险的投保人时，被保险人仅限于生产者。

三、食品责任强制保险的除外责任

一般认为，食品责任保险的除外责任包括被保险人故意违法生产、销售的产品或者商品造成任何人的人身伤亡或者财产损失而依法应当由被保险人承担的产品责任。[1]《保险法》第 27 条第 2 款规定："投保人、被保险人故意制造保险事故的，保险人有权解除合同，不承担赔偿或者给付保险金的责任……"产品责任保险合同一般也将被保险人故意违法生产、出售的产品或商品造成他人的人身伤害、疾病、死亡或财产损失作为除外责任。被保险人的故意行为有包含故意致人损害目的的行为和不包括故意致人损害目的的行为两种。对被保险人故意所为特定行为，但并无造成他人损害的目的的行为，是否属于除外责任所包括的行为？有学者认为，对于被保险人的故意行为是否属于保险单约定的除外责任，适用从严解释的原则：被保险人的故意行为引起的损害赔偿责任，仅以被保险人具有特定致害目的所造成第三人损害而应当承担的赔偿责任为限，属于除外责任。[2] 笔者赞同此种观点，被保险人故意制造保险事故，保险人不承担保险责任，固然有其深厚的理论基础，但是不能将"生产不符合食品安全标准的食品或者销售者明知不符合食品安全标准的食品"简单地认定为被保险人故意制造保险事故，事实上，被保险人也不希望保险事故的发生，因此即使是生产者生产不符合食品安全标准的食品，保险人仍然应当承担给付保险金的责任。

---

[1] 参见邹海林："产品责任保险的若干问题"，载《法学杂志》1990 年第 5 期；温世扬主编：《保险法》，法律出版社 2007 年版，第 246 页。

[2] 参见邹海林著：《责任保险论》，法律出版社 1999 年版，第 209 页。

四、惩罚性赔偿金

《食品安全法》第 96 条规定："违反本法规定，造成人身、财产或者其他损害的，依法承担赔偿责任。生产不符合食品安全标准的食品或者销售明知是不符合食品安全标准的食品，消费者除要求赔偿损失外，还可以向生产者或者销售者要求支付价款十倍的赔偿金。"《侵权责任法》第 47 条规定："明知产品存在缺陷仍然生产、销售，造成他人死亡或者健康严重损害的，被侵权人有权请求相应的惩罚性赔偿。"惩罚性赔偿的目的在于对食品生产者、销售者主观上故意的惩罚，保险人是否对惩罚性赔偿金负有给付义务？笔者认为，结合惩罚性赔偿的目的，应当认为保险人对惩罚性赔偿金不负有赔偿义务，仅负有填补受害人损害的义务。如对惩罚性赔偿责任予以保险，将会降低被保险人避免惩罚性赔偿金责任事故发生的诱因，使得无法实现惩罚性赔偿的吓阻功能。另外，从惩罚性赔偿的功能来看，它是用来惩罚从事不当行为的人，并对行为人和其他人产生吓阻作用，避免将来再犯相同和类似的不法行为。如对惩罚性赔偿予以保险，就会削弱其惩罚和吓阻的价值。同时，将惩罚性赔偿责任予以保险，金钱给付人是保险人，而非行为人，其结果是直接惩罚了保险人，实质上这种惩罚最终由广大的投保人群体来承受，造成其他被保险人保费的增加，而非不当行为人。"如果惩罚性赔偿的目的是为了惩罚社会不可接受的行为，那么惩罚应由犯有不可接受行为的人而不是保险公司承担，因为保险公司并没有参与该行为。"[1] 因此若将惩罚性赔偿责任予以保险，尽管受害人可以获得较大的、超过其实际损害之外的金钱给付，但对不当行为人处罚效果微乎其微，几近于零。即使保险人此后提高保费，保险人也不能完全弥补给付惩罚性赔偿造成的损失，因为未来保费的计算可能是基于产业的标准；况且不当行为人可以更换保险人，而规避大

---

[1] 所罗门·许布纳等著：《财产和责任保险》（第四版），陈欣等译，中国人民大学出版社 2002 年版，第 393 页。

部分因之前不当行为而给付惩罚性赔偿的惩罚。这时，以惩罚不当行为人为目的的惩罚性赔偿，就成了处罚保险人乃至广大被保险人的手段，使其本应实现的价值功能荡然无存。[1]

五、结论

食品责任的归责原则应当区分加工食品和初级农产品而分别对待，将所有的食品安全责任纳入强制责任保险的范畴，是不科学的，也缺乏可操作性。应当在食品责任领域实行强制责任保险和自愿责任保险二元结构。结合食品科学的研究成果，对部分食品行业，如转基因食品、儿童食品等行业实行强制责任保险。强制责任保险的强制对象应仅限于食品生产者，销售者不应成为强制对象，因为销售者承担的最终责任是过错责任。基于惩罚性赔偿金的性质和目的，保险人支付的保险金不应包括惩罚性赔偿金。

---

[1] 参见关淑芳："论惩罚性赔偿责任的可保性"，载《当代法学》2006 年第 1 期。

食品安全强制责任保险的几点思考

潘红艳*

从三鹿到蒙牛再到伊利等22个品牌，从婴儿奶粉到鲜奶再到酸奶，2009年年初的河北三鹿奶粉阴云还未散尽，甘肃、青海、吉林等省又再现超标三聚氰胺奶粉，其中有一家乳制品厂，更是从乳品原料中检测出三聚氰胺超标500余倍；另据美国传来的消息称，快餐业巨头麦当劳出售的麦乐鸡含有玩具泥胶的化学成分，具有一定的毒性，长期食用将危及健康。苏丹红、地沟油林林总总的食品安全事件潮水般冲击人们的视线和餐桌。每个事件背后连带着一系列的赔偿问题、受害主体安置问题、加害企业负面影响甚至破产问题。对消费者群体、食品加工生产销售群体、政府监管机构等均提出了严苛而繁巨的考验。一方面，受害的群体无法从加害企业获得足额赔偿；另一方面，纵观现实的保险产品，意外险、重疾险均不适用。而对于这类故意违法行为，厂家同样无法得到产品责任险的保障。由于食品卫生、质量等问题引起的健康危机甚至死亡风险，只能依靠政府的财政拨款或者现有的保险产品狼狈应对。据中国公众环保民生指数显示，82%的公众都高度关注食品安全，而38%的公众在日常生活中“遭遇”过食品安全问题。食品安全问题频频敲响警钟，已经成为制约我国经济社会发展的重要因素。如何

* 潘红艳，吉林大学法学院讲师，法学博士。

有效维护公众健康与安全，完善突发性的食品安全责任应急管理机制，并保障大众的食品安全问题，已成为政府、食品企业以及社会大众关注度最高、最热点的问题之一。食品安全体系的健全和完善，事关国家安全与稳定，在世界各国都被当作一项战略性、基础性工作。我国保险行业能否积极反应、食品安全责任风险如何更有效的借由保险经营转嫁、能否通过强制保险的形式破题解决以上诸多问题？这些都是我们面临的亟待解决的问题。

一、食品安全责任风险的特征

风险是个时间问题，确切地说是个未来问题，透过当下的决定，人们就达成对未来的制约，这些制约虽然限制了未来的可能性，但也可以在未来也就是日后的某一个当下，诸决定在这个当下已经不可逆反的成为过去，受到观察。食品安全责任保险是建立在特定的食品风险基础之上的，认清后者的本质和特征是厘定食品安全责任风险的基础。

1. 食品安全危害的复杂性

依据目前国际通行的 ISO 22000：2005 标准，所谓的食品安全危害（food safety hazard）是指，食品中所含有的对健康有潜在不良影响的生物、化学或物理因素或食品存在的状况。生物危害不包括细菌、病毒及其毒素、寄生虫和有害生物因子。化学危害分为四大类：天然的化学物质、有意加入的化学品、无意或者偶然加入的化学品、生产过程中所产生的有害化学物质。天然的化学物质包括霉菌毒素、组胺等。有意加入的化学品包括食物添加剂、防腐剂、营养素添加剂、色素添加剂。无意或偶然加入的化学药品包括农业上的化学药品、禁用物质、有毒物质和化合物、工厂化学物质（润滑油、清洁用化学品等）。物理危害是任何潜在于食品中不常发现的有害异物，如玻璃、金属等。

2. 食品安全危害控制措施的相对性

控制措施（control measure）是食品安全能够用于防止或消除食品安全危害或将其降低到可接受水平的行为或活动。食品企业所有危害的控制措施有三类，一是前提方案，主要包括食品生产的基本设施设备和各项卫生管理制度，为食品企业必备的硬件与基础软件；二是操作性前提方案，为食品生产加工过程中防止人为操作不当引起交叉污染的各类标准卫生操作规程，而这些交叉污染源食品危害发生的概率非常高，后果有时也非常严重；三是运用 HACCP 计划对发生概率高后果严重的食品危害进行控制。

3. 食品安全危害可接受水平标准体系的多元性

食品安全危害的可接受水平涉及国内法律法规、国际标准及规约等多重标准，以啤酒为例，啤酒相关的食品危害可接受水平衡量的标准包括：《食品安全法》、《发酵酒卫生标准》、《食品添加剂使用卫生标准》、《生活饮用水卫生标准》、《食品中污染物限量》、《粮食卫生标准》、《食品中农药最大残留限量》、《食品工业用浓缩果蔬汁卫生标准》、《硅藻土卫生标准》、《食品包装用聚氯乙烯瓶盖垫片及粒料卫生标准》、《水基改性环氧易拉罐内壁涂料卫生标准》等。

二、食品安全责任强制保险的现实基础及存在意义

为满足食品安全责任的保险需求，2007 年，上海安信农业保险推出了我国首款农产品食用安全保险，并与上海农产品中心批发市场经营管理有限公司签订国内首张“瘦肉精”保单，为上海近三分之一的“白条猪肉”提供保额达 1000 万元的食用安全保障。批发市场内近 80 户猪肉经营者参加保险，一旦消费者购买或食用这些经营户销售的猪肉，发生“瘦肉精”中毒群体性事件，安信农业保险将负责赔偿。另外，平安财险 2008 年也推出了食品安全责任保险，主要针对食品制造、销售或餐饮服务企业，为这类企业在保单列明的营业地址范围内生产、销售的食品，或在现场提供与其营业性质相符的食品时，因疏忽或过失导致销售者食物中毒或罹患食源性疾病引起消费者索赔，提供保险保障。此后，各大保险企业纷纷推出食品责任保险险种，但是相关企业投保率非常低。一方面许多食品加工和生产经营企业不愿为投保增加成本，对食品安全事件

抱有侥幸心理；另一方面，企业缺乏安全防范意识，没有意识到通过责任保险这种手段可以分散和转移生产经营中的风险。可见，商业性的食品安全责任保险覆盖面非常低，对隐藏的食品安全问题防范作用微不足道。

实践表明，只有通过强制投保的方式才能提高食品安全责任保险的覆盖面、提升对食品安全危险的防范水平。全国政协委员、中国人民保险集团股份有限公司董事长、总裁吴焰于2011年3月向全国政协第十一届全国委员会第四次会议提交议案，提出如下建议：在儿童食品、保健食品等领域开展试点，探索建立强制性食品安全责任保险制度。业界和学术界也纷纷建言：建立统一的食品安全责任强制保险，保险公司对投保企业的安全生产实施一定的事前监督和预防功能，促使其将风险管理贯穿到生产、销售的全过程，防患于未然；食品加工、生产和销售企业借助保险后盾，一旦发生事故后，保险公司在第一时间进行赔付，受损害群体能够及时获得救治和补偿。如此，存在食品安全隐患和实施加害行为的问题企业在保险公司及时赔付的情况下，得以避免陷入经营困境。对于政府而言，保险公司的赔付行为可以减少政府的财政压力以及善后负担，从而避免和解决现行的食品安全造成的系列问题。

三、食品安全责任强制保险的价值目标

采取强制的方式要求食品相关企业投保该种保险的价值目标体现在以下方面。

（1）保障食品相关企业的正常生产经营，减轻食品安全责任的负担。事实和保险实践均表明，对于食品相关企业而言，食品安全问题所引起的赔偿责任会极大地影响企业的生产经营甚至造成企业的资不抵债，而食品责任保险能够弥补企业一旦发生食品安全责任事故而引起的经济损失，维持企业的正常生产经营。

（2）保护消费者的权益，填补消费者损害。对于食品消费者而言，通过责任保险机制，保险公司借由其专业的理赔体系对食

品安全责任事故造成的损害予以赔偿、对遭受损害的群体进行救助、对加害方和受害方的善后进行处理，进而有助于食品安全事件民事赔偿纠纷的高效及时解决，给受害人更加迅速合理的经济赔偿，切实保障受害人的经济利益，从而有效保护消费者的合法权益。

(3) 扩展保险产品范围，发挥保险功能。对于保险行业而言，发展食品安全责任保险产品，有助于扩大责任保险市场，促使保险公司找到新的业务增长点。保险企业通过责任保险，得以更深入地参与社会风险管理，充分发挥其经济补偿和社会管理功能，从而提高整个保险行业在经济社会中的地位和作用。

(4) 减轻政府压力，增加食品安全责任事故的管理效率。对于政府而言，建立食品安全责任强制保险制度，按照市场经济规律建立风险分担和补偿的机制，不仅能够减轻政府的财政负担，减少政府各部门分工造成的事故管理摩擦，也可以提高政府进行食品安全责任事故管理的效率。

(5) 减少食品安全事故，提升食品企业的风险防范能力。

食品安全责任保险适用范围较广，可以适用于食品生产、加工、流通、消费等所有环节，还可以适用于工地食堂、农村集体聚餐和街头食品等监管薄弱环节。该险种的投保人和被保险人往往是食品生产、加工或销售企业，使得该险种成为保证食品安全的一道“特别”过滤环节。保险公司一般不会对质量低下的产品进行承保，核保人员对于食品加工企业提交的保险购买申请会进行严格的审核，特别是可能对公众造成危害的细节，更是核保把关的重点，从而能够从一定程度上降低食品安全事故的发生，提升食品企业的风险防范能力和水平。

四、强制实施食品安全责任保险的障碍及其解决路径

1. 保险经营本质的限制及其解决路径

苏丹红、毒奶粉等众人瞩目的食品安全问题的实质在于使用了不符合行业标准的原材料而导致侵害结果的发生。产品责任保险承

保的是一种偶然性事故，不会承保那些对所有人都存在安全隐患的产品。一般保险企业大多通过杜绝违法行为和强化事前预防两个方面进行危险的控制。保险企业是经营风险的企业，其生命力蕴含在风险的特定性之中。食品安全责任保险即便采取强制实施的方式，也应当在保险经营体系之中，借由保险企业的运营实施。保障和尊重保险企业的盈利目标实现是推进食品安全责任强制保险的动力。强制性保险的普遍性决定了保险费的标准不宜过高。如此，保险企业对利润的追求以及强制保险费的控制之间的矛盾成为推行食品安全责任强制保险的一道屏障。

另外，从保险费承担的主体角度来看，食品生产企业的风险转移与机动车第三者强制险不同，食品安全强制责任保险将食品安全的风险经由保险制度转嫁给所有的食品消费者，与机动车第三者强制遵从的“利益享有者即风险负担者”的理念背道而驰。一方面，食品生产和销售企业借由强制保险转嫁了食品生产和销售过程中的责任风险。另一方面，食品相关企业通过提高食品价格等方式将投保强制险的保险费转嫁给食品消费者，可谓双重受益。可见，食品安全责任强制保险的保险费实质承担主体与投保主体并不同一主。

食品安全责任保险强制实施必须解决上述问题，一方面应当对保费采取科学客观的厘定方式确定，机动车强制责任保险的保费确定原则可资借鉴。另一方面应当从保护食品消费者的角度出发设计保险合同的内容，尤其是控制免责条款的范围。对于非法经营的食品企业，由企业自己承担保险责任，但是保险企业应当介入食品安全的管理，为食品消费者增加安全保障的屏障。由此平衡保险企业经营风险与食品消费者安全保障的关系，确保食品安全责任承担范围的深度和广度。

2. 投保企业的逆选择及其解决路径

食品生产和加工具有门槛低、技术水平要求不高的特点。目前，我国食品生产加工企业 45 万家，10 人以下小企业、小作坊 35 万家。简单的生产环境、简陋的生产设施、低技术含量的生产过程加之低素质的操作人员给保险公司对危险的控制提出了难题。对生产成本的高度控制、对食品安全责任保险保险费的低承担能力给强制保险的推行造成了障碍。反而是这些小企业、小作坊危险系数较高、对食品安全责任保险的需求较大，一旦发生食品安全事件，赔偿金额往往比较高，这些小型的食品企业根本没有钱拿出来赔偿给消费者，常常会因此关门大吉。我国《食品安全法》第 30 条规定县级以上地方人民政府鼓励食品生产加工小作坊改进生产条件；鼓励食品摊贩进入集中交易市场、店铺等固定场所经营。第 56 条规定，地方各级人民政府鼓励食品规模化生产和连锁经营、配送。这些立法在一定程度上反映出食品生产销售的规模化、集团化导向，为解决食品安全强制责任保险的投保主体提供了切实路径。

在投保主体的选择上，还有一个路径可供参考，即违反食品安全法律法规需要承担法律责任的主体。除了食品的生产者、加工者之外，这些主体还包括食品的销售者以及集中交易市场和展销会的开办者、柜台出租者以及展览会举办者等。依据我国《食品安全法》第 52 条的规定，集中交易市场的开办者、柜台出租者和展销会举办者，应当审查入场食品经营者的许可证，明确入场食品经营者的食品安全管理责任，定期对入场食品经营者的经营环境和条件进行检查，发现食品经营者有违反本法规定的行为的，应当及时制止并立即报告所在地县级工商行政管理部门或者食品药品监督管理部门。集中交易市场的开办者、柜台出租者和展销会举办者未履行前款规定义务，本市场发生食品安全事故的，应当承担连带责任。第 55 条规定，社会团体或者其他组织、个人在虚假广告中向消费者推荐食品，使消费者的合法权益受到损害的，与食品生产经营者承担连带责任。

3. 英美法系责任保险危机的启示

20 世纪 80 年代中期以来，英美法系国家因民事责任体系的变化形成了“赔偿文化”，对责任保险产生了巨大影响，民事责任制度从过失责任到严格责任以及惩罚性赔偿金制度的不断扩张造成责任保险赔偿数额不断攀升，保险公司不得不通过提高保险费维持责任保险的基本运营。以美国产品责任保险为例，其平均索赔额远远高于其他责任保险产品的赔偿金额，2002年的产品事故责任平均赔偿金额比1996年增长1.67倍。为了应对责任赔偿金额的大幅度提升，保险公司骤然提高责任保险的保险费，进而导致责任保险衰退，出现责任保险的危机。我国建立食品安全责任强制保险的初衷在于平衡食品企业偿付能力与消费者利益保护之间的矛盾，增加食品安全危险造成损失的赔付保障。保险费的标准不宜过高，在保证保险公司运营的前提下尽可能设置较低的保费水平，以实现该险种的覆盖面要求。在民事赔偿数额的确定上，我国虽然不及英美法系国家的民事赔偿制度严苛，但在产品质量领域和食品安全领域，严格责任与惩罚性赔偿也屡见不鲜。虽然从保护消费者的角度出发这样的立法现实与趋势无可厚非，但在涉及强制责任保险的场合，应当寻求赔偿主体与遭受损害主体的利益平衡点，而不是从单一的角度考量进行法律规制。

五、食品安全强制责任保险的法律基础

我国目前虽然还没有关于食品安全强制责任保险的专门法律规定，但是已经形成了以《侵权行为法》、《产品质量法》、《合同法》、《保险法》以及《食品卫生法》等一系列法律法规为核心的食品安全保障法律制度，对违反食品安全规定的行政责任、提供不合格食品造成消费者人身财产损害的民事责任作出了详尽的规定，构成食品生产者、销售者等主体危害食品安全的责任体系，其中以《食品安全法》及其实施条例的颁行最值得关注。《食品安全法》是适应新形势发展的需要，为了从制度上解决现实生活中存在的食品安全问题，更好地保证食品安全而制定的，其中确立了以食品安全风险监测和评估为基础的科学管理制度，明确食品安全风险评估结果作为制定、修订食品安全标准和对食品安全实施监督管理的科学依据。早在1995年我国就颁布了《中华人民共和国食品卫生法》，在此基础上，2009年2月28日十一届全国人大常委会第七次会议通过了《中华人民共和国食品安全法》。《中华人民共和国食品安全法实施条例》于2009年7月8日国务院第73次常务会议通过并实

施。《食品安全法》规定了以下内容：食品安全风险监测和评估、食品安全标准、食品生产经营、食品检验、食品进出口、食品安全事故处置、监督管理、法律责任。该法针对食品安全问题形成了一系列预防食品危害、保障食品安全的制度规范。

(1) 确定国家对食品安全工作的领导，明确各级政府、各部门对食品安全的管理监督职责。国务院设立食品安全委员会，其工作职责由国务院规定。国务院卫生行政部门承担食品安全综合协调职责，负责食品安全风险评估、食品安全标准制定、食品安全信息公布、食品检验机构的资质认定条件和检验规范的制定，组织查处食品安全重大事故。国务院质量监督、工商行政管理和国家食品药品监督管理部门依照本法和国务院规定的职责，分别对食品生产、食品流通、餐饮服务活动实施监督管理。县级以上地方人民政府统一负责、领导、组织、协调本行政区域的食品安全监督管理工作，建立健全食品安全全程监督管理的工作机制；统一领导、指挥食品安全突发事件应对工作；完善、落实食品安全监督管理责任制，对食品安全监督管理部门进行评议、考核。县级以上地方人民政府依照本法和国务院的规定确定本级卫生行政、农业行政、质量监督、工商行政管理、食品药品监督管理部门的食品安全监督管理职责。有关部门在各自职责范围内负责本行政区域的食品安全监督管理工作。上级人民政府所属部门在下级行政区域设置的机构应当在所在地人民政府的统一组织、协调下，依法做好食品安全监督管理工作。县级以上卫生行政、农业行政、质量监督、工商行政管理、食品药品监督管理部门应当加强沟通、密切配合，按照各自职责分工，依法行使职权，承担责任。

(2) 建立食品安全风险评估和监测制度。规定国家建立食品安全风险监测制度，对食源性疾病、食品污染以及食品中的有害因素进行监测。国务院卫生行政部门会同国务院有关部门制定、实施国家食品安全风险监测计划。省、自治区、直辖市人民政府卫生行政部门根据国家食品安全风险监测计划，结合本行政区域的具体情况，组织制定、实施本行政区域的食品安全风险监测方案。国务院农业行政、质量监督、工商行政管理和国家食品药品监督管理等有关部门获知有关食品安全风险信息后，应当立即向国务院卫生行政部门通报。国务院卫生行政部门会同有关部门对信息核实后，应当及时调整食品安全风险监测计划。国家建立食品安全风险评估制度，对食品、食品添加剂中生物性、化学性和物理性危害进行风险评估。国务院卫生行政部门负责组织食品安全风险评估工作，成立由医学、农业、食品、营养等方面的专家组成的食品安全风险评估专家委员会进行食品安全风险评估。对农药、肥料、生长调节剂、兽药、饲料和饲料添加剂等的安全性评估，应当有食品安全风险评估专家委员会的专家参加。食品安全风险评估应当运用科学方法，根据食品安全风险监测信息、科学数据以及其他有关信息进行。

（3）制定统一的食品安全标准。《食品安全法》规定制定食品安全标准，应当以保障公众身体健康为宗旨，做到科学合理、安全可靠。食品安全标准是强制执行的标准。除食品安全标准外，不得制定其他的食品强制性标准。没有食品安全国家标准的，可以制定食品安全地方标准。省、自治区、直辖市人民政府卫生行政部门组织制定食品安全地方标准，应当参照执行本法有关食品安全国家标准制定的规定，并报国务院卫生行政部门备案。企业生产的食品没有食品安全国家标准或者地方标准的，应当制定企业标准，作为组织生产的依据。国家鼓励食品生产企业制定严于食品安全国家标准或者地方标准的企业标准。企业标准应当报省级卫生行政部门备案，在本企业内部适用。

（4）强化了食品添加剂的管理。《食品安全法》规定，国家对食品添加剂的生产实行许可制度。申请食品添加剂生产许可的条件、程序，按照国家有关工业产品生产许可证管理的规定执行。申请利用新的食品原料从事食品生产或者从事食品添加剂新品种、食品相关产品新品种生产活动的单位或者个人，应当向国务院卫生行政部门提交相关产品的安全性评估材料。国务院卫生行政部门应当自收到申请之日起 60 日内组织对相关产品的安全性评估材料进行审查；对符合食品安全要求的，依法决定准予许可并予以公布；对不符合食品安全要求的，决定不予许可并书面说明理由。

（5）规定若干连带责任，扩大了承担食品侵害责任主体范围。规定集中交易市场的开办者、柜台出租者和展销会举办者，应当审查入场食品经营者的许可证，明确入场食品经营者的食品安全管理责任，定期对入场食品经营者的经营环境和条件进行检查，发现食品经营者有违反本法规定的行为的，应当及时制止并立即报告所在地县级工商行政管理部门或者食品药品监督管理部门。集中交易市场的开办者、柜台出租者和展销会举办者未履行前款规定义务，本市场发生食品安全事故的，应当承担连带责任。社会团体或者其他组织、个人在虚假广告中向消费者推荐食品，使消费者的合法权益受到损害的，与食品生产经营者承担连带责任。

（6）加强保健食品管理。《食品安全法》对保健品将实行严格的监管，其标签说明书不得涉及疾病预防、治疗功能，内容必须真实，应当载明适宜人群、不适宜人群，功效成分或标志性成分及含量等，产品的功能和成分必须与标签、说明书一致。

（7）确定了食品召回制度。规定食品生产者发现其生产的食品不符合食品安全标准，应当立即停止生产，召回已经上市销售的食品，通知相关生产经营者和消费者，并记录召回和通知情况。食品经营者发现其经营的食品不符合食品安全标准，应当立即停止经营，通知相关生产经营者和消费者，并记录停止经营和通知情况。食品生产者认为应当召回的，应当立即召回。

（8）明确食品生产经营者是第一责任人。《食品安全法》指出，食品生产经营者是食品质量的第一责任人，并规定了食品生产经营企业的许可制度、行为基本准则、进货查验、出厂检验记录、食品标签、食品添加剂管理、食品召回及食品广告管理方面的具体要求。

（9）明确民事赔偿优先原则。依据《食品安全法》第 97 条规定，违反本法规定，应当承担民事赔偿责任和缴纳罚款、罚金，其财产不足以同时支付时，先承担民事赔偿责任。

（10）确立惩罚性赔偿责任。依据《食品安全法》第96条，违反本法规定，造成人身、财产或者其他损害的，依法承担赔偿责任。生产不符合食品安全标准的食品或者销售明知是不符合食品安全标准的食品，消费者除要求赔偿损失外，还可以向生产者或者销售者要求支付价款10倍的赔偿金。

我国建立药品不良反应责任保险的探讨*

沈庆劼　姜　龙**

近年来我国药品不良反应（ADR）事件日益增多，其正越来越严重地威胁到大众的安全。由于补偿机制的不健全，患者、制药企业、医疗机构三方纠纷不断。药品不良反应责任保险有助于解决上述问题。瑞典等西方国家已经在该领域积累了大量的经验，我国上海也进行过初步的尝试。因此，本文在讨论我国建立药品不良反应责任保险所存在的问题的基础上，提出了相应的对策建议。

国家药品不良反应（ADR）监测中心（国家中心）资料表明，2010 年国家药品不良反应监测中心共收到药品不良反应/事件报告 692 904 份，较 2009 年增长 8.4%。其中，新的和严重的药品不良反应/事件报告 109 991 份，较 2009 年增长 16.2%，占报告总数的 15.9%。每百万人口平均病例报告数量达到 533 份，较 2009 年增加 8.4%。截至 2010 年 12 月 31 日，国家药品不良反应监测中心已累计收到药品不良反应/事件报告 315 万余份❶。可见药品不良

* 本文是教育部人文社会科学项目“医疗责任保险法律问题研究”的阶段性成果，项目主持人李晓龙。

** 沈庆劼，金融学博士，天津财经大学金融监管与金融创新研究中心主任；姜龙，天津财经大学金融系硕士研究生。

❶ 数据来自国家药品不良反应监测中心 2009 年和 2010 年收到的国内药品不良反应/事件报告。

反应数量庞大且具有逐年增长的趋势，其正越来越严重地威胁到大众的安全。然而，我国目前无论是在法律上还是制度上，对于由药品不良反应引起损害的补偿都存在空白，以至于需要补偿救济时无法可依，患者的生命健康权益得不到有效保障，患者和制药企业以及医疗机构的纠纷屡见不鲜。

国际上很多国家已经建立了 ADR 补偿机制，我国学者也尝试着在借鉴。本文就我国药品不良反应责任保险的建立作一探讨，争取利用责任保险的优势更好地解决我国出现的药品不良反应的问题。

一、我国建立药品不良反应责任保险的必要性

（一）目前我国尚未建立起合适的 ADR 补偿制度

我国在 2004 年发布并实施了《药品不良反应报告和监测管理办法》，并在其中明确规定了医药生产和经营企业及医疗单位将承担着药品不良反应的发现、报告、评价和控制工作。但是在目前，我国还没有药品不良反应的技术认定程序，也没有一个独立的药品不良反应的认定机构。

同时，在我国药品不良反应的损害补偿无法可依。药品不良反应的案件并不适用于《医疗事故处理条例》，因为医疗事故是由过失造成的后果，而药品不良反应属于无过失责任，所以不属于医疗事故。在我国的现有法律框架下，解决药品不良反应的问题缺少一定的法律支持，这常常导致药品不良反应的诉讼存在着极大的困难。因此，在我国急需一种合适的药品不良反应补偿制度，来解决药品不良反应案件的发生给各方带来的困扰。

（二）将责任保险应用于药品不良反应具有独特优势

1. 责任保险在我国发展良好

21 世纪以来，我国的保险业开始进入全面发展和成熟的阶段，不论保险的规模、险种还是其承担的功能都达到了一个历史的新高度。而当前正在我国兴起的责任保险正是一种具有很强社会管理功能的保险，目前已有多种责任险产品进入市场，在遭遇了启动时的

困难之后也显示出了良好的市场前景和社会效益。其中，责任保险的无过失说中强调了责任保险对于加强赔偿资历较弱的致害人的赔偿能力，以保护受害人具有积极意义。无论被保险人致人损害主观上是否有过错，凡是其行为已经造成了对他人的损害而应承担损害赔偿责任的，均可建立责任保险合同。而这也恰恰为责任保险有效地应用于药品不良反应案例提供了基础。

2. 我国积累了相关责任险种的经验教训

医疗责任险是商业保险公司已经开展的一种由患者投保以医师医疗或手术过程中的医疗事故责任为保险标的的险种，其上市后遇到阻力的原因在于：(1) 医疗责任险是一种短期险，由于患者对自身状况和医疗知识缺乏了解，不能准确地预期住院时间，往往事故发生时已经过了保险期限造成拒赔；(2) 负责医疗事故等级认定的委员会成员多数来源于当地医院的专家，形成了医疗机构既当被告又当法官的格局；(3) 事故责任在于医疗机构，由患者为医疗机构投保容易造成道德风险。

ADR 责任保险的设计则可避免以上缺陷。与医疗责任险相比，ADR 责任保险风险控制容易，相对可行：(1) 从保险期限来说，ADR 责任险可由药品生产、经营企业为自身产品长期投保，随时保障患者的生命健康权益；(2) 从鉴定机构来说，负责对不良反应作出认定的 ADR 监测中心由专业医学、药学和其他社会人士组成，避免了医疗事故委员会单一的组织结构；(3) 从该责任保险补偿的范围来说，按照世界卫生组织国际药物监测合作中心的规定，ADR 指正常剂量的药物用于预防、诊断、治疗疾病或调节生理机能时出现的有害的和与用药目的无关的反应，即只有建立在药品质量合格、诊断正确、治疗方案合理的基础上的有害反应才在赔偿范围之内。

因此，现阶段我国在制定药品不良反应（ADR）补偿制度的过程中，责任保险可以成为一种很好的经济保障制度和维护社会公平的工具，在应用于药品不良反应案件中更是拥有独特的优势。

（三）我国建立药品不良反应责任保险会给各方带来利益

1. 建立 ADR 责任保险会给患者带来保障

如前所述，如今在我国 ADR 患者得不到有效的法律保障与支持，一旦发生了药品不良反应，患者为了挽回损失常常需要花费极大的时间成本与资金，却不一定带来令其满意的结果。因此，也会引发很大的社会争论与不必要的纠纷。而 ADR 的责任保险会给患者带来确定的资金保障，一旦发生重大的意外伤害，可以通过保险很快地弥补发生的损失。

2. 建立 ADR 责任保险会给医药生产企业带来保障

首先，在许多发达国家，医药企业都是资金雄厚、实力强的大企业，面对高额赔偿都拥有一定的抗风险能力，由于 ADR 补偿制度的存在，患者可以依法获得补偿，但是在中国，由于国情的不同，医药企业都是些中小企业，如果高额赔偿，企业缺乏必要的抗风险能力，给企业带来极大的负担。

其次，当患者出现药品不良反应时，往往会和企业打官司，但是由于国内没有明确的法律规定，也没有明确的 ADR 认定程序和纠纷处理机制，患者只能通过诉讼维护自己的权利，从而引发了大量的纠纷。在这种情况下，企业必然要付出大量的精力和金钱与患者解决纠纷，这必然会影响企业的正常运作和企业自身发展，更会影响企业自身形象与信誉。企业可以通过责任保险解决上述问题，为自身的良好运营带来保障。

3. ADR 管理工作可以借助责任保险加以完善

在我国建立 ADR 责任保险不仅能够使患者和医药企业的利益得到保障，同时，对于 ADR 的上报和管理工作也会起到明显的促进作用。我国于 2004 年实施的《药品不良反应报告和监测管理办法》规定：药品生产、经营企业和医疗卫生机构必须指定专职人员负责本单位生产、经营、使用 ADR 报告和监测工作，每季度集中向所在地 ADR 监测中心报告。但是，由于我国 ADR 监测网络还不健全，制度约束力不够又缺乏具体的奖励措施，造成了目前漏报率高的局面。建立责任保险制度后，管理、监测部门可以通过商业保险公司直接了解消费者或医疗机构上报的 ADR 发生情况，鉴定后通知保险公司进行补偿，必要时可采取相关措施以保障民众的用药安全，从而使 ADR 的管理工作更加完善。

二、国外 ADR 责任保险的经验借鉴及我国的初步探索

（一）瑞典 ADR 责任保险的经验借鉴

在国外，许多国家已经建立了 ADR 补偿机制，具体做法分成两种：一是将 ADR 赔偿进行立法，并设有专业的组织机构进行管理与操作，如日本和我国台湾地区；另外一种就是实行责任保险制度，其中瑞典在责任保险制度上比较完善，可以对我国的 ADR 责任保险制度的建立提供一些参考。

瑞典自 20 世纪 30 年代就成为世界上高福利国家之一，其完善的社会保险制度成为许多国家的典范，尤其在药品损害赔偿方面，通过采取药品保险制度，取得了很高的社会成效。对于药品不良反应所致的损害，瑞典偏向于用集体保险制度作为损害赔偿的方式，而不鼓励侵权诉讼解决。瑞典的药品保险制度最新修订版本于 2000 年 1 月 1 日生效。该保险制度是由属于瑞典药品保险协会的成员企业志愿参加的、针对药品不良反应的集体保险制度。下面对瑞典的 ADR 责任保险制度作一简要概述。

1. 药品保险协会

瑞典药品保险协会是为了保护其成员利益而发展起来的非营利性组织，根据《药品相关损害的赔偿条约》处理有关药品保险和协会内部的事宜。凡是有资格在瑞典从事药品生产或进口药品的企业，都可以成为协会的成员。药品保险协会代表其所有成员的利益，以集体保险方式与保险公司签订合约，由保险公司代为协会成员承担赔偿责任，保险费用则由协会成员企业共同承担。

2. 审理程序

受害者既可以直接向药品保险公司递交申请，也可以通过法院诉讼索求赔偿，前者是最简单、最便捷的方式，后者则加重举证的

负担。所以，在保险制度实行的 20 多年里，选择法院诉讼的寥寥无几。在向保险公司申请时，申请人需填写申请表后并直接递交到药品保险公司，由索赔调整员处理，并回执申请人确认书以告知案件正在受理当中。此过程中，索赔调整员将收集医疗文件、残疾鉴定书和专家陈述。在案件审评完后，将告知申请人是否有权得到赔偿金，并据此决定赔偿范围。案件受理时间，平均需要 4 个月左右。根据个案的复杂程度，处理时间也长短不同。

如果申请人对药品保险公司的决定有异议，在 6 个月内可以向药品伤害委员会申诉。药品伤害委员会由医药领域专家、业外人士和政府指派的法律专家组成。委员会的建议是参考性质的，但药品保险公司通常都会采纳其建议。如申请人对药品伤害委员会的决定仍有异议，可以申请仲裁审议。仲裁审议结果为最终决定（见图 1）。

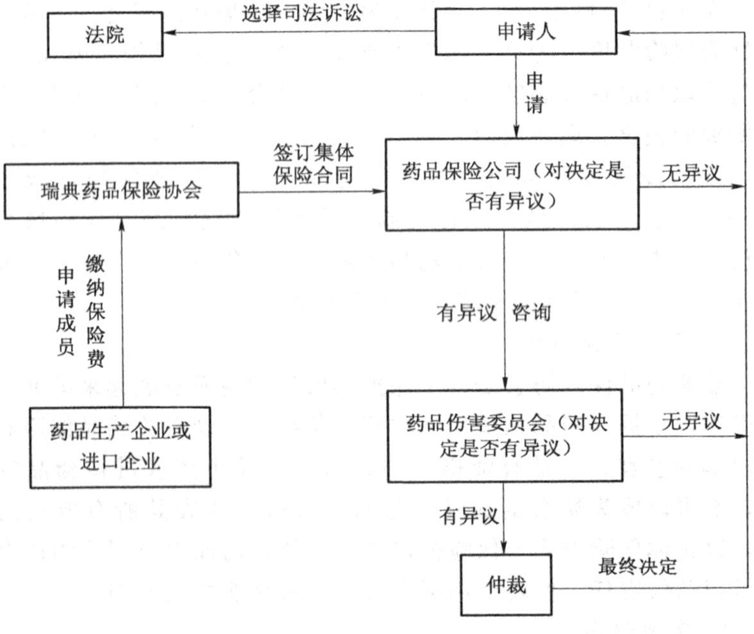

图 1　瑞典 ADR 赔偿申请流程图

虽然瑞典的药品保险制度具有非强制性，是瑞典的药品生产商和进口商志愿参加的一种保险制度，但在该制度实践中，几乎所有的药品生产商和进口商都已申请为药品保险协会的成员，瑞典上市的所有药品都已涵盖在药品保险范围内。药品保险制度在保护患者权益，弥补受害者损失方面具有重要作用。而我国可以将其一些运作模式予以借鉴。

（二）我国对ADR责任保险的初步探索

早在2003年，上海市药品不良反应监测中心和平安保险就开始筹划开发药品不良反应责任险。当时考虑设立的保险是承保“严重不良反应”，保险将采取药品生产企业购买、患者受赔的方式，由企业支付药品销售额2%左右的保险金，在药品使用过程中若发生轻微的、不治而愈的不良反应不在承保范围之内，如果患者在按规定的用法用量服用药物时，因药品不良反应导致机能不全、致残、死亡等情况，保险公司将对患者予以赔付。

经两年多的运作，“严重不良反应”商业险并没有如业内所期待的那样应运而生。不过，相关人士对不良反应险种的探索并没有因此而放弃，另一家保险公司——大地保险公司成为上海市药品不良反应监测中心新的合作伙伴。上海市药品不良反应监测中心与大地保险公司一起探索的险种，还是“严重不良反应”险种，保险购买和理赔模式基本和原先相同，这次合作解决了药品不良反应保险设立中存在的难点，比如药品不良反应事故由谁来鉴定的问题，通过努力得到了解决——上海司法局临床法医的工作职能增加了药品不良反应鉴定，而上海市药品不良反应监测中心的三名拥有高级职称的工作人员则以个人名义被司法局聘为药品不良反应鉴定专家。未来，一旦出现药品不良反应事件，受害者可以向司法局申请进行不良反应鉴定，并由其出具证明，鉴定为药品不良反应损害的，保险公司予以赔付。

事实上，ADR责任保险尽管至今没有在我国推广开来，但是我们曾经有过不错的尝试，其也拥有着比较宽广的发展前景。

三、我国建立 ADR 责任保险所面临的问题

（一）我国的社会保险意识仍不够健全

就社会保险传统而言，西方一些国家长久以来就有一个“风险分摊、利益共享”的保险意识传统。人们将保险视为增加生活可确定性的一种保障，保险观念已深入人心。所以，一旦 ADR 责任保险制度提出，无论是从药品生产者、进口药品者还是从 ADR 患者角度来说都极力地推崇该制度的实施。但是在我国，民众的社会保险意识还不够强烈，药品的生产者很可能因增加成本而不去有意识地主动购买保险来分摊风险，或者是将购买保险的成本强加到药品的价格之中，让患者来分摊自己这部分风险，这种社会保险意识的不完善使我国目前 ADR 责任保险的有效实施面临着一定程度的困难。

（二）我国缺乏专业的医药保险机构与人才

专业的药品保险机构与人才，是药品保险制度实施的关键所在。正如上文所述，瑞典药品保险协会及药品保险公司，均由医药领域、法律领域专家和专业的保险人士组成并配有健全的规章制度加以管理。在药品保险制度建立后面对潮涌而来的申请案件，药品保险协会及药品保险公司更是展现了高效的行政、专业管理能力。而在我国，尚不存在一个专业性较强的医药保险机构，在此方面的人才培养上也较一些西方国家有所差距。

（三）ADR 监测网络有待完善

ADR 监测是一项专业性很强的工作，从事 ADR 监测的人员不仅要有丰富的临床药理知识与医学基础知识，还要有足够的临床经验。这就对 ADR 监督管理部门提出了更高的要求。而我国的 ADR 监测网络依然不够健全，监测体系存在着很大的漏洞，这在一定程度上会抑制 ADR 责任保险的建立及发挥其应有的作用。

（四）责任保险的费率的确定尚需要技术性突破

保险产品在研发时基于统计理论来确定保险费率是目前应用得

比较成熟的理论，并且已经得到了广泛的应用。这就要求 ADR 监测中心、药物的研发机构与商业保险公司合作，及时提供全面、可靠的专业数据作为确定费率的依据。并在责任保险生效后建立并共享数据库，记录 ADR 的发生以及赔付情况，以便产品上市后保险公司可以根据前一年的 ADR 发生情况调整相应参保企业的保险费率。这种反馈机制不仅有利于风险的控制，对临床 ADR 信息的收集、上报也具有推动作用。

四、我国建立 ADR 责任保险的建议

（一）ADR 责任保险体现国家政策，国家应给予财政补贴

ADR 责任保险作为带有社会公益性质的险种，还要参照药品的价格以及国家的宏观调控因素。对于 ADR 责任险出台后，制药企业可能把保险的费用转嫁给消费者，将保险费用计入药品成本而提高药价的行为，国家可以采取一定的措施来弥补。从社会公平的角度，国家对民众的用药安全也负有责任，应从财政政策或经济上给予支持。这不仅有利于减轻患者和企业的负担，对国家的其他药物政策也有调节和推动作用。例如，国家可以制定一定的政策，对一些药物生产企业以财政补助的方式按一定比例减少或免除保费，这样便可解决医药生产企业将保险费用转嫁给患者的问题。

（二）我国可建立专业的 ADR 保险机构并积累相关人才

我国可以借鉴瑞典的经验，建立一个专门的药品保险协会或者组织，并且出台一套规范性较强的文件以明确此协会或组织的职责，将 ADR 患者与医药生产企业很好地联系起来，作为对二者双重保障的桥梁。同时，我国应着重培养并积累相关方面具有高效行政能力与管理能力的人才，以保障 ADR 监管的不断健全与稳定，从而为 ADR 责任保险的建立打下基础。

第四编

环境污染责任保险及其他责任保险研讨

墨西哥湾原油泄漏事件对我国海洋环境责任保险的启示

任以顺　王　蓉*

海洋面积占地球表面积的71%，蕴藏着极其丰富的资源能源。随着科技的发展，人类认识海洋、开发海洋资源的能力不断提升。近年来，海上石油开采活动日益频繁，海上石油运输业也十分繁荣，海洋环境污染问题也随之增多。实际上，海上石油开采和海上石油运输都具有相当大的环境风险，国际上屡屡发生的石油泄漏污染海洋事件，对海洋生态环境均造成了恶劣的影响。

一、墨西哥湾原油泄漏事件的来龙去脉

2010年4月20日，位于美国墨西哥湾的“深水地平线”（Deepwater Horizon）钻井平台发生原油泄漏。

“深水地平线”钻井平台位于路易斯安那州威尼斯东南大约82公里处，属于瑞士越洋钻探公司（Transocean）所有，事故发生时英国石油公司（BP）租赁了这个平台。该钻井平台于4月20日晚发生爆炸并引发大火，大约36小时后沉入墨西哥湾，造成11名工作人员死亡。钻井平台底部油井自4月24日起漏油不止，此后漏油点接连出现，大量原油不断从平台的裂缝处涌出，使堵漏工作的

* 任以顺，中国海洋大学保险法研究中心主任，法政学院法律系教授，硕士研究生导师；王蓉，中国海洋大学法政学院经济法学硕士研究生。

难度大大增加。卫星图像显示，仅4月29日浮油面积即接近8000平方公里，至4月30日已达约9900平方公里，原油泄漏的速度远远超过美国政府最初的预期。“深水地平线”钻井平台的漏油持续了两个多月，近440万桶原油流入墨西哥湾，油污形成5180平方公里的污染区。[1]此次原油泄漏事件早已演变成美国历史上最严重的原油污染灾难，美国政府把墨西哥湾漏油危机列为国家级灾害，美国总统奥巴马在路易斯安那州视察墨西哥湾原油泄漏灾情时也表示，这次原油泄漏可能造成前所未有的环境灾难。

墨西哥湾原油泄漏事故发生后，受污染地区的经济、生态以及美国的国家安全等问题都受到严重影响。在墨西哥湾沿海地区的51个钻井平台中有29个深水平台位于水面6000英尺（约1800米）以下，“深水地平线”钻井平台是其中之一。墨西哥湾每天的原油产量高达170万桶，占美国国内原油总产量的30%。[2]自20世纪80年代以来，美国墨西哥湾成为世界石油工业最新装备和复杂技术的试验场，国际上较大的石油公司在此就钻井平台的规模、可达到的深度以及产量等方面展开激烈竞争。目前墨西哥湾沿海地区普遍使用全球定位系统和水下无人设备等先进技术，部分石油公司使用浮动打井机的钻井深度甚至可达水下3000多米，而且可以进行远程实时遥控操作。尽管该地区使用了国际上最先进的石油开采技术，石油开采的经济效益大幅提升，但开采风险并未减弱，且设备一旦发生故障，产生的问题往往很难解决。墨西哥湾原油泄漏事故发生后，美国政府宣布暂停在美国水域内深、浅海的勘探开发。美国能源部情报局公布的月度短期展望报告显示，暂停深海石油钻探预计将使美国该年度的原油产量减少240万桶，2011年的产量也会因此而减少2500万桶。美国雷蒙德詹姆斯（Raymond

---

[1] 任海军：“美研究人员估计约有440万桶原油流入墨西哥湾”，载《网易新闻》2010年9月25日。

[2] 佚名：“墨西哥湾原油泄漏或演化成美国经济政治灾难”，载《大众日报》2010年6月2日。

James）投资公司的分析师莫尔查诺夫（Pavel Molchanov）估计，造成此次原油泄漏的英国石油公司将因此而支付民事赔偿和刑事罚款共计629亿美元。截至2010年6月1日，英国石油公司因墨西哥湾漏油事件所承担的堵漏开支、罚款、赔偿支出以及在股票市值蒸发等方面的浮损已经超过800亿美元。事故发生后，在路易斯安那州，已有超过100起针对英国石油公司、钻井平台出租方瑞士越洋钻探公司以及施工方美国哈利伯顿公司的诉讼。根据美国1990年颁布的《石油污染法》，此次事故造成的损失包括与墨西哥湾有关的渔业、旅游、能源、航运等直接及间接损失。据统计，这些行业每年的经济产值约为2340亿美元。[1] 另外多家与英国石油公司（BP）有业务合作的公司也受到了牵连，他们或是业务开展受阻，或是股价大幅缩水，同样遭受了巨大的经济损失。

墨西哥湾原油泄漏事件不仅影响了当地经济，还对美国路易斯安那州的生态稳定提出了严峻挑战。墨西哥湾拥有95%的美国渔业资源，是世界上生物多样性最为丰富的地区之一。在这次事故中共有600多个物种受到污染的影响，其中蠵龟、西印度海牛和褐鹈鹕3种珍稀动物的处境更是令人担忧。[2] 泄漏的原油使这个海产丰富的海域被迫彻底关闭，美国沿海各州的土壤也都受到了不同程度的污染，著名的密西西比河也受到波及。泄漏原油被强烈的海风吹送到位于路易斯安那州的密西西比河入海口，对密西西比三角洲湿地生态系统产生了严重的破坏。此次受到污染的海域处于陆地和海洋的交界处，根据卫星图像显示，墨西哥湾原油泄漏形成的油污带进入了墨西哥湾南部的海洋环流，在洋流的带动下，受到原油污染的海域面积不断扩大，使更多区域的海洋生物、海洋水体、大气、地质等方面受到影响。漏油事故对当地渔业的危害也十分大。养殖

---

[1] 袁源："墨西哥湾：燃烧中的'深水地平线'"，载《人民网》2011年8月15日。

[2] 彭亚非："墨西哥湾漏油事件毁灭了10种珍稀动物"，载《国际在线》2010年5月18日。

网箱受到泄漏原油的污染后很难清洁，必须更换以彻底消除污染。经济鱼类、贝类等海洋生物体内的脂肪会吸附泄漏原油中的有毒有害物质，食用受到污染的海产品将会对人类的健康造成威胁。

泄漏的原油对海岸线附近海域和沙滩的污染，对依靠海滨浴场、沙滩发展的旅游业产生了直接的消极影响。虽然海水本身具备一定的自净能力，但墨西哥湾原油泄漏事件的规模过大，已经远远超过了海水的自净能力，因此对污染区域油污的清理将是一个旷日持久的过程。墨西哥湾原油泄漏事件对当地海洋生态产生的影响恐怕至少要花上十几年才能消除，其造成的生态环境损失实在是难以估量。

二、墨西哥湾原油泄漏事件暴露的海洋环境责任保险缺陷

墨西哥湾原油泄漏事件使美国的经济遭受重创，造成的前所未有的环境灾难在短时间内难以恢复。但辩证地看问题，墨西哥湾原油泄漏事件的发生，极大地提高了保险商及相关企业对环境责任保险的认知度，加快了海洋环境责任保险的专业化进程，对环境责任保险的发展具有一定的积极意义。

墨西哥湾原油泄漏事件发生后，英国石油公司和瑞士越洋钻探公司等责任方面临巨额赔偿。由于各方对责任承担的主体存在争议，互相推卸责任，承保这一钻井平台项目的保险商也被牵扯至司法诉讼中。摩根大通银行分析专家迈克尔赫特（Michael Huttner）预测，“深水地平线”石油钻井平台爆炸所导致的保险损失可能高达16亿美元。总部设在百慕大哈密尔顿的保险公司卡特林集团股份有限公司（Catlin Group Ltd）在一份声明中称，墨西哥原油泄漏事件很可能成为自1988年帕帕阿尔法石油平台发生大火以来最大的能源市场保险损失。[1]

---

[1] 李峻：“BP原油泄漏导致过去20年来最大能源保险损失”，载《中国石化新闻网》2010年5月10日。

伦敦劳合社（Lloyd's of London）和其他一些保险商为瑞士越洋钻探公司承保了价值7亿美元的保单。[1] 即使承保的保险商全额理赔7亿美元，也远远不足以弥补墨西哥湾原油泄漏事故造成的上百亿的巨额损失。事故发生后伦敦劳合社已向位于美国休斯敦市的联邦地区法院提起了诉讼，要求法院驳回英国石油公司向瑞士越洋钻探公司提起的索赔要求。根据法院文件，伦敦劳合社等声称，它们向瑞士越洋钻探公司提供的保单不包括油井泄漏导致环境破坏方面的责任。伦敦劳合社主张其与瑞士远洋钻探公司的保险合同只将保险责任限定在“源于地表或水面”的污染。伦敦劳合社认为，鉴于石油泄漏的源头“来自水面以下，而且来自英国石油公司的油井，因此这些责任不在附加保险的承保范围之内”。

虽然墨西哥湾原油泄漏事件的各方当事人就相关保险的赔付问题仍存在争议，但该事件涉及的巨额赔付无疑对海洋环境责任保险的发展产生了巨大的影响。各国的保险商都意识到深水钻井的风险比保险模型所预测的数值要大得多，可能造成的破坏也要大得多，为了平衡收益，保险商纷纷提高了该领域保险产品的价格。伦敦劳合社首席执行官理查德沃德（Richard Ward）称，这场灾难（墨西哥湾原油泄漏事件）必将极大地改变各保险公司判断墨西哥湾各种风险的方式。为了弥补与原油泄漏相关的各种索赔，伦敦劳合社预计将保险费率提高50％。[2]这使深水钻井的作业方、承包方、深水钻井作业所涉及的设备、服务的供应商以及辅助船舶的供应商等都面临保费增长的压力。

另外，墨西哥湾原油泄漏事件也对相关的海洋环境责任保险产生了推动作用。事实上，每一次重大事故的发生都同时推进了安全标准的完善。1988年英国北海帕帕阿尔法事件造成了8.5亿美元

---

[1] 汪升兰：“劳合社等保险商因漏油事件陷入巨额赔付”，载《21世纪经济报道》2010年6月13日。

[2] 朴成奎：“墨西哥湾漏油未吓退英最大保险伦敦劳合社”，载《环球网》2010年7月8日。

的损失，事故发生后相关法律法规对钻井平台的设计标准重新进行认定，要求钻井平台的生活区与空气分离装置必须分开，保障了钻井平台上工作人员的安全；1989 年“埃克森—瓦尔迪兹”号发生触礁事故后，相关的法律法规规定，所有运输原油的船舶必须是双层船壳，以提高安全性。墨西哥湾原油泄漏事件加速了海洋环境责任保险的提供商对风险控制体系的变革。达信（Marsh）保险经纪公司能源业务全球主管詹姆斯皮尔斯（James R. Pierce）表示，越来越多的保险公司建立起具有石油天然气知识背景的工程师团队，以甄别个体风险间的差异，提供个性化服务。达信保险经纪公司的另外一位能源业务主管伯特奥尔森（Bertil Olsson）称，市场已经有了变化，而且显然它对控制深水钻井风险更严格了一些。[1] 因此我们可以说，墨西哥湾原油泄漏事件在造成巨大经济及生态损失的同时，也促进了海洋环境责任保险的专业化进程，对环境责任保险的发展具有一定的积极意义。

三、我国海洋环境责任保险的现状及阻却因素

目前我国尚未建立起完整的海洋环境责任保险制度，只在部分法律法规中规定了环境责任保险。在实际运营中，由于保险费率偏高、赔付率过低等原因，投保者的积极性不高，海洋环境责任保险发展十分缓慢。美国墨西哥湾原油泄漏事件提高了各国保险商及相关企业对环境责任保险的认知度，对我国石油开采及海洋环境责任保险的法制建设具有很大的借鉴意义。

（一）我国海洋环境责任保险现状分析

目前我国正在加速进行各种海洋产业的开发，海上开采活动日益频繁，海上能源运输日趋活跃。我国是当今亚洲第一、世界第二大石油进口国，2009 年我国进口石油量在 2 亿吨左右，进口石油 90％通过海上船舶运输完成。海洋产业的开发促进了我国经济的发

[1] 朴成奎：“墨西哥湾漏油未吓退英最大保险伦敦劳合社”，载《环球网》2010 年 7 月 8 日。

展，同时也增加了我国海洋污染事故的发生概率。目前我国只有极少法律法规对环境责任保险作出了规定，其中直接涉及海洋环境责任保险的，仅限于海洋石油勘探和油污损害赔偿两个方面。《海洋石油勘探开发环境保护管理条例》第 9 条规定："企业、事业单位和作业者应具有有关污染损害民事责任保险或其他财务保证。"其他还有若干与环境责任保险相关的法律法规，如我国《民法通则》第 124 条规定："违反国家保护环境、防止污染的规定，污染环境造成他人损害的，依法应当承担民事责任。"《海洋环境保护法》第 66 条第 1 款规定："国家完善并实施船舶油污损害民事赔偿责任制度；按照船舶油污损害赔偿责任由船东和货主共同承担风险的原则，建立船舶油污保险、油污损害赔偿基金制度。"上述法律法规中对环境污染民事赔偿责任的规定为我国环境责任保险制度的建立提供了法律依据。由于受到经济发展水平、环境保护意识、保险公司规模与实力等因素的制约，我国尚未建立实质意义上的海洋环境保险制度，有关的环境责任保险被纳入了公众责任险的范畴。

在保险实务中，目前我国保险机构对石油、石化及海洋运输企业承保的海洋环境责任保险缺乏针对性较强的产品。普通环境责任保险是海洋环境责任保险的基础。就普通环境责任保险而言，自 20 世纪 90 年代以来，我国在部分地区推行保险公司与当地环保部门合作的运作模式，推出了相应的环境污染责任保险。大连是最早开展此项业务的城市，自 1991 年开始正式运作，后来，沈阳、长春、吉林等城市也相继开展。总体情况是环境责任保险在我国开展的范围仅限于少数几个城市，而且保险的规模十分有限，只有几个或十几个企业投保，且投保呈下降趋势，在个别城市甚至因无企业投保而处于停滞状态。2007 年 12 月，国家环保总局和保监会下发《关于环境污染责任保险工作的指导意见》，按"政府推动，市场运作；突出重点，先易后难"的原则，在湖南、江苏、湖北、上海等省市开展试点。[1] 2010 年 6 月 5 日，苏州 66 家化工、印染等高危

[1] 孙轲："环境污染责任险缺位"，载《21 世纪经济报道》2010 年 6 月 17 日.

风险型企业与太平洋财险、人保财险、三星财险和大地财险签订环境责任保险合同，保障金额 1.32 亿元，这是目前国内最大的环境责任保险项目。总体来说，我国的环境污染责任保险发展缓慢，海洋环境责任保险更是举步维艰。

（二）我国海洋环境责任保险的阻却因素

海洋环境责任保险是环境责任保险的特殊类型。海洋环境责任保险的发展受制于环境责任保险的发展，环境责任保险发展的阻却因素无一例外地阻碍着海洋环境责任保险的发展。客观而言，阻碍我国环境责任保险发展的因素主要有以下几个方面。

第一，过低的赔付率导致投保者积极性不高。以个别城市 20 世纪末开展的环境责任保险为例，大连市 1991 年至 1995 年的赔付率只有 5.7%，沈阳市 1993 年至 1995 年的赔付率为零，远远低于国内其他险种的赔付率。[1]以承运人责任保险产品为例，在主险保额为 20 万元的承运人责任险中，附加清污费用责任险的限额在宁波为 4 万至 5 万元，浙江为 2 万元。低额的赔付难以完全补偿环境污染事故所造成的经济损失。我国目前仅将突发性环境污染事故造成的民事赔偿责任作为保险标的，保险责任的范围十分狭窄，因而环境侵权事故发生后的赔付率很低。实践中环境侵权事故不仅包括诸如工厂爆炸、石油泄漏等突发性环境污染事故，还包括累积性环境污染事故。污染物在环境中的累积，达到一定程度时也会对第三人造成人身或财产损害，而且现实中累积性环境污染事故出现的频率及其造成的损失额，要比突发性环境污染事故大得多。过低的保险赔付率影响了投保者的积极性，阻碍了我国环境污染责任保险的发展。

第二，明显偏高的保险费率与过低的赔付率不匹配。我国的环境责任保险费率是按行业划分的，最低费率为 2.2%，最高为 8%，

---

[1] 李华：“我国环境污染责任保险发展的路径选择与制度构建”，载《南京社会科学》2010 年第 2 期。

较其他险种只有千分之几的费率相比高出好几倍。[1]由于目前我国的环境保护法律制度不够健全，特别是在污染赔偿方面，法律法规更是少有规定，再加上执法不严，缺乏针对排污者的严格监督机制，企业发生环境污染事故后很少承担赔偿责任，绝大部分赔偿和治理责任是由国家和社会承担，因此相关企业对投保环境责任保险持消极观望态度，没有足够的风险意识，未能积极投保。在赔付率本来就很低的情况下，过高的保险费率又加重了企业的负担，进一步抑制了企业投保的积极性。

第三，环境污染损失评估体系不完善，保险人承保积极性低下。保险公司作为市场经济中的普通经济实体，以利润最大化为经营目的，实践中环境污染事故的损失评估难度非常大，专业性强，评估程序十分复杂。由于目前我国的环境污染损失评估体系尚不完善，保险公司需要负担高额的污染损失评估成本，这可能导致保险公司最初的收益被抵消，难以维持正常经营。以上种种使保险公司不愿经营环境责任保险，保险人与投保人、被保险人在对待环境责任保险的问题上，态度同样消极。

第四，环境责任保险法律制度不健全，难以完全有法可依。我国现行的《保险法》中没有直接规定环境责任保险的条款，在其他法律法规中也鲜见关于环境责任保险的规定。当前我国环境责任保险归属于公众责任险范畴，采取商业保险的方式经营。环境责任保险的政策目标是分散、转移风险，确保环境侵权事故的受害人得到及时、有效、合理的赔偿，对受污染的环境及时治理，在环境问题方面减少政府压力。而目前我国保险机构在经营环境责任保险时，仅能牵强附会地适用《保险法》关于责任保险的规定，按商业保险的经营方式承保，这必然产生诸多困惑与阻力，无法实现环境责任保险的真正目的。

---

[1] 张墨：《关于构建我国环境责任保险制度的思考》，载《2006年中国法学会环境资源法学研究会年会论文集》。

四、墨西哥湾原油泄漏事件对我国海洋环境责任保险的借鉴意义

美国墨西哥湾原油泄漏事件对我国石油开采的法律规制，特别是对海洋环境责任保险的制度设计方面有较大的警示作用和借鉴意义。

第一，必须立法加大对环境污染事故的处罚力度，严防海洋环境污染事故的发生。

美国1990年颁布的《石油污染法》规定，海洋环境污染事故的责任范围包括与受污染地区有关的渔业、旅游、能源、航运等方面的直接及间接损失。相比美国《石油污染法》的规定，我国相关立法对海洋环境污染事故法律责任的规定过于笼统。我国在防止和应对油污事故的立法方面，主要的依据是1999年修订的《海洋环境保护法》和2006年颁布实施的《防治海洋工程建设项目污染损害海洋环境管理条例》。总体而言，我国在环境污染事故责任特别是在经济责任方面大都是原则性的规定，且责任主体应当赔偿的数额相对较低。我国《海洋环境保护法》第91条规定，对违反规定，造成海洋环境污染事故的单位，由依法行使海洋环境监督管理权的部门根据所造成的危害和损失处以罚款；罚款数额按照直接损失的30%计算，但最高不得超过30万元。而从实际发生的事故中可以看出，30万元的赔偿上限相对于海洋环境污染事故可能造成的损失，实在是九牛一毛，相去甚远。众所周知，法律设定惩罚性经济责任的目的在于对相关企业形成一定的威慑力，使其能够顾及可能产生的赔偿额度，从而积极采取各种措施降低运营中的环境风险，这对于防止海洋环境污染事故的发生具有积极意义。而我国目前立法中规定的过低的赔偿额显然起不到这个作用，反而会使企业故意降低安全投入成本，从而导致环境风险的增加。因此，我国在立法中必须加大对环境污染事故的处罚力度，并建立以强制性责任保险为主、任意性责任保险为辅的保险制度，敦促相关企业降低、分散环境风险，减少政府财政为此支出的额外费用。在管理政策上，要

进一步完善我国污染物排放标准体系，提高海域油气开采的环境管理能力，对于正常生产排放的油气也实行严格的总量控制管理，从各个方面防止海洋环境污染事故的发生。

第二，进一步开放保险市场，加快发展我国海洋环境责任保险的脚步，全面提高我国保险机构的承保能力。

海洋环境污染事故具有复杂性、长尾性等特点，特别是海洋原油泄漏事故，一旦发生，所需要的恢复成本非常高。因此我国必须建立环境责任保险制度，对海洋石油开采这种高风险行业采取强制保险，以分散企业、社会的环境风险。据摩根大通银行分析专家迈克尔赫特（Michael Huttner）估计，“深水地平线”石油钻井平台爆炸所导致的保险损失高达 16 亿美元。相对于此次原油泄漏事故造成的几百亿的损失，这个数目也只能说是杯水车薪。近年来我国海上石油开采活动日益频繁，而相对应的保险制度却一直未建立起来，保险商的承保能力也十分有限。在我国，中国海洋石油总公司是海上石油勘探的主力，其在墨西哥湾原油泄漏事件后也提高了警惕，于 2010 年 5 月底完成了对钻井、完井、固井作业的井控专项检查，对防止井喷的程序和设备进行全面评估，确保设备和程序可靠有效，同时还重新梳理了石油公司、钻井平台（船）提供公司和第三方专业服务公司的合同、保险和其他法律关系。虽然目前我国的几家主要保险公司为上游勘探开发领域的作业提供了共约六七千万美元的保险金额，但从墨西哥湾原油泄漏事件我们可以看出，这个数目对于弥补实践中可能发生的损害是远远不够的。因此，我国要进一步开放保险市场，在全面提高国内保险机构承保能力的同时，也吸引信誉度较高的外资保险公司介入我国的海洋环境责任保险市场，这对于加快海洋环境责任保险的发展进程具有重要意义。

第三，加强环境法制建设，建立、完善环境责任保险法律法规体系。

我国现行立法对环境污染责任的承担虽然作出了一些明确的规定，但目前可援引的条款散见于《民法通则》、《环境保护法》、《水污染防治法》、《海洋环境保护法》、《海洋石油勘探开发环境保护管理条例》、《大气污染防治法》等相关法律法规中，从总体上来看，尚未建立起完善的环境责任保险法律法规体系，缺乏专门的、针对性较强的环境责任保险法律规范。

要建立完善的环境责任保险制度，首先，必须完善与环境责任保险密切相关的法律法规，为其发展和不断完善打下基础。目前应当在环境侵权损害赔偿立法中设立环境责任保险条款，待条件成熟时再制定专门的法律，使环境责任保险制度与环境损害赔偿制度、环境损害赔偿基金制度相互补充、相互配合，形成环境损害赔偿的完整体系。其次，鉴于我国现行法律法规对环境责任保险多为原则性规定，很少涉及具体的操作规程，相关机构在完善环境责任保险立法时，应对现有的法律法规进行全面评估，进一步发展并完善环境污染责任立法。再次，环境责任保险制度自然当以环境保护法为核心，以保险法、侵权责任法、民法、公司法、税法及行政法等法律制度为必要补充，应当是一个全面、严密且协调一致的有机整体。在环境责任保险的法律体系中，环境保护法规定环境责任保险的基本原则和主要规则，保险法为环境责任保险提供具体的操作技术规范，侵权责任法负责环境侵权行为和承担责任主体的认定，公司法对相关企业参加环境责任保险进行强制或鼓励，税法以一定的优惠政策鼓励相关企业投保环境责任保险，行政法律法规对环境责任保险的相关主体进行监督和管理。上述的种种部门法，互相补充、互相配合，形成完整的环保法律法规体系，因此要建立环境责任保险制度就必须对各部门法中相关的法律法规进行全面的调整，以使环保法律法规体系的内部协调统一。最后，中国保险监督管理委员会也应当充分发挥自己的作用，依据相关法律法规制定环境责任保险的监督管理规则，保证环境责任保险的健康发展。

第四，充分发挥政府在环境保护立法中的积极作用，进一步强化政府相应的监管职能。

美国政府在墨西哥湾发生如此严重的原油泄漏事件后，未能在短时间内有效地遏制原油的泄漏和浮油的扩散，对事故的处理显得十分滞后，这表明美国政府对此类行为缺乏充足、有效的监控和治理措施。对此我国政府有关部门应借鉴美国政府在处理墨西哥湾原油泄漏事件中的经验和教训，面对此类突发性海洋污染事件时充分发挥自己的作用。

一是要改善环境责任保险法立法及实施的法律环境。只有完备的法律才能创造恰当的责任，环境责任保险的发展取决于环境责任保险法的设立，而环境责任保险法的立法及实施则离不开整个法律法规体系的完善。根据我国的具体情况，建立环境责任强制保险制度，以立法形式规定某些或某类企业必须参加环境责任保险。目前我国的环境保护法律法规尚不完善，执法不严，对环境侵权者构不成足够压力，政府应加快整个环境保护法律法规体系建设的脚步。

二是要加大政府对海上开采活动的监管力度。必须明确政府内部各部门的执法层级和执法范围，对制定的法律法规要严格执行，对市场秩序和企业的业务活动进行严格的监督管理，从源头上减少、避免环境污染事故的发生。只有执行中的法律才是真正的法律，无论一部法律制定得多么尽善尽美，如果没有得到彻底地执行，最终还是一纸空文。因此我国在环境责任保险法的立法和实施过程中，务必要建立健全中央和各级地方政府的环境管理部门、有意识地提高环境管理部门的级别（例如国家环保总局升级为国家环保部）、加强环境执法队伍的建设和培养、协调政府各部门在环境执法中的关系和职责、提高整个环境行政执法和司法的水平。

三是要制定相对应的应急法律制度，构建专业性的事故应急体系。要从法律层面为环境污染事故应急体系提供制度保证，建立完善、统一、协调的环境污染事故应急法律体系，明确当事各方的权利义务关系，保障环境污染事故抢救体制的顺利运行。一旦事故发生，要及时制定防治方案，积极应对，在最佳的抢救期内全力投入抢险救灾，确保将突发性海洋污染事件的损害降到最低。

四是政府要提高公民的环保意识和法律意识。环境责任保险事业的发展一方面离不开法律法规制度的完善，另一方面也离不开全体公民的环保意识和法律意识的提高。环境责任保险在我国的发展属于起步阶段，普通民众对它还是相当陌生的，这就需要国家充分利用各种传媒手段大力宣传环境侵权行为的民事法律后果和环境责任保险存在的价值，使广大民众尤其是那些潜在的污染大户提高环保意识和保险意识，增强他们参与环境责任保险的自觉性，从而为环境责任保险市场的培育积累消费资源。

我国环境污染责任保单承保渐进性污染的法律思考[*]

阳露昭[**]

学者们有关环境污染责任保单只承保突发性污染而排除渐进性污染的观点影响了政府部门在试点环境污染责任保险过程中的政策选择。我国目前环境污染责任保单中排除对渐进性污染承保的条款是阻碍环境污染责任保险试点推进的主要因素。对美国司法实践中渐进性污染承保与除外的分析表明，通过区分环境污染突发性与渐进性来界定环境污染责任保单的承保范围非常困难。渐进性污染符合风险可保性要求。根据企业转移渐进性污染风险的客观需要和“大数法则”的基本要求，我国环境污染责任保单应将渐进性污染纳入承保范围。

一、引言

作为与绿色信贷、绿色证券并行的三大环境经济政策之一，环境污染责任保险（绿色保险）自 2008 年起由环境保护部门和保险监管机构在 9 个省（直辖市）力推试点。虽然环境保护部门和保险监管机构积极推动，部分保险公司和投保企业参与，但是，试点保单中承保风险范围限于突发性环境污染事故的条款无疑忽视了企业

---

* 本文是笔者主持的国家社会科学基金一般项目“绿色金融法律制度研究”（09BFX050）的阶段性成果。

** 阳露昭，中国海洋大学法学院教授，法学博士。

对渐进性环境污染风险分散的需求，抑制了企业的投保动机，参保企业数量的不足使“大数法则”的要求难以得到满足，环境污染责任保险试点工作陷入困境。本文试图厘清理论界和实务界对于渐进性环境污染事故的错误认识，论证渐进性环境污染的风险可保性，借鉴国外经验，建议将渐进性环境污染一并纳入承保范围。

二、国内学者有关承保风险范围的主流观点以及试点保单承保范围的局限性

在2008年之前，部分环境法学者已经开始关注环境污染责任保险的承保范围问题并尝试进行了一些研究。

周珂先生认为，我国环境污染责任保险的承保范围“应采取分步走的策略，来实现环境侵权责任保险制度的目的，即先承保突发性的环境侵权行为，待条件成熟时再承保持续性的环境侵权行为”[1]。其基本理由之一是考虑社会生活的需要程度、程序上的可执行程度以及法律制度的实际效果。基本理由之二是效仿发达国家开展环境污染责任保险的经验，并举例法国的实践予以说明。法国在20世纪60年代，对企业可能发生的突发性水污染事故和大气污染事故，以一般的责任保险单加以承保。一直到1977年，由外国保险公司和法国保险公司组成污染再保险联营（GARPOL），并制定了污染特别保险单之后，保险公司的承保范围才不再限于偶然性、突发性的环境损害事故，对于因单独、反复性或持续性事故所引起的环境损害也予以承保[2]。

别涛先生认为，在确定环境污染责任保险范围时应综合考虑受害者、保险人、被保险人的利益，通过环境污染责任保险的实施，真正达到“分担风险、保护受害者、维护社会和国家利益”的目的。“我国环境责任保险仍处于起步阶段，保险责任的范围不宜过

[1] 周珂、刘红林：“论我国环境侵权责任保险制度的构建”，载《政法论坛》（中国政法大学学报）2003年第5期。

[2] 王明远：《环境侵权救济法律制度》，中国法制出版社2001年版，第151页。

宽。”实践中只把突发性污染事故造成的民事赔偿责任作为保险标的，主要原因是“突发性环境风险一旦发生，受害人容易发现，损害容易认定。本着先易后难的原则，应当先行发展对于突发性环境风险的保险”。不过，他同样没有忽略渐进性污染的承保问题，即“因污染而造成民事赔偿的不仅仅限于突发性污染事故，还有逐渐性污染事故，污染物累积到一定程度，同样会对第三人造成人身或财产损害，且后者出现的频率和损失额要比前者大得多”。因此，“对持续性的环境污染事故给予保险也是客观需要”[1]。

张梓太先生认为，由于“环境侵权有突发性的，也有持续性的”。所以，“从理论上分析，不论是突发性的还是持续性的环境侵权，对于被保险人而言，一般都是偶然的、预期之外的，都符合保险事故的性质，所以都具可保性”。但是，“在具体操作上，持续性的环境侵权所产生的后果具有更大的不可控性，往往超出保险人的风险经营能力”[2]。显然，张梓太先生虽然不否认渐进性污染责任的可保性，同时他也注意到渐进性污染损害的不可预测、不可控制的特性。

总结上述几位环境法学者的观点可以看出：第一，从风险可保性理论上看，似乎并不否认渐进性污染与突发性污染同样具有可保性这一特点。第二，鉴于保险分析技术的实际水平，在操作过程中难以准确把握渐进性污染风险的实际状况，因而退而求其次，现阶段只能承保突发性环境污染，而将渐进性污染的承保排除在外。学者们不仅从理论上阐述目前只承保突发性污染的理由，而且借用国外环境污染责任保险的发展历程进一步佐证暂时排除渐进性污染的合理性。这种观点不仅成为学术界关于环境污染责任保险承保范围的主流观点，而且，进一步影响了政府部门在试点环境污染责任保

---

[1] 别涛、王彬：“中国环境污染责任保险制度构想”，载《环境保护》2006年第11期B。

[2] 张梓太、张乾红：“我国环境侵权责任保险制度之构建”，载《法学研究》2006年第3期。

险过程中的政策选择。在原国家环境保护总局和中国保险监督管理委员会联合发布的《关于环境污染责任保险工作的指导意见》中，明确提出突出重点，先易后难的指导原则，“现阶段环境污染责任保险的承保标的以突发、意外事故所造成的环境污染直接损失为主”[1]。该意见实施的直接后果是，在各地方试点环境污染责任保险保单上，保险公司将承保范围限定为突发性环境污染，而将渐进性、累积性环境污染事故排除在承保范围之外。

以中国人民财产保险股份有限公司湖北省分公司《环境污染责任保险条款》为例，该条款第 3 条规定“在保险期间或本保险合同载明的追溯期内，被保险人在本保险单明细表中列明的保险地址内，依法从事生产经营活动过程中，由于突发的意外事故导致有毒有害物质的排放、泄漏、溢出、渗漏，造成承保区域内第三者的人身伤亡或直接财产损失，并被县级以上环境保护管理部门认定为环境污染责任事故，由受害人在保险期间内首次向被保险人提出损害赔偿请求，依照中华人民共和国法律应由被保险人承担侵权经济赔偿责任的，视为保险事故发生，保险人按照本保险合同的约定负责赔偿”，即只承保突发的意外事故造成的损害。第 7 条第 4 款明确将累进式、渐变式污染造成的损失排除在赔偿之外。[2]《平安环境污染责任保险条款》第 3 条规定了相似的内容。[3] 安诚财产保险股份有限公司《重庆市环境污染责任保险条款》第 3 条、第 7 条第 4 款也做了类似的规定。[4]

平安保险公司《环境污染责任保险附加场所内清理费用保险条

[1] 原国家环境保护总局和中国保险监督管理委员会：《关于环境污染责任保险工作的指导意见》（环发〔2007〕189 号），载 http：//www.mep.gov.cn/gkml/zj/wj/200910/t20091022_172498.htm，2011 年 7 月 11 日访问。

[2] 参见中国人民财产保险股份有限公司湖北省分公司《环境污染责任保险条款》第 3 条、第 7 条第 4 款。

[3] 参见《平安环境污染责任保险条款》第 3 条。

[4] 参见安诚财产保险股份有限公司《重庆市环境污染责任保险条款》第 3 条、第 7 条第 4 款。

款》第2条规定“在保险期间或保险合同载明的追溯期内，被保险人在被保险场所内依法从事保险单载明的业务时，因突发意外事故，导致有毒有害物质的释放、散布、泄漏、逸出，由此造成被保险人在被保险场所内的财产遭受污染损害的，保险人负责赔偿被保险人对被保险场所内的污染物进行清理所发生的合理必要的清理费用”，即对于环境污染事故场所的污染清理费用单独承保，并且只承保突发意外事故造成损害的清理费用。[1]

上述保单条款，不论是承保环境污染事故导致第三者人身伤亡或直接财产损失的损害赔偿责任，还是承保污染场所内清理费用的损失，保单始终明确只是针对突发性环境污染责任事故。保单条款这样设计的初衷在于，由于突发性污染事故引发的环境侵权责任便于认定，有利于保险公司把握环境风险，设计保险产品，所以在试点阶段仅仅承保突发性环境污染责任似乎有一定的合理性。但是，随着试点工作的逐步推进，环境污染责任保险承保范围限于突发性污染事故的弊端逐渐显现。在保单中列明承保突发性污染而排除渐进性污染似乎并不困难，但是，在实践中具体判断何为突发性环境污染以及何为渐进性环境污染确非易事。国外有关环境污染责任承保范围的实践表明，明确划定“渐进性”与“突发性”环境污染的界限极为困难。

三、实践中区分环境污染突发性与渐进性的困难

李松先生详细地研究了国外环境污染责任保单的问题，他指出，“为了准确定义环境损害责任保险中突发、意外和渐进的含义，必须明确指出某些必要条件是涉及事故的起因还是有关损失的结果，这样可以避免概念模糊不清。这在保险人提供承保责任时十分重要。”[2]比如：① 化学工厂爆炸，有毒气体在居民区扩散，住户必

---

[1] 参见平安保险公司《环境污染责任保险附加场所内清理费用保险条款》第2条。

[2] 李松：“环境损害责任保险介绍”，载《保险研究》2004年第6期。

须紧急疏散，从事故起因和对人身或财产的影响来看，属于突发性。② 爆炸引起污水管破裂，有害物质逐渐渗入饮用水源，从事故起因来看，属于突发性，但是从对人身或财产的影响来看，属于渐进性。③ 煤气管道受到侵蚀致使气体泄漏，在居民区造成爆炸，发生人员伤亡，从事故起因来看，均属于渐进性，但是从对人身或财产的影响来看，属于突发性。④ 由于垫圈老化，致使污水管逐渐渗漏而污染了饮用水，从事故起因和对人身或财产的影响来看，均属于渐进性。

在有关环境污染的保单中，经常出现“突然和意外”的表述。但是关于“突然和意外”的理解，究竟是指污染损害的起因，还是指污染损害的后果？这是一个比较复杂的问题。在早期的综合一般责任保单 CGL 中，排除对环境污染责任的承保。但是，如果污染是“突然和意外”发生的，则予以承保。看似清晰的保单条款在处理甲烷爆炸案时，却出现理解上的分歧。从表面上看，来自垃圾填埋场的甲烷爆炸，很显然是一个突发和意外事故。但是，在实践中处理这些案件时，根据保险的近因原则，保险公估人关注的不是造成损害的表面原因，而是设法确定造成损害的根本原因或是潜在原因，这就需要分析所有可能引发甲烷爆炸的原因。保险公估人将损害的潜在原因归咎于垃圾填埋地里的废物渐进堆积，或是垃圾填埋地里的废物逐步分解，或是来自垃圾填埋地的甲烷逐渐渗漏，或是甲烷被点燃之前在空气中的逐渐累积增长。保险公估人认为，这样的情况具有逐步操作的渐进性因素。根据除外责任条款中对于“渐进”的描述，一些“渐进”的原因导致的损害可以排除在保险范围之外。所以，如果保单不承保渐进性污染，则保险公估人建议保险人拒绝甲烷爆炸引发的索赔。[1]

笔者认为，之所以出现这种情况，原因在于环境污染侵权行为往往具有时间上的滞后性，损害后果表现上的潜伏性。所以，关于

---

[1] See Nick Lockett, Environmental Liability Insurance, Cameron May, 1996, pp. 77～78.

环境污染突发性和渐进性的区分，必须要在保单中详细列明究竟是指保险事故的原因还是后果。否则，一旦发生索赔纠纷，将难以界定是否属于承保范围。试图通过保单条款区分对突发性污染与渐进性污染的承保与排除，只是学者们的理论假设，并不符合实际。通过对美国司法实践的分析，可以进一步佐证笔者的观点。

美国商业普通责任保险（CGL）中使用的“突然和意外”这两个短语将环境污染事故客观的时间因素（在很短的时间内发生）和主观的预见性因素（意料之外）结合起来。不同保险公司的保单中“突然和意外”这两个词的内涵不尽相同，有时候甚至被滥用和曲解，由此也导致了相应的索赔纠纷。如果试图正确地分析保单条款中“突然和意外”的真正内涵，就必须结合相关判例的背景，借助于不同法院对不同案件的审理结果和理由，研究法院在实际案例中对于“突然和意外”的理解。因此，保单是否承保渐进性环境污染事故存在着很大的不确定性。

比如，有的法院往往将“突然和意外”的判断与被保险人主观上的“非故意非期望”相联系。法院认为，只要是被保险人所期望的，就是渐进性的；只要不是被保险人所期望的，就不是渐进性的，就是“突然和意外”的。在 Jackson Township Municipal Utilities Authority v. Hartford Accident and Indemnity Co. 一案中[1]，法院认为损害结果以一种“突然和意外”的方式出现（意想不到），所以法院裁定保险人有责任赔付。在 Buckeye Union Insurance Co v. Liberty Solvents and Chemical Co. 一案中，[2] 法院裁定被保险人不是故意的，也不期望释放他们的危险废物。因此，这种释放和由此引起的损害结果是“突然和意外”的。所以，无论保单中是否有除外责任条款，无论污染本身是否是突发的，似乎只

[1] See Jackson Township Municipal Utilities Authority v. Hartford Accident and Indemnity Co..

[2] See Buckeye Union Insurance Co. v. Liberty Solvents and Chemical Co., (1984).

要是被保险人没有期望和故意，保单就要承保渐进污染导致的损害赔偿。美国部分州的法院就是这样认定的。[1] 不过，并不是所有的法院都这样认为，也有法院对已经发生或持续了很长一段时间的渐进性污染适用除外责任条款。[2]

在许多案例中，被保险人、保险人、法院对于“突然”一词的理解表现出极大的差异性。

被保险人认为“突然”包含在“没有警示的发生”或者“没有警示的出现”的涵义之内。所以，保单承保非故意行为引发的污染，不仅承保保险人所认为的突然发生的污染，还承保即使在一段时间内没有被发现，但是突然显现出来的污染，即渐进性污染。有法院根据这种观点作出判决，已经泄漏了很多年的地下储油罐的污染也被承保。[3]

相反，保险人认为污染的持续时间是解释“突然”的关键所在。“突然”意味着简单、短暂或持续了一个很短的时间。因此，保单排除对渐进性污染的承保，这样的解释与合同起草人的意图相吻合，符合合同目的。Fireman's Fund Ins. Gos. v. Ex-Cell-O Corp. 等判例的结果即是如此[4]。

法院对于“突然”一词的解释有两种不同的观点。其一，有的

---

[1] See Waste Management v. Peerless Ins. Co., (1986); City of Milwaukee v. Allied Smelting Corp., (1983).

[2] See Great Lakes Container v. National Union Fire Ins., (1st Cir. 1984); American States Ins. Co. v. Maryland Cas. Co. (E. D. Mich. 1984); Borden, Inc. v. Affiliated F. M. Ins., (S. D. Ohio 1987); U. S. Fidelity & Guar. Co. v. Star Fire Coals, Inc., (6th Cir. 1988); Headley v. St. Paul Fire & Marine Ins., (D. S. D. 1989); Grant-Southern Iron & Metal Co. v. C. N. A. Ins. Co., (6th Cir. 1990); E. A. D. Metallurgical, Inc. v. Aetna Cas. & Sur. Co., (2d Cir. 1990).

[3] See Goodman v. Aetna Co., (Mass., 1992).

[4] See Fireman's Fund Ins. Gos. v. Ex-Cell-O Corp., (E. D. Mich., 1988), Ogden Corp. v. Travelers Indemnity Co., (2 Cir, 1991); State of New York v. Amro Realty Corp., (2 Cir, 1991); Olin Corp v. I. N. A., (S. D. N. Y., 1991); Bureau of Engraving v. Federal Ins. Co., (8 Cir., 1993).

法院认为，“突然”一词是清楚的，它总是具有暂时的特性，意指“唐突的（abrupt）”或“短暂的（brief）”。美国佛罗里达州、马萨诸塞州、密歇根州、新泽西州、北卡罗来纳州、俄亥俄州的最高法院认为，术语“突然”包含一种内在的暂时性因素。根据这种解释，保单拒绝承保渐进的、不间断的污染引发的损害。[1] 其二，有的法院认为，“突然”一词是模糊的，应作出有利于被保险人的解释，意指“意料之外的”。因此，在被保险人对环境的损害既没有期望，也没有故意的情况下，保单不应该排除对这样的污染损害的承保。[2] 如果被保险人能证明污染排放既非期望也非故意的，则被保险人可以获得赔偿。[3] 基于此，科罗拉多州、佐治亚州、弗吉尼亚州与威斯康星州的最高法院对“突然”作狭义理解，认为保单承保渐进性的污染，只要污染排放是非故意的或非期望的。[4]

总结上面的分析可以看出，虽然可以在保单中列明承保或排除渐进性污染，但是实践中对环境污染进行突发性与渐进性的区分异常困难。

---

[1] See FL Aerospace v. Aetna Casualty & Surety Co.（1990，CA6 Mich）；United States Fidelity & Guaranty Co. v. Morrison Grain Co.（1990，DC Kan）；Fireman's Fund Ins. Cos. v. Meenan Oil Co.（1991，ED NY）；Independent Petrochemical Corp. v. Aetna Casualty & Sur. Co.（1994，DC Dist Col）；Lumbermens Mut. Casualty Co. v. Belleville Indus.（1990）；Board of Regents of the University of Minn. v. Royal Ins. Co. of Am.（1994，Minn）.

[2] See Patz v. St. Paul Fire & Marine Ins. Co.（1994，CA7 Wis）；Morton Int'l v. General Accident Ins. Co.（1993）.

[3] See Avondale Industries Inc. v. Travelers Indem. Co.（1989，CA2 NY）；Patz v. St. Paul Fire & Marine Ins. Co.（1994，CA7 Wis）；Allstate Ins. Co. v. Quinn Constr. Co.（1989，DC Mass）；Claussen v. Aetna Casualty & Surety Co.（1989）；United States Fidelity & Guar. Co. v. Specialty Coatings Co.（1989，1st Dist）；Morton Int'l v. General Accident Ins. Co.（1993）；Just v. Land Reclamation，Ltd.（1990）.

[4] See Hecla Mining Co. v. New Hampshire Ins. Co.（1991，Colo）；Claussen v. Aetna Casualty & Surety Co.（1989）；Outboard Marine Corp. v. Liberty Mut. Ins. Co.（1992）；Joy Technologies v. Liberty Mut. Ins. Co.（1992）；Just v. Land Reclamation，Ltd.（1990）.

四、渐进性污染符合风险可保性要求

保险人拒绝承保渐进性环境污染的主要原因在于，保险人认为渐进性污染的风险难以把握，渐进性污染不具有可保性，因而保险人理所当然排除对渐进性污染的承保以降低经营风险。笔者认为这种观点失之偏颇，对渐进性环境污染的特性存在不正确的认识。传统意义上可承保的风险应具有以下几个特点：具有同一性质的风险大量存在；风险事故发生的可能性、或然性；风险事故发生的偶然性、意外性；风险事故的未来性。如果对照可保风险的一般理论进行分析，很容易发现渐进性污染风险符合可保性的要求。

（1）渐进性环境污染风险大量存在于现实生活中，并且往往是企业最希望分散的风险。不同行业企业生产活动不同则环境污染风险不同，由此可以对企业进行环境风险分类。一旦相关企业被列入某一类别并归入某一风险等级，则可以聚集同一性质的渐进性环境污染风险，因环境污染事故可能发生而遭受损失的企业因此可以组成共同团体以分散损失。根据大数法则，只有当保险标的的数量足够大时，通过以往统计数据计算出来的估计概率与实际概率误差才减少，由此可以将不确定的数量关系转化为确定的数量关系，从而将个别保险标的风险事故发生的不确定性转化为大量标的集合的风险事故发生的确定性。所以，具有同一性质的渐进性环境污染风险大量存在于某一行业相关企业的生产活动中，这符合承保风险必须具备的“同一性质的风险大量存在”的要求。

（2）渐进性环境污染具有可能性、或然性。可以投保风险的发生具有可能性，这种可能性是指在保险关系成立之时，按照一般人的知识或者经验来判断，可以投保的风险事故可能发生也可能不发生。反之，确定会发生或者确定不会发生的风险不能投保。反对将渐进性环境污染纳入承保范围的观点认为，渐进性环境污染确定会发生，只是时间早晚不同而已。由于确定会发生的风险不在承保范围之列，所以，应该将渐进性环境污染排除在承保范围之外。笔者认为，虽然从无限制的长期来看，渐进性污染积累到一定程度必然爆发污染事故，似乎不符合可保风险的要求。但是，在环境污染责任保险合同的保险人和投保人约定的保险责任期间内，污染事故可能爆发，也可能不爆发，事故的发生并非保险人和投保人在订立合同时可以确定。因此，从一定的保险责任期间来看，渐进性环境污染符合危险的发生存在可能的特征。[1] 所以，渐进性环境污染符合“风险事故发生的可能性、或然性”的要求。

（3）渐进性环境污染具有偶然性、意外性。风险可保性要求风险事故应该属于不可预料、不可抗力的事故。出于防范道德风险的考虑，被保险人故意行为所引发或扩大的保险事故不在承保范围之内。一般认为道德风险包括积极的道德风险和消极的道德风险。其中，积极的道德风险是指被保险人故意行为引发风险事故损失，消极的道德风险是指被保险人怠于保护保险标的使风险事故的损失扩大，这两种情况下的风险事故损失均在保险人的承保责任之外。之所以强调损失应是偶然的或非故意导致的，原因在于：① 一旦被保险人能在一定程度上控制损失发生与否或损失的严重程度，就有可能产生道德风险。② 从社会的角度来看，对被保险人故意引起的损失仍然给予赔偿的公共政策显然有失公平。③ 必然会发生的损失是不可保的。[2] 对于被保险人而言，只要其按照正常的操作规程生产经营，符合环境保护法律法规的要求达标排放而不是故意造成污染事故引发人身伤害、财产损害和环境损害，那么，渐进性的污染事故就不是被保险人故意为之，符合道德风险控制的基本要求。所以，渐进性污染符合“风险事故发生的偶然性、意外性”的要求。

（4）渐进性环境污染具有未来性。一般而言，保险人出于预测未来风险、控制风险经营的考虑，只承保未来可能发生的风险，保

---

[1] 邹雄：“对环境侵权责任保险制度若干问题的思考”，载《广州大学学报》（社会科学版）2006 年第 3 期。

[2] ［美］小哈罗德·D. 斯凯博著：《国际风险与保险：环境——管理分析（上）》，荆涛、高蒙、季燕梅等译，机械工业出版社 1999 年版，第 39 页。

险合同关系成立之前已经发生的风险事故损失不在保险人赔付的范围内。对于渐进性环境污染事故而言，由于环境污染侵权行为的潜伏性、长期性，污染事故的触发、侵权行为的发生与污染结果的显现之间往往需要经历几年、几十年甚至更长的时间。保险人拒绝承保渐进性环境污染的原因之一是担心保险合同关系成立之前污染事故已经发生而侵权后果尚未显现，保险人主观上对此并不知晓，这无疑加大了其评估预测环境污染责任风险的难度。但是，如果在承保之前对于投保风险进行比较详细的现场评估，即可以避免对于已经存在的环境污染损害的承保问题。所以，在投保时尚未发生的渐进性环境污染风险符合“风险事故的未来性”的要求。

五、我国应将渐进性污染纳入承保范围

从以上分析中可以看出，正是被保险人、保险人对于 CGL 保单中“突然和意外”用语的不同解释，使得渐进性污染承保与除外的问题成为诉讼的焦点。前述在美国 CGL 保单中遭遇的问题，同样有可能在我国未来的环境污染责任保险实务中出现。虽然我国环境污染责任保险试点至今尚未发生污染索赔的典型案例，暂时无法积累足够的资料分析环境污染突发性与渐进性在承保范围上的问题。[1] 但是我们可以预测，如果我国环境污染责任保险保单继续坚持只承保突发性污染而排除渐进性污染，必将在未来引发许多诉讼。与其由被保险人、保险人以及法官耗费时日来解决渐进性污染的除外问题，不如将渐进性污染一并纳入承保范围。根据环境污染突发性和渐进性的区分来界定环境污染责任保险的承保范围并不符合科学原理，是对环境污染本质认识上的误判，因而必须摒弃。

就环境污染责任保险的发展方向看，社会、科技和法律等诸多因素对环境责任将产生巨大的影响，有限的环境污染责任保险范围已经不能满足企业转嫁风险的需求，有些国家的保单同时承保“突

[1] 2008 年发生在湖南的首例环境污染责任保险索赔案并没有在污染突发性与渐进性问题上引发争论。

然和意外”的环境污染损害以及“渐进性”环境污染损害。比如，英国的EIL保单对突发和非突发的环境污染损害事件都提供承保。法国共保联合体ASSURPOL保单同样承保突发性的和非突发性的环境污染事故引发的损害。[1] 荷兰的环境损害责任保单（EIL）同时承保由于长时间接触污染物质所造成的渐进性污染损害以及突然和意外的污染事件所造成的损害。[2] 这些国家开展环境污染责任保险的经验值得我们借鉴。

从满足企业转移环境污染风险需要的角度考虑，应该扩展承保范围，将渐进性污染纳入其中。环境污染事故既有突发性的，也有渐进性、累积性的。而且，从发生概率角度分析，渐进性污染事故的发生概率往往高于突发性事故，只是因为短期内难以显现损害后果而往往被忽略。在日常生产活动中，企业按照正常的操作规程加强环境管理，发生突发性环境污染事故的可能性并不大。但是，基于正常生产管理符合法律要求的正常达标排放，当污染物累积到一定程度，同样可能造成第三人人身伤害、财产损害或环境损害。企业对于渐进性、累积性污染所致损害的风险有强烈的分散需求，希望通过环境污染责任保险转嫁、分散损失。然而，试点保单并没有考虑到企业对渐进性环境污染风险分散的需求，这种限制承保范围的做法，无疑拟制了投保人的参保愿望，降低了投保人通过保险分散环境污染风险的动机。

从满足“大数法则”的要求以降低保险人经营风险的角度考虑，也应扩展承保渐进性污染从而扩大投保人基数。环境污染责任保险是通过众多企业的参保来化解少数企业的高额赔偿负担，这意味着必须有足够规模的参保企业才能实现环境风险的分散和分担的目的。目前将承保范围限制在突发性污染上的做法在打击投保企业积极性的同时，必然导致投保人参保基数缩减，最终会影响环境污

---

[1] See Werner Pfennigstorf, Pollution Insurance: International Survey of Coverages and Exclusions, 1993, p. 53.

[2] See Netherlands Environmental Impairment Liability Policy (EIL).

染责任保险的覆盖面。即使开展环境污染责任保险试点的保险公司采取各种优惠措施以求吸引投保企业，地方政府以专项财政补贴鼓励投保企业参保，也还是杯水车薪，解决不了投保企业回避参保的问题。市场有效需求不足，投保人数量的减少必然导致环境污染责任保险无法满足“大数法则”的要求。一旦承保的环境风险无法合理分散，则经营这种保险的保险公司将面临巨大风险，这不仅制约环境污染责任保险的试点进程，而且最终使得环境污染责任保险试点工作进入恶性循环，难以为继，直至保险公司退出环境污染责任保险试点业务。扩大环境污染责任保险试点保单的承保范围，将渐进性环境污染纳入承保范围应该成为推进试点工作的关键举措。

论我国海上强制责任保险制度的构建

——来自交强险制度的启示*

丁凤楚**

海上强制责任保险是由保险公司经营的带有社会公益性的法定的第三者责任险，它能够确保海上事故受害人获得及时而可靠的救济并分散海上事故责任人的过重的责任负担。我国应当借鉴发达国家和地区的立法经验以及国际海事公约的做法，由海事主管部门负责强制船舶登记所有人等投保义务人投保由船东互保协会或保险公司开办的海上强制责任保险。同时，应当明确规定受害第三人享有向保险人直接请求保险金的权利以及保险人享有参与海事纠纷处理权等基本内容。

一、引言

2007年年初，马来西亚籍“山姆”轮在烟台海域发生严重的漏油事件，直到2009年，沿海的41家养殖户和单位才拿到5480

---

* 本文是2008年国家哲学社会科学基金青年项目“医疗责任强制保险制度研究——来自交强险制度的启示”的组成部分，并得到中国博士后科学第44批基金的“一等资助金”的资助。

** 丁凤楚，法学博士，上海财经大学法学院副教授，硕士生导师，华东政法大学博士后流动站研究人员（已出站），中国保险法学研究会理事，上海金融法学研究会理事、上海商法学研究会理事、上海经济法学研究会理事。

余万元的赔偿，其中曲折一言难尽。最近我国渤海湾又发生了大规模的溢油事件，这将给沿海的生态环境和水产养殖造成长期而巨大的损害。[1] 近年来，随着我国海上运输的有毒有害物质、海上钻探油污损害以及海上旅客伤亡、残骸打捞及等海上事故造成的民事损害赔偿纠纷的频频发生，以及海上事故受害人索赔金额的不断扩大，像我国已经成功建立的交强险制度那样，建立完善的海上强制责任保险制度成为保险界和法律界共同关心的话题。从发达国家和地区的先进经验和国际海事公约有关规定来看，海上强制责任保险制度既能保证广大海难受害人得到及时而可靠的经济赔偿，以尽快恢复正常的生产活动，又能分散单个海难责任人过重的责任风险，以促进海上航运和资源开发事业的正常开展，还能有效维护社会的和谐与稳定，实现海难事故的受害人、加害人以及政府与社会的“三赢”。因此，笔者不揣浅陋，先分析海上强制责任保险制度的含义、特色和功能，再比较与借鉴海外的海上强制责任保险制度和我国的陆上强制责任保险制度——机动车交通事故侵权责任强制保险（简称“交强险”）制度的成功经验，对如何建立符合我国国情的海上强制责任保险制度提出自己的浅见。

二、海上强制责任保险的一般理论

（一）海上强制责任保险的概念

强制责任保险是指有关法律强制性地规定特定的主体必须投保的一种法定的第三者责任险。常见的有医疗责任强制保险、律师责任强制险等等。[2]而海上强制责任保险，又称“海上责任强制险”，是指根据国家法律和国际公约的强制性规定，某些从事海上运输、

[1] 叶飙、华璐、何绮玲：“渤海湾的油污困境”，载 http://news.xinmin.cn/domestic/gnkb/2011/07/13/11387077_2.html。

[2] 参见丁凤楚：“论机动车交通事故强制责任保险制度的完善”，载《江西财经大学学报》2007 年第 1 期；丁凤楚：“律师责任保险初探”，载《安徽律师》2000 年第 10 期；丁凤楚：《试论医疗责任强制保险制度》，载谢宪主编：《保险法评论》（第 2 卷），中国法制出版社 2009 年版，第 190～215 页。

资源开发的企业必须投保以一种以海上事故所造成的民事赔偿责任为标的的强制责任保险。

1969 年《国际油污民事责任强制保险国际公约》（简称 1969 年《CLC 公约》）第一次完整地规定了对船舶实行油污责任强制保险。[1] 随后，各类海上强制责任保险大量涌现，例如，2007 年《残骸清除公约》，2002 年《雅典公约》，2001 年《燃油公约》等都规定了不同内容的强制保险制度。[2]

（二）海上强制责任保险的法律特征

1. 海上强制责任保险是“为第三人利益”的保险

被保险人对第三人的民事损害赔偿责任是责任保险合同的标的，也是该种合同存续的基础。从这一角度来看，责任保险合同都是为了保险合同当事人之外的第三人利益而订立的，因此，它们又被称为“为第三人利益”保险。而强制性的责任保险制度更是为了保险事故的受害人能够得到及时而有效的赔偿而存在的。[3] 海上强制责任保险制度设计的初衷也是如此，它不仅要尽可能广泛地分散船舶所有人等被保险人的责任风险，而且要能够确保海难事故的受害人获得及时的救济，为此，它应当像交强险那样通过立法赋予第三人向责任保险人直接请求保险金的权利。[4]

2. 海上强制责任保险是法定保险

海上强制责任保险，顾名思义，一种法律强制某些主体必须投保的责任保险，因此，它具有法律强制性。其法律强制性包括两个

---

[1] 1969 年《CLC 公约》规定：从事国际航线的 2000 吨以上的散装油类货物的船舶都应投保油污责任险，并要求每艘船舶应携带有关证书以证明该船舶已投保责任险；缔约国须保证进入或离开该国港口的油轮都已投保油污责任险，除非该船有银行保证或国际赔偿基金等其他形式的财务保证。

[2] 参见 2007 年《残骸清除公约》第 12 条第 2 款，2002 年《雅典公约》第 4 条之 2 第 2 款，2001 年《燃油公约》第 7 条第 2 款。

[3] 丁凤楚：“论现代事故赔偿责任的客观化和社会化”，载《社会科学》2006 年第 7 期。

[4] 丁凤楚：“台湾地区强制汽车责任保险法对我国大陆相关立法的启示”，载《金融理论与实践》2006 年第 1 期。

方面：一是法律强制船东或其他主体必须投保该责任保险，否则将受到法律制裁，如不允许投保义务人营运；二是法律强制保险人对于符合条件的被保险人必须承保，不能随意解除保险合同。

3. 海上强制责任保险是带有社会公益性质的商业保险

强制责任保险是由商业性的保险公司按照市场机制来经营，因而，它仍然属于商业保险而非社会保险和政策性保险。[1] 但是，强制责任保险又往往具有社会公益的性质，并非纯粹的商业性的责任保险。[2] 海上强制责任保险也是如此，这主要表现在，它作为一种带有社会公益性质的特殊的商业保险，其保险金额和保险费率应由政府部门按照“不盈不亏”原则来统一厘定，而不能像纯粹商业性的责任保险那样，完全由市场这个“看不见的手”来确定。这样既可以避免海上强制责任保险人之间的恶性竞争，也可以避免海上强制责任保险人利用这一强制性保险来充分盈利，最终实现被保险人、保险人和社会公共利益的共赢。

（三）海上强制责任保险的功能

（1）海上强制责任保险可以分散海上事故责任人的民事赔偿责任。海上运输的有毒有害物质、海上旅客人身伤亡损害以及海上油污损害等海难事故往往采用有利于受害人的“危险责任”这一“无过错责任”作为归责原则。[3] 而且，受害人的索赔金额往往十分巨大，是单个的责任人无力承担的。所以，国际海事公约和各国法律往往要求海上事故责任人必须投保强制责任保险，以分散单个承运人过重的责任负担。

（2）海上强制责任保险为海上事故受害人的索赔提供了保障和便利。包括交强险在内的各种强制责任保险制度都赋予受害人绕过

---

[1] 丁凤楚：“台湾地区‘强制汽车责任保险法’评析”，载《上海保险》2005年第11期。

[2] 丁凤楚：“尽快推出医疗责任强制险”，载《国际金融报》2008年7月4日第3版。

[3] 丁凤楚：“论现代侵权损害赔偿责任的新的二元归责体系”，载《法学》2007年第2期。

被保险人而直接向保险人请求给付保险金的权利。这不仅节省了受害人的时间和精力，减少了受害人的焦虑和痛苦，而且还可以防止在肇事船舶逃逸或是单船公司干脆关门大吉的情况下，受害人起诉无门的困境。因为强制责任保险人可以通过再保险的方式来进一步分散风险，确保可靠偿付能力。[1]

(3) 海上强制责任保险制度可以有效维护社会公共利益。大型船舶、海上钻井平台的所有人必须投保海上强制责任保险，而他们在投保时和投保后都达到承保人满意的安全标准，并保证在整个保险期间都要维持相应的安全标准，否则，保险公司可以不予承保或即便已经承保也可解除保险合同。[2] 而这样一来，强制责任保险人实际上代替政府行使一部分社会管理职能。另外，建立海上强制责任保险制度还可以保障海上油污清理费用的及时支付，从而保障了绝大部分溢油污染事故能尽可能早地得到清除。这些都体现了其社会公益功能的发挥。

三、海上强制责任保险合同主体研究

海上强制责任保险制度作为一种法定的“第三者”保险，其主体应当与交强险一样，除了有投保义务人（被保险人）和保险人之外，还有第三人（保险事故的受害人，简称“受害第三人”）。

（一）海上强制责任保险的投保义务人

尽管海上强制责任保险制度是要分散和转移海上事故民事责任人的风险，但是，海上强制责任保险的投保义务人并非是所有的海上事故的赔偿责任人。例如，2001 年《燃油公约》确定的油污损害赔偿责任人是“船舶所有人”，它包括：船舶登记所有人、光船承租人、船舶经营人、船舶管理人。但是，该公约仅规定了“船舶登记所有人”为海上强制责任保险的投保义务人。再比如，我国的

[1] 丁凤楚：“再保险合同是责任保险合同吗”，载《政治与法律》2006 年第 2 期。

[2] 丁凤楚：《论我国海上保险保证制度的完善》，载郑肇芳主编：《航运法治建设与海商法律研究》，上海人民出版社 2011 年版，第 264～271 页。

《防治船舶污染海洋环境管理条例》第53条规定，船舶所有人应当按照国务院交通运输主管部门的规定，投保船舶油污损害民事责任保险或者取得相应的财务担保。这里的“船舶所有人”应当指的是船舶的登记所有人。另外，根据《雅典公约》2002年议定书第4条之2“强制保险”的规定，有义务进行海上强制责任保险的主体是“实际履行全部或部分运输的承运人”，而该议定书第1条第1(c)项规定：“‘实际履行全部或部分运输的承运人’系指实际承运人，或者如果承运人实际履行运输，系指承运人。”

综上所述，我们不难发现，海上强制责任保险的“投保义务人”要小于“海上事故的赔偿责任人”的范围。究其原因，海上强制责任保险的投保义务人不仅应当是“海上事故的赔偿责任人”，还应当满足以下两个条件：一是该投保义务人应当对引起海上事故的海事活动具有“运行支配利益”[1]；二是该投保义务人的设置要便于主管机关强制其投保。因此，基于上述理由及各国法律和国际公约的有关规定，笔者认为，将“船舶登记所有人”界定为海上强制责任保险的投保义务人较为合理，也符合国际惯例，并且在我国有交强险制度的相关先例可循。[2]

（二）海上强制责任保险制度的保险人

1969年《CLC公约》和2002年《雅典公约》等国际海事公约都没有对海上强制责任保险的保险人问题进行专门的规定，而是留给国内法规范。我国《防治船舶污染海洋环境管理条例》第53条第3款规定：“承担船舶油污损害民事责任保险的商业性保险机构和互助性保险机构，由国家海事管理机构征求国务院保险监督管理机构意见后确定并公布。”而中国保险监督管理委员会于2002年2

---

❶ 这种运行支配利益应当包含两个方面的内容：其一是运行支配权，包括具体的、现实的支配，也包括潜在的、抽象的支配；其二是运行利益的归属。参见丁凤楚：《机动车交通事故侵权责任强制保险制度》，中国人民公安大学出版社2007年版，第94页。

❷ 丁凤楚：《机动车交通事故侵权责任强制保险制度》，中国人民公安大学出版社2007年版，第94页。

月 4 日《关于境外船东互保机构承保国内航行油轮油污损害责任保险问题的复函》中规定："对于从事国内沿海油品运输的船舶投保油污损害赔偿责任险，应当向国内经营商业保险业务的保险公司投保；而对于互助性保险，境外船东互保机构未获许可，不得在中国境内经营船舶油污损害赔偿责任保险业务，否则即属于非法从事商业保险业务活动。"而《中华人民共和国船舶油污损害民事责任保险实施办法》（征求意见稿）第 9、10 条对商业性保险机构和互助性保险机构应当满足的资质和条件也进行了规定。[1]

综上所述，我们不难发现，我国海上强制责任保险的保险人既可以是互助性质的"船东互保协会"[2]，也可以是经国家海事管理机构和保险监督管理机构同意并公布的具备相关资质的商业性保险公司。

（三）海上强制责任保险制度的受害第三人

海上强制责任保险制度的受害第三人，是指海上强制责任保险合同的双方当事人之外的、权益受到被保险人引发的海上事故侵害

---

[1] 该办法第 9 条规定："承担中国籍船舶油污损害民事责任保险的互助性保险机构应当符合以下要求：（一）在我国境内注册或者在我国境内设有代表机构、代理机构；（二）上一年度净基金超过 1 亿美元或每吨净基金超过 3 亿美元；（三）保险条款符合我国法律、行政法规、规章以及我国批准或者加入的国际条约的有关规定。"该办法第 10 条规定："承担中国籍船舶油污损害民事责任保险的商业保险机构应当符合以下要求：（一）应当依法经国务院保险监督管理机构批准设立、取得经营保险业务许可证，并已向工商行政管理机关办理登记，取得营业执照；（二）上一年度净资产超过 7 亿元人民币；（三）上一年度偿付能力超过 100%；（四）保险条款符合我国法律、行政法规、规章以及我国批准或者加入的国际条约的有关规定。"

[2] 船东互保协会通过特殊的经营模式为海上船舶强制保险制度提供保险支持。传统理论认为，船东互保协会提供的保赔保险是补偿保险，其性质与责任保险有一定的区别。但随着社会的进步和责任保险制度的完善，责任保险逐渐扩大其适用范围，与补偿保险之间的界限已经越来越模糊。一些过于在立法上强调责任保险和补偿保险之间的区别的法域，如美国路易斯安那州，目前也通过判例去模糊处理两者之间的区别。See Grubbs v. Gulf International Marine Co.（625 So. 2d 495. 1994 AMC 244（La. 1993）.

的、对强制责任保险人享有法定的直接赔偿请求权的人。通常，在订立（强制）责任保险合同时，受害第三人并不具体存在，但是，当强制责任保险合同的承保风险产生时，该第三人就会随之特定化，即“当被保险人产生了强制保险合同承保的损害赔偿责任时，其损害对象就是明确的和特定的”❶。

根据海上强制责任保险的概念、制度特色和功能设计，参照我国已经成功实施的交强险制度的“受害第三人”界定，我国未来的海上强制责任保险的受害第三人应当从以下几个方面来确定：

第一，该受害第三人应当是海上强制责任保险合同双方当事人之外的人，即保险人和投保人（包括被保险人）之外的人；

第二，该受害第三人应当是被保险人引发的海上保险事故的受害人；

第三，该受害第三人的确定必须由强制责任保险合同所保障的海上保险事故的发生为确定依据；

第四，该受害第三人必须是依法享有直接向强制责任保险人请求给付保险金权利的第三人。❷

四、海上强制责任保险的强制投保制度研究

（一）海上强制责任保险的强制投保机关及其职责

作为一种强制责任保险，海上强制责任保险必须像交强险那样依靠政府有关主管机构的行政力量来强制每一个负有投保义务的主体都来投保这一险种，并对不履行投保义务人给予必要制裁，方能最大限度地分散海上巨灾事故的风险，维持保险公司的基本的经营能力。❸ 而参照交强险制度的做法以及国际惯例，结合海上运输业

---

❶ 参见温世扬：《保险法》，法律出版社 2003 年版，第 253 页。

❷ 张湘兰主编：《海商法问题专论》，武汉大学出版社 2007 年版，第 280～281 页。

❸ 丁凤楚：《保险法——理论、实务、案例》，立信会计出版社 2008 年版，第 173 页。

特点，笔者认为，海上强制责任保险的强制投保主管机关应当为船旗国的海事主管机关和港口国的海事主管机关。

船旗国的海事主管机关主要对悬挂本国国旗的船舶在船舶营运许可环节上进行监督审核以确保该船舶投保强制责任保险。如果船舶未取得强制责任保险证明或者相应的财务担保，该船旗国的主管机关将禁止其营运。例如：1996 年《HNS 公约》第 12 条第 10 款规定："除非按第 2 款或 12 款颁发了证书，否则当事国不应允许本条所适用的悬挂其国旗的船舶从事营运。"

港口国的海事主管机关主要对进入缔约国港口的船舶是否已经投保海上强制责任保险进行检查，如果船舶未持有强制责任保险证书或者相应的财务担保，该港口国的海事主管机关将禁止其进出港口。例如：1996 年《HNS 公约》第 12 条第 11 款规定："以本条规定为准，每一当事国应根据其法律确保：第 1 款所述金额的保险或其他担保，对在任何地方登记的，进入或离开其领土中的港口或抵达或离开其领海中的离岸设施的任何船舶而言，都是有效的。"

对于检查到的未投保强制责任保险的船舶，国际海事公约一般均规定有关国家的海事主管机关有权采取相应的制裁措施，如"不允许悬挂其旗帜的船舶从事营运"。[1] 美国法律甚至允许主管机关扣押船舶。[2] 而我国《防治船舶污染海洋环境管理条例》第 73 条则仅仅规定了"罚款"这一比较轻微的制裁方式。笔者认为，我国

---

[1] 参见 1969 年《CLC 公约》第 7 条第 10 款，2001 年《燃油公约》第 7 条第 11 款，2002 年《雅典公约》第 4 条之 2 第 12 款，2007 年《残骸清除公约》第 12 条第 11 款。

[2] 参见《美国法典》第 33 卷第 2716 条（b）款"制裁"的规定：（1）吊扣出港清关，对受本条约束的不具备本条要求的船舶财务责任能力证明的任何船舶，财政部长应吊扣或撤销第 46 卷附件第 91 条要求的出港清关。（2）拒绝进入或扣留船舶，对在被要求时不出示本条要求的船舶财务责任能力证明的任何船舶，部长可以：（A）拒绝任何船舶进入美国任何地方或可通航水域，或者（B）就地滞留。（3）扣押船舶，受本条要求约束而在可通航水域中被发现的不具备船舶财务责任能力必要证明的任何船舶，美国有权予以扣押和没收。

应当参照国际惯例，对其制裁方式包括罚款、不允许船舶悬挂本国国旗进行营运，或者责令停航，或者禁止船舶入港、离港、过境停留，或者扣押船舶甚至没收船舶等。

值得注意的是，国际海事公约同时还规定了如果船旗国没有履行或者不适当履行自己所承担的管理登记或者事故处理等方面的职责，并因此造成受害国损害的，应负国家赔偿责任。[1]

（二）海上强制责任保险的强制投保管理程序

海上强制责任保险的投保义务人——船舶登记所有人与保险人订立了强制责任保险合同以后，应当到船籍国的海事主管机关申请办理强制责任保险证书。[2] 而船籍国的海事主管机关有审核和颁发证书并确保证书的完整性和准确性，[3] 以及补发相关证书的义务工[4]等权力和义务；而港口国的海事主管机关对进出本国港口的船舶其所持的强制责任保险证书进行检查的权力和义务。[5]

（1）海上强制责任保险证书的申请。申请海上强制责任保险证书是投保义务人应当履行强制投保义务的证明文件，船舶登记所有人在申请该证书时应当提交的材料有：① 申请书；② 有效的责任

---

[1] 梅宏："论船舶油污事故的责任主体及责任性质"，载中国环境法网，转引自贾鹏：《海上船舶强制保险制度研究》，大连海事大学 2005 年硕士论文，第 40 页。

[2] 依《中华人民共和国船舶油污损害民事责任保险实施办法》（征求意见稿）第 13 条，我国目前民事责任保险证书应包含如下种类：（一）载运持久性油类物质的船舶，应当办理《油污损害民事责任保险或其他财务保证证书》；（二）1000 总吨以上的载运非持久性油类物质的船舶，应当办理《燃油污染损害民事责任保险或其他财务保证证书》和《非持久性油类污染损害民事责任保险或其他财务保证证书》；（三）1000 总吨以下的载运非持久性油类的船舶，应当办理《非持久性油类污染损害民事责任保险或其他财务保证证书》；（四）1000总吨以上的载运非油类物质的船舶，应当办理《燃油污染损害民事责任保险或其他财务保证证书》。

[3] 如 2001 年《燃油公约》第 7 条第 3 款。

[4] 如《中华人民共和国船舶油污损害民事责任保险实施办法》（征求意见稿）第 15、16 条。

[5] 如《中华人民共和国防治船舶污染海洋环境管理条例》第 53 条。

保险单证或者其他财务担保/保证证明；③ 船舶国籍证书。[1]

（2）海上强制责任保险证书的颁发。颁发海上强制责任保险证书是船旗国的主管机关对投保义务人的一种监督行为，如果船舶已经按照法律规定的保险金额和保险形式进行了保险，主管机关就会向该船舶颁发证书，证明该船舶已经按照法律的规定进行了保险或者取得了其他财务保证，然后许可该船舶悬挂该国国旗进行营运。证书的内容包括船名、船籍港、国际海事组织船舶识别号、船舶所有人名称及其主要营业地、保证的类别、保险人或提供保证的其他人的名称及其主要营业地以及证书的有效期限等内容。[2]

（3）海上强制责任保险证书的检查。港口国的海事主管机关对进出本国港口的船舶是否持有海上强制责任保险证书或财务保证证书进行检查，确保投保义务人已经履行了强制投保义务。[3] 而投保义务人必须携带强制责任保险证书在船上，其副本一份应存放于保管该船登记记录的当局，或如该船不在缔约国登记，则应存放于颁发或认证此证书的国家当局，[4] 以备相关机构查验。而证书文字须以签发国的一种或数种官方语言签发。如果所用文字不是英文、法文或西班牙文，则文本须包含这三种语言中任意一种的译文。[5]

---

[1] 参见《中华人民共和国船舶油污损害民事责任保险实施办法》（征求意见稿）第 14 条。

[2] 参见 1992 年《CLC 公约》第 7 条第 2 款，2007 年《残骸清除公约》第 12 条第 2 款，2001 年《燃油公约》第 7 条第 2 款，2002 年《雅典公约》第 4 条之 2 第 2 款。另外，2007 年《残骸清除公约》第 12 条第 2 款还要求应当记载船舶的总吨位。

[3] 我国交通运输部海事局 2008 年 12 月 23 日发布的“关于实施 2001 年《燃油污染损害民事责任公约》的通知”第一项“适用范围”规定：“1000 总吨以上的外国籍船舶，自 2009 年 3 月 9 日起必须持有缔约国主管机关或其授权机关签发的燃油污染损害民事责任保险或其他财务保证证书后，才准进出中国港口。”

[4] 参见 1992 年《CLC 公约》第 7 条第 2 款，该规定取代了 1969 年《CLC 公约》第 7 条第 4 款。

[5] 参见 1996 年《HNS 公约》第 12 条第 3 款，2001 年《燃油公约》第 7 条第 4 款，2002 年《雅典公约》第 4 条之 2 第 4 款，2007 年《残骸清除公约》第 12 条第 4 款。而 CLC 公约则要求应当包括英文和法文的相关译本，不包括西班牙文。参见 1969 年《CLC 公约》第 7 条第 3 款，1992 年公约未作修改。

五、海上强制保险的受害第三人直接请求权制度设计

（一）受害第三人对保险金直接请求权概述

受害第三人对保险金的直接请求权是指海上强制责任保险制度往往赋予受害第三人绕过被保险人而直接向责任保险人请求给付保险金的权利，以实现强制责任保险来保障受害第三人获得及时而可靠的救济的功能。

受害第三人直接向保险人请求给付保险金，在性质上是一种法定的债务承担——强制责任保险人与被保险人一起承担对受害第三人民事赔偿责任。[1] 换言之，受害第三人对责任保险人请求给付保险金的权利直接来源于相关强制责任保险法律制度的明确规定；另一方面，受害第三人的直接请求权间接来自其对被保险人的侵权或违约损害赔偿请求权。当然，前者当占主要之成分。[2]

（二）我国海上强制保险受害第三人直接请求权的立法现状与问题

2009年新修订后的《保险法》第65条第2款规定：“责任保险的被保险人给第三者造成损害，被保险人对第三者应负的赔偿责任确定的，根据被保险人的请求，保险人应当直接向该第三者赔偿保险金。被保险人怠于请求的，第三者有权就其应获赔偿部分直接向保险人请求赔偿保险金。”该规定虽然间接规定了受害第三人有权向保险人直接请求给付保险金，但主动权完全掌握在被保险人手中，除非被保险人怠于行使这项权利，受害第三人才可以要求保险人直接给付保险金。新《保险法》采取的这一变通立法模式虽有一定的进步意义，但比起真正的“受害第三人的直接请求权制度”还有一定的距离，因而仍然难以满足强制责任保险制度对“受害第三

---

[1] 丁凤楚：《试论医疗责任强制保险制度》，载谢宪主编：《保险法评论》（第2卷），中国法制出版社2009年版，第190～215页。

[2] 江朝国：“强制汽车责任保险修正条文评析——修正条文第14条消灭时效与第28条被保险人免责规定检讨”，载《月旦法学杂志》第123期。

人的直接请求权”设计要求。[1]

而我国《海事诉讼特别程序法》第 97 条第 1 款规定：“对船舶造成油污损害的赔偿请求，受损害人可以向造成油污损害的船舶所有人提出，也可以直接向承担船舶所有人油污损害责任的保险人或者提供财务保证的其他人提出。”这是我国第一次明确规定海上强制责任保险的受害第三人的直接请求权，但该规定仍然比较粗糙，而且适用范围有限——仅仅适用于船舶造成油污损害的情况，况且在程序法中规定实体权利的做法似乎并不妥当。

（三）受害第三人对强制保险人的直接请求权的比较法考察

1. 发达国家和地区的国内法关于第三人直接请求权的立法例

各国对于责任保险的受害第三人对保险金的直接请求权的立法模式大致有三种。

第一种是以英国为代表的“有条件的直接诉讼”模式，如英国《第三方诉保险人权利法》规定受害第三人可以在下列条件下直接享有向保险人的索赔权：（1）被保险人为自然人的，在其破产或与债权人和解时；（2）被保险人为公司的，在发布关闭令或自愿通过关闭协议，或委任公司业务或者财产的接管人，或有担保的权利人接管公司时。

第二种是以美国的纽约州为代表的“经判决的直接诉讼（jurisdiction direct action ）”模式，其立法规定受害第三人需要以首先取得对被保险人的胜诉的民事判决书，才能凭借该判决书起诉责任保险人以讨请求权给付保险金。[2]

第三种是以美国的路易斯安那州、我国台湾地区为代表的“绝对直接诉讼（pure direct action ）”模式，如美国路易斯安那州的立

---

[1] 江朝国：《保险法基础理论》，中国政法大学出版社 2002 年版，第 131～132 页。

[2] 美国各州立法对这两种模式都有采用，如加利福尼亚、威斯康星州等采绝对直接诉讼模式，堪萨斯州、宾夕法尼亚州、佛蒙特州等采相对直接诉讼。See Nicolas R Foster，Marine Insurance－Direct Action Statute and Related Issues. J. L U. S . F. Mar. L. J. 263 (1998－1999).

法规定受害第三人无须凭借其对被保险人的胜诉民事判决，就可以直接起诉保险人以请求其给付保险金。[1]

2. 国际公约中对受害第三人直接请求权的规定

1969年《CLC公约》才第一次正式确立了完整的第三人直接请求权制度。该公约第7条第8款规定第三人可以单独向责任保险人提出索赔，并且无须取得胜诉判决，甚至无须确定责任，只要第三人证明因油污受有损失即可，还细规定了第三人与保险人之间有关直接请求权的具体内容。此后，1996年《HNS公约》[2]，2001年《燃油公约》[3]，2002年《雅典公约》[4]以及2007年《残骸清除公约》[5]等一系列国际公约也确立了第三人直接请求权制度。

3. 总结与启示

综上所述，多数发达国家和地区的立法和国际公约都倾向于立法明确赋予责任保险的受害第三人直接向保险人请求给付保险金的权利，仅有英国对受害第三人行使直接请求权附加了前提条件。不过，需要说明的是，英国的"有条件的直接诉讼"模式并不适用于海上油污责任保险，因为英国《1995年商船航运法》第165条第5款明确规定了油污责任保险第三人直接请求权不再适用《第三方诉保险人权利法》，而是完全参照了1969年《CLC公约》的规定。

（四）我国海上强制责任保险的受害第三人直接请求权制度具体设计

首先，我国应当通过修改《海商法》中的"海上保险制度"的有关规定，增加关于"海上强制责任保险的受害第三人直接请求权"的规定，而不是在《海事诉讼特别程序法》等程序法或者以行政法规或者部门规章的形式作出规定。

---

[1] 参见美国路易斯安那州《保险法》第22：655条，我国台湾地区"保险法"之第94条第2款的规定。

[2] 参见该公约第12条第8款的规定。

[3] 参见该公约第7条第10款的规定。

[4] 参见该公约第5条的规定。

[5] 参见该公约第12条第10款的规定。

其次，对于海上强制责任保险的受害第三人的直接请求权的具体内容设计上，应当规定受害第三人的范围限制，受害第三人行使直接请求权的条件和程序，被保险人对受害第三人行使直接请求权的协助义务，保险人对受害第三人行使直接请求权的抗辩事由等方面的重要内容。[1]

六、海上强制责任保险制度的其他具体制度设计

（一）立法赋予海上强制责任保险人参与海事纠纷处理权

海上事故的受害人可能只是对强制责任保险的被保险人——船舶所有人提起损害赔偿，而不直接对强制保险人提起这种诉讼，因此，海上强制责任保险制度应当明确规定保险人享有参与被保险人与受害第三人之间的海上保险事故纠纷的处理权。否则，难以防范被保险人怠于行使自己对受害第三人的抗辩权而产生的道德风险问题，这对于强制责任保险人来说不仅有失公平，而且也无法维护其自身的正当权益。[2]

笔者认为，若受害第三人直接向强制责任保险人提起诉讼的，则海上强制责任保险人当然地取代被保险人的诉讼地位，有权以被告的主体资格参与海事纠纷的处理。但是，如果受害第三人只是对被保险人提起损害赔偿请求，而没有直接对强制责任保险人提起保险金给付请求，那么，根据我国《民事诉讼法》第 56 条第 2 款规定的“无独立请求权的第三人”原理，我国未来的海上强制责任保险法律制度可以明确规定：强制责任保险人有权以“无独立请求权的第三人”的身份申请参加到被保险人与受害第三人之间的海事纠纷民事诉讼之中，审理案件的法院也可以通知强制责任保险人以“无独立请求权的第三人”的身份参加到被保险人与受害第三人之

---

[1] 参见司玉琢主编：《国际海事立法趋势及对策研究》，法律出版社 2002 年版，第 368～369 页。

[2] 丁凤楚：“论强制保险人介入医疗纠纷处理制度”，载《河北法学》2009 年第 10 期。

间的海事纠纷诉讼之中。而以“无独立请求权的第三人”的身份参加到海事诉讼之中的强制责任保险人最终被法院判决需要承担对受害第三人的保险金给付责任，那么，他就取得了被保险人的作为被告的抗辩权权利。

（二）立法明确规定海上强制责任保险的诉讼时效制度

虽然我国《海商法》第264条和新《保险法》第26条规定了将保险事故发生时间作为给付保险金请求权的诉讼时效的起算点，但是，如果将这一时效规定沿用于海上强制责任保险制度，则无论是对被保险人还是对于受害第三人而言均十分不利。

对于被保险人而言，由于海上事故赔偿责任的确定往往需要很长时间，这将有可能超出其对强制责任保险人的诉讼时效，从而使强制责任保险的功能无法发挥。而对受害第三人而言，由于其对保险人的直接请求权时效应当与被保险人对保险人给付请求权的时效相同，因此，也会面临和被保险人一样的诉讼时效问题。总之，海上责任强制保险制度如果仍然以保险事故发生时作为保险给付请求时效的起算点，受害第三人的权益将在相当程度上受到损害，建立海上强制责任保险制度的意义也将大打折扣。[1] 因此，笔者认为我国未来修订《海商法》时，应明确规定强制责任保险的保险金给付时效期间应自被保险人得以行使保险金请求权之日起计算。

七、结语

海上事故的民事赔偿责任的归责原则从个体性的主观责任向社会性的客观责任的演进，为海上强制责任保险的发展提供了契机。国际上，海上强制责任保险制度已经广泛地应用于海上油污损害和

---

[1] 参见张湘兰主编：《海商法问题专论》，武汉大学出版社2008年版，第289页。《最高人民法院关于审理海上保险纠纷案件若干问题的规定》第15条规定：“保险人取得代位请求赔偿权利后，以被保险人向第三人提起诉讼、提交仲裁、申请扣押船舶或者第三人因怠于履行义务为由主张诉讼时效中断的，人民法院应予支持。”这一规定在一定程度上保障了保险人代位求偿权的行使。

海上运输损害领域。

海上强制责任保险像交强险一样，是一种特殊的商业性的第三者责任保险，具有强制性、法定性、准社会公益性等特征，既能够使广大事故受害人获得及时而可靠救济，又能够分散事故责任人过重的责任风险，还能够促进社会的和谐与稳定。我国应当加强对海上强制责任保险制度的理论研究，并尽快构建我国的海上强制责任保险制度，以期适应我国保险业、航运业改革开放和循环经济发展的需要。

专业责任保险在台湾地区之适用和发展
——以律师、建筑师工程师、医师责任保险为例

陈岳瑜*

一、前言

在进入探讨专业责任保险在台湾地区之适用和发展前，对于专业应先加以定义。何谓专业❶，是指从事某种事业或专门从事某种学业或职业。因此，专业应指“专门职业”，指具备高度的专门智能，而异于其他职业，如律师、工程师、医师、会计师皆属之。而专业责任保险，即指专业人员提供专业服务时，因过错违反注意义务，而有侵权或违反合同约定之义务，致遭受赔偿请求，而须负担损害赔偿及诉讼时须支付之抗辩费用，保险人依保险合同承担被保险人之赔偿责任。简言之，专业责任保险，为保险人提供财产保障，以填补专业人员执业时，因过错招致他人求偿之损失。惟，本文受限于篇幅，仅介绍台湾地区之律师、建筑师工程师、医师责任

---

* 陈岳瑜，台湾地区执业律师、台北大学法学硕士、中国人民大学民商法博士。

❶ 牛津英语大辞典对于“专业”之解释：“专业是指专门从事一种职业，该职业有高度的学术或科学上的知识与技能，以提供专门性服务，以应用于他人事物。”

保险之适用和发展，并探讨台湾地区实务现况。

二、律师责任保险

（一）律师责任保险于台湾地区发展情形

1. 律师责任保险在台湾地区的发展沿革

律师之角色，被定位为以实现社会正义，及促进法治为使命，并应基于伦理自觉，维护律师职业尊严与荣誉。根据台湾地区“律师伦理规范”第7条规定，律师应体认律师职务为公共职务，于执行职务时，应兼顾当事人合法权益及公共利益。于台湾地区，因有鉴于1980年间，发生诸多负责签证之会计师，遭提起民事诉讼求偿其签证疏失之责，唤起台湾地区之产物保险业者对专业责任保险之注意，而由台湾地区之“中国产物保险股份有限公司”于1984年设计各种专业责任保险之保险单，并于1985年经营律师责任保险[1]。

2. 台湾地区的律师责任保险的主要内容概述

（1）承保范围

律师责任保险之承保范围：“被保险人于追溯日起至保险期间届满日前执行律师业务时，因过失、错误或疏漏行为，违反其业务上应尽之义务，致委任人受有损失，依法应由被保险人负赔偿责任，而在保险期间内初次受委任人赔偿请求时，本公司依本保险契约之约定，对被保险人负赔偿之责。”

（2）不保事项

律师责任保险特别约定之不保事项一般包括：

① 被保险人执行非属律师依法得行使之业务或执行其他专门职业所致之赔偿请求。

② 被保险人关于财务、不动产、财务移转、保险、税务、账务、会计之安排或规划等行为有义务之违反或错误行为或涉及商业

[1] 曾仁勇：《律师专业责任及其保险之研究》，政治大学保险研究所1996年硕士论文，第66、67页。

利益事项之安排或建议所致之赔偿请求。

③ 超出合理成本估算或信用额度建议错误所致之赔偿请求。

④ 任何关于外国法令之解释、援引或适用错误所致之赔偿请求。

⑤ 被保险人担任企业、俱乐部、协会等组织之董事、监察人、负责人、经理人、高级管理人员或法务主管之职务所致之赔偿请求。

⑥ 被保险人对委任人之身体伤害、财物之毁损灭失或因而所致之任何附带损失或对委任人之诽谤、公然侮辱或泄露业务机密所致之赔偿请求。

⑦ 被保险人破产或有其他丧失清偿能力等情事所致之赔偿请求。

⑧ 被保险人或其受雇人持有或保管之文件或对象遗失、误置或毁损灭失所致之赔偿请求。前述文件，包括以书写、印刷、影印或以任何方式再制者，或以计算机或电子系统方式储存、显示之任何信息。被保险人或其受雇人之故意、不诚实、恶意行为、犯罪行为或其他非法行为所致之赔偿请求。

⑨ 直接或间接因空气、水、土壤污染、核子反应、核子辐射或放射性污染所致之赔偿请求。

⑩ 因战争、类似战争（不论宣战与否）、外敌入侵、外敌行为、内战、叛乱、革命、军事反叛行为或恐怖主义行为所致者。

⑪ 于台湾地区以外所发生之赔偿责任。

⑫ 任何罚金、罚锾、违约金、惩罚性赔偿金。

⑬ 被保险人于本保险契约生效日前已知或应知可能引发赔偿请求之事实或事件。

⑭ 被保险人以契约或协议承担之赔偿责任，但纵无该项契约或协议存在时，依法仍应由被保险人负赔偿之责者，不在此限。

⑮ 本保险契约所载之被保险人间互为诉讼或由符合下列任一条件之人或组织向被保险人提起之赔偿请求：A. 直接或间接由被保险人所有、控制、经营或管理者。B. 所有、控制、经营或管理

被保险人者。C. 被保险人担任该组织之合伙人、顾问或受雇人或为该提出赔偿请求者之配偶、三亲等以内之血亲或二亲等以内之姻亲。

⑯ 被保险人承办公开上市、柜或兴柜公司财务报告之签证工作所致之赔偿请求；但经本公司同意加保者，不在此限。

⑰ 任何直接或间接因下述原因，造成计算机系统设备无法正确处理、存取数据所致之赔偿请求，且无论该计算机系统设备是否为被保险人所有者，均同：A. 无法正确辨识日期；B. 无法处理确切日期、或与处理确切日期有关之数值及其他任何数据，而进行读取、储存、记忆、操作、解读、传送、传回或处理任何数据、信息、指令或指示等；C. 无法正确操作安装于计算机系统中与年序转换有关之任何指令或逻辑运算，包括读取、储存、记忆、运算及其他相关资料之处理[1]。

（二）律师责任保险在台湾地区适用实务之检讨

1. 律师责任保险在台湾地区乏人问津

律师责任保险保单推出迄今二十六年之久，惟乏人问津[2]，而且，保险公司尚无任何出险记录，亦即赔款率仍维持零。实际上，台湾地区之律师投保此保险之意愿兴趣缺乏，主要理由如下：于台湾地区，律师社会地位颇为崇高，而且，在法院之民事、刑事诉讼过程中，尚有当事人、对方律师、检察官或法官之介入，如当事人获致败诉，是否均能归责于委任律师，恐有疑义。而且，诉讼之成败与律师责任之因果关系难以证明，除非是律师之过错非常明显，例如起诉逾时效规定，或律师忘了上诉而迟误上诉期间等。再者，律师身为熟念法律条文之法律专家，一般人若于委任律师过程中，认为自身权益受损，总自认倒霉，而不愿与自己的律师打官司。其次，台湾地区每位律师之执业形态不同，案件量也不同，刚执业之

---

[1] 参见富邦产物保险股份有限公司之《富邦产物律师责任保险》的商品条款。

[2] 依统计资料，律师责任保险于2004年投保之件数为2件，2005年5件，2006年5件，2007年3件，2008年8件。

律师，或接案量较少的律师投保责任保险负担保费，对其而言负担太重。甚至有律师认为律师之招牌，即为其形象及信誉，如投保律师责任保险，恐造成其当事人忧心是否委任之律师专业不足，否则，为何自己没信心要去投保保险，而产生“所托非人”之负面观感。

2. 近期台湾地区推动“律师强制责任保险”的情况

（1）研商建立“律师强制责任保险制度”之源由

随着时代日新月异，公众意识抬头，且律师业务的迅速发展及多样性，亦带来律师之执业风险。于2010年3月17日台湾地区“立法院”开会时，因有立法委员提到，律师执行职务时，如果因故意或过错导致当事人权益受损，有时当事人损失庞大，而这庞大金额往往不是律师个人财力所能负担，因此，造成律师在执业过程中有难以预测的风险，而当事人的损害也无法获得适当的填补，因此，提出要有适当的责任分担制度，于是有人建议应提案修正台湾地区“律师法”，也就是比照民间公证人强制责任保险方式，来建立律师强制责任保险。实际上，当事人因律师的过错导致权益受损时，如果要寻求民事诉讼向律师求偿非常困难，因此即有要求产物保险公司及律师公会开会研商是否建立“律师强制责任保险制度”，并研议后续修法的方向[1]。

（2）律师界倾向于反对强制投保

然而，虽有以上研议修法之声音，唯台湾地区律师界，对建立“律师强制责任保险制度”议题的立场，主要是倾向反对的态度。主要的原因，除考虑律师保险费负担，可能转嫁到当事人身上外，且保险公司销售律师责任保险之保单约定不保事项竟多达十七项，因此，有为数不少之律师，对此张保单能否达到分担风险颇有疑虑。其实，还有一个重要原因是到目前为止，台湾地区民众对律师提起诉讼请求赔偿的案件仅是个位数，以这么低的比例而言，实在

[1] 台湾地区“法务部”，《2010年4月30日研商律师强制责任保险制度会议会议记录》，第1页。

欠缺需要立法强制律师投保之实益。而且，台湾地区律师责任保险承保之保险金额，最高是新台币一千万元，这金额对大型律师事务所而言，显然保障不足。

三、建筑师、工程师责任保险

（一）建筑师、工程师责任保险于台湾地区发展情形

1. 建筑师、工程师责任保险在台湾地区的发展沿革

1997 年 8 月，温妮台风经过台湾地区，台风所带来的雨量破坏地基，挡土墙崩落，造成 28 人死亡，一百多人房屋损坏、全毁，无家可归。2000 年 9 月 21 日凌晨 1 时 47 分，台湾地区发生 7.3 级大地震。该次之大地震，全台死亡人数 2415 人，失踪人数 29 人，受伤人数 11 305 人，房屋全倒 51 711 户，半倒 53 768 户，财产损失约新台币 3412 亿元。大地震后，台北市在损坏严重的建筑物中，经过三个公会分别提出鉴定报告，不少是因施工质量不良或设计不当造成的[1]。就上述之建筑物倒塌灾变中，建设公司及其负责人、营造商、建筑师，台湾地区之法院判决必须连带赔偿房屋损失，屋内珠宝、金饰、汽车、家具等动产损失及精神赔偿金。故建筑师、工程师责任保险在台湾地区近来受到高度重视，依台湾地区“工程技术顾问公司管理条例”第 20 条规定“工程技术顾问公司应投保专业责任保险；其投保方式采逐案强制投保，其最低保险金额由主管机关会商财政部定之”。嗣后，台湾地区“行政院公共工程委员会”即行文各单位，要求如投标主体为技师事务所或建筑师事务所，应于投标须知要求得标厂商均须投保专业责任保险。故于台湾地区“建筑师工程师专业责任保险”与“汽机车强制责任保险”一样，并非是商业任意险，而是立法确认的强制性保险。据统计于台湾地区自 1993 年销售至今，虽然理赔之案件数不多（2004 年至 2008 年，共 26 件），但理赔之金额却很高（2004 年至 2008 年，共

---

[1] 参见曾俊达、黄斌：“建筑师专业责任之检讨”，台湾《建筑学报》2002 年第 39 期。

赔偿新台币 5600 万余元）[1]。

2. 建筑师、工程师责任保险的主要内容概况

（1）建筑师、工程师责任保险的承保范围

建筑师及工程师专业责任险承保范围是：被保险人直接因执行本保险单所载业务之疏漏、错误或过失，违反业务上之义务，致第三人受有损失，依法应负赔偿责任，而于本保险单有效期间内受第三人之赔偿请求，并于保险期间或延长报案期间内本公司提出赔偿请求时，本公司对被保险人负赔偿之责。

（2）建筑师、工程师责任保险的不保事项

保险公司一般对下列事项特别约定不负赔偿责任：

① 被保险人于本保险单所载追溯日以前执行业务所致之赔偿责任。

② 被保险人在台湾地区以外所发生之赔偿责任。

③ 被保险人经营或兼营非保险单所载明之业务或执行非经主管机关许可之业务或从事非法行为所致之赔偿责任。

④ 被保险人或其代理人之故意行为所致之赔偿责任。

⑤ 被保险人因执行业务致其家属或执行职务之受雇人发生体伤、死亡或其财物受有损害之赔偿责任。

⑥ 因被保险人之毁谤、中伤或抄袭、窃取或泄露业务机密、侵害版权、商标、专利、图说、文书数据或证件之毁损或灭失及其所致之赔偿责任。

⑦ 被保险人因制造、销售、供应或维护之产品或货物所致之赔偿责任。

⑧ 被保险人担任工程施工承揽人或次承揽人所发生之赔偿责任。

⑨ 被保险人所有、管理或使用之动产或不动产，包括各型车辆、船只、航空器及营业处所等所致之赔偿责任。

⑩ 被保险人安排或提供财务、金融、保证或保险之信息，或

---

[1] 参见 2008 年责任保险赔款率统计表。

对上述事项提供咨询或意见所致之赔偿责任。

⑪ 被保险人未于约定期间内完成图说、规范或其他文件数据或因工程费用或成本之估计所致之赔偿责任。

⑫ 被保险人破产或无法偿还债务所致之赔偿责任。

⑬ 被保险人与他人合营或合伙执行业务所致之赔偿责任，但经载明于本保险单者，不在此限。

⑭ 下列损失或赔偿责任，但另有约定者，不在此限：A. 罚款或违约金。B. 被保险人以契约或协议所承受之赔偿责任，但纵无该项契约或协议存在时，依法仍应由被保险人负偿责任者，不在此限。

⑮ 直接或间接因下列原因所致之赔偿责任：A. 战争、类似战争行为、外敌行为（不论宣战与否）、叛乱、内战、强力霸占、罢工、暴动及民众骚扰。B. 核子反应、核子辐射或放射性污染[1]。

（二）建筑师、工程师责任保险在台湾地区适用实务的检讨

1. 建筑师、工程师责任保险保障期间的问题

保单条款将“受第三人之赔偿请求”限定于“保险单有效期间内”，且被保险人也必须在“保险期间或延长报案期间内”提出赔偿请求，才能获得理赔。然而，工程事故发生后，相关的业主、承包商及设计监造者间，就责任之归属难免发生争议，彼此间必须借鉴定、调解、仲裁，甚至诉讼程序以求解决。然而，以上各项争议程序旷日费时，等到事后责任认定必须负责时，已超过保单有效期间。故有认为专业责任保险单应着重在被保险人的错误疏失行为是否存在，只要其错误疏失责任确实发生在保险期间内即应予理赔，而不论何时受第三人之赔偿请求[2]。

2. 该保险的除外不保事项过多

本保单与前述之律师责任保险一样，保单规定之除外不保事项

---

❶ 参见兆丰产物保险股份有限公司之《兆丰产物建筑师工程师专业责任保险》商品条款。

❷ 参见廖昌炯：“工程师专业责任保险制度之检讨”，载《中华技术季刊》。

过多，且其中不乏具争议的情形，例如第10项“被保险人安排或提供财务、金融、保证或保险之信息，或对上述事项提供咨询或意见所致之赔偿责任”。因实务上有许多案件，涉及技术、财务及法务专业，且多数均由工程顾问公司与公务机关签订合同，由财务及法务之专业人员担任协力厂商，如将上述情事列为除外事项，将造成此类案件，其实是将财务及法务之赔偿责任由顾问公司承担，而无法达到充分保障之目的❶。

四、医师责任保险

（一）医师责任保险于台湾地区的发展情形

1. 医师责任保险在台湾地区的发展沿革

医师业务责任保险于1966年保险公司即开始销售此保单，但台湾地区之医师投保意愿极低，投保率仅约一成。直到2011年8月25日台大医院竟将一名艾滋感染者之器官，移植给五名病患❷。医疗专家表示，这五人感染艾滋病之概率极高。台大医院爆发此一艾滋器官移植疏失，凸显医师工作具备的高度专业性，亦负担重大责任并伴随极高风险。而此次参与之医院、医师除刑事责任外，恐将面临高额之民事求偿，因此，台湾地区之社会各界舆论呼吁应重视推动医师投保医师专业责任险，以降低医疗风险。

2. 医师责任保险主要内容的概况

（1）医师责任保险的承保范围

医师专业责任保险之承保范围：“被保险人于追溯日起至保险期间届满之日，因执行医师业务，直接引致病人体伤或死亡，依法应由被保险人负赔偿责任，而在保险期间内首次受赔偿请求时，本

---

❶ 参见陈锦芳：“对‘建筑师工程师专业责任保险契约条款’的看法”。

❷ 此事是因一名男子坠楼脑死，其母捐出儿子器官。当时检验结果呈艾滋病毒阳性，但医院人员以电话确认时，通报台大讲的是“reactive”（阳性），接电话的器捐移植小组协调师误听为“non-reactive”（阴性）。而且，医院之器官移植团队移植前未再度确认，因此，造成此严重之医疗疏失。参见台湾地区《苹果日报》头版新闻，2011年8月28日。

公司依本保险契约之约定，对被保险人负赔偿之责。”

（2）医师责任保险的不保事项

保险公司对下列事项特别约定不负赔偿责任：

① 被保险人违反保密义务而引起之赔偿责任。

② 任何罚金、罚锾、违约金或惩罚性赔偿金。

③ 因血库之经营所引发之赔偿请求；但因本保单所载之业务行为而供血或提供血制品者，不在此限。

④ 被保险人以契约或协议所承受之赔偿责任。但纵无该项契约或协议存在时仍应由被保险人负赔偿责任者，不在此限。

⑤ 被保险人因承诺医疗效果或包医之后果所发生之赔偿责任。

⑥ 在台湾地区以外所发生者。

⑦ 被保险人被撤销医师资格、被撤销开业执照，或受停业处分，而仍继续执行医师业务。

⑧ 因核子分裂或辐射作用所致之赔偿请求，但因使用本保险单载明之放射器材者，不在此限。

⑨ 被保险人因具有医院、疗养院、诊所、实验所或其他事业机构之所有人、合伙人、监督人或经理人之身份，而非直接医疗行为所致者。

⑩ 被保险人之雇用医师独立执行医师业务。

⑪ 因战争、类似战争（不论宣战与否）、外敌入侵、外敌行为、内战、叛乱、革命、军事反叛行为或恐怖主义所致者。

⑫ 被保险人之受雇人因执行职务而致死亡或受有体伤。

⑬ 被保险人违反医师法所规定之强制诊疗义务。

⑭ 被保险人执行未经主管机关许可之业务或其他非法行为所发生之赔偿责任。

⑮ 各种形态之污染所致者。

⑯ 任何直接或间接因下述原因，造成计算机系统设备无法正确处理、存取数据所致之赔偿请求，且无论该计算机设备是否为被保险人所有者，均同：A. 无法正确辨识日期。B. 无法处理确切日期、或与处理确切日期有关之数值及其他任何数据，而进行读取、

储存、记忆、操作、解读、传送、传回或处理任何数据、信息、指令或指示等。C. 无法正确操作安装于计算机系统中与年序转换有关之任何指令或逻辑运算，包括读取、储存、记忆、运算及其他相关资料之处理❶。

（二）医师责任保险实务之检讨

1. 投保比率偏低

根据长庚大学医务管理学系杨秀仪教授之调查，调查结果发现台湾地区一年因医疗纠纷之案例，医院、医师之总赔偿金额达新台币 2.7 亿元。再参照台湾地区“财团法人保险事业发展中心”之统计，2010 年医师投保医师责任保险之件数为 6148 件，而依照台湾地区目前执业的医师、牙医师和中医师之所有人数统计，投保率仅约 10%。再者，2010 年之医师责任险，保险公司一年的保费收入为 3 千万元，保险公司共理赔 136 件，总理赔金额为新台币 1887 万元，平均每件理赔金额为新台币 13.87 万元，显示医师投保医师责任险的意愿不高。主要原因为发生医疗纠纷时，家属经常以不理性之方式到医院抗争以达到瘫痪医院营运之目的，例如，台湾地区经常可见到新闻报道病患家属抬棺材、死者遗照至医院门口抗议，或是请黑道到医院恐吓医师生命安全。以上非理性抗争方式，对医师名誉、心理压力影响极大，造成医院及医师无法安宁，而基于息事宁人之心态，医师常迫于无奈同意被害人家属高额求偿。甚至，被害人如以上述之方式无法得逞，即另以对医师提起刑事告诉之手段施压，刑事诉讼之过程因旷日费时，医师需配合调查之事项极为烦琐，且多数医师爱惜羽毛、重视医德及信誉，不愿以刑事诉讼“被告”身份，屡次遭法院传唤开庭调查，而希望能尽速解决医疗纠纷争议。但是，保险公司却经常以责任保险必须先厘清医师确有医疗疏失之责任才能理赔为由，要求医师需与患者或其家属以诉讼厘清责任。因此，医师与保险公司两者间背道而驰之想法，常导致

❶ 参见新光产物保险股份有限公司之《新光产物医师专业责任保险》商品条款。

不愉快之心结。故在台湾地区之医疗纠纷，医师与病患或家属仍常透过私下和解方式解决争议，而不愿以投保责任险方式分散风险❶。

2. 保费过高，保额太低

许多医师不愿投保之因素，是因平均每件保费为新台币 1.772 万元，而保险公司提供之最高理赔金额却仅新台币两百万，根本无法满足病患家属动辄新台币上千万元以上的求偿金额（台湾地区最近法院有一民事判决，该判决命医院须赔偿因医疗疏失造成病患变成植物人，共计新台币 4500 余万元之天价赔偿金）。简言之，这么低之保额，根本无法达到分散医师因医疗疏失之执业风险。而且，保单中有太多除外不保项目，亦造成医师有投保责任险究竟能否达到分散风险之重大疑虑。

3. 大医院是按照基金互助会方式运作医师责任保险

因为医师有前述诸多之考虑因素，故投保医师责任险意愿不高，然而，每年医疗纠纷仍层出不穷，故有医院以基金互助会方式运作，即医院每月直接从每位医师薪水中提出基金，若发生医疗疏失，就从基金中支付❷。亦曾有台北市医师公会“医疗业务互助基金会”，由医师会员依自由意愿参加，但仅仅只有维持五年就终止，其结束原因可能是因规模太小，无法将医师风险分散。然而，需注意的是，台湾地区“保险法”第 136 规定：“非保险业不得兼营保险或类似保险之业务。”❸ 违反者，最重处以七年以上有期徒刑之

❶ 台湾地区亦有医师主张：医疗不应扯上刑事责任，医疗过失之刑事责任应除罪化（去刑化），即以民事赔偿方式处理医疗纠纷；以及应建立医疗仲裁协会机构，修订医疗纠纷处理法，明定医疗纠纷的解决程序，以防止非理性的抗争骚扰。参见高添富：“医师专业责任风险与保险问题之探讨”，载《风险与保险杂志》2004 年 4 月，第 48 页。

❷ 参见蔡靓萱：“四大问题不改移植手术恐将消失”，载《财讯杂志》2011 年 9 月 15 日，第 108 页。

❸ 该条文之立法规范目的，在于防止未经许可之保险人经营保险或类似保险，以避免该经营者未经监督，大量吸金而无力履约，或未能提存责任准备金而无法赔付，进而造成金融市场秩序紊乱。

刑责惩罚，故医院以基金互助会方式经营类似保险之行为，恐有违法之虞。

4. 推动“强制医师责任保险”之检讨

台湾地区亦有为数不少之声音，主张应比照台湾地区“强制汽车责任保险法”，立法要求医师强制投保责任保险。其实，在台湾地区每次发生医疗纠纷之案例，即会有新闻媒体要求是否应强制医师投保责任保险之检讨声浪。但是，依照强制投保之立法规范精神，源于保障被害人（病患），但强制医师投保，是否真正能达成保障病患之目的？再者，从比较法观点来看，世界各国亦无强制医师投保责任保险之规定，故能否立法强制医师投保责任保险，仍值三思。

五、结论

随着公众对专业人员之期许及消费者自我意识增强，使得专业人士执业时，面临之纠纷及争议不在少数，故医师、律师、建筑师、工程师等专门执业人员因此面临比以往更大的风险，而这些风险，透过责任保险来分散，更显其必要。本文透过介绍专业责任保险在台湾地区之适用和发展，并以律师、建筑师工程师、医师责任保险为例，一并予以探讨，目的在收抛砖引玉之效，希冀日后在相关议题之研讨上，能有所帮助。

医疗损害风险社会化分担机制
——以日本医师会医师赔偿责任保险制度为中心*

李国炜　陈玉玲**

始建于1973年的日本医师会医师赔偿责任保险制度，经过近40年的发展，已成为日本医疗事故纠纷解决体系中的不可或缺的机制。该制度的实施不仅为医师供给了价格低廉的保险产品，还为医疗事故纠纷的解决提供便捷渠道。尽管这一制度还不尽完善，但这并不妨碍我们从中汲取经验和启示。

医疗风险无处不在，医疗方面作出的决定包含有某些风险，有时是灾难性的，甚至是致命的风险。[1] 面对如此集中的高度危险，购买责任保险是分散风险、填补损失的国际通行做法。但我国的医疗责任保险却一直“叫好不叫座”。日本医师会（Japan Medical Association，JMA）医师赔偿责任保险制度经过近40年的发展，已经成为日本医疗事故处理体系中不可或缺的重要机

* 本文是国家社会科学基金项目（项目编号：10BFX080）的组成部分。

** 李国炜，宁波市卫生局，讲师；陈玉玲，东南大学法学院副教授。

[1] 安迪·卡恩：“英国审理医疗过失事件的某些新的趋向”，莱芙译，载《法学译丛》1982年第2期，转自柳经纬、李茂年著：《医患关系法论》，中信出版社2002年版，第16页。

制。考察这一制度，可为我国医疗责任保险的发展乃至医疗纠纷解决机制的构建提供可资借鉴的参照坐标。基于以上思考，笔者写就此文。

一、JMA 医师赔偿责任保险制度的历史沿革

JMA 医师赔偿责任保险制度可追溯至 1963 年。为应对“二战”以来逐年增加的医疗事故纠纷，JMA 率先在日本国内探索运营医疗责任保险。当时的责任保险类似于今天的医疗事故互助基金，保险规模十分有限，保险赔付责任极为有限[1]。

至 20 世纪 60 年代末 70 年代初，日本的医疗事故诉讼案件呈现急增态势。[2] 而同期的日本审判机关则通过运用“最大注意义务”[3]、“过失推定”[4] 等一系列向患者倾斜的诉讼规则来处理此类案件。日趋增加案件数量和赔付额度，使得 JMA 责任保险的运营

---

[1] 依据当时的保险合同，每起保险事故的赔付上限为 100 万日元，每年累计赔付额度为 300 万日元。Katsuyuki KINOSHITA，“Professional Liability Insurance Program of the Japan Medical Association”，Japan Medical Association Journal，Vol. 50 No. 5 (September /October 2007)，pp. 390～391.

[2] 畔柳达雄：“日本医疗事故诉讼（纠纷）的新趋势”，杨丽君译，载《外国法译评》1995 年第 3 期，第 74 页。

[3] 日本最高审判机关（最高裁决所）通过“1961 年东大输血感染梅毒案判决”告诫下级审裁实务不要仅凭临床惯性行为判断医师的过失，因为“从事管理人的生命和健康业务的医务人员，应该承担实验中为了防止危险发生的最大注意义务”。日本法律界据此主张以“实验中为了防止危险发生的最大注意义务”来判定医疗过失。参见夏芸：《医疗事故赔偿法——来自日本法的启示》，法律出版社 2007 年版，第 109～110 页。

[4] “大致推定”规则与我国的“举证责任倒置”规则类似。日本法院采用这一规则的目的则在于调整证据结构分布不平衡性和减轻病患举证责任。20 世纪 50 年代，日本最高裁决所继受当时德国的“表现证明规则”对其原有的“大致推定”规则进行充实和完善，并作为实务上处理医疗损害责任举证责任的主要方法。参见朱柏松：《论日本医疗过失之举证责任》，载朱柏松等著：《医疗过失举证责任之比较》，元照出版公司 2008 年版，第 1～31 页；王亚新：《对抗与判定：日本民事诉讼的基本结构》，清华大学出版社 2002 年版，第 231～232 页。

入不敷出，摇摇欲坠[1]。而美国爆发“医疗事故危机”（medical malpractice crisis）[2] 的消息也恰逢此时传入日本。为了避免重蹈美国商业性医疗责任保险的覆辙，JMA 经过调查论证[3]后决定对其原有责任保险模式进行大刀阔斧的改革。1973 年 7 月，经大藏省批准，JMA 正式建立医师赔偿责任保险制度，推行保障力度更大的“日医医赔责任保险”。在当时的制度框架中，JMA 以集团的名义与保险公司签订保险合同，将投保模式从会员任意投保改为行会强制投保，保费则从会费中按一定比例抽取，缴纳规定会费的会员因此而自动成为被保险者[4]。

进入 20 世纪 90 年代后，受西方人权观念的影响，日本再次呈现医疗事故纠纷激增趋势，民事损害赔偿也呈现上扬趋势，“日医医赔责任保险”应对起来时常捉襟见肘，力不从心。JAM 会员强烈要求检讨“日医医赔责任保险制度”，以缓解经济压力。作为回应，

---

[1] Katsuyuki KINOSHITA，p. 3391.

[2] 20 世纪 60 年代至 70 年代，美国针对医生的索赔案件大量增加，而索赔浪潮又进一步推动了责任保险之保险费的大幅上涨，从而最终导致医生难以负担、买不到保险、迁移异地甚至退出职业生涯。参见林暖暖：“美国无过错医疗责任改革：制度缘起与法理启示”，载《中国社会科学》2010 年第 2 期，第 117 页。

[3] 1972 年 3 月，JMA 法制委员会提出解决医事纷争的三点建议：① 通过改进 JMA 责任保险制度的方式，为医师提供“高性价比”责任保险；② 建立无过错医疗伤害国家补偿计划；③ 建立诉讼外医事纷争解决机制。参见日本医师会法制委员会：“‘医療事故の法的処理とその基礎理論’に関する報告書”，载《日本医師会雑誌》68 卷 2 号，1972 年第 7 期，第 183～203 页。

[4] 日本医师会的会员类别有：A①会员、A②会员（B）、A②会员（C）、B 会员、C 会员。A①会员是医院、诊所的开设者、管理者及当作开设者、管理者对待的会员；A②会员（B）是 A①会员及 A②会员（C）会员以外的会员（勤务医）；A②会员（C）会员是基于医事法的研修医（实习医生）；B 会员是不加入日本医师会赔偿责任保险的勤务医会员；C 会员是不加入日本医师会赔偿责任保险的研修医会员。按照日本医师会的规定，医师可以加入 A 级会员即自行加入日本医师会医师赔偿责任保险，仍仅需支付会费于日本医师会，无需支付保险费。因此，这种保险模式具有强制保险的性质。详情可进一步参阅日本医师会官方网站 http：//www. med. or. jp；最后访问时间：2010 年 11 月 21 日。

JMA 于 2001 年在责任保险制度中增设“日医赔偿特约保险”❶。

二、JMA 医师赔偿责任保险制度之基本构架❷

如前所述，JMA 医师赔偿责任保险制度可分为“日医医赔责任保险”和“日医赔偿特约保险”两大体系。“日医赔偿特约保险”是“日医医赔责任保险”之加层保险。二者虽然同属日本医师会医师赔偿责任保险，但在保险范围、保险责任等保险机能各方面也有所差异。二者之比较见下表。

JMA“日医医赔责任保险”与“日医赔偿特约保险”之比较

风险分类	日医医赔责任保险	日医赔偿特约保险
保险加入者	A 级会员	A 级会员
加入方式	强制投保	任意投保〔非 A 级会员不得加入〕
保险形态	团体保险	团体保险
承保基础	期内发生式	
被保险人	A 级会员，且仅担保 A 级会员一人之行为责任	A 会员为医疗机构管理者或开设者，并且仅限于诊疗所、个人医院、99 张床位以下的法人，且须为非国家医疗机构，非公立医疗机构、非社会保险关系者
保险事故	因医疗事故所致之他人身体障碍依法应负损害赔偿责任所生之损失，且赔偿额在 100 万日元以上	

❶ 引起被保险会员要求检讨的原因在于，“日医医赔责任保险”只对 A 级会员的个人过错行为提供保险理赔，若 A 会员是医院、诊所之开设者或管理者，其雇佣的其他非 A 会员之责任，在支付保险金时。必须扣除非 A 会员医师责任部分的金额。参见 2001 年 4 月 20 日《日医ニュース》第 951 号，载 http://www.med.or.jp/nichinews/n130420f.html，最后访问时间：2010 年 11 月 16 日。

❷ 小海正勝：“賠償保険”，载《診療と治療》2002 年 90 卷第 40 期，第 590～593 页。

续表

不保事项	(1) 海外医疗行为； (2) 被保险者的故意行为； (3) 以美容为唯一目的的医疗行为； (4) 因医院火灾、患者移院中发生车祸，单纯设施、升降机、自动车、车辆引起的事故； (5) 因被保险者与病患的约定，加重其赔偿责任； (6) 对被保险人同居亲属的赔偿责任； (7) 被保险人的工作人员，在被保险人从事业务中遭受身体损害而引起的赔偿责任； (8) 刑事判决有罪而被课罚金时，罚金、刑事辩护费用及报酬； (9) 因名誉毁损、泄露秘密所引起之损害赔偿责任； (10) 没有医师执照的医疗行为所引起的赔偿责任； (11) 预防接种行为引起的赔偿责任	
保险金额	每被保险人每年〔保险期间〕赔付限额为1亿日元〔包括诉讼费用在内〕	包括日医赔责任保险理赔保险金在内，每一保险事故赔付限额为2亿日元；每年〔保险期间〕内赔付限额限为6亿日元
免责额	100万日元	同一保险事故〔医疗行为〕100万日元，但若依日医医赔责任保险计算保险金时已经扣除，不重复扣除

三、JMA 医师赔偿责任保险之理赔程序[1]

利用JMA医师赔偿责任保险处理医疗事故纠纷应遵循如下图[2]所示步骤。

---

[1] JMA 医师赔偿责任保险理赔程序由《日本医师会赔偿责任保险纷争处理规定》订明。《日本医师会赔偿责任保险纷争处理规定》可参见杉本政朗："医師師賠償責任保険論"，载《日本医師会医療安全推進者養成講座》2005年第2版之附件。

[2] Katsuyuki KINOSHITA, p. 393.

日本医师会医师赔偿责任保险理赔流程图

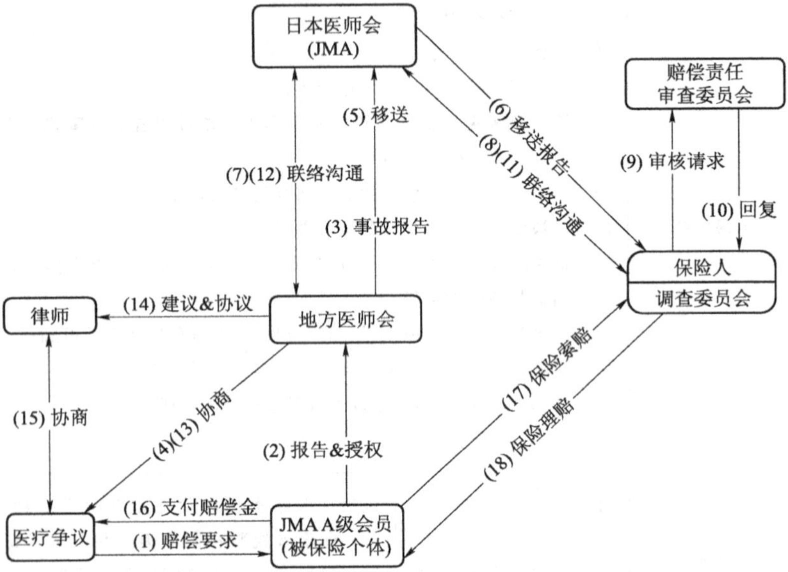

日本医师会医师赔偿责任保险理赔流程图

上述步骤可以概括为报告、审查、解决三个阶段。

第一阶段，报告。保险事故发生后，被保险医师将病患的请求及事故发生的经过做成《事故报告书》并提交至地方医师会。地方医师会设置的医疗事故纠纷处理机构❶以非公开的方式对事故的处理进行判断。若判断赔付额度存在超过 100 万日元的可能，地方医师会则向 JMA 提交报告书，并出具委任状，委托 JMA 进行后续处理。委托 JMA 处理后，在必要的情况下，地方医师会仍要选任

❶ 医师公会虽然设有医事纷争处理机构，但只设于都道府县医师会中，郡市区医师会及 JMA 未设有相应的纠纷处理机构。都道府县医师会设立的处理机构名称也不尽相同。京都府医师会称医事纷争处理委员会，大阪府医师会称医事纷争特别委员会，県医师会称医事纷争对策委员会。参见黄丁全：《医事法》，中国政法大学出版社 2003 年版，第 70 页。

律师与病患继续交涉。

第二阶段，审查。JMA 接到地方医师会的报告后，交由调查委员会❶在医师系统内部进行调查核实，并将调查结论提交由保险人召集的赔偿责任审查委员会❷审查。赔偿责任审查委员会按遵循非公开的程序进行内部审议，做成审查结论，并回复事故调查委员会，但仅仅反馈审查结论，审议委员会及委员一般不得泄露关于审议细节信息❸。为了保证审议结论的公正性，凡与 JMA、理赔公司以及医疗事故纠纷有利害关系的候选审查员不能入选责任审查委员会。

第三阶段，解决。依据责任审查委员会的处理意见，被保险医师在所属地方医师会协助、指导下解决纷争。

四、JMA 医师赔偿责任保险制度之评价

JMA 和保险公司从未正式对外发布过有关医师赔偿责任保险的统计数据，但我们可以通过分析现有的资料，对 JMA 医师赔偿责任保险制度进行初步评价。

JMA 医师赔偿责任保险制度的优势：（1）费用低廉：由于保险公司希望借助承保医师赔偿责任保险来销售汽车保险、人寿保险等保险产品，所以保险公司在运营医师赔偿保险时多“自愿”遵循

---

❶ 调查委员会自 1994 年起成立，该委员会由 JMA 联合承保医师赔偿责任保险的公司联合组建，由 26 名委员组成，委员会每两周举行一次会议。参见植木哲：《医疗法律学》，冷罗生等译，法律出版社 2006 年版，第 423 页。

❷ 审查委员会由 10 名委员组成，其中“医学关系学识经验者”6 名，“法学关系学识经验者”4 名，委员由保险公司负责召集。审查委员会的主要审议内容为：① 是否应当承担赔偿责任；② 应该承担的赔付金额；③ 为公正妥善处理其他医事纷争而应采取的对策。《赔偿审查委员会规约》可参见杉本政朗：《医師師賠償責任保険論》，载《日本医師会医療安全推進者養成講座》2005 年第 2 版之附件。

❸ 之所以采用这种封闭的程序和方式，是因为 JMA 认为医师报告的医事纷争案例属于个人情报应予以保密管理。参见藤村伸：《医事紛争の現状と日本医師会医師賠償責任保険制度》，载 http：//www. med. or. jp/nichinews/n170120j. html，最后访问时间：2010 年 11 月 21 日。

保本微利原则[1]。同时JAM雇佣自身医学专家的佣金远远低于商业保险公司。所以，JMA的保费较为低廉。（2）索赔程序便捷：病患如果认可医师会医疗事故纠纷处理委员会的处理意见，不必办理任何法律手续，不需要律师援助，便可进入索赔程序，可以减去舟车劳顿之苦，还可以节省一笔数额可观的诉讼费用[2]。（3）纷争处理迅捷：利用JMA提供的程序来处理医疗事故纠纷的平均所需时间一般不超过12个月[3]，而法院则需要平均24个月左右[4]。

其劣势则在于：（1）理赔程序中立性不足：如前所述患方无法获知其审查结论做成的依据和经过，这种制度设计对于患方来说有失公允，事实上JMA责任保险系统的封闭性一直广受批评[5]。（2）保险覆盖有限：由于团体保险存在无法选择被保险人，无法将事故发生率高的个体排除等缺陷，JMA势必会采取限定团体的加入资格等手段来克服上述风险，研究显示JMA保险制度仅覆盖了50%的日本医师[6]。（3）理赔程序有失人性化：如前所述医疗事故纠纷的善后工作由医师托付给医师会全权代为处理，这种制度设计的目的在于避免医患对抗，促进医患和谐，但也容易被患者解读为

---

[1] Erica. Feldman: "Law, Society, and Medical malpractice litigation in Japan", Washington University Global Studies Law Review, Vol. 8 No. 258 (2009), p. 280.

[2] Nakajima K, de. Medical malpractice and legal resolution systems in Japan, Journal of the American Medical Association, Vol. 285 No. 12 (March 2001), p. 1635.

[3] 同上。

[4] 据日本最高法院（最高裁决所）统计，2005年日本法院审理医事关系诉讼案件的平均时间为26.9个月，2006年为25.1个月，2007年为23.6个月，2008年为24个月，2009年为25.2个月。详情可参阅最高裁决所官方网站 http://www.courts.go.jp/saikosai/about/iinkai/izikankei/toukei_01.html；最后访问时间：2010年11月21日。

[5] ［日］和田仁孝、前田正一：《医疗纠纷处理与实例解说》，陈虹桦译，台湾合记出版社2003年版，第117页。

[6] Nakajima K, de. Medical malpractice and legal resolution systems in Japan, Journal of the American Medical Association, Vol. 285 No. 12 (March 2001), p. 1635.

医师展示“宁愿赔钱，不愿认错”的高傲态度。

五、JMA 医师赔偿责任保险制度对中国保险业的启示

尽管理论界对 JMA 医师赔偿责任保险制度的争论从未停止过，但考察 JMA 医师赔偿责任保险的制度设计与实践，仍能得到有益的启示。

第一，重视责任保险与纠纷解决机制在处理医疗事故纠纷中的互动效应。JMA 医师赔偿责任保险制度的成功在于不仅仅提供医疗责任保险产品，而且为医疗事故纠纷提供了便捷的非诉讼纠纷解决机制。非诉讼纠纷解决机制的功能在于迅速判断是非曲直、定纷止争，责任保险的功能在于提供及时的损害填补，正是两者的结合使 JMA 医师赔偿责任保险成为世界范围内医疗团体责任保险首推成功案例。这一做法值得我国借鉴。

第二，注重探索医疗责任保险的运营模式。引入责任保险机制化解医疗风险已是我国卫生事业发展的必然之需[1]。近年来，为了改变医疗责任保险“叫好不叫座”的窘境。我国部分省、市采取行政命令的方式强制公立医疗机构参加责任保险，虽然取得了一定的效果，但与“除法律、行政法规规定必须保险的外，保险合同自愿订立”的法律规定[2]有明显的冲突。JMA 的做法或许可为上述问题的解决提供思路。

第三，加快强制医疗责任保险立法。JMA 医师赔偿责任保险成功的重要因素在于日本医师会拥有足够的参保会员。而在我国，

---

[1] 根据风险经济学原理，避免行为风险的方法是减少行为的活动量或转移风险。在我国由于骤然上升的医患纠纷，导致有些医生采取防御性行医措施，不做风险较高的手术，原本可凭经验确诊的却徒增一些检查项目，医生的这种减少自身风险行为活动量的做法是有悖于我国医疗事业救死扶伤的最高价值取向的，造成了卫生资源的浪费，因此，转移风险——引入医疗责任保险机制既符合风险经济学原理，也是我国卫生事业发展之需。参见陈玉玲：“强制责任保险：我国医疗责任险发展取向”，载《上海保险》2002 年第 1 期，第 32 页。

[2] 《保险法》第 11 条第 2 款。

保险机构竭力争取的大医院，普遍抱有“赔付成本有可能低于保险成本”的侥幸心理，不愿意参加医疗责任保险，而普遍希望加入医疗责任保险的基层医院却又是保险机构竭力远离的对象[1]。因此这项保险业务始终未能显现规模效应[2]。鉴于此，笔者建议尽快启动强制医疗责任保险立法，为医疗责任保险在我国的扎根生长投射一缕法律的阳光。

---

[1] 常纪文：“医疗损害纠纷处理的若干法律问题”，载《中国政法大学学报》2010年第2期，第91页。

[2] 根据保险的大数原理，只有参加保险的人数和范围足够大，才能测得相对确定的保险事故的发生概率，降低医疗责任保险缴费和相应提高保单的责任限额。参见陈玉玲：“强制责任保险：我国医疗责任险发展取向”，载《上海保险》2002年第1期，第32页。